本书得到
教育部人文社会科学重点研究基地重庆工商大学成渝地区双城经济圈建设研究院、
重庆工商大学成渝经济区城市群产业发展协同创新中心、重庆工商大学成渝地区双
城经济圈研究基地、西南财经大学成渝经济区发展研究院、成都大学成渝地区双城
经济圈与成都都市圈建设研究中心、重庆艾思亿德科技有限公司（艾思数研）的
联合资助

成渝地区
双城经济圈
发展研究报告

2024—2025

《成渝地区双城经济圈发展研究报告》
编委会

著

中国财经出版传媒集团
经济科学出版社
·北京·

图书在版编目（CIP）数据

成渝地区双城经济圈发展研究报告.2024—2025 /《成渝地区双城经济圈发展研究报告》编委会著. --北京：经济科学出版社，2025.7. -- ISBN 978 -7 -5218 -7042 -8

Ⅰ. F127.711；F127.719

中国国家版本馆 CIP 数据核字第 2025Q913D5 号

责任编辑：周国强
责任校对：刘　娅
责任印制：张佳裕

成渝地区双城经济圈发展研究报告（2024—2025）

CHENGYU DIQU SHUANGCHENG JINGJIQUAN FAZHAN YANJIU BAOGAO（2024—2025）

《成渝地区双城经济圈发展研究报告》编委会　著

经济科学出版社出版、发行　新华书店经销

社址：北京市海淀区阜成路甲 28 号　邮编：100142

总编部电话：010 -88191217　发行部电话：010 -88191522

网址：www.esp.com.cn

电子邮箱：esp@ esp.com.cn

天猫网店：经济科学出版社旗舰店

网址：http://jjkxcbs.tmall.com

北京季蜂印刷有限公司印装

710×1000　16 开　28.75 印张　430000 字

2025 年 7 月第 1 版　2025 年 7 月第 1 次印刷

ISBN 978 -7 -5218 -7042 -8　定价：138.00 元

（图书出现印装问题，本社负责调换。电话：010 -88191545）

（版权所有　侵权必究　打击盗版　举报热线：010 -88191661

QQ：2242791300　营销中心电话：010 -88191537

电子邮箱：dbts@ esp.com.cn）

《成渝地区双城经济圈发展研究报告》
编 委 会

编委会名誉主任：

洪银兴　杨泉明

编委会主任：

赵建军　曾维伦　刘　强

编委会委员（以姓氏笔画为序）：

朱　明　刘　力　刘立云　刘志彪　刘　强　杨继瑞
李永强　肖金成　陈　耀　邵　波　屈晓华　赵建军
倪鹏飞　黄祖英　黄　潇　曾维伦　温　涛

《成渝地区双城经济圈发展研究报告（2024—2025）》编 写 组

编写组组长：

杨继瑞

编写组副组长：

黄 潇 马 胜 宋 瑛

编写组成员（以姓氏笔画为序）：

马 胜 付 莎 吕朝凤 杜思远 杨继瑞 何 悦
汪 锐 宋 瑛 张千友 张 驰 赵晓丹 胡歆韵
郭亚萌 黄 潇 梁甄桥 谢 伟 熊 兴

前　言

　　川渝两地深入学习贯彻习近平新时代中国特色社会主义思想，贯彻落实习近平总书记来渝来川视察重要指示精神，唱好"双城记"，建强"经济圈"，成渝地区双城经济圈发展能级持续提升，"一极一源、两中心两地"形成新局面。

　　推进成渝地区双城经济圈建设五年来，成渝地区双城经济圈着力发展新质生产力，经济增长极和新的动力源凸显，科技创新能力不断增强，经济结构调整优化，经济能级稳健提升，改革开放新高地进一步凸显，高品质生活宜居地进一步优化，成渝地区双城经济圈建设成效斐然。

　　推进成渝地区双城经济圈建设五年来，川渝两地紧密合作，双核联动从顶层设计走向纵深实践，不断提升发展能级。五年多来，双城经济圈地区生产总值由6.3万亿元增长至约8.6万亿元，2024年两地GDP合计占全国6.5%，成为全国第四大经济增长极，有效助推西部大开发形成新格局。

　　推进成渝地区双城经济圈建设五年来，川渝两地乘势而进，高水平区域协调发展成果持续显现。2024年成渝地区双城经济圈实现地区生产总值87193亿元，占西部地区的比重为30.3%，较上年同期提高0.1个百分点；比上年增长5.8%，增速分别高于全国和西部地区0.8个、0.6个百分点，引领示范带动作用不断增强；比京津冀、长三角分别高0.6个、0.3个百分点，追赶发展步伐稳健。成渝地区双城经济圈对西部地区乃至全国高质量发展的支撑带动作用显著增强。

推进成渝地区双城经济圈建设五年来，川渝两地在协作创新中培育新质生产力。2024年，成渝地区双城经济圈工业增加值比上年增长6.3%，其中制造业增加值增长6.5%，增速分别比全国高0.6个、0.5个百分点。服务业加快发展，服务业增加值增长6.5%，增速比全国高1.5个百分点，其中租赁和商务服务业、信息传输软件和信息技术服务业增加值分别增长14.8%、9.8%。同时，川渝两地在科技创新与产业创新、数字经济与实体经济、企业主导的产学研等方面正呈现深度融合态势。川渝两地已建成我国第三大汽车产业集群，拥有45家整车企业和1600多家配套商；川渝两地微型计算机设备产量占全国比重超过三成；重庆、天府数据中心集群加快成势，川渝两地数字经济企业达1.85万家。

推进成渝地区双城经济圈建设五年来，川渝两地生产性服务业蓬勃发展，厚植巴蜀特色，以推动重庆、成都培育建设国际消费中心城市为重点，打造富有巴蜀特色的国际消费目的地。2024年，成渝地区双城经济圈消费市场平稳增长，社会消费品零售总额比上年增长4%，比全国高0.5个百分点，其中网上零售等新业态新商业模式竞相发展，限额以上实物商品网上零售额比上年增长12.8%。

推进成渝地区双城经济圈建设五年来，川渝两地在高质量发展中塑造新优势。两地对外开放通道持续拓展，西部陆海新通道加快建设，开通中泰、中越、中缅班列，共同做强中欧班列（成渝）品牌，实现运营标识、基础运价、车辆调拨"三统一"，运营质效持续提升。川渝两地发挥多层次合作机制作用，优化成都和重庆主城区极核功能，推动成渝地区双城经济圈打造成为国家区域发展新高地和对外开放新支点。

推进成渝地区双城经济圈建设五年来，川渝两地协同推进金融服务同城化、金融市场一体化、金融开放国际化，西部金融中心建设起势见效。2024年，川渝两地创新技改专项贷、知识价值信用贷等金融产品，推广保险通赔通付、融资抵押品异地互认等金融服务，两地法人银行首次合作开展承销业务。同时，川渝两地获批开展全国首批养老理财试点，成立全国首支100亿元规模的银发产业保险投资基金，绿色金融改革成为全国典型范例。此外，川渝两地深入实施成渝外债便利化试点，两地企业登记金额超过244亿美元，获批开展跨境贸易高水平开放试点，中新金融合作带动西部省区赴新加坡融资近70亿美元。2024年成渝地区双城经济圈重点投资领域扩容提质，工业投资比上年增长13.5%，其中制造业投资、技改投资分别增长11.6%、15.6%。重点项目建设提速增量，2024年成渝共建重点项目300个，比上年增加52个；完成投资5200亿元，年度投资完成率达122%。

推进成渝地区双城经济圈建设五年来，川渝两地坚持把国家顶层设计与川渝实践探索有机结合，以《成渝地区双城经济圈建设规划纲要》为统领，以专项规划配套政策为支撑，以发展互助利益共享为重点，更好把"一盘棋"思想"一体化"理念转化为合作共建的实效。聚焦创新产业协作、项目共建、改革联动等重点领域，全方位深化合作，以牵一发动全身的重大项目、重大政策、重大平台和重大改革，破解制约协作的体制机制障碍，形成共建共享强大合力和良好局面。

为充分发挥成渝地区双城经济圈研究机构和智库功能，体现研究机构与智库的使命与担当，为持续推进成渝地区双城经济圈建设赋能，西南财经大学、重庆工商大学、成都大学等相关研究机构的专家学者，在编撰《成渝地区双城经济圈发展研究报告（2021）》《成渝地区双城经济圈发展研究报告（2022）》《成渝地区双城经济圈发展研究报告（2023—2024）》基础上，接续编撰《成渝地区双城经济圈发展研究报告（2024—2025）》。

《成渝地区双城经济圈发展研究报告（2024—2025）》，汇聚了成渝地区双城经济圈建设的重大进展以及相关研究成果、咨询建议，聚焦成渝地区双城经济圈高质量发展的重大问题，持续进行相关问题的深入探讨和指数测算，以为相关部门推进成渝地区双城经济圈建设提供智力支持、决策支撑，为专家学者提供数据资料、研究素材和研究参考。

《成渝地区双城经济圈发展研究报告（2024—2025）》的编撰，由西南财经大学、重庆工商大学、成都大学和重庆艾思亿德科技有限公司联合资助。在《成渝地区双城经济圈发展研究报告》编委会的领导下，由重庆工商大学成渝经济区城市群产业发展协同创新中心、西南财经大学成渝经济区发展研究院、成都大学成渝地区双城经济圈与成都都市圈建设研究中心为主，组织相关专家调研撰写。

《成渝地区双城经济圈发展研究报告（2024—2025）》，也是重庆市教育科学规划重点项目"成渝地区双城经济圈空间演进与高等教育人力资本布局研究"（K23YD2080092）、重庆市教委科学技术项目"成渝地区双城经济圈区域经济一体化测度及推进路径研究"（KJQN202100810）、四川省社科重大项目"四川促进区域协调发展的战略与路径研究"（SC22ZDYC03）、"成渝地区双城经济圈建设"重大项目"成渝地区双城经济圈农业高质量一体化发展研究"（SC22ZDCY01）、成都市重大社科项目"成渝地区双城经济圈战略引领下的成都都市圈建设研究"（2022B04）等项目的阶段性、关联性、支撑性、后续性成果。

目 录

第一篇

成渝地区双城经济圈发展指数研究

国家发展战略腹地承载力指数	3
成渝地区双城经济圈数实融合发展水平分析	29
成渝地区双城经济圈协同发展水平分析	49
成渝地区双城经济圈协同发展区域的竞争力评价	62
成渝地区双城经济圈县域竞争力分析	72

第二篇

成渝地区双城经济圈产业园区发展分析

成渝地区双城经济圈国家级新区发展分析	87
成渝地区双城经济圈高新技术产业开发区发展分析	108
成渝地区双城经济圈经济技术开发区发展分析	218

第三篇

成渝地区双城经济圈专题研究

专题一	产业共同体：提速"同城融圈"的"杀手锏"	321
专题二	成渝地区双城经济圈区域统一市场建设：突出问题与思路对策	332
专题三	创新巴蜀文化旅游走廊文旅传播研究	349
专题四	三螺旋结构理论视角下成渝地区双城经济圈三大产业协同创新体系建设	360
专题五	成渝地区双城经济圈优质生态产品供给能力研究	379
专题六	成渝地区双城经济圈城市功能分工研究	395
专题七	数字经济赋能成渝地区双城经济圈协同发展的理论基础、动力机制与路径选择	410
专题八	新质生产力驱动成渝中部产业能级提升的逻辑与路径探究	424
专题九	新质生产力赋能成渝主轴中部城市快速崛起的实践路径研究	436

后记 447

第一篇
成渝地区双城经济圈发展指数研究

国家发展战略腹地承载力指数

2023年12月召开的中央经济工作会议提出"优化重大生产力布局，加强国家战略腹地建设"。2024年7月18日党的二十届三中全会通过的《中共中央关于进一步全面深化改革、推进中国式现代化的决定》将"建设国家战略腹地和关键产业备份"作为"健全提升产业链供应链韧性和安全水平制度"的重要内容之一。加强国家战略腹地建设是中国在新时期面对全球百年未有之大变局和国际国内形势变化所作出的重要战略部署，旨在统筹国内国际两个大局、发展安全两件大事，推动高质量发展和高水平安全良性互动，推进中国式现代化。通过促进区域协调发展、拓展国家发展和安全的战略纵深、增强发展的回旋余地，加强国家战略腹地建设能够为经营主体提供抵御外部冲击的替代选择，促进经济活动空间再配置，为经济高质量发展注入新动能、形成新的增长点。同时，国家战略腹地建设也把实现高质量发展和高水平安全作为内在诉求，推动区域经济布局优化，贯彻新发展理念，保障资源安全，提升公共安全保障能力，为中国式现代化创造更加安全的环境。

成渝地区双城经济圈位于"一带一路"和长江经济带交汇处，是西部陆海新通道的起点，具有连接西南与西北，沟通东亚与东南亚、南亚的独特优势。成渝地区双城经济圈在国家发展大局中具有独特而重要的战略地位，是我国西部人口最密集、产业基础最雄厚、创新能力最强、市场空间最广阔、开放程度最高的区域。推动成渝地区双城经济圈建设，不仅有利于增强人口和经济承载力，在西部形成高质量发展的重要增长极，而且有助于打造内陆开放战略高地和参与国际竞争的新基地，助推形成陆海内外联动、东西双向互济的对外开放新格局。因此，在当前全球百年未有之大变局和国内发展新格局的背景下，提升成渝地区双城经济圈的国家发展战略腹地承载力，对于服务国家战略全局、优化国家重大生产力布局具有重要的战略支撑作用。

成渝地区双城经济圈作为带动西部高质量发展的重要增长极和新的动力源，积极加强国家发展战略腹地建设，不断提升地区吸引力和承载力。2024年1月在国务院批复的《四川省国土空间规划（2021—2035年）》中，也明确提出"四川省地处长江上游、西南内陆，是我国发展的战略腹地，是支撑新时代西部大开发、长江经济带发展等国家战略实施的重要地区"。加强国家战略腹地建设的重点就是要通过优化重大生产力布局打造与经济核心区域相呼应的经济发展新空间，通过优化新质生产力布局打造国家发展的新增长极并优化战略性新兴产业与未来产业的空间分布，通过产业转移构建优势互补、高质量发展的区域经济布局和国土空间体系。当前成渝地区双城经济圈与建成国家战略腹地还有多大差距，以及成渝地区双城经济圈及其内部各地区对于国家战略腹地承载力如何，是成渝地区双城经济圈致力于建设成为国家战略腹地过程中必须深入剖析并明确回答的关键问题。为了精准评估这一承载力，构建一套全面、科学的国家战略腹地承载力评价指标体系显得尤为重要且必要。

本章致力于对成渝地区双城经济圈19个城市在国家发展战略腹地承载能力进行综合且深入的科学评估与对比分析。通过建立科学合理的战略腹地承载能力评价体系，测算出各市的国家发展战略腹地承载力评价指数，以期明确各市在建设国家战略腹地过程中的优势和短板，为各市建设国家战略腹地提供有价值的经验证据，为成渝地区双城经济圈各市提升国家发展战略腹地承载力提供决策参考。

一、指标体系构建、评价方法与数据说明

（一）指标体系

自"国家战略腹地"这一概念首次在国家层面公开提出以来，学术界对国家战略腹地建设的理论内涵与现实要义进行了广泛探讨和深入研究。王小广等（2024）从腹地经济理论出发，提出国家战略腹地建设具有协调机制、区域枢纽机制和安全保障机制三重机制，对促进国家区域总体协调发展、发挥交通物流枢纽作用、保障原料生产与产业链安全等具有不可替代的作用。[①] 龚勤林和宋明蔚（2024）认为国家战略腹地是邻近国家级的极核或先行地区，拥有经济高质量发展的基础和产业承接能力，能在一般或特殊时期支撑总体经济运行、承接产业转移、提供资源供给及保障生态安全，服务国家战略全局发展的内陆纵深区域。[②] 蒲清平和马睿（2024）进一步从地理、经济和文化等方面阐释了国家战略腹地的内涵特征，认为国家战略腹地应具备地理区位的枢纽性、经济发展的强大韧性、创新发展的引擎性、城市文化的凝聚性等基本特征。[③] 姚树洁和房景（2024）从重大产业区域布局视角认为国家战略腹地需要具备经济和人口体量大、国家安全性强、与沿海现有国家重要经济发展中心的互补性强、土地和自然资源丰富、科技创新力量雄厚、发展潜力和韧劲堪比沿海发达地区等特征，打造国家战略腹地，需要培育区域内生增长新动能，因地制宜发展新质生产力。[④]

[①] 王小广，周擎擎，梁雅楠，等. 加强国家战略腹地建设中存在的问题及政策建议 [J]. 区域经济评论，2024（5）：48-57.

[②] 龚勤林，宋明蔚. 成渝地区双城经济圈国家战略腹地建设的内在逻辑、现实基础与路径选择 [J]. 重庆大学学报（社会科学版），2024，30（4）：21-36.

[③] 蒲清平，马睿. 国家战略腹地建设的内涵特征、重大意义和推进策略 [J]. 重庆大学学报（社会科学版），2024，30（4）：37-48.

[④] 姚树洁，房景. 发展新质生产力推进成渝地区双城经济圈国家战略腹地建设 [J]. 重庆大学学报（社会科学版），2024，30（4）：1-20.

基于此,本研究认为国家战略腹地具有鲜明的独特性、实践性与时代性。从空间地理维度上看,"腹地"是相较于沿海地区的内陆区域,因此在国家发展大局中,位于内陆地区的中西部地区更加符合地理意义上的"腹地"特征。从时间维度上来看,在加快推进中国式现代化建设新征程的重要时间节点上,国家提出"建设国家战略腹地"的新要求,赋予了国家战略腹地独特的时代内涵,意味着国家战略腹地不仅为国家经济提供稳定的发展基础和战略支撑,而且承担着保障国家安全、促进区域协调发展、维护生态平衡等多重任务。

因此,在考量国家战略腹地的承载力时,应综合评估产业备份能力以保障产业链的稳定,同时关注人口规模与结构、资源环境的可持续性、基础设施的完善程度以及公共服务的覆盖和质量,这些因素共同决定了国家战略腹地能否有效支撑国家长远发展和安全的战略需求。基于此,本研究从产业承载力、科技创新承载力、人口承载力、资源环境承载力、基础设施承载力和公共服务承载力六个维度构建国家战略腹地承载力指标体系,如表1所示。

表1　　　　　国家发展战略腹地承载力评价指标体系

一级指标	二级指标	三级指标	方向	权重
产业承载力	经济发展	人均GDP	+	0.0110
		社会消费品零售总额	+	0.0189
		城镇居民家庭人均收入	+	0.0128
		农村居民家庭人均收入	+	0.0115
		地方一般公共预算收入	+	0.0203
		进出口总额	+	0.0290
	产业基础	第三产业增加值/第二产业增加值	+	0.0117
		规模以上工业企业资产总计	+	0.0167
		规模以上工业企业单位数	+	0.0168
科技创新承载力	科技创新	科学研究与技术服务从业人员	+	0.0234
		研发人员全时当量	+	0.0193

续表

一级指标	二级指标	三级指标	方向	权重
科技创新承载力	科创平台	普通本（专）科学校数	+	0.0190
		双一流高校数量	+	0.0270
	科技投入	财政科学技术支出/GDP比重	+	0.0144
		研发经费内部支出	+	0.0207
		研发经费内部支出与GDP之比	+	0.0144
人口承载力	人口规模	年末常住人口	+	0.0162
		城镇化率	+	0.0116
		自然增长率	+	0.0108
		人口密度	+	0.0135
	人力资源	普通本（专）科学校毕业生数	+	0.0200
		中等职业教育毕业生数	+	0.0167
	就业吸纳能力	就业人员数	+	0.0156
		平均工资	+	0.0126
资源环境承载力	土地承载力	人均耕地面积	+	0.0108
		人均农作物总播种面积	+	0.0318
		人均粮食产量	+	0.0107
		建成区面积	+	0.0193
	环境承载力	污水处理率	+	0.0115
		生活垃圾处理率	+	0.0101
		人均公园绿地面积	+	0.0122
		建成区绿化覆盖率	+	0.0108
	水资源承载力	供水综合生产能力	+	0.0201
		人均供水量	+	0.0129
		人均日生活用水量	+	0.0107
基础设施承载力	交通基础设施	公路总里程	+	0.0159
		等级公路里程	+	0.0155
		等级公路占比	+	0.0110
		高速公路	+	0.0165

续表

一级指标	二级指标	三级指标	方向	权重
基础设施承载力	交通基础设施	公路旅客周转量	+	0.0266
		公路货物周转量	+	0.0247
		人均城市道路面积	+	0.0134
		民用运输机场数量	+	0.0176
		民用运输机场旅客吞吐量	+	0.0247
		民用运输机场货邮吞吐量	+	0.0272
		港口数量	+	0.0162
		港口货物吞吐量	+	0.0274
	数字基础设施	每百人互联网用户数	+	0.0139
		计算机服务和软件从业人员占比	+	0.0103
		人均电信业务总量	+	0.0114
		每百人移动电话用户数	+	0.0200
公共服务承载力	基础教育	万人普通高中学校数	+	0.0179
		普通高中师生比	−	0.0115
		万人普通初中学校数	+	0.0114
		普通初中师生比	−	0.0122
		万人普通小学学校数	+	0.0111
		普通小学师生比	−	0.0118
	医疗卫生	每万人医疗卫生机构数	+	0.0104
		每万人医疗卫生机构人员数	+	0.0111
		每万人医疗卫生机构床位数	+	0.0108
	公共文化	百人公共图书馆藏书数	+	0.0123
		每万人文化馆机构数	+	0.0110
		每万人博物馆机构数	+	0.0113

1. 产业承载力

产业承载力是指一个地区在一定时间内，支撑经济发展和产业扩展的能力。它通常通过衡量地区的经济发展水平、产业基础、产业结构等因素来进行评估。产业承载力的提升对于推动地区的持续增长至关重要，尤其在全球化日益加深的今天，如何优化资源配置、提升产业竞争力成为关键。首先，经济发展水平直接反映一个地区的产业承载力。通过人均GDP、社会消费品零售总额等指标，可以评价该地区的经济活跃程度和居民的消费水平。产业基础的稳定性同样重要，第三产业和第二产业增加值的比重直接关系到地区产业结构的优化程度。此外，进出口总额和地方财政收入等也反映了产业的对外开放和财政能力。这些因素共同决定了产业的可持续发展潜力和地区经济的稳定性。

2. 科技创新承载力

科技创新承载力是指一个地区在科技研发和创新领域的支持能力，涉及科研人才的积累、科研投入的强度以及创新平台的建设。科技创新已成为推动经济转型、提升产业竞争力的重要因素。地区的科技创新承载力与其科技人员的数量和质量密切相关，研发人员的投入量、科研人员全时当量等是衡量科技创新能力的核心指标。高质量的教育和科研平台能够为地区提供丰富的创新资源，例如"双一流"高校和科研机构的建设，为地区提供技术支持和科研成果转化的机会。财政对科研的投入也是不可忽视的，研发经费占GDP的比重反映了政府对科技创新的重视程度。科技创新承载力的提升能够推动产业的转型升级，促进经济高质量发展，助力地区实现更长远的发展目标。

3. 人口承载力

人口承载力反映了地区在社会、经济等方面对人口增长的适应能力。随着经济发展和社会进步，人口的规模、分布、结构等因素对地区资源的利用和社会服务需求产生重要影响。常住人口、城镇化率、人口密度等指标是衡量人口承载力的基础。过快的城市化进程可能导致基础设施的过度负担，而人口密度过大也可能造成资源紧张、环境恶化等问题。此外，人口承载力还涉及人力资源的供给，特别是高素质劳动力的培养与就业情况。地区教育水平的提高和就业机会的增加能够有效提高人口的生产能力，推动社会经济的稳定增长。因此，提升人口承载力不仅是对人口数量的管理，更是提升人口质量和社会服务能力的综合性任务。

4. 资源环境承载力

资源环境承载力是评估地区在自然资源利用和环境保护方面可持续发展能力的关键指标。随着人口增长和工业化进程的加快，如何合理利用资源和保护环境成为一个地区能否实现长远发展的核心问题。土地资源是最基本的自然资源之一，耕地面积和粮食产量等反映了该地区土地利用的效率。随着社会经济的迅速发展，土地的过度开发和生态环境的破坏成为制约地区发展的重要因素。水资源的供给能力也直接关系到农业生产、工业发展和居民生活。污水处理率和垃圾处理率等指标则衡量了地区在环境治理方面的努力。此外，绿色空间和生态恢复等方面的投入，是提高资源环境承载力的有效途径。通过可持续的资源管理和环境保护措施，地区能够实现经济发展与生态环境的双赢，确保长期可持续发展。

5. 基础设施承载力

基础设施承载力是衡量地区在交通、通信、水利、能源等领域支持社会经济活动的能力。完善的基础设施系统是推动经济增长、提升生活质量和保障社会稳定的基本条件。交通基础设施，包括公路、铁路、机场等，是区域经济活动的生命线，良好的交通网络能够促进商品和人员的流动，提高市场的互联互通程度。数字基础设施在当今信息化社会中尤为重要，互联网的普及、移动通信的覆盖为地区的数字化经济发展提供了强有力的支撑。此外，公共服务设施如医院、学校、图书馆等的建设，也是基础设施承载力的重要体现。基础设施的完善不仅能提升生产效率，还能改善居民的生活条件，促进社会的全面发展。因此，提升基础设施承载力对于促进地区的可持续发展具有至关重要的意义。

6. 公共服务承载力

公共服务承载力是指地区在提供教育、医疗、文化等公共服务领域的能力。随着社会的发展，居民对公共服务的需求越来越高，如何提升公共服务的质量和效率，成为区域发展的重要目标。基础教育、医疗卫生、文化事业等是公共服务承载力的重要组成部分。教育资源的配置，特别是普通高中、初中和小学的数量以及教师资源的充足程度，直接影响到地区教育的发展水平。医疗卫生资源的配置，如医院床位数、医疗人员的数量等，是衡量公共卫生服务承载力的关键指标。文化设施如公共图书馆、博物馆等的建设，也反映了地区的文化发展水平。通过提升公共服务的覆盖面和质量，能够提高居民的生活质量，推动社会的和谐发展。公共服务承载力的提升，是区域综合发展水平的重要标志。

（二）评价方法

本研究采用熵值法对成渝地区双城经济圈内19个城市的国家发展战略腹地承载力进行评价。通过使用熵值法，能够客观、科学地确定各个评价指标的权重，进而综合评估这些城市在产业承载力、科技创新承载力、资源环境承载力等方面的表现。这种方法能够帮助揭示出哪些因素在推动该地区战略腹地承载力的提升中起到了更为关键的作用，同时避免了主观因素对评价结果的影响，从而为政策制定者提供更为可靠的数据支持。

（三）数据说明

关于研究样本的选择，本研究以成渝地区双城经济圈为研究范围，并结合川渝两省的统计数据进行分析。具体而言，本研究的样本包括四川省的18个城市和重庆市，共19个城市，涵盖了成渝地区双城经济圈的核心区域。其中，四川省所包含的18个城市包括：成都市、自贡市、攀枝花市、泸州市、德阳市、绵阳市、广元市、遂宁市、内江市、乐山市、南充市、眉山市、宜宾市、广安市、达州市、雅安市、巴中市、资阳市。

本章主要以历年《中国统计年鉴》《四川统计年鉴》《重庆统计年鉴》以及川渝两省市的统计公报为数据来源，对2019~2023年度的成渝地区双城经济圈19个城市国家发展战略腹地承载力进行评价。在数据处理方面，由于部分指标在个别年度存在缺失，本研究将采用加权和标准化的方式进行数据预处理。加权和标准化处理有助于消除不同指标之间的量纲差异，确保各项数据在同一标准下进行比较分析。此外，对于缺失的年度数据，将根据年平均增长率或者临近年份的相关指标值进行补充。具体的补充方法将根据数据的可得性以及研究目标来确定，以确保数据的准确性和完整性。

二、测算结果分析

（一）国家发展战略腹地承载力指数的整体趋势

根据上文的指标体系和评价方法，求得2019～2023年成渝地区双城经济圈国家发展战略腹地承载力指数，如图1所示。整体来看，成渝地区双城经济圈的整体承载力指数在2019～2023年表现出稳步上升的趋势，从2019年的0.2234逐步上升至2023年的0.2297，体现了区域整体战略腹地承载力的稳步提升。这一变化反映了成渝地区在国家发展战略腹地中的承载能力逐渐增强。随着成渝地区双城经济圈的不断深化，重庆市和成都市作为核心城市，推动了区域经济一体化，促进了基础设施建设、产业协同以及科技创新的快速发展。此外，政策扶持和国家级战略如"成渝地区双城经济圈建设"也为区域的整体承载力提升提供了强有力的支持。通过加快产业结构优化，推动绿色经济和创新驱动，成渝地区的经济和社会发展能力不断得到强化。

分区域看，成渝地区双城经济圈各城市的承载力指数表现出显著的差异性，揭示了区域内部在经济、社会、资源和发展潜力等方面的不同特征。如表2所示。这种差异性既反映了城市发展现状的多样性，也体现了区域功能分工的必要性和未来协同发展的潜力。

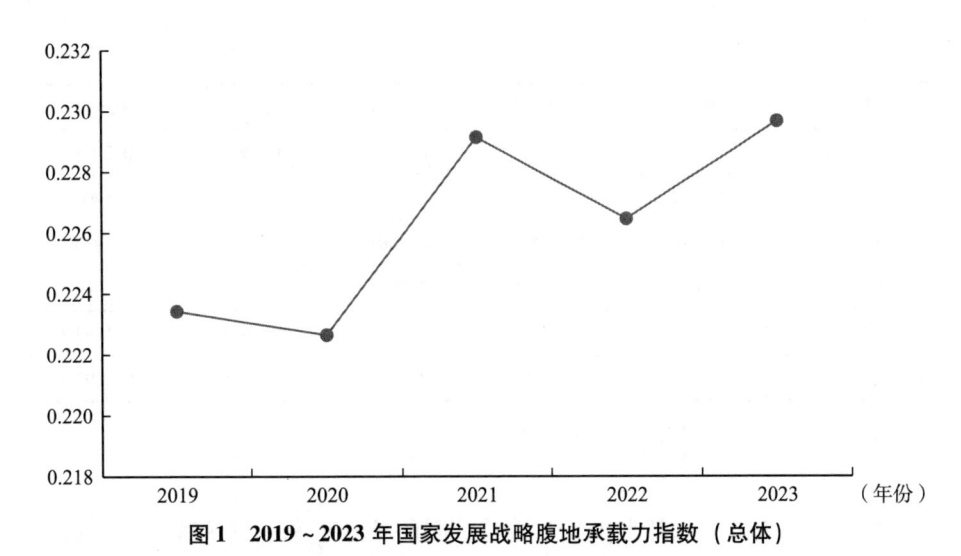

第一篇　成渝地区双城经济圈发展指数研究

图1　2019～2023年国家发展战略腹地承载力指数（总体）

资料来源：根据本研究指标体系和方法计算所得。

表2　2019～2023年国家发展战略腹地承载力指数（分城市）

地区	2019年	2020年	2021年	2022年	2023年
重庆市	0.7190	0.7193	0.7209	0.7258	0.7274
成都市	0.5221	0.5233	0.5347	0.5276	0.5528
自贡市	0.1471	0.1549	0.1553	0.1636	0.1665
攀枝花市	0.2037	0.2055	0.2032	0.1985	0.2126
泸州市	0.1788	0.1793	0.1790	0.1687	0.1661
德阳市	0.1796	0.1800	0.1847	0.1820	0.1835
绵阳市	0.1996	0.2084	0.2089	0.2105	0.2241
广元市	0.2067	0.2072	0.2065	0.1995	0.1946
遂宁市	0.1696	0.1652	0.1592	0.1700	0.1747
内江市	0.1545	0.1548	0.1610	0.1463	0.1244
乐山市	0.1732	0.1680	0.1809	0.1832	0.1836
南充市	0.1854	0.1884	0.1990	0.1995	0.2008
眉山市	0.1484	0.1487	0.1538	0.1509	0.1534
宜宾市	0.1745	0.1749	0.1889	0.1739	0.1901

续表

地区	2019 年	2020 年	2021 年	2022 年	2023 年
广安市	0.1653	0.1657	0.1897	0.1948	0.2008
达州市	0.1623	0.1627	0.1479	0.1444	0.1409
雅安市	0.1897	0.1902	0.2081	0.2020	0.1979
巴中市	0.1921	0.1599	0.2046	0.2051	0.2040
资阳市	0.1735	0.1739	0.1672	0.1564	0.1653
平均值	0.2234	0.2226	0.2291	0.2265	0.2297

资料来源：根据本研究指标体系和方法计算所得。

首先，重庆市和成都市作为双城经济圈的核心引擎，其承载力指数遥遥领先于其他城市。重庆市的承载力指数从2019年的0.7190稳步上升至2023年的0.7274，而成都市的指数也从0.5221提升至0.5528。这两个城市在经济规模、科技创新、基础设施建设和产业布局等方面均具有显著优势。重庆市凭借其独特的区位条件和政策支持，成为推动成渝地区高质量发展的重要力量；成都市则作为西部重要的经济和科技中心，在推动区域产业升级和创新发展中发挥了关键作用。

其次，中等承载力城市如绵阳市、宜宾市和南充市等，在区域中扮演着重要的支撑角色。其中，绵阳市的承载力指数增长较为显著，从2019年的0.1996提升至2023年的0.2241，说明其在科技创新和产业协作方面取得了积极进展。同样，宜宾市和南充市也表现出较为稳定的增长趋势，这表明这些城市在基础设施完善、公共服务提升和区域经济合作中具有较强的韧性。

然而，部分城市的承载力指数较低且增速缓慢，如内江市和眉山市。内江市的承载力指数在2023年降至0.1244，为区域内最低，反映了其在经济发展、公共服务和资源整合方面存在较大挑战。这些城市由于经济体量较小、基础设施薄弱以及产业链不完善，其在双城经济圈建设中的发展潜力尚待挖掘。

从整体趋势来看，双城经济圈的承载力平均值从2019年的0.2234增长至2023年的0.2297，呈现出稳步提升的态势。这表明，区域内通过政策引导、产业协作和资源整合，整体承载能力不断增强。但与此同时，城市间的差距依然较为明显，核心城市和非核心城市之间的承载力指数差距显著。

（二）产业承载力指数分析

2019~2023年，产业承载力指数整体呈现稳步上升的趋势，核心城市和中等城市引领了区域产业承载力的提升。但城市间产业承载力的差距较大，体现了区域产业发展水平的非均衡性。如表3所示，重庆市和成都市作为该经济圈的核心城市，其产业承载力指数明显高于其他城市，且增长趋势稳定。自贡市、攀枝花市、泸州市等城市的产业承载力虽然基数较低，但也呈现出逐年增长的趋势。

表3　　　　　　　　2019~2023年产业承载力指数

地区	2019年	2020年	2021年	2022年	2023年
重庆市	0.9193	0.9213	0.9192	0.9232	0.9357
成都市	0.5660	0.5703	0.5743	0.5845	0.5924
自贡市	0.0574	0.0609	0.0601	0.0594	0.0603
攀枝花市	0.0827	0.0886	0.0860	0.0845	0.0856
泸州市	0.0716	0.0755	0.0783	0.0807	0.0818
德阳市	0.0931	0.0949	0.0952	0.0990	0.1003
绵阳市	0.1074	0.1105	0.1116	0.1128	0.1143
广元市	0.0230	0.0258	0.0252	0.0263	0.0267
遂宁市	0.0392	0.0425	0.0427	0.0447	0.0453
内江市	0.0516	0.0549	0.0579	0.0584	0.0592
乐山市	0.0705	0.0754	0.0754	0.0786	0.0797
南充市	0.0557	0.0581	0.0585	0.0578	0.0586
眉山市	0.0665	0.0688	0.0698	0.0722	0.0731
宜宾市	0.0882	0.0938	0.1018	0.1059	0.1074

续表

地区	2019 年	2020 年	2021 年	2022 年	2023 年
广安市	0.0586	0.0569	0.0559	0.0579	0.0586
达州市	0.0584	0.0588	0.0608	0.0647	0.0656
雅安市	0.0464	0.0475	0.0471	0.0491	0.0498
巴中市	0.0259	0.0280	0.0257	0.0300	0.0304
资阳市	0.0491	0.0470	0.0467	0.0450	0.0456
平均值	**0.1332**	**0.1358**	**0.1364**	**0.1387**	**0.1405**

资料来源：根据本研究指标体系和方法计算所得。

从区域格局来看，成渝地区双城经济圈的产业承载力呈现"核心—外围"格局。核心城市（重庆市、成都市）指数远高于平均值（2023 年均值为 0.1405）。其他城市（如广元市、巴中市、资阳市）产业承载力较低，经济发展仍需更多政策倾斜和资源投入。分区域来看，重庆和成都作为成渝地区双城经济圈的核心城市，其产业承载力指数显著高于其他城市。重庆市的产业承载力指数从 2019 年的 0.9193 稳步增长至 2023 年的 0.9357，成都则从 0.5660 提升至 0.5924。这种表现得益于两地在经济规模、科技创新能力、第三产业发展以及国际贸易等方面的综合优势。例如，重庆市在规模以上工业企业资产总计、企业数量以及进出口总额等指标上均居于领先地位，而成都市在第三产业占比、社会消费品零售总额以及人均收入等方面表现突出。宜宾市、绵阳市、德阳市等城市在报告期内的产业承载力指数呈现出稳步提升的态势。其中，宜宾市从 2019 年的 0.0882 增长至 2023 年的 0.1074，绵阳市从 0.1074 上升至 0.1143。这些城市通过优化产业结构、加强工业基础设施建设和提升科技创新能力，在区域发展中发挥了重要的支撑作用。自贡市、攀枝花市和巴中市等地的产业承载力指数增长缓慢，自贡市仅从 0.0574 增长至 0.0603，巴中市从 0.0259 增长至 0.0304。这些城市由于经济总量小、产业结构单一、工业化和城市化水平较低，在区域竞争中处于劣势。

（三）科技创新承载力指数分析

2019~2023年，成渝地区双城经济圈科技创新承载力指数整体呈现出缓慢上升的趋势，但区域内各城市的科技创新能力差异显著，表现出较为突出的非均衡性。如表4所示，重庆市和成都市作为区域核心城市，其科技创新承载力指数始终保持领先，其中成都市的科技创新能力更为突出，而其他城市的承载力指数则普遍较低。

表4　　　　2019~2023年科技创新承载力指数

地区	2019年	2020年	2021年	2022年	2023年
重庆市	0.4849	0.4920	0.4980	0.4592	0.4714
成都市	0.8572	0.8940	0.9049	0.9286	0.9281
自贡市	0.0323	0.0336	0.0340	0.0380	0.0468
攀枝花市	0.0276	0.0274	0.0277	0.0340	0.0383
泸州市	0.0426	0.0466	0.0472	0.0449	0.0377
德阳市	0.0894	0.0747	0.0756	0.1010	0.0989
绵阳市	0.2081	0.1847	0.1869	0.2143	0.2344
广元市	0.0126	0.0096	0.0097	0.0136	0.0155
遂宁市	0.0190	0.0223	0.0226	0.0210	0.0193
内江市	0.0237	0.0245	0.0248	0.0262	0.0284
乐山市	0.0264	0.0268	0.0271	0.0284	0.0255
南充市	0.0375	0.0340	0.0344	0.0386	0.0297
眉山市	0.0278	0.0411	0.0416	0.0241	0.0181
宜宾市	0.0560	0.0607	0.0614	0.0552	0.0467
广安市	0.0090	0.0060	0.0061	0.0069	0.0052
达州市	0.0196	0.0138	0.0140	0.0218	0.0189
雅安市	0.0673	0.0619	0.0627	0.0704	0.0699
巴中市	0.0044	0.0048	0.0049	0.0028	0.0023

续表

地区	2019年	2020年	2021年	2022年	2023年
资阳市	0.0195	0.0154	0.0156	0.0203	0.0176
平均值	**0.1087**	**0.1092**	**0.1105**	**0.1131**	**0.1133**

资料来源：根据本研究指标体系和方法计算所得。

成都市作为成渝地区双城经济圈的核心城市之一，其科技创新承载力指数从2019年的0.8572增长到2023年的0.9281，始终处于领先地位。这主要得益于其在科学研究与技术服务从业人员数量、研发人员全时当量、双一流高校数量等方面的显著优势。例如，2022年，成都市的科学研究与技术服务从业人员数量为27993人，研发人员全时当量为49404人，双一流高校数量达到7所。重庆市科技创新承载力指数从2019年的0.4849上升至2023年的0.4714，尽管2022年有所下降，但整体表现较为稳定。但在科研投入方面仍然存在明显短板，例如，2022年重庆市的财政科学技术支出占GDP的比重为0.3%，远低于成都市的6.2%。

绵阳市、德阳市和宜宾市等城市在科技创新方面的承载能力逐步提升。绵阳市的科技创新承载力指数由2019年的0.2081上升至2023年的0.2344，表现出较强的科技创新潜力。此外，科技创新从业人员及相关资源也较为集中，成为支撑其创新能力的重要因素。此外，自贡市、攀枝花市和广元市等城市，虽然科技创新承载力指数较低，但近年来也表现出一定的提升。这与地方政府加大科技投入及促进产学研合作密切相关。例如，自贡市的科技创新承载力指数从2019年的0.0323上升到2023年的0.0468，反映出其在科技创新方面的努力。

（四）人口承载力指数分析

2019～2023年，成渝地区双城经济圈的人口承载力指数整体呈现稳步上升的趋势。如表5所示，2023年成渝地区双城经济圈的人口承载力指数平均值为 0.1796，较 2019 年的 0.1691 有所提高，显示出成渝地区双城经济圈在人口承载能力方面的增强。

表 5　　2019~2023 年人口承载力指数

地区	2019 年	2020 年	2021 年	2022 年	2023 年
重庆市	0.9630	0.9487	0.9769	0.9782	0.9817
成都市	0.6480	0.6677	0.6628	0.6701	0.6760
自贡市	0.0805	0.0853	0.0808	0.0844	0.0974
攀枝花市	0.1075	0.1028	0.1079	0.1065	0.1039
泸州市	0.1115	0.1212	0.1119	0.1171	0.1214
德阳市	0.1145	0.1265	0.1183	0.1259	0.1261
绵阳市	0.1416	0.1457	0.1421	0.1290	0.1480
广元市	0.0583	0.0574	0.0586	0.0594	0.0613
遂宁市	0.0872	0.0880	0.0875	0.0992	0.0926
内江市	0.0874	0.0987	0.0877	0.1084	0.1014
乐山市	0.0989	0.0928	0.0993	0.1003	0.0975
南充市	0.1474	0.1455	0.1479	0.1513	0.1513
眉山市	0.0800	0.0851	0.0838	0.0932	0.0936
宜宾市	0.1329	0.1356	0.1334	0.1310	0.1408
广安市	0.0776	0.0926	0.0779	0.0895	0.0853
达州市	0.1175	0.1260	0.1265	0.1266	0.1280
雅安市	0.0586	0.0533	0.0588	0.0608	0.0709
巴中市	0.0555	0.0680	0.0615	0.0613	0.0728
资阳市	0.0453	0.0433	0.0455	0.0498	0.0625
平均值	0.1691	0.1729	0.1721	0.1759	0.1796

资料来源：根据本研究指标体系和方法计算所得。

从区域格局来看，重庆市、成都市的人口承载力指数相对较高，并且呈现出较为稳定的增长趋势。其中，重庆市的人口承载力指数呈现出稳定的增长趋势，从2019年的0.9630增加至2023年的0.9817。这一变化反映出重庆在资源配置、基础设施建设以及人口吸引力等方面的持续优化。成都市的人口承载力指数从2019年的0.6480上升至2023年的0.6760，增幅相对较小。2023年成都市常住人口城镇化率为80.5%，但其人口密度较高（1484人/平方千米），这表明成都的承载力在短期内受到经济增长放缓与土地资源约束的影响。尽管成都市在区域内依然占据重要地位，但其增长潜力与资源使用的瓶颈值得关注。相比之下，其他城市如资阳市、巴中市、广元市等城市，则表现出较低的承载力指数。例如，资阳市的承载力指数在2023年仅为0.0625，表现出明显的资源匮乏和承载能力不足的趋势，这可能与该市较低的城镇化率（42.66%）和负的自然增长率（-6.13%）密切相关。这种差距背后是显著的经济与人口密度差异，重庆市与成都市作为国家中心城市，拥有强大的产业基础、就业机会和较为完善的基础设施系统，使得它们在吸引和维持人口方面具有明显优势。相对而言，位于经济圈边缘的城市在劳动力市场、基础设施、公共服务等方面的不足，限制了它们人口承载力的提升。

从人口承载力指数指标体系构成来看，人口规模、人力资源以及城市就业吸纳能力对人口承载力具有重要影响。其中，人口规模直接决定了劳动力市场的供给，同时较大的人口规模也意味着较强的市场消费群体。城市化水平较高的城市如成都市和重庆市，其城镇化率均在70%以上，这为城市提供了更多的社会资源和就业机会，从而增强其人口承载能力。人力资源对人口承载力的提升至关重要。高等教育和职业教育的普及能够为城市提供大量高素质劳动力，进一步推动城市经济发展和社会服务的优化。如绵阳市和南充市等城市在教育水平上有所提升，这在一定程度上推动了其教育承载力的增长。反之，缺乏教育资源的城市，例如，雅安市（高校毕业生数量偏少），面临较为严峻的人才流失问题，限制了其经济增长与人口吸引力。此外，城市的就业吸纳能力直接决定了其对新增人口的承载力和社会稳定性。充足的就业机会不仅能够为新增人口提供稳定的收入来源，还能够维持社会的和谐与稳定。例如，成都市在高新技术产业、现代服务业等领域的快速发展，不仅提升了其经济发展水平，也增加了城市的就业机会，从而进一步增强了城市对人口的吸纳能力。

（五）资源环境承载力指数分析

2019~2023 年，资源环境承载力指数整体呈现出稳步上升的趋势，2023 年该区域的资源环境承载力指数平均值为 0.1518，较 2019 年的 0.1497 略有提升，显示出该区域在资源环境承载能力方面有所增强（如表 6 所示）。

表 6　　2019~2023 年成渝地区双城经济圈资源环境承载力指数

地区	2019 年	2020 年	2021 年	2022 年	2023 年
重庆市	0.8851	0.9274	0.9195	0.9275	0.9308
成都市	0.3254	0.3082	0.3504	0.2832	0.2842
自贡市	0.0900	0.0964	0.0825	0.0894	0.0898
攀枝花市	0.1642	0.1114	0.1357	0.1363	0.1368
泸州市	0.1185	0.0917	0.1057	0.1157	0.1161
德阳市	0.0978	0.0795	0.0820	0.0928	0.0931
绵阳市	0.1110	0.0957	0.1141	0.1183	0.1187
广元市	0.0921	0.0926	0.0922	0.1019	0.1022
遂宁市	0.0940	0.0877	0.0957	0.1134	0.1139
内江市	0.0609	0.0770	0.0753	0.0817	0.0819
乐山市	0.0939	0.0663	0.0805	0.0848	0.0851
南充市	0.1097	0.0835	0.1054	0.1313	0.1317
眉山市	0.0876	0.0783	0.0936	0.0949	0.0953
宜宾市	0.0854	0.0885	0.0929	0.0939	0.0942
广安市	0.1449	0.1617	0.0958	0.0751	0.0754
达州市	0.0549	0.0493	0.0625	0.0660	0.0662
雅安市	0.0922	0.0849	0.0629	0.0523	0.0525

续表

地区	2019年	2020年	2021年	2022年	2023年
巴中市	0.0473	0.1073	0.1062	0.1233	0.1238
资阳市	0.0898	0.0846	0.0861	0.0913	0.0916
平均值	0.1497	0.1459	0.1494	0.1512	0.1518

资料来源：根据本研究指标体系和方法计算所得。

具体来看，重庆市的资源环境承载力指数在2019~2023年持续上升，从0.8851增长至0.9308，反映了重庆市在资源利用和环境保护方面取得了显著进步。重庆市的基础设施建设、生态环境保护以及资源利用效率不断提升，为其资源环境承载力的提升提供了强有力的保障。成都市的资源环境承载力指数较低，且波动较大。从2019年的0.3254下降至2023年的0.2842，显示出该市在资源消耗和环境污染等方面的压力不断增加。特别是随着城市化进程的推进，成都市的资源需求和生态压力加剧，这对其资源环境承载力形成了挑战。自贡市、攀枝花市、泸州市等城市的资源环境承载力指数普遍较低，且整体变化不大。自贡市的承载力指数较低且维持稳定，表明该地区的资源环境压力较大，亟须加强资源管理和环境治理。与之相比，泸州市和攀枝花市则通过加强环境保护和绿色发展政策，取得了一定的成效。

分指标来看，在人均耕地面积与农作物播种面积方面，成渝地区城市普遍面临耕地面积减少的问题，尤其是成都市，耕地面积的下降对农业资源的承载力造成了压力。在污水处理率与垃圾处理率方面，重庆市的污水处理率（98.26%）和生活垃圾处理率（100%）均处于较高水平，表明其在资源循环利用和环境治理方面取得了良好成绩。相比之下，成都市的污水处理率（95.4%）相对较低，表明在环境治理方面仍需加强。在绿化覆盖率与公园绿地面积方面，重庆市在绿化覆盖率和人均公园绿地面积方面优势明显，均高于成都市。这不仅改善了城市的生态环境，还提升了区域的资源环境承载能力。成都市的绿化水平相对较低，限制了其生态环境的承载力。在供水能力与水资源利用方面，重庆市在供水能力方面远高于成都市，重庆市的供水综合生产能力为872万立方米/日，而成都市为450.46万立方米/日。这意味着重庆市在水资源供应方面具有较强的承载能力，而成都市也可能面临水资源短缺的问题。

（六）基础设施承载力指数分析

2019~2023年，基础设施承载力指数整体呈现波动变化，但总体上仍显示出一定的上升趋势。2023年，成渝地区的基础设施承载力指数平均值为0.1151，较2019年的0.1064有所提高，显示出区域在基础设施承载能力方面的增强，如表7所示。

表7　2019~2023年成渝地区双城经济圈基础设施承载力指数

地区	2019年	2020年	2021年	2022年	2023年
重庆市	0.9133	0.9163	0.9023	0.8834	0.9017
成都市	0.3170	0.3070	0.3594	0.3463	0.3534
自贡市	0.0413	0.0428	0.0461	0.0365	0.0373
攀枝花市	0.0358	0.0265	0.0325	0.0336	0.0343
泸州市	0.0722	0.0787	0.0930	0.0965	0.0985
德阳市	0.0306	0.0428	0.0426	0.0374	0.0381
绵阳市	0.0555	0.0587	0.0483	0.0578	0.0590
广元市	0.0464	0.0397	0.0590	0.0681	0.0695
遂宁市	0.0328	0.0340	0.0467	0.0457	0.0466
内江市	0.0234	0.0272	0.0388	0.0407	0.0415
乐山市	0.0441	0.0404	0.0413	0.0563	0.0575
南充市	0.0834	0.0649	0.0768	0.0789	0.0806
眉山市	0.0237	0.0249	0.0260	0.0168	0.0172
宜宾市	0.0737	0.0559	0.0766	0.0622	0.0635
广安市	0.0512	0.0572	0.0625	0.0523	0.0534

续表

地区	2019 年	2020 年	2021 年	2022 年	2023 年
达州市	0.0615	0.0690	0.0681	0.0857	0.0875
雅安市	0.0326	0.0435	0.0621	0.0447	0.0456
巴中市	0.0436	0.0366	0.0480	0.0439	0.0448
资阳市	0.0390	0.0412	0.0466	0.0560	0.0572
平均值	0.1064	0.1056	0.1146	0.1128	0.1151

资料来源：根据本研究指标体系和方法计算所得。

从区域格局来看，成都市和重庆市在基础设施建设方面相对领先，形成了两大核心城市带动整个区域发展的格局。重庆市的基础设施承载力指数从2019年的0.9133下降到2023年的0.9017，尽管有所波动，但始终保持在较高水平。这得益于其在交通基础设施、通信设施等方面的综合优势。例如，2023年重庆市的公路总里程为186100千米，高速公路里程为4000千米，民用运输机场数量为5个，民用运输机场旅客吞吐量为22460804人次。成都市的基础设施承载力指数从2019年的0.3170上升到2023年的0.3534。自贡市、攀枝花市、泸州市等城市的基础设施承载力指数普遍较低，2019~2023年，这些城市的基础设施承载力指数维持在0.03~0.10，显示出这些城市在基础设施方面的建设进展较慢。尤其是在自贡市和攀枝花市等二线城市，基础设施的建设仍处于较为基础的阶段，难以支撑快速增长的经济和人口需求。这些城市的基础设施投资仍显不足，亟须通过政府投资和私人资本的合作，提升其基础设施的承载能力。德阳市、绵阳市、广元市等城市的基础设施承载力指数在0.03~0.07，表明这些城市的基础设施在一定程度上得到了提升，但仍处于相对薄弱的状态。虽然在交通、通信等领域有所建设，但由于经济体量较小，城市人口增长速度较快，基础设施的供给能力仍显不足。未来，这些城市应加大基础设施建设的投入，特别是提升其交通、信息化及水资源等基础设施的综合承载能力，以满足日益增长的经济需求。南充市、宜宾市、资阳市等城市在基础设施承载力上有所提升，指数在0.05~0.12。尤其是在交通、通信等领域，这些城市的基础设施建设有了明显进展，能够较好地满足城市化进程中的需求。然而，随着区域经济和人口的持续增长，部分城市的基础设施仍面临承载压力，尤其是在城市交通、能源供应等方面，需要加强对现有设施的维护与更新，同时加大对新型基础设施的建设力度。

分指标来看，在交通基础设施方面，重庆市无论是在公路总里程还是在高速公路建设上均占据优势，特别是其公路旅客周转量和公路货物周转量的较大值，展示了重庆市在区域物流和人员流动中的核心地位。此外，重庆市的港口货物吞吐量和民用运输机场旅客吞吐量也较为突出，进一步加强了其在区域经济中的承载能力。然而，成都市尽管在公路总里程和公路货物周转量方面略逊一筹，但其高速公路和民用运输机场的建设进展相对较好，能够支撑其数字经济和产业发展的需要。在数字基础设施方面，成都市在信息化建设方面明显领先。根据《中国城市统计年鉴2024》数据计算，2023年成都市每百人互联网用户数（176.2人）明显高于重庆市（123.3人），反映出成都市在互联网普及率和数字技术产业的集聚优势。成都市的计算机服务和软件从业人员占比也高于重庆市，数字经济产业的快速发展得益于这些基础设施的支撑。尤其是成都市的数字经济和信息技术产业规模较大，在云计算、大数据、人工智能等领域具备明显的竞争力。相较之下，重庆市的互联网普及率和信息技术产业的从业人员比例相对较低，这在一定程度上限制了其在数字经济中的发展速度。此外，自贡市、泸州市等地在数字基础设施建设上仍较为滞后，互联网用户数、移动电话用户数等指标普遍较低，这些城市的数字基础设施建设亟须加速，以增强其在未来数字化转型中的竞争力。

（七）公共服务承载力指数分析

整体来看，2019~2023年公共服务承载力指数呈现出明显的上升趋势，尤其是成都市、广元市、雅安市等城市增长显著。平均而言，从2019年的0.3297上升至2023年的0.4353（如表8所示），这一趋势反映了成渝地区在公共服务领域的持续投入和显著成效，公共服务水平不断提升，居民的生活质量也随之提高。

表8　　　　　2019~2023年公共服务承载力指数

地区	2019年	2020年	2021年	2022年	2023年
重庆市	0.5226	0.5662	0.5583	0.4150	0.3703
成都市	0.2896	0.2895	0.3094	0.5878	0.4050
自贡市	0.2410	0.2364	0.2575	0.2385	0.3415
攀枝花市	0.4355	0.4271	0.4652	0.5789	0.5803
泸州市	0.1865	0.2079	0.1992	0.2915	0.2812
德阳市	0.2544	0.2608	0.2718	0.3327	0.3360
绵阳市	0.2278	0.2433	0.2434	0.4050	0.3535
广元市	0.5322	0.5740	0.5685	0.6816	0.8214
遂宁市	0.2576	0.2840	0.2752	0.3388	0.4253
内江市	0.2379	0.2536	0.2542	0.2717	0.3628
乐山市	0.3195	0.3352	0.3414	0.4370	0.4333
南充市	0.3284	0.3450	0.3509	0.3587	0.4403
眉山市	0.2637	0.2556	0.2817	0.3292	0.3246
宜宾市	0.2370	0.2245	0.2532	0.3519	0.3102
广安市	0.3803	0.3594	0.4062	0.5321	0.4812
达州市	0.2229	0.2241	0.2381	0.2356	0.2578
雅安市	0.5428	0.5496	0.5799	0.7140	0.7463
巴中市	0.5040	0.4837	0.5384	0.4868	0.6470
资阳市	0.2802	0.2599	0.2993	0.3520	0.3529
平均值	**0.3297**	**0.3358**	**0.3522**	**0.4178**	**0.4353**

资料来源：根据本研究指标体系和方法计算所得。

在区域格局上，不同城市的发展差异较为明显。例如，广元市、雅安市和巴中市在考察期初就拥有相对较高的指标值，并且到2023年，这些城市的指标值进一步攀升，广元市更是达到了0.8214的高点，显示出强劲的发展势头。相比之下，泸州市、南充市和达州市等城市的起点较低，虽然也有所增长，但整体水平仍然相对滞后。此外，重庆市和成都市作为区域内的两大核心城市，其发展表现稳健，重庆市的指标值从0.3703提升至0.5583，成都市则从0.2896跃升至0.5878，对周边城市具有一定的辐射带动作用。

分指标来看，各城市的增长速度并不均衡。一些城市如自贡市、泸州市和内江市，在考察期间内的增长速度相对平缓，甚至在某些年份出现了指标值的波动下降，这可能与这些城市面临的经济结构调整、资源环境约束等因素有关。而另一些城市如广元市、攀枝花市和雅安市，则表现出了持续且快速的增长态势，这可能与它们积极实施创新驱动发展战略、优化产业结构、提升城市治理水平等措施密切相关。值得注意的是，尽管所有城市的指标值都有所提升，但仍有部分城市未能充分抓住发展机遇，与区域平均水平相比仍存在一定差距，未来需要加大发展力度，缩小与先进城市的差距。

三、研究结论

本研究构建了战略发展腹地承载能力评价体系，并对2019~2023年成渝地区双城经济圈整体及内部19个城市的战略发展腹地承载能力指数进行了测度。总体来看，成渝地区双城经济圈的国家发展战略腹地承载力指数在2019~2023年呈现出稳步上升的趋势。得益于区域经济一体化、基础设施建设、产业协同以及科技创新的快速发展，成渝地区双城经济圈在经济、社会、科技、人口、资源环境、基础设施和公共服务等各个维度体现出更大的战略承载潜力和发展空间。

从区域格局来看，成渝地区双城经济圈的承载力呈现出以重庆市和成都市为引领的"核心—外围"格局。重庆市和成都市作为经济圈的核心城市，其各项承载力指数普遍高于其他城市，形成了两大核心城市带动整个区域发展的格局。相对而言，其他城市的承载力相对较低、发展差异较为明显。

在分指标方面，成渝地区双城经济圈在产业承载力、科技创新承载力、人口承载力、资源环境承载力、基础设施承载力和公共服务承载力等方面均表现出不同的特点和趋势。产业承载力整体呈现稳步上升的趋势，但城市间差距较大，反映出区域产业发展水平的非均衡性。科技创新承载力也呈现出上升趋势，但区域内各城市的科技创新能力差异显著。人口承载力指数整体稳步上升，显示出成渝地区双城经济圈在人口承载能力方面的增强。资源环境承载力指数略有提升，但成都市的波动较大，需要关注资源利用和环境保护的平衡。基础设施承载力指数整体呈现波动变化，但总体上仍显示出上升趋势，得益于交通、通信等基础设施的完善。公共服务承载力指数呈现出明显的上升趋势，反映了成渝地区在公共服务领域的持续投入和显著成效。

（本文执笔人：熊兴，博士，副教授，重庆工商大学成渝经济区城市群产业发展协同创新中心副主任；赵晓丹，四川师范大学文学院文艺美学博士生，成都大学旅游与文化产业学院教师。）

成渝地区双城经济圈数实融合发展水平分析

数实融合是推动新质生产力形成的重要路径，特别是在国家战略布局下，成渝地区双城经济圈通过深度融合数字技术与实体经济，正在加快推动传统产业升级和新兴产业发展。数实融合是发展新质生产力的重要途径。新质生产力作为一种具有高科技、高效能、高质量特征的全新生产力形态，新质生产力的形成离不开数字技术的深度赋能。数实融合正是这一进程中的关键路径，它通过数字化手段重塑生产方式、优化要素配置、推动产业结构升级，从而催生更高质量、更具竞争力的生产力形态。新质生产力的形成高度依赖于数字技术的驱动。当前，以人工智能、大数据、物联网、区块链等为代表的新一代数字技术正加速引领第四次工业革命，不仅极大地提升了生产效率，也在优化产业链条、推动新型生产关系形成等方面发挥着关键作用。数字技术的深度融合，使传统行业焕发出新的活力，不仅提升了资源配置效率，还推动了制造业、农业、服务业等各领域的智能化升级，为产业创新发展奠定了坚实基础。

在这一背景下，数实融合正促使产业变革加速演进。新质生产力的形成需要通过技术革命、生产要素优化和产业升级等方式实现质变。首先，在技术革命方面，数字孪生、5G+工业互联网、智能制造等新技术正在重塑制造业生产模式，使生产更加智能化、高效化；其次，在生产要素优化方面，数据正成为新型生产要素，并与传统的劳动力、资本、土地等深度结合，大幅提升全要素生产率；最后，在产业升级方面，新一代数字技术推动产业链优化，使企业从劳动密集型向技术密集型转型，加速推动高质量发展。数实融合不仅促进了新质生产力的形成，也为经济社会高质量发展提供了源源不断的动力。

成渝地区双城经济圈作为国家"十四五"规划的重要战略区域，凭借近亿人口和完备的现代化全产业链，展现出强大的产业基础和创新能力。作为全国重要的经济增长极，该区域为数实融合的深入发展提供了广阔的应用场景和坚实的产业支撑。当前，数实融合正为成渝地区注入强劲动能，加速推动经济结构优化和高质量发展。近年来，成渝地区大力推进数字经济基础设施建设，在5G网络、工业互联网、大数据中心等方面不断布局，为产业数字化转型奠定了坚实基础。数实融合的深入发展，使数据要素从资源化逐步向资产化、要素化、产品化和市场化演进，促进传统产业转型升级的同时，也加速了新兴产业的创新发展，为区域经济增添了新的增长点。

在传统产业升级方面，数实融合推动制造业、农业和物流业的智能化发展，显著增强了区域产业竞争力。成都和重庆作为我国重要的电子信息和高端制造业基地，依托数实融合实现智能制造升级，使制造业向高端化、智能化方向迈进。与此同时，四川作为全国农业大省，正积极运用物联网与人工智能技术，推动智慧农业管理，提高农业生产效率，提升农产品附加值。依托成渝地区交通枢纽的优势，数字化、智能仓储、无人配送等智慧物流技术的应用，大幅提升了物流行业的运作效率，推动区域供应链体系进一步优化。在新兴产业发展方面，成渝地区依托强大的数字基础设施，已初步形成电子信息、软件服务、人工智能等数字经济核心产业集群，吸引了腾讯西部云计算基地、华为成都研究所等众多互联网科技企业的布局，为区域数字产业创新提供支撑。同时，在"碳达峰、碳中和"战略指引下，成渝地区积极推进能源互联网、智慧电网和绿色制造等绿色低碳产业的发展，数字技术的深度应用加速了区域绿色低碳转型进程。此外，数实融合还引发了产业组织方式的变革，催生出全新的商业模式。共享制造、工业互联网平台等新型分工协作模式的兴起，使企业能够更加高效、灵活地调整生产布局，提升产业链协同效率。依托数字化平台经济的快速发展，成都、重庆的直播电商、跨境电商等新商业模式蓬勃兴起，进一步推动消费升级，为区域经济增长注入新活力。数实融合正在重塑成渝地区双城经济圈的产业生态，为区域经济高质量发展提供了有力支撑。未来，随着数字技术的持续深化应用，成渝地区将在产业升级、科技创新、绿色低碳等领域释放更大潜力，进一步巩固其在全国经济版图中的战略地位。

为加快成渝地区双城经济圈的数实融合发展，需要从政策引导、企业创新、数据治理、人才培养、营商环境等多个方面入手，形成政府、企业、科研机构等多方协同推进的合力，促进数字技术与实体经济的深度融合，进一步提升区域产业竞争力和经济增长动力。通过强化政策支持、推动企业创新、优化数据治理、加强人才引育以及改善营商环境，成渝地区双城经济圈的数实融合进程将进一步加快，为区域经济高质量发展提供坚实支撑，并为全国数字经济的发展提供示范和借鉴。数实融合是推动新质生产力形成的重要途径，在成渝地区双城经济圈这一国家战略核心区域，其发展不仅关乎区域经济增长，也对全国经济高质量发展具有示范意义。通过强化政策支持、推动企业创新、优化数据治理、培养复合型人才以及改善营商环境，成渝地区有望在数实融合的浪潮中抢占先机，实现更高质量、更可持续的发展，为西部地区乃至全国的经济增长提供新动力。

一、指标体系构建、评价方法与数据说明

（一）指标构建

本研究构建的成渝地区双城经济圈数实融合发展指标体系，以科学性、系统性和可操作性为基本原则，围绕融合基础（F）、融合结构（S）、融合效率（E）三大核心维度，衡量区域数实融合的发展水平，具体如表1所示。本研究指标体系通过对数字经济与实体经济的深度结合进行量化分析，旨在评估成渝地区在产业数字化、科技创新、金融支持及经济竞争力等方面的发

展情况，为政府政策制定和企业数字化转型提供数据支撑。

表1　　　　成渝地区双城经济圈数实融合发展指标体系

一级指标	二级指标	三级指标	测度指标	指标说明	方向
融合基础（F）	数字经济基础（F1）	数字基础设施水平	人均移动电话用户数（户/人）	衡量通信网络的普及程度，反映区域内数字经济发展的基础条件	+
	数字经济基础（F1）	科技投入水平	科学技术支出占比（%）	地方政府或企业科技研发支出占GDP或财政支出的比重，反映科技投入的力度	+
	数字经济基础（F1）	科技创新能力	每万人专利授权获得数（件/万人）	衡量区域创新能力，以专利授权数量作为技术创新水平的表征	+
	实体经济基础（F2）	生产效率水平	单位从业人员劳动生产率（万元/人）	衡量劳动力创造经济价值的效率，反映实体经济的生产能力	+
	实体经济基础（F2）	基础设施水平	人均城市道路面积（平方米/人）	衡量区域内基础设施建设状况，为数字经济与实体经济融合提供物理支撑	+
	实体经济基础（F2）	金融支撑能力	年末金融机构贷款余额/第二产业产值	衡量金融机构对实体产业的支持程度，以信贷资金与实体经济的匹配度作为参考	+
	实体经济基础（F2）	消费市场活力	消费品零售总额（亿元）	反映消费市场的规模和活跃程度，衡量区域内实体经济的发展状况	+
	实体经济基础（F2）	国际竞争力	进出口总额（亿元）	衡量区域内外贸发展水平，反映产业国际化程度及竞争力	+
融合结构（S）	数字经济结构（S1）	产业层次结构	产业结构高级化指数	衡量产业结构优化程度，反映区域产业由传统低附加值产业向高附加值产业转型的情况	+
	实体经济结构（S2）	企业资产结构	固定资产投资额占比	企业或地区固定资产投资占总投资额的比重，反映长期资本投入在整体投资结构中的比重	+
	实体经济结构（S2）	市场竞争结构	第二产业产值区位商	用于衡量区域内第二产业的竞争优势，反映该行业在区域内的相对集中度	+

续表

一级指标	二级指标	三级指标	测度指标	指标说明	方向
融合结构（S）	实体经济结构（S2）	对外贸易结构	进出口贸易占比	衡量进出口贸易在经济中的占比，反映区域经济的开放度和国际竞争能力	+
融合效率（E）	产业融合效率（E1）	数字产业化水平	人工智能企业数量（家）	衡量人工智能等新兴数字产业的发展规模，反映科技驱动型产业的成熟度	+
	数字治理效率（E2）	金融数字化水平	普惠金融数字化程度	衡量金融科技在普惠金融中的应用水平，反映数字技术对传统金融服务的优化程度	+
	数字治理效率（E2）	数字金融渗透率	数字金融使用深度	评估区域内数字金融工具的使用情况，反映数字化金融服务对经济增长的促进作用	+
	数字创新效率（E3）	科技创新产出	数字经济专利占比	衡量数字经济领域的技术创新能力，以该领域专利申请数量占比作为表征，反映区域内数字经济创新能力	+

首先，融合基础（F）主要衡量支撑数实融合的基本条件，涵盖数字经济基础和实体经济基础两个方面。数字经济基础包括人均移动电话用户数（衡量通信基础设施）、科学技术支出占比（衡量科技投入）、每万人专利授权数（衡量科技创新能力）；实体经济基础则包括单位从业人员劳动生产率（衡量生产效率）、人均城市道路面积（衡量基础设施水平）、年末金融机构贷款余额/第二产业产值（衡量金融支撑能力）、消费品零售总额（衡量市场活力），以及进出口总额（衡量国际竞争力）。这些指标共同构成数实融合的基础框架。

其次，融合结构（S）主要反映数字经济与实体经济的融合程度，涉及产业层次结构、市场竞争结构和对外贸易结构等方面。产业结构高级化指数衡量区域产业升级的水平，固定资产投资额占比反映长期资本投入在整体投资结构中的比重，第二产业产值区位商用于评估制造业等实体产业的竞争力，而进出口贸易占比则用于衡量区域对外经济开放度。这些指标关注数实融合的内在结构优化，为政府和企业提供调整产业布局的依据。

最后，融合效率（E）重点衡量数字经济对实体经济的赋能效果，主要包括产业融合效率、数字治理效率和数字创新效率。人工智能企业数量反映数字产业化的水平，普惠金融数字化程度和数字金融使用深度衡量金融科技的渗透情况，数字经济专利占比则衡量区域内数字经济创新能力的提升。

本研究指标体系通过对基础、结构、效率三个层面的系统分析，全面评估成渝地区双城经济圈数实融合的发展状况。它不仅能够刻画区域内各城市在数实融合中的竞争力，也能为政府和企业提供优化发展策略的量化依据，推动区域经济高质量发展。

（二）评价方法

本研究采用熵值法对成渝地区双城经济圈内16个城市的数实融合发展水平进行评价。在构建成渝地区双城经济圈数实融合发展指标体系时，熵权法被用于评估各指标的贡献度，并计算融合基础、融合结构、融合效率三个维度的综合得分。

（三）数据说明

本研究选取16个城市作为评价对象，包括成都、重庆两大核心增长极，以及四川的绵阳、德阳、乐山、南充、宜宾、泸州、自贡、内江、遂宁、广安、眉山、资阳、达州、雅安等城市。本研究数据的时间跨度为2019~2023年，通过对这一时间段的数据分析，追踪成渝地区数实融合的发展动态，刻画区域内部的发展差异。

本研究数据主要包括政府统计数据与北京大学普惠金融研究数据。政府统计数据提供宏观经济运行和产业结构演变的权威信息，涵盖经济发展、产业数字化、科技创新及金融支持等关键领域。这些数据主要来源于国家统计局、地方统计局等权威机构，具体包括GDP、产业增加值、科技支出占比、进出口总额等指标，为区域经济增长、产业升级及科技发展提供定量依据。此外，政府统计数据系统性强，能够长期跟踪数实融合的演进趋势，为衡量其整体发展水平提供可靠支撑。

其次，北大普惠金融研究数据主要关注数字金融在经济体系中的渗透与作用，补充政府统计数据在金融科技领域的测度不足。该数据涵盖数字金融渗透率、普惠金融数字化程度等核心指标，重点评估数字技术如何赋能金融服务，以及对区域经济和产业升级的影响。数字金融的快速发展已成为推动数实融合的重要动力，因此，该数据的引入为本研究提供了更具前瞻性的分析视角。

二、测算结果分析

（一）数实融合发展水平总体评价

成渝地区双城经济圈在数实融合发展方面呈现出"核心引领、梯度推进、区域分化"的总体格局，各城市间的融合水平存在明显的差异。通过对综合得分的分析，可以将16个城市划分为三个梯队，各梯队的数实融合发展表现、特点及关键影响因素如表2所示。

表2　　　　成渝地区双城经济圈数实融合综合得分年度排名

排名	2019年	2020年	2021年	2022年	2023年
1	成都（0.5019）	成都（0.5644）	成都（0.7007）	成都（0.7496）	成都（0.886）
2	重庆（0.3631）	重庆（0.4169）	重庆（0.5273）	重庆（0.58）	重庆（0.6624）
3	绵阳（0.1846）	绵阳（0.1869）	绵阳（0.2337）	绵阳（0.245）	绵阳（0.2945）
4	泸州（0.1216）	泸州（0.1257）	泸州（0.1451）	泸州（0.16）	泸州（0.1923）
5	内江（0.1157）	资阳（0.1233）	宜宾（0.1408）	宜宾（0.1473）	资阳（0.1843）
6	资阳（0.1112）	宜宾（0.1172）	内江（0.1313）	资阳（0.1421）	宜宾（0.1733）

续表

排名	2019年	2020年	2021年	2022年	2023年
7	宜宾（0.104）	内江（0.1107）	资阳（0.1302）	达州（0.131）	内江（0.1671）
8	达州（0.0933）	达州（0.1041）	达州（0.1177）	内江（0.125）	达州（0.1575）
9	自贡（0.0933）	自贡（0.0985）	自贡（0.1106）	自贡（0.1153）	自贡（0.155）
10	南充（0.0832）	南充（0.0865）	南充（0.1081）	南充（0.1147）	南充（0.1438）
11	德阳（0.0724）	雅安（0.081）	雅安（0.0902）	雅安（0.1002）	雅安（0.1358）
12	遂宁（0.0669）	德阳（0.0744）	德阳（0.0852）	德阳（0.0939）	德阳（0.1319）
13	雅安（0.0651）	遂宁（0.0713）	眉山（0.0836）	遂宁（0.0919）	眉山（0.1243）
14	广安（0.0632）	眉山（0.0626）	遂宁（0.082）	眉山（0.0885）	遂宁（0.1225）
15	乐山（0.0532）	乐山（0.0585）	广安（0.0728）	乐山（0.0765）	乐山（0.1037）
16	眉山（0.0515）	广安（0.0529）	乐山（0.0642）	广安（0.0733）	广安（0.1001）

资料来源：根据本研究指标体系和方法计算所得。

1. 数实融合发展领先城市

成都、重庆、宜宾、泸州、内江、绵阳、资阳等城市的数实融合发展指数长期位居前列，表现出较高的数字经济发展水平、较强的科技创新能力，以及较完善的产业融合生态。成都和重庆作为成渝地区双城经济圈的双核心城市，数实融合发展遥遥领先，得分远超其他城市。成都依托软件信息、人工智能、区块链等数字经济核心产业，形成了完整的数字经济生态链，并通过智能制造、数字金融推动实体经济升级。重庆则在智能制造、工业互联网、智能网联汽车等领域加速布局，推动数字技术与传统产业深度融合。绵阳作为中国科技城，拥有强大的科技创新能力，并且在国防科技、电子信息、智能制造等领域具有较强的产业竞争力，推动了数实融合的快速发展。泸州依托白酒产业和现代物流体系，加快数字化管理和供应链优化，形成了较强的产业协同效应。资阳则受益于成渝城市群的产业辐射效应，近年来，在智能制造和数字基础设施建设方面取得较大进展。宜宾通过"智能制造+白酒产业"，推动高端智能化生产，形成了产业数字化标杆。内江作为成渝地区的交通枢纽，在智能制造、科技创新、现代服务业等领域持续推进数字化转型，综合得分表现优异。

2. 数实融合发展稳步提升城市

达州、南充、自贡、德阳、雅安等第二梯队城市的数实融合指数位于中等水平，具备一定的数字经济发展基础，但在产业数字化转型、科技创新能力、数字基础设施建设等方面仍有较大提升空间。达州、南充具备较好的科技创新能力，在新能源、新材料等领域推进数实融合，但数字经济的整体规模尚未形成集群效应。达州受地理位置影响，经济发展对传统产业依赖较大，但在现代物流、智能制造等领域具有潜力。自贡作为传统工业城市，拥有较强的工业基础，但科技创新能力较弱，数字经济规模较小，亟需在智能制造、数字金融等方面加强布局，以提升数实融合水平。德阳作为装备制造业重镇，在高端制造和工业互联网领域有较大潜力，但数字化改造进展相对缓慢。雅安受限于产业结构，数字经济基础较为薄弱，仍需加快推进传统产业的智能化升级，提高区域数实融合水平。

3. 数实融合发展相对滞后城市

遂宁、眉山、广安、乐山等第三梯队城市的数实融合发展指数相对较低，主要受到基础设施建设不足、科技投入水平有限、市场规模较小等因素的影响，导致数字经济发展速度较慢，产业数字化转型相对滞后。遂宁在电子信息、新能源等新兴产业方面有所突破，但与金融数字化、智能制造等领域的融合深度仍需加强，数字经济尚未形成规模效应。眉山、广安这两个城市的数实融合水平较低，产业结构相对传统，且科技创新能力薄弱，数字基础设施发展较慢，导致区域竞争力不足。乐山虽然在制造业和文旅产业方面具有优势，但数字化转型较为缓慢，未能充分利用新兴技术提升实体经济的发展水平。

成渝地区双城经济圈的数实融合发展呈现"核心城市引领、次级城市跟进、部分区域滞后"的格局。成都、重庆遥遥领先，在全国数字经济发展格局中占据重要地位，依托政策支持、科技创新和产业数字化转型形成强劲的增长动力。绵阳、泸州、宜宾等城市依托地方产业特色，推动数实融合发展，形成区域性产业集群。然而，广安、乐山、眉山、遂宁等城市数实融合指数较低，在科技创新、基础设施、产业数字化等方面仍需补齐短板。需要借助成渝地区双城经济圈的政策支持，加强产业链协同、提升数字基础设施建设、引导科技创新投入，以提高数实融合水平。未来，成渝地区双城经济圈可以依托数字技术创新、产业升级、区域协同合作等多维度策略，进一步促进数实融合高质量发展，推动区域经济结构优化，提升整体竞争力，实现区域间的优势互补与协同发展。

4. 城市年度排名

从2019～2023年的城市年度综合排名变化来看，成都和重庆始终稳居前两位，且得分持续上升，进一步巩固了其领先地位。绵阳、泸州也保持相对稳定的排名，分别位列第三和第四，显示出较强的持续发展能力。而在第五名的位置上，内江在2019年排名第五，但自2020年起被资阳和宜宾交替取代，反映出两市在数实融合发展方面的竞争加剧。整体来看，排名前列的城市保持较强的稳定性，而部分中游城市则呈现出一定的竞争和排名变化。

成都、重庆持续领跑，充分展现了作为成渝地区双城经济圈核心引擎的强劲动力。2019～2023年，成都的数实融合综合得分大幅增长，始终保持领先地位。作为全国数字经济发展标杆，成都凭借人工智能、云计算、智能制造等数字产业集群，推动了实体经济与数字经济的深度融合。自2019年以来，成都通过多项举措夯实数字经济基础，推动高质量发展。首先，成都大力建设数字基础设施，加快5G网络、数据中心、算力中心等新型基础设施布局。其次，成都积极发展数字产业，重点推进人工智能、集成电路、新型显示、智能终端、高端软件等领域。最后，成都着力推动制造业数字化转型，建设数字化车间、智能工厂，并培育全国领先的标杆智能工厂，推动实体经济与数字技术深度融合。与此同时，成都还制定了《成都市"十四五"数字经济发展规划》，明确发展目标和重点任务，通过政策引导和产业扶持，打造数字经济生态体系。这些举措使成都在全国数字经济发展中保持领先地位，核心产业增加值占比持续提升，数字化综合发展水平迈入全国第一梯队。

重庆同样保持稳定增长，持续位居第二。依托制造业基础，重庆在智能网联汽车、工业互联网、智慧城市等方面的创新应用，使其数实融合水平不断提升。自2019年以来，重庆持续夯实数字经济基础，推动高质量发展。首先，制定并实施数字经济发展规划，明确发展目标，统筹推进成渝地区双城经济圈的数字经济协同发展。其次，在数字基础设施建设方面，加快5G网络、数据中心等新型基础设施布局，推动云计算和算力产业集群建设。再其次，大力发展智能产业，推进产业数字化和数字产业化，提升数字经济对整体经济的贡献。最后，推动新型智慧城市建设，推行数字化治理模式，加快政务服务和社会治理数字化转型，优化数据要素流通和应用。这些举措促进了数字经济与实体经济的深度融合，为城市高质量发展奠定了坚实基础。

（二）数实融合基础分析

1. 融合基础发展总体情况

成渝地区双城经济圈融合基础得分整体呈现"核心引领、梯度推进、区域分化"的特征。城市间发展水平存在较大差异，其中，成都和重庆呈领先状态，成为区域数字化转型和融合基础建设的核心引擎，而其余城市融合基础建设尚处于起步阶段，整体提升空间较大。具体如表3所示。

表3　　　　　　　　成渝地区双城经济圈融合基础排名

排名	2019年	2020年	2021年	2022年	2023年
1	成都（0.5422）	成都（0.6100）	成都（0.7630）	成都（0.7669）	成都（0.8613）
2	重庆（0.4684）	重庆（0.5038）	重庆（0.6174）	重庆（0.6372）	重庆（0.6879）
3	绵阳（0.1414）	绵阳（0.1345）	绵阳（0.1956）	绵阳（0.1948）	绵阳（0.2342）
4	自贡（0.1047）	自贡（0.1067）	自贡（0.1061）	自贡（0.1155）	自贡（0.1379）
5	德阳（0.0728）	雅安（0.0807）	雅安（0.0932）	雅安（0.1023）	雅安（0.1207）
6	雅安（0.0695）	德阳（0.0788）	宜宾（0.0874）	宜宾（0.0963）	德阳（0.1157）

续表

排名	2019年	2020年	2021年	2022年	2023年
7	宜宾（0.0578）	宜宾（0.0732）	德阳（0.0827）	德阳（0.0962）	宜宾（0.1066）
8	泸州（0.0565）	泸州（0.0641）	泸州（0.0747）	遂宁（0.0765）	眉山（0.0842）
9	遂宁（0.0456）	资阳（0.0597）	资阳（0.0612）	泸州（0.0757）	泸州（0.0838）
10	乐山（0.0449）	遂宁（0.0546）	眉山（0.0610）	眉山（0.0733）	遂宁（0.0818）
11	资阳（0.0446）	南充（0.0480）	遂宁（0.0608）	乐山（0.0628）	南充（0.0752）
12	南充（0.0435）	乐山（0.0467）	内江（0.0600）	资阳（0.0612）	资阳（0.0734）
13	广安（0.0354）	眉山（0.0417）	南充（0.0572）	南充（0.0597）	乐山（0.0703）
14	眉山（0.0348）	达州（0.0403）	乐山（0.0536）	达州（0.0534）	达州（0.0651）
15	达州（0.0332）	内江（0.0400）	达州（0.0469）	广安（0.0455）	内江（0.0628）
16	内江（0.0315）	广安（0.0348）	广安（0.0396）	内江（0.0446）	广安（0.0517）

资料来源：根据本研究指标体系和方法计算所得。

从时间趋势来看，成渝经济圈近年来在数字基础设施、产业融合和创新生态等方面持续推进，整体融合基础得分逐年提升，特别是在5G网络、工业互联网、智慧城市建设等领域取得了一定成效。然而，由于各城市在经济规模、产业结构、科技创新能力和政府政策支持上的不同，融合基础发展水平呈现出明显的阶梯式分布，即以成都和重庆为核心，高融合基础城市（如绵阳、德阳、自贡）紧随其后，而部分经济规模较小、产业结构相对单一的城市（如广安、内江、达州）融合基础得分仍然偏低。

2. 主要特征分析

（1）成都、重庆"双核引领"，数字基础设施建设全国领先。在成渝地区双城经济圈中，成都和重庆作为国家中心城市，在数字基础设施、产业融合、科技创新等方面始终处于领先地位。成都以新一代信息技术、高端制造、人工智能为支撑，构建了完善的产业数字化体系，其电子信息产业、软件服务业、数字文创等行业发展迅猛，并且依托天府新区、成都高新区等创新高地，吸引了大量科技企业和高端人才，形成了强大的数字经济生态。重庆则凭借工业互联网、智能制造、汽车电子等领域的优势，推动数字产业化和产业数字化协同发展，形成了以长安汽车、大数据智能产业、智慧物流为代表的现代化产业集群。这两个城市融合基础得分远超区域平均水平，说明其在数字经济发展中具备突出的引领作用。

（2）次级城市依托产业特色，融合基础发展水平稳步提升。绵阳、德阳、自贡等城市作为成渝经济圈的二级增长极，融合基础得分虽然与成都、重庆仍有较大差距，但相较于区域其他城市，这些城市的产业结构较为完善，并在各自领域形成了一定的特色。绵阳依托国家科技城的定位，聚焦电子信息、高端装备、国防科技等领域，在数字化转型和科技创新方面具有较强的竞争力。德阳则作为四川工业重镇，在智能制造、工业互联网、数字化工厂建设方面取得了一定突破。自贡则以传统产业升级为核心，推动智能制造、节能环保等新兴产业的发展，使其在融合基础方面逐步提升。

（3）部分城市融合基础薄弱，数字经济发展滞后。在成渝地区双城经济圈中，广安、内江、达州等城市的融合基础得分相对较低，反映出这些城市在数字基础设施建设、产业数字化升级、科技创新能力等方面仍存在较大短板。这些城市主要面临以下挑战。一是数字基础设施建设滞后。在5G网络覆盖、数据中心建设、智慧城市应用等方面相对落后，限制了数字经济的发展速度。二是产业数字化转型进度缓慢。传统产业仍占主导地位，新兴数字产业比重较低，数字化转型动力不足。三是科技创新能力较弱。科研机构、科技企业较少，创新资源相对匮乏，难以形成产业数字化创新生态。四是人才流失问题突出。由于经济发展水平相对较低，高端人才难以留存，使得数字经济发展缺乏核心支撑。

（4）城市间发展分化明显，区域协同发展机制尚需完善。尽管成渝经济圈整体融合基础得分呈现上升趋势，但城市间发展仍存在显著的梯度差异。成都、重庆作为核心城市，已具备较完善的数字经济发展体系，而次级增长极城市（如绵阳、德阳、自贡）正处于融合基础逐步完善阶段，其他城市则因资源禀赋、政策支持、经济体量等因素的影响，融合基础建设相对滞后。此外，区域协同发展机制仍需优化，部分城市之间的产业链协同、数据共享、资源整合等合作尚未形成有效联动，导致数字经济发展出现明显的不均衡性。

3. 小结

成渝地区双城经济圈的融合发展基础呈现核心带动、梯度推进、区域分化的特征。成都和重庆作为双核城市，已形成较为成熟的数字经济体系，并对周边城市发挥辐射带动作用。而次级城市（如绵阳、德阳、自贡）正在依托产业特色和科技创新，逐步提升融合基础水平。然而，部分欠发达城市由于基础设施、产业结构、人才储备等方面的短板，融合基础得分仍然偏低，未来仍需加强区域协同合作，推动成渝地区整体数字经济高质量发展。

未来，成渝经济圈应加快建设数字基础设施一体化，推动成渝双核联动，促进城市间产业协同发展，尤其是强化次级城市的数字经济赋能，提升整体区域的融合基础水平。此外，还应加强科技创新支持力度，引导数字经济与实体产业深度融合，形成更具竞争力的西部数字经济高地。

（三）数实融合结构分析

1. 总体情况

成渝地区双城经济圈在数字经济与实体经济的结合方面相对成熟，尤其在产业链协同、市场结构优化、数字技术应用等领域取得了显著进展。然而，区域内城市间的发展差距依然较为明显，成都、重庆作为核心引擎，在产业融合结构上占据主导地位，而乐山、德阳、遂宁等城市的产业融合结构相对薄弱，产业结构调整与数字化转型仍面临较大挑战，具体如表4所示。从发展趋势来看，成渝地区的产业融合模式已初步形成，但在基础设施、人才储备、科技创新等关键支撑领域仍存在短板，影响了整体融合基础的进一步提升。因此，未来的重点不仅要进一步优化产业融合结构，还需加强基础设施建设，完善数字化生态体系，推动更深层次的数字化转型，以实现区域经济的高质量协同发展。

表4　　　　　　　　成渝地区双城经济圈融合结构排名

排名	2019年	2020年	2021年	2022年	2023年
1	成都（0.7251）	成都（0.7747）	成都（0.8102）	成都（0.8004）	成都（0.8267）
2	泸州（0.4084）	绵阳（0.4063）	泸州（0.4278）	泸州（0.4836）	泸州（0.4893）
3	资阳（0.4023）	资阳（0.4049）	绵阳（0.4234）	绵阳（0.4672）	绵阳（0.4602）
4	绵阳（0.3978）	泸州（0.3997）	资阳（0.4119）	资阳（0.4646）	资阳（0.4228）
5	达州（0.3548）	达州（0.3487）	达州（0.3626）	达州（0.3980）	内江（0.4126）
6	内江（0.3245）	内江（0.3333）	内江（0.3494）	内江（0.3798）	达州（0.3789）
7	宜宾（0.3023）	宜宾（0.3072）	重庆（0.3294）	宜宾（0.3469）	重庆（0.3295）
8	重庆（0.2860）	重庆（0.2966）	宜宾（0.3245）	重庆（0.3332）	宜宾（0.3262）
9	南充（0.2631）	南充（0.2496）	南充（0.2604）	南充（0.2833）	南充（0.2756）
10	广安（0.1346）	雅安（0.1229）	眉山（0.1348）	眉山（0.1410）	自贡（0.1629）
11	自贡（0.1181）	自贡（0.1208）	自贡（0.1271）	广安（0.1395）	眉山（0.1552）
12	雅安（0.1174）	眉山（0.1162）	广安（0.1161）	自贡（0.1354）	广安（0.1440）
13	眉山（0.1071）	广安（0.1151）	遂宁（0.1026）	雅安（0.1233）	雅安（0.1250）
14	遂宁（0.0947）	遂宁（0.0951）	雅安（0.0883）	遂宁（0.1077）	遂宁（0.1187）
15	德阳（0.0770）	德阳（0.0813）	德阳（0.0860）	德阳（0.0931）	德阳（0.0947）
16	乐山（0.0692）	乐山（0.0683）	乐山（0.0831）	乐山（0.0840）	乐山（0.0941）

资料来源：根据本研究指标体系和方法计算所得。

2. 主要特征分析

（1）成都、重庆双核优势显著，融合结构高度优化。成都、重庆在融合结构得分上保持领先，其中成都表现尤为突出，远高于区域平均水平。这表明成都的产业数字化、科技创新、产业链优化已经达到较高水平，尤其是以电子信息、软件产业、人工智能、智能制造为主导的产业体系，为数字经济与实体经济的深度融合提供了广阔的空间。此外，成都高新区等科技园区的集聚效应，以及5G、云计算、大数据等新技术的深度应用，使得成都在融合结构方面保持较高的竞争力。相比之下，重庆虽然在融合基础方面表现良好，但融合结构得分明显低于成都，反映出重庆的产业结构仍偏重于传统制造业，尽管近年来在智能制造、工业互联网、智慧交通等领域取得进展，但整体融合模式仍处于调整优化阶段。

（2）部分二线城市表现突出，产业结构优化初见成效。泸州、绵阳、资阳、达州、内江等城市的融合结构得分均较高，显示出部分二线城市在产业融合方面已具备一定竞争力。泸州依托白酒产业的智能化升级，加快推进"数字酿造"与智能供应链管理，使其在传统产业数字化改造方面具有领先优势。绵阳作为国家科技城，其电子信息、军工产业、高端制造等领域的数字化应用广泛，推动了产业融合加速发展。资阳近年来加强了汽车零部件制造、医药健康等领域的智能制造布局，促进了产业结构优化。达州、内江两个城市传统产业比重大，但近年来依托成都、重庆的产业辐射效应，在数字经济赋能下加快转型。

（3）部分城市融合结构得分较低，产业融合程度有待提升。自贡、眉山、广安、雅安、遂宁、德阳、乐山等城市融合结构得分较低，反映出以下几个问题。一是以传统产业为主导，产业数字化转型滞后。城市的支柱产业仍然以传统制造业、农业和资源型产业为主，尚未形成数字经济的核心竞争力。二是产业链协同不足。因地理位置、经济规模、产业结构的限制，这些城市与成都、重庆的产业协同较为有限，导致资源整合和市场联动能力较弱。三是科技创新和数字应用水平较低。数字化转型的支撑体系（如5G网络、数据中心、人工智能应用等）较为欠缺，企业的数字技术应用率较低，影响了融合结构优化。

3. 小结

成渝地区双城经济圈的融合发展结构总体呈现"双核引领，梯度推进，区域分化"的格局。成都和重庆在产业融合方面处于领先地位，泸州、绵阳、资阳、达州等城市产业结构优化初见成效，而德阳、广安、乐山等城市仍处于产业数字化发展的初级阶段，融合结构较为薄弱。

未来，成渝经济圈应加强"一体化协同发展"，通过优化产业布局、提升数字基础设施建设、增强科技创新能力等措施，促进产业结构进一步优化，推动区域融合发展结构迈向更高水平。同时，进一步强化成都、重庆的双核作用，带动周边城市加快产业数字化转型，使成渝经济圈成为全国领先的数字经济高地。

（四）数实融合效率分析

1. 数实融合效率发展情况分析

成渝地区双城经济圈在数字化成果的转化、资源配置优化、产业效能提升等方面仍存在一定提升空间。整体来看，成都和重庆显著领先，而达州、雅安、资阳等城市融合效率得分较低，说明其在产业数字化转型、技术应用落地、企业生产力提升等方面仍面临较大挑战。从趋势来看，成渝地区在融合效率方面的提升依赖于数字基础设施和产业结构优化的支撑，具体如表5所示。尽管成都、重庆已经具备较高的融合效率，但大多数城市的效率得分仍处于较低水平，显示出其在产业协同、科技赋能、市场转化能力方面仍有较大提升空间。因此，未来重点在于优化产业链协同、提升数字技术应用效率、推动生产要素的高效配置，从而全面提升成渝经济圈的数字经济发展质量。

表5　　　　　　　　　成渝地区双城经济圈融合效率排名

排名	2019年	2020年	2021年	2022年	2023年
1	成都（0.2392）	重庆（0.3260）	重庆（0.4908）	成都（0.6722）	成都（0.9860）
2	重庆（0.1987）	成都（0.3003）	成都（0.4808）	重庆（0.6527）	重庆（0.8714）
3	内江（0.1307）	绵阳（0.1255）	绵阳（0.1650）	绵阳（0.1765）	绵阳（0.2925）
4	绵阳（0.1085）	遂宁（0.0882）	内江（0.1115）	遂宁（0.1124）	资阳（0.2330）
5	遂宁（0.0906）	内江（0.0857）	遂宁（0.1111）	乐山（0.0999）	遂宁（0.2127）
6	德阳（0.0679）	乐山（0.0761）	宜宾（0.1099）	自贡（0.0990）	内江（0.1963）
7	广安（0.0661）	眉山（0.0651）	广安（0.1096）	南充（0.0988）	德阳（0.1958）
8	乐山（0.0582）	自贡（0.0634）	自贡（0.1073）	宜宾（0.0986）	宜宾（0.1952）
9	自贡（0.0491）	宜宾（0.0609）	南充（0.0966）	内江（0.0956）	泸州（0.1898）

45

续表

排名	2019年	2020年	2021年	2022年	2023年
10	宜宾（0.0458）	德阳（0.0594）	眉山（0.0915）	德阳（0.0898）	南充（0.1866）
11	眉山（0.0430）	雅安（0.0483）	德阳（0.0899）	达州（0.0859）	眉山（0.1855）
12	泸州（0.0343）	达州（0.0471）	雅安（0.0854）	泸州（0.0844）	自贡（0.1854）
13	南充（0.0259）	广安（0.0426）	达州（0.0754）	广安（0.0803）	乐山（0.1826）
14	资阳（0.0233）	泸州（0.0410）	泸州（0.0722）	眉山（0.0796）	达州（0.1800）
15	达州（0.0152）	南充（0.0400）	乐山（0.0718）	雅安（0.0775）	雅安（0.1765）
16	雅安（0.0140）	资阳（0.0367）	资阳（0.0549）	资阳（0.0603）	广安（0.1690）

资料来源：根据本研究指标体系和方法计算所得。

2. 主要特征分析

（1）成都、重庆引领区域发展，数字化成果转化效率高。成都、重庆在融合效率方面表现突出，远高于区域平均水平。表明两地在数字技术应用、产业数字化升级、科技成果转化等方面已形成成熟的体系。成都依托高新区、天府新区的科技创新集群，形成了以电子信息、人工智能、软件产业为核心的数字经济生态，推动企业生产效率和市场转化能力显著提升。重庆作为西部重要制造业基地，近年来在智能制造、工业互联网、数字化供应链管理等方面快速发展，使得数字技术在生产体系中的渗透率大幅提升。两座城市的高融合效率反映出其数字经济发展不仅依赖基础设施建设，还在科技创新、产业协同、市场转化等方面形成了良性循环，为区域整体发展提供了示范和带动作用。

（2）部分二线城市融合效率较高，产业数字化转型较快。绵阳、内江、遂宁等城市融合效率得分高于区域均值，表明这些城市在数字经济赋能传统产业、提高生产力方面取得了一定成效。绵阳依托国家科技城的资源优势，在电子信息、国防科技、智能制造等领域的数字化应用较为广泛，企业生产效率较高。内江、遂宁作为成渝经济圈的枢纽城市，在现代物流、食品加工、机械制造等领域的产业协同有所加强，融合效率得到提升。结果表明，即使在基础设施相对薄弱的情况下，合理的产业布局与数字化应用仍可提高产业融合效率，并促进经济高质量发展。

（3）大部分城市融合效率较低，产业数字化应用不足。宜宾、自贡、德阳、乐山、广安、眉山、南充、泸州、资阳、达州（0.081）、雅安等城市融合效率得分较低，反映出以下问题。一是产业数字化转型进程缓慢。城市传统制造业、农业、商贸等行业仍占较大比重，数字化转型尚处于初级阶段，产业链协同效率不高。二是科技创新和应用能力不足。尽管部分城市具备一定的产业基础，但在技术创新、市场化应用、产业链联动等方面仍处于较低水平，导致生产效率未能充分提升。三是数字基础设施与市场需求匹配度低。尽管近年来部分城市加大了对数字基础设施的投资，但在实际产业应用、企业生产优化、市场渗透能力等方面仍有较大提升空间。

3. 小结

成渝地区双城经济圈的融合效率整体上仍处于发展优化阶段，成都、重庆作为核心城市，在数字技术应用、产业协同、市场转化等方面已形成成熟体系，而其他城市的融合效率得分仍较低，显示出其在产业数字化升级、科技成果转化、市场效能提升等方面仍有较大提升空间。

未来，成渝经济圈应加强核心城市辐射带动作用，促进产业数字化协同发展，推动传统产业的数字化升级，以提高区域整体的融合效率。同时，进一步强化数字基础设施建设、优化数字技术应用场景、促进科技成果向市场转化，以提升整体产业效能，使成渝经济圈成为全国数字经济高质量发展的重要增长极。

三、研究结论

成渝地区双城经济圈的数实融合发展是推动新质生产力形成的重要路径，在国家战略布局下，该区域正通过数字技术与实体经济的深度结合，加快推进传统产业升级和新兴产业发展。近年来，成渝地区依托完善的现代化产业链和强大的创新能力，在 5G 网络、工业互联网、大数据中心等领域持续推进，为数实融合奠定坚实基础。数据要素正在从资源化向资产化、要素化、产品化和市场化转型，为传统产业转型升级和新兴产业创新发展提供了新动能。

成渝地区双城经济圈的数实融合发展依托人工智能、大数据、物联网等数字技术，推动制造业、农业、物流等领域的智能化升级，构建高科技、高效能、高质量的新质生产力。在产业结构上，成都、重庆等地深化传统产业的数字化转型，并培育电子信息、人工智能等新兴产业，同时推进绿色低碳产业发展。区域经济发展呈现"核心引领、梯度推进、区域分化"的格局，成都、重庆等城市处于领先梯队，具备较强的科技创新能力和产业融合生态；达州、南充等城市稳步提升，仍需加强产业数字化和基础设施建设；遂宁、眉山等城市由于基础设施薄弱和科技投入不足，产业数字化转型较为滞后，整体发展水平仍待提升。

数实融合正深刻改变成渝地区双城经济圈的产业生态，为区域经济高质量发展提供强劲支撑。未来，成渝地区需进一步强化政策支持、优化产业布局、提升数字基础设施建设、促进科技创新，以深化数实融合，实现区域经济的可持续增长，并在全国数字经济发展格局中占据更重要的战略地位。

（执笔人：付莎，讲师，成都大学成渝地区双城经济圈与成都都市圈建设研究中心研究人员。）

成渝地区双城经济圈协同发展水平分析

2023年,习近平总书记在四川考察时强调要坚持"川渝一盘棋",加强成渝区域协同发展,构筑向西开放战略高地和参与国际竞争新基地,尽快成为带动西部高质量发展的重要增长极和新的动力源。① 川渝两地锚定发展目标,继续深化合作,分别于2023年6月和12月召开推动成渝地区双城经济圈建设的党政联席会议,并把成渝中部崛起作为推动双城经济圈建设走深走实的重要突破口,合力打造国家战略产业备份基地;② 进一步加强川渝毗邻地区协同发展,谋划新型工业化建设内容和重大产业集群布局。③ 2023年,在世界经济低迷,外部环境复杂性、严峻性、不确定性上升;国内周期性、结构性矛盾比较多,自然灾害频发④的情况下,成渝地区补短板、强弱项,协同发展支撑体系更加完善,已经成为促进区域协调发展的重要力量。

本研究将进一步围绕新发展理念,在去年对成渝地区双城经济圈2010~

---

① 习近平在四川考察时强调 推动新时代治蜀兴川再上新台阶 奋力谱写中国式现代化四川新篇章 返京途中在陕西汉中考察 [EB/OL]. 新华网, http://www.xinhuanet.com/politics/leaders/2023-07/29/c_1129775942.htm.

② 推动成渝地区双城经济圈建设重庆四川党政联席会议第七次会议座谈会召开 [EB/OL]. 四川省人民政府, https://www.sc.gov.cn/10462/c105962/2023/6/26/6a3e765fc82d409186db0388749f7c41.shtml.

③ 推动成渝地区双城经济圈建设重庆四川党政联席会议第八次会议召开 [EB/OL]. 四川省人民政府, https://www.sc.gov.cn/10462/spbd4/2023/12/29/34d2e3c18a784571a5bc36ce180124ef.shtml.

④ 2023年中国经济年报"出炉"——国民经济回升向好、成色十足 [EB/OL]. 中华人民共和国中央人民政府, https://www.gov.cn/lianbo/bumen/202401/content_6926731.htm.

2022年的协同发展水平进行动态量化基础上，继续收集2023年的相关数据进行追踪分析，科学评估当前成渝地区双城经济圈协同发展成就，评估五大发展维度的变化趋势；结合地区发展新情况和新要求，进一步分析当前成渝双圈建设的主要任务和合作方向，为进一步深化协同发展，增强协同动能提供现实依据。

一、指标体系与数据说明

首先是要构建成渝地区双城经济圈协同发展评价指标体系。关于指标体系构建的原则及设计思路，在往年的《成渝地区双城经济圈发展研究报告》中已经做过详细说明，在此不再赘述。这里仅对根据地区发展现实而进行调整的指标以及数据进行介绍，列示出指标体系及数据来源，并着重对测度结果进行分析。

（一）指标体系

本研究继续以新发展理念为指导，根据指标可得性和表征性，建立评价成渝地区双城经济圈协同发展三级评价指标体系，此次在已有的指标体系基础上做了轻微的调整，主要体现在对五大维度中的协调发展维度进行了一定的优化：在之前的指标体系中协调发展维度分为经济协调，社会协调和生产安全3个二级指标，并且在生产安全指标下设立了环境保护和生产安全两大三级指标。但是根据川渝发展实际，发展安全部分数据在协调发展中的重要性下降，且"地区突发环境事件次数"等指标也存在一定的偶然性。协调发展的主要目的在于协调经济社会和区域之间的发展，因此在这里将相应的二级指标调整为经济协调，社会协调和区域协调。

经济协调主要考查的是川渝两地在经济发展中的协调程度，产业作为地区发展最重要的力量，本部分以产业分工程度以及非农生产效率的协调来表征，在三级指标中沿用产业同构指数和单位建成区面积创造的非农产业增加值差异两个量化指标。社会协调维度主要考察城乡社会协调与生产生活上的协调，这里采用两地城乡居民收入差距和商品房平均销售价格与经济发展的变动差异来表征；区域协调主要涉及川渝两地发展协调和内部城市发展协调，主要沿用两地人均GDP收入差距和成渝核心城市规模占比来表征。调整以后的指标体系如表1所示，同样第1层为理念层，分别代表新发展理念中的五个维度；第2层为二级指标层，对各理念层关注的重点事项进行明确共涉及15项指标；第3层三级指标层为重点事项量化标准的构建要素，共包含30项指标。除此之外，在搜集数据的过程中发现统计局对往年的部分数据进行了调整，如两地公布的往年住宅商品房平均销售价格有一定调整，且新公布的数据变动较大，为了保障指标的稳定性，本章利用新增商品房平均销售价格来替代以往年度的住宅商品房平均销售价格作为量化数据来源。

表1　　　　　　　　成渝地区双城经济圈协同发展指标体系

一级指标	二级指标	三级指标	指标说明	方向
创新发展	创新投入	研发支出增长	研发支出占GDP的比重	+
		技术交易额增长	省级技术交易额占GDP的比重	+
	创新产出	高新技术产业产出效率增长	高新技术产业总产值占规模以上工业总产值比重	+
		专利授权产出效率增长	专利授权量占研发投入的比重	+
	创新活力	经济主体增长	新增企业数/总企业数	+
		人才储备	每万人高等教育学生人数	+
协调发展	经济协调	产业分工	产业同构指数	−
		非农产业生产效率协调	单位建成区面积创造的非农产业增加值差异	+
	社会协调	城乡协调	城乡居民收入差距占人均GDP的比重	−
		生产与生活协调	新建商品房销售价格与GDP变动差异	−
	区域协调	省际协调	人均GDP地区差异	−
		城市规模协调	成都和重庆常住人口规模占成渝地区人口规模的比重	−

续表

一级指标	二级指标	三级指标	指标说明	方向
绿色发展	环境治理	废水污染	每万元化学需氧量排放量	-
		空气污染	单位产值氮氧化物排放量	-
	生态建设	城市绿化	人均城市绿化面积	+
		生态投资	水利、环境和公共设施管理业全社会固定资产投资/社会固定资产投资	+
	资源利用	工业耗水量	单位工业增加值耗水量	-
		单位GDP能耗	单位GDP能耗	-
开放发展	经济开放	贸易开放	进出口总额占GDP的比重	+
		金融开放	实际利用外资和对外投资额之和与固定资产投资额比重	+
	区域合作	工业生产价格一致性	两地工业品出厂价格指数波动的一致性	+
		铁路和公路货物交流量	铁路和公路货物周转量	+
	开放基础	高速公路和铁路的路网密度	每百平方千米高速公路和铁路长度	+
		航空业发展	航空业从业人员规模	+
共享发展	成果共享	经济发展共享	居民人均收入增长情况	+
		公共服务共享	人均一般民生性财政支出占地区财政支出比例	-
	机会共享	教育机会共享	每万人普通小学专任教师数量	+
		健康机会共享	每万人执业医师（助理）数量	+
	全民共享	就业共享	就业人口占劳动年龄人口（15~65岁）的比重	+
		共同富裕	社会兜底人口占地区总人口的比重	-

（二）数据来源

本研究测算所使用的数据均为国家、四川省以及重庆市统计局或职能部门公开发布的公开数据，主要数据来源为历年《中国统计年鉴》《中国科技统计年鉴》《中国教育统计年鉴》《中国城市统计年鉴》《四川统计年鉴》《重庆统计年鉴》，由于四川和重庆地方统计年鉴仅公布了2022年及以前的数据，所以笔者又通过相关部门如统计局、海关、生态环境局以及地方政府等官方发布的统计公报来搜集相关数据。在数据的使用过程中，需要根据研究目标和研究目的进行加权和标准化处理。另外，个别指标缺失部分年度数据，可根据年平均增长率或用临近年份指标值、所处领域的年度平均增长率补齐，具体方法依据数据可得性和数据研究目的而定。需要重点说明的数据如下：首先，高新技术企业营业收入指标，2023年重庆市的高新技术企业的营业总收入未获得官方公开数据，主要以2022年的高新技术企业营业收入为基础，结合其高新技术企业数量变动比例来进行调整；其次，四川和重庆两地均未公布2023年企业的法人数据，主要结合2022年度数据，并根据省级层面公布的经营主体企业以及企业法人的比例和增长率来进行匹配，得到估计值。

二、测算结果分析

（一）协同发展指数的整体趋势

由于此次对评价指标体系和部分量化指标进行了略微调整，再加上官方对部分指标的往年数据进行了微调，各维度最终得分与《成渝地区双城经济圈发展研究报告（2023—2024）》得分略有差异，但总体趋势保持一致。可以发现，受到宏观经济环境影响，2023年成渝地区双城经济圈协同发展指数略微降低，其得分具体由2022年的205.3分下降至2023年的198.7分（见图1），虽然总体得分略有下降，但细分类看，五大维度的协调性进一步增强，川渝携手并进，在提升地区辐射带动作用方面成效显著。

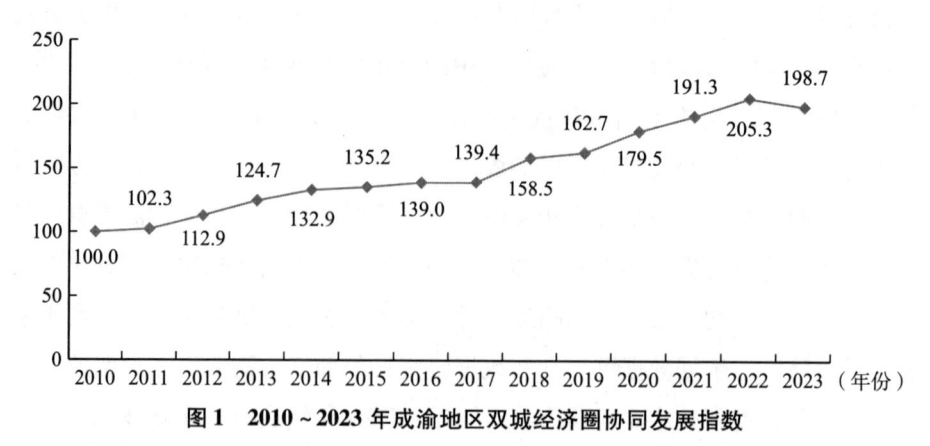

图 1　2010~2023 年成渝地区双城经济圈协同发展指数

资料来源：根据本研究指标体系和方法计算所得。

分维度来看（见图2），2023年成渝地区双城经济圈协同发展水平较2022年略有减弱，这主要表现在绿色发展和创新发展两大维度得分明显下降，其中绿色发展得分下降约25分，创新发展得分下降约13分，成为影响协同发展水平的最主要因素。但从结构上来看，五大维度的协调性进一步增强，其主要表现在以往增长较为缓慢和波动性较大的协调发展、开放发展和共享发展三大维度保持平稳增长，其中协调发展维度得分增长约2.7分，开放发展维度得分增长约0.5分，共享发展维度得分增长约2.3分，对地区协同发展的支撑力进一步增强。从贡献度来看，绿色发展维度的贡献度依然最高，对成渝地区双城经济圈协同发展水平的变动影响超过50%，相比上年略有下降；其次为创新发展，对总体得分的影响超过25%，影响程度略有下降；第三位是开放发展，对总体水平变动影响超过11%，比2022年提升0.8个百分点；第四位为共享发展，其贡献率从7.8%提升至8.8%，最后一位是协调发展，其对变动的贡献率达到3.2%，比上一年提升了0.7个百分点，进一步表明成渝地区双城经济圈各项维度发展均衡性进一步提高。

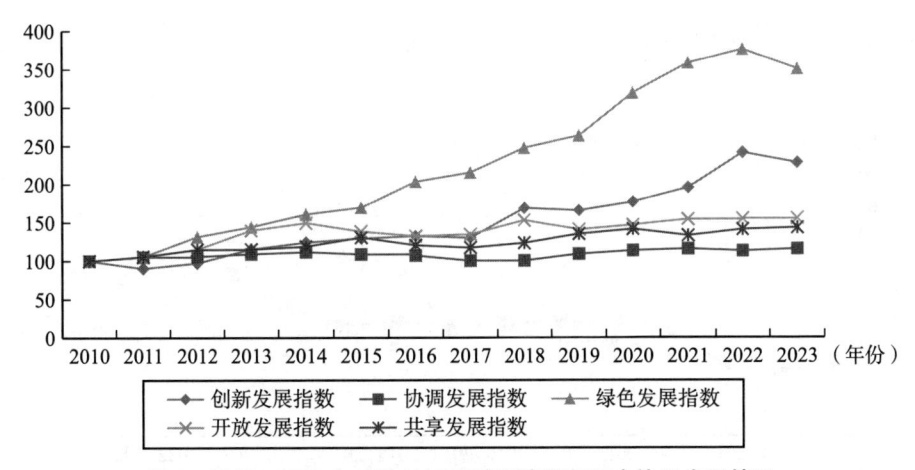

图2　2010~2023年成渝地区双城经济圈新理念协同发展情况

资料来源：根据本研究指标体系和方法计算所得。

（二）创新发展指数分析

创新是引领发展的第一动力，成渝地区双城经济圈创新发展水平明显提升，但创新投入、创新产出和创新活力呈现出不同的发展特点（见图3）。创新投入在双城经济圈建设提出以来提升迅速，两地研发支出和技术交易额稳步增长，2023年，成渝地区双城经济圈创新发展得分略有下降，从2022年的241.4分下降至2023年的228.2分，其中创新投入指标保持一定增长，但创新产出和创新活力得分均有所下降。分二级指标来看，创新投入持续、高速增长，创新投入指标得分增加了47分，这主要得益于两地技术市场交易额当年增加了72亿元左右，增长率超过14.8%。创新产出得分略有下降，这主要是由于川渝高新技术产业产出效率和专利产出明显下降带来的影响，其中，川渝两地专利授权量从2022年的约20.2万件下降至2023年约16.7万件，成为影响创新产出得分的主要因素。创新活力指标得分下降超过68分，这主要是由于企业主体增量下降明显，地区新增企业法人单位增速从2022年的30%左右，下降至2023年的8%左右。从贡献度来看，创新投入对创新发展得分变动的贡献率进一步增加至2/3，创新产出贡献度保持稳定，而创新活力的贡献度显著降低。

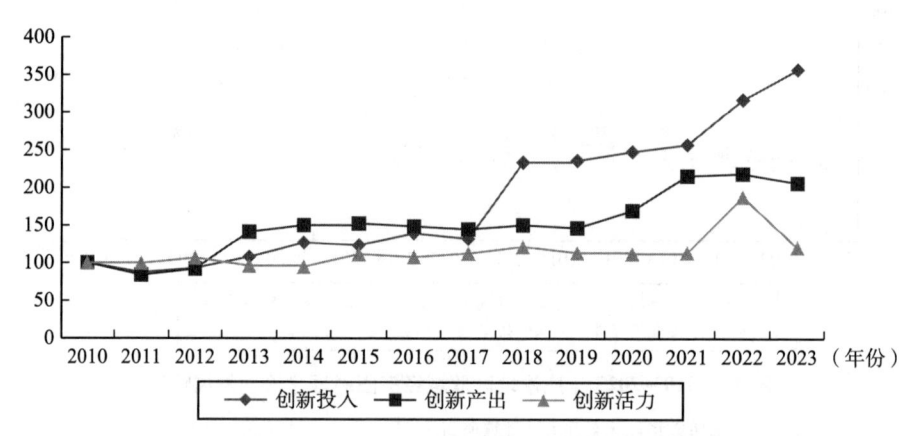

图3　2010~2023年成渝地区双城经济圈创新发展指数情况

资料来源：根据本研究指标体系和方法计算所得。

（三）协调发展指数分析

成渝地区双城经济圈协调发展水平进一步提升（见图4）。2023年，协调发展维度得分提升约2.4个百分点，经济协调、社会协调和区域协调均呈现出稳定增长态势。其中经济协调指标得分增加了4.6分，这主要得益于成渝地区非农生产效率稳步提升，相比之下，两地的产业分工得分略有下降，一方面，说明两地的产业结构进一步趋同；另一方面，也为共同构建优势产业集群提供了基础，如两地区在新能源汽车、生物医药等方面加强产业协同。社会协调指标得分增长了约1.3分，地区城乡居民收入差距以及新建商品房价格变动差异进一步缩小。在区域协调时，两地的人均GDP泰尔指数进一步下降，但双核心城市规模占总人口的比重进一步增加，还需要进一步提升非核心城市的发展能力。从贡献度来看，三大指标得分对协调发展得分变动的贡献率较为均衡，其中经济协调贡献率接近40%，社会协调贡献率达到1/3左右，区域协调的贡献率为27%左右。

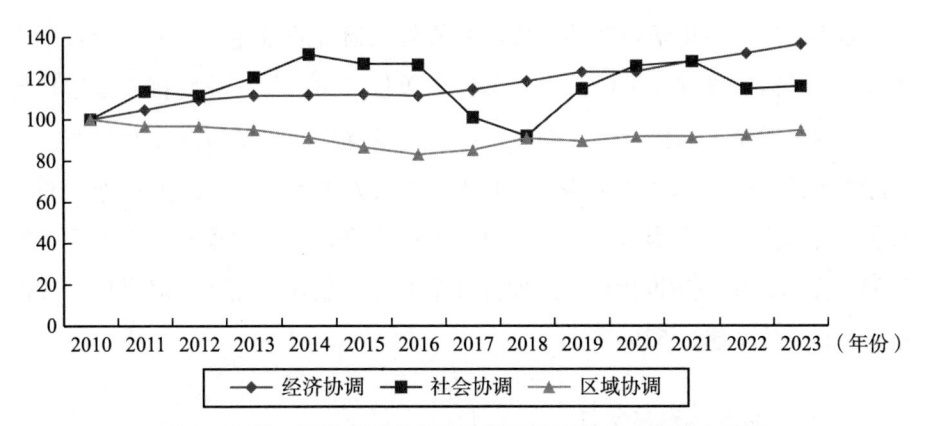

图 4　2010～2023 年成渝地区双城经济圈协调发展指数情况

资料来源：根据本研究指标体系和方法计算所得。

（四）绿色发展指数分析

2023年，成渝地区双城经济圈绿色发展放缓，绿色发展维度得分下降25分左右，这主要是环境治理指标得分下降带来显著影响，生态建设和资源利用依然保持平稳上升态势（见图5）。环境治理指标得分下降近98分，这主

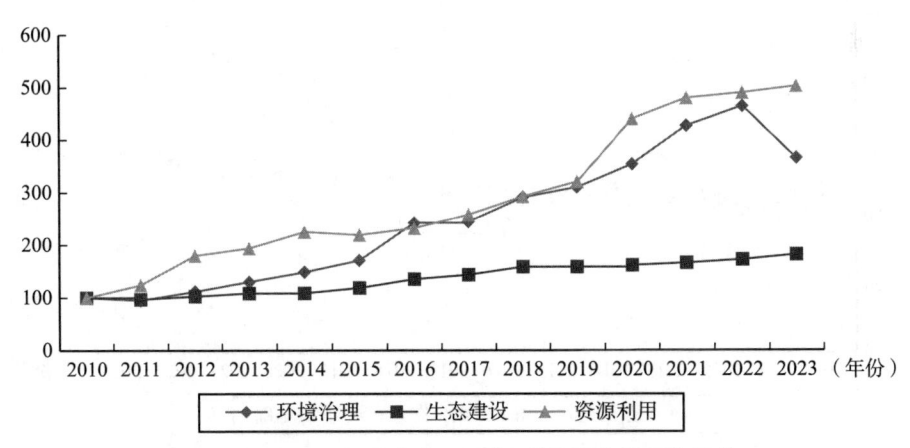

图 5　2010～2023 年成渝地区双城经济圈绿色发展指数情况

资料来源：根据本研究指标体系和方法计算所得。

要是因为成渝两地化学需氧量排放量和氮氧化物排放量显著提升，导致单位产出的化学需氧量排放量增长了近25%，单位产出的氮氧化物排放量增长超27%。生态建设指标得分持续提升，这主要得益于两地城市绿化和生态投资的持续增长。资源利用指标得分的上涨主要动力来源于单位工业增加值的耗水量以及单位GDP能耗持续降低。从贡献率来看，环境治理指标贡献度下降至35%左右，生态建设指标贡献度提升至11%，资源利用指标对绿色发展得分变动的贡献率超过53%。

（五）开放发展指数分析

2023年，成渝地区开放发展保持平稳且略有提升，其中区域合作水平进一步增加，开放基础稳步提升，相比之下，经济开放指标依然受到宏观环境影响而明显降低（见图6）。细分来看，受宏观环境影响，经济开放指标得分进一步下降了26分，两地进出口总额较2022年降低超350亿美元。区域合作指标得分提升近8分，这主要得益于两地货运水平持续提升，工业品出口价格指数差异进一步缩小。开放基础进一步巩固，航空以及陆路运输能力进

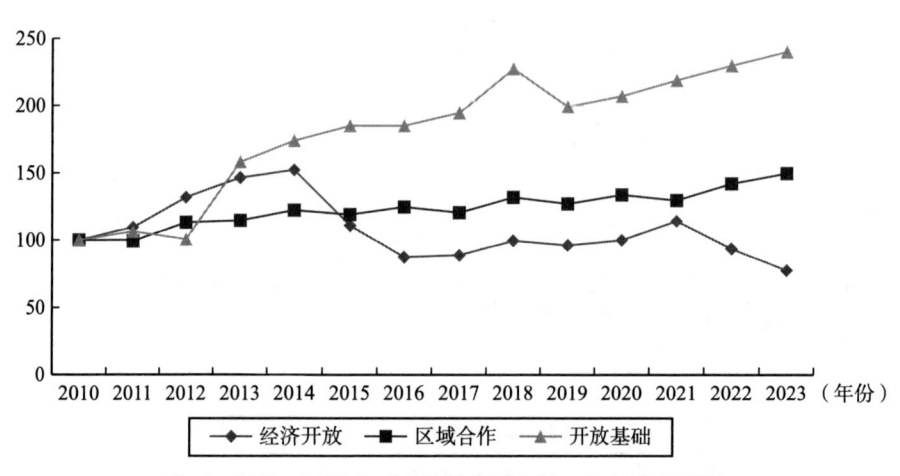

图6　2010~2023年成渝地区双城经济圈开放发展指数

资料来源：根据本研究指标体系和方法计算所得。

一步提升。从对开放发展得分变动的贡献率上来看，经济开放的贡献率略有提升达到48%，区域合作的贡献率下降6个百分点，降至22%，开放基础贡献率提升至30%，成渝地区要加快构建统一大市场，弱化外循环周期对地区开放发展的可能带来的负面影响。

（六）共享发展指数分析

成渝地区双城经济圈共享发展水平依然呈现出波动上升的趋势（见图7）。2023年，共享发展得分略有上升，这主要得益于成果共享指标和机会共享指标得分有一定提升，相比之下，全民共享指标得分在上年经历较大提升后，2023年略有下降。细分来看，成果共享指标的提升得益于成渝地区人均可支配收入进一步提高；成渝地区教育、医疗服务供给质量进一步提高，促进了机会共享得分的提高；共同富裕指标得分略有下降。从对共享发展变动的贡献率上看，机会共享成为拉动共享发展提升的最主要因素，贡献率达到近80%，其次为共同富裕指标，贡献率较上年略有下降达到15%，全民共享指标的贡献率下降至6%。

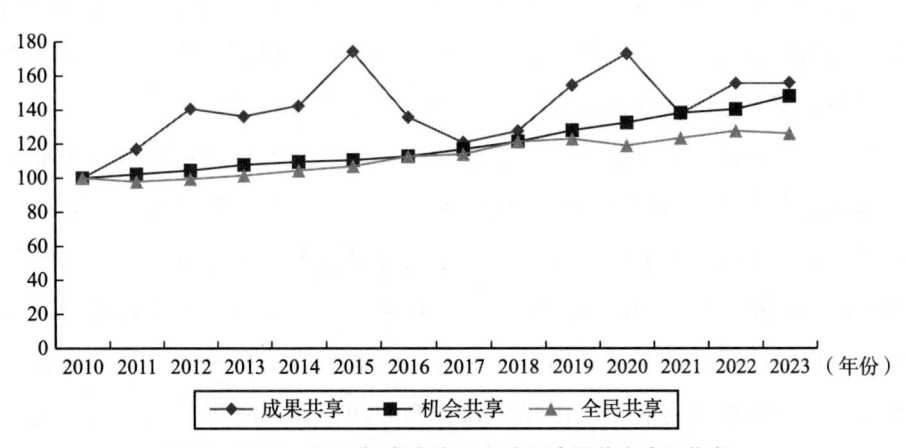

图7 2010~2023年成渝地区双城经济圈共享发展指数

资料来源：根据本研究指标体系和方法计算所得。

三、本章小结

（1）受到宏观经济环境的影响，成渝地区双城经济圈协同发展得分略有下降，但五大理念的支撑体系得到了进一步完善。2023年，成渝地区双城经济圈得分较2022年下降了6.6分，这主要是以往增长最为迅速的创新发展维度和绿色发展维度的得分增长回落带来的负面影响；相比之下，往年得分增长较为缓慢的协调发展、开放发展和共享发展保持稳定并略有增长，三个指标的贡献率也分别提升了0.7个、0.8个和1个百分点，五大理念的支撑作用更加均衡，支撑体系更加完善。

（2）成渝地区双城经济圈建设提出以来，川渝两地补短板，锻长板，不断提升协同发展能力。成渝地区双城经济圈战略提出以来，地区除了绿色发展优势进一步发挥以外，开放、协调和共享等薄弱环节也进一步补齐，理念得分稳定提升，地区发展"一盘棋"思想深入贯彻。

（3）分维度来看，成渝地区受到宏观环境的影响较大，在创新发展中，需要深化体制机制改革，加强现代产业体系建设，加快培育新质生产力，提升创新发展活力，在科技创新的同时进一步推动科技成果转化。在协调发展中，成渝地区要继续加强产业协调，通过强链补链，适度错位、补位发展；要进一步抓住国家战略腹地建设契机，协同做好产业备份与产业承接的系统工作，通过城市合作，优化城市体系，促进区域之间、城乡之间协调发展。在绿色发展中，成渝地区污染物排放规模略有提升，要加紧促进环保生产技术的运用，加快绿色产业转型，进一步发挥生态建设对环境治理的促进作用。在开放发展中，成渝地区对内要依托长江经济带等区域优势进一步促进国内统一大市场建设，充分用好国家各项政策，制定适合地区发展需要的促进内需政策，降低外贸和境外投资减少带来的影响；对外，要利用西部陆海新通道、"一带一路"等优势，扩展非传统贸易伙伴，进一步推进参与国际竞争新基地建设。在共享发展维度，成渝地区要进一步做好新增就业人口的就业工作，完善社会救助机制，加强对社会救助人口的动态管理和就业能力培养。

（执笔人：何悦，副教授，四川省社会科学院博士后，成都大学成渝地区双城经济圈研究中心研究员。）

成渝地区双城经济圈协同发展区域的竞争力评价

本章运用熵值法测算出成渝地区双城经济圈协同发展区域的竞争力评价指数，明确各区域的竞争优势和薄弱环节，提出增强成渝地区双城经济圈协同发展区域综合竞争力的基本路径、方法和对策，为提高成渝地区双城经济圈协同发展区域综合竞争力提供有价值的分析依据。

一、指标体系与数据说明

（一）指标体系

参考中国社会科学院发布的《中国省域经济综合竞争力发展报告（2021—2022）》[①]，从宏观经济竞争力、产业经济竞争力、财政金融竞争力、知识经济竞争力、生活水平竞争力和发展水平竞争力六个方面构建成渝地区双城经济圈协同发展区域的综合竞争力评价指标体系。体系包括1个一级指标、6个二级指标、17个三级指标和42个四级指标（见表1）。数据来源于2023年成渝地区双城经济圈9个协同发展区域的国民经济和社会发展统计公报。

---

① 李建平，李闽榕. 中国省域经济综合竞争力发展报告（2021—2022）[M]. 北京：社会科学文献出版社，2024.

表1　成渝地区双城经济圈协同发展区域综合竞争力评价指标体系

二级指标	三级指标	四级指标	方向
宏观经济竞争力	经济实力竞争力	人均GDP（万元）	+
		GDP增长率（%）	+
		人均GDP增长率（%）	+
	投资实力竞争力	固定资产投资额占GDP的比重（%）	+
		人均固定资产投资额（万元）	+
		固定资产投资额增长率（%）	+
	贸易实力竞争力	全社会消费品零售额占GDP的比重（%）	+
		人均全社会消费品零售额（万元）	+
		出口总额占GDP比重（%）	+
产业经济竞争力	第一产业竞争力	第一产业增加值占GDP的比重（%）	+
		农林牧渔业增加值占GDP的比重（%）	+
		第一产业增加值增长率（%）	+
		人均粮食播种面积（公顷）	+
		人均粮食产量（吨）	+
	第二产业竞争力	第二产业增加值占GDP比重（%）	+
		第二产业增加值增长率（%）	+
	第三产业竞争力	第三产业增加值占GDP的比重（%）	+
		第三产业增加值增长率（%）	+
	企业竞争力	每万人工业企业单位数（个）	+
财政金融竞争力	财政竞争力	财政收入占GDP比重（%）	+
		人均财政收入（万元）	+
	金融竞争力	人均金融机构人民币存款余额（万元）	+
		人均金融机构人民币贷款余额（万元）	+
知识经济竞争力	教育竞争力	每万人中小学学校数（所）	+
		每万人中小学在校学生数（人）	+
		每万人中小学专任教师数（人）	+
		每万人中普通中学学校数（所）	+

续表

二级指标	三级指标	四级指标	方向
知识经济竞争力	教育竞争力	每万人中普通中学在校学生数（人）	+
		每万人中普通中学专任教师数（人）	+
	文化竞争力	广播覆盖率（%）	+
		电视覆盖率（%）	+
生活水平竞争力	收入水平竞争力	城镇常住居民人均可支配收入（万元）	+
		农村常住居民人均可支配收入（万元）	+
	消费水平竞争力	城镇常住居民人均生活消费支出（万元）	+
		农村常住居民人均生活消费支出（万元）	+
发展水平竞争力	人力资源竞争力	年末常住人口（万人）	+
		人口自然增长率（%）	+
	绿色发展竞争力	森林覆盖率（%）	+
	城市化发展竞争力	城镇化率（%）	+
	协调发展竞争力	全社会消费品零售总额与外贸出口总额比差	−
		城乡居民家庭人均收入比差	−
		城乡居民家庭人均消费支出比差	−

（二）数据说明

推动成渝地区双城经济圈建设，毗邻地区合作是突破口。根据《关于加快推进成渝地区双城经济圈产业合作园区建设的通知》，成渝地区双城经济圈毗邻地区的合作发展提出加快建设9个协同发展区域（见表2）。

表2　　　　　　　　主要协同发展区域范围

协同发展区域	涵盖范围	
	四川省	重庆市
万达开川渝统筹发展示范区	达州市	万州区、开州区
明月山绿色发展示范带	达川区、大竹县、开江县（均隶属达州市），邻水县（隶属广安市）	梁平区、垫江县

续表

协同发展区域	涵盖范围	
	四川省	重庆市
城宣万革命老区振兴发展示范区	宣汉县（隶属达州市）、万源市（达州市代管的县级市）	城口县
高滩茨竹新区	广安市	渝北区
环重庆主城都市区经济协同发展示范区	广安市	合川区、长寿区
一体化发展先行区	遂宁市	潼南区
文旅融合发展示范区	资阳市	大足区
现代农业高新技术产业示范区	内江市	荣昌区
融合发展示范区	泸州市	永川区、江津区

二、测算结果分析

按照成渝地区双城经济圈9个协同发展区域的一级和二级指标竞争力分值进行排序，以反映排序位差。某方面竞争力处于上游区（1~3位）的区域具有该方面竞争力的相对优势，处于中游区（4~6位）的区域在该方面竞争力上既没有相对优势也没有相对劣势，处于下游区（7~9位）的区域具有该方面竞争力的相对劣势；某方面竞争力排在第一位的区域具有该方面竞争力的绝对优势，排在最后一位的区域具有该方面竞争力的绝对劣势。从表3可以看出，2023年成渝地区双城经济圈9个协同发展区域综合竞争力处于上游区的依次为环重庆主城都市区经济协同发展示范区、高滩茨竹新区、城宣万革命老区振兴发展示范区；排在中游区的依次为一体化发展先行区、万达开川渝统筹发展示范区、融合发展示范区；排在下游区的依次为文旅融合发展示范区、现代农业高新技术产业示范区、明月山绿色发展示范带。

表3　　　　　　　　　　　区域综合竞争力排位

协同发展区域	综合	宏观经济	产业经济	财政金融	知识经济	生活水平	发展水平
万达开川渝统筹发展示范区	5	4	4	5	4	4	5
明月山绿色发展示范带	9	8	2	6	5	6	9
城宣万革命老区振兴发展示范区	3	9	6	8	1	9	8
高滩茨竹新区	2	1	8	1	8	1	1
环重庆主城都市区经济协同发展示范区	1	5	7	4	2	3	4
一体化发展先行区	4	3	5	2	3	7	2
文旅融合发展示范区	7	6	3	7	9	5	6
现代农业高新技术产业示范区	8	7	1	9	6	8	7
融合发展示范区	6	2	9	3	7	2	3

资料来源：根据本研究指标体系和方法计算所得。

（一）区域宏观经济竞争力评价分析

从表4可以看出，2023年宏观经济竞争力处于上游区的依次为高滩茨竹新区、融合发展示范区、一体化发展先行区；排在中游区的依次为万达开川渝统筹发展示范区、环重庆主城都市区经济协同发展示范区、文旅融合发展示范区；排在下游区的依次为现代农业高新技术产业示范区、明月山绿色发展示范带、城宣万革命老区振兴发展示范区。

表4　　　　　　　　　　　区域宏观经济竞争力排位

协同发展区域	宏观经济	经济实力	投资实力	贸易实力
万达开川渝统筹发展示范区	4	4	8	4
明月山绿色发展示范带	8	8	7	2
城宣万革命老区振兴发展示范区	9	9	6	8
高滩茨竹新区	1	6	9	1
环重庆主城都市区经济协同发展示范区	5	5	4	7

续表

协同发展区域	宏观经济	经济实力	投资实力	贸易实力
一体化发展先行区	3	3	1	5
文旅融合发展示范区	6	7	3	6
现代农业高新技术产业示范区	7	2	5	9
融合发展示范区	2	1	2	3

资料来源：根据本研究指标体系和方法计算所得。

（二）区域产业经济竞争力评价分析

从表5可以看出，2023年产业经济竞争力处于上游区的依次为现代农业高新技术产业示范区、文旅融合发展示范区、万达开川渝统筹发展示范区；排在中游区的依次为明月山绿色发展示范带、一体化发展先行区、城宣万革命老区振兴发展示范区；排在下游区的依次为环重庆主城都市区经济协同发展示范区、高滩茨竹新区、融合发展示范区。

表5　　　　　　　　　　区域产业经济竞争力排位

协同发展区域	产业经济	第一产业	第二产业	第三产业	企业
万达开川渝统筹发展示范区	3	6	4	1	7
明月山绿色发展示范带	4	3	6	7	6
城宣万革命老区振兴发展示范区	6	2	8	6	8
高滩茨竹新区	8	9	9	5	9
环重庆主城都市区经济协同发展示范区	7	7	3	4	4
一体化发展先行区	5	5	2	8	5
文旅融合发展示范区	2	4	5	2	3
现代农业高新技术产业示范区	1	1	7	3	1
融合发展示范区	9	8	1	9	2

资料来源：根据本研究指标体系和方法计算所得。

（三）区域财政金融竞争力评价分析

从表6可以看出，2023年财政金融竞争力处于上游区的依次为高滩茨竹新区、一体化发展先行区、融合发展示范区；排在中游区的依次为环重庆主城都市区经济协同发展示范区、万达开川渝统筹发展示范区、明月山绿色发展示范带；排在下游区的依次为文旅融合发展示范区、城宣万革命老区振兴发展示范区、现代农业高新技术产业示范区。

表6　　　　　　　　区域财政金融竞争力排位

协同发展区域	财政金融	财政	金融
万达开川渝统筹发展示范区	5	5	6
明月山绿色发展示范带	6	7	3
城宣万革命老区振兴发展示范区	8	6	9
高滩茨竹新区	1	9	1
环重庆主城都市区经济协同发展示范区	4	2	4
一体化发展先行区	2	1	5
文旅融合发展示范区	7	4	8
现代农业高新技术产业示范区	9	8	7
融合发展示范区	3	3	2

资料来源：根据本研究指标体系和方法计算所得。

（四）区域知识经济竞争力评价分析

从表7可以看出，2023年知识经济竞争力处于上游区的依次为城宣万革命老区振兴发展示范区、环重庆主城都市区经济协同发展示范区、文旅融合发展示范区；排在中游区的依次为一体化发展先行区、万达开川渝统筹发展示范区、明月山绿色发展示范带；排在下游区的依次为现代农业高新技术产业示范区、融合发展示范区、高滩茨竹新区。

表7　　　　　　　　　区域知识经济竞争力排位

协同发展区域	知识经济	教育	文化
万达开川渝统筹发展示范区	5	6	5
明月山绿色发展示范带	6	7	4
城宣万革命老区振兴发展示范区	1	1	6
高滩茨竹新区	9	9	3
环重庆主城都市区经济协同发展示范区	2	2	7
一体化发展先行区	4	3	2
文旅融合发展示范区	3	5	1
现代农业高新技术产业示范区	7	4	8
融合发展示范区	8	8	9

资料来源：根据本研究指标体系和方法计算所得。

（五）区域生活水平竞争力评价分析

从表8可以看出，2023年生活水平竞争力处于上游区的依次为高滩茨竹新区、融合发展示范区、环重庆主城都市区经济协同发展示范区；排在中游区的依次为万达开川渝统筹发展示范区、文旅融合发展示范区、明月山绿色发展示范带；排在下游区的依次为一体化发展先行区、现代农业高新技术产业示范区、城宣万革命老区振兴发展示范区。

表8　　　　　　　　　区域生活水平竞争力排位

协同发展区域	生活水平	收入水平	消费水平
万达开川渝统筹发展示范区	4	7	4
明月山绿色发展示范带	6	6	5
城宣万革命老区振兴发展示范区	9	9	9
高滩茨竹新区	1	2	1
环重庆主城都市区经济协同发展示范区	3	5	2

续表

协同发展区域	生活水平	收入水平	消费水平
一体化发展先行区	7	8	6
文旅融合发展示范区	5	4	7
现代农业高新技术产业示范区	8	3	8
融合发展示范区	2	1	3

资料来源：根据本研究指标体系和方法计算所得。

（六）区域发展水平竞争力评价分析

从表9可以看出，2023年发展水平竞争力处于上游区的依次为高滩茨竹新区、一体化发展先行区、融合发展示范区；排在中游区的依次为环重庆主城都市区经济协同发展示范区、万达开川渝统筹发展示范区、文旅融合发展示范区；排在下游区的依次为现代农业高新技术产业示范区、城宣万革命老区振兴发展示范区、明月山绿色发展示范带。

表9　　　　　　　　区域发展水平竞争力排位

协同发展区域	发展水平	人力资源	绿色发展	城市化发展	协调发展
万达开川渝统筹发展示范区	5	2	2	5	8
明月山绿色发展示范带	9	9	3	9	7
城宣万革命老区振兴发展示范区	8	5	1	8	9
高滩茨竹新区	1	1	9	1	5
环重庆主城都市区经济协同发展示范区	4	4	5	3	6
一体化发展先行区	2	3	6	4	4
文旅融合发展示范区	6	7	7	7	1
现代农业高新技术产业示范区	7	8	8	6	3
融合发展示范区	3	6	4	2	2

资料来源：根据本研究指标体系和方法计算所得。

三、研究结论

成渝地区双城经济圈协同发展区域综合竞争力评价是通过1个一级指标、6个二级指标、17个三级指标和42个四级指标进行综合评价的结果，综合反映了一个协同发展区域在经济竞争力、产业、财政、金融、教育、环境、统筹协调发展等各方面的发展能力，及其在成渝地区双城经济圈的竞争地位，各方面的发展相互促进、相互制约，共同影响协同发展区域综合竞争力的排位，表现出一定的特征。

（执笔人：胡歆韵，博士，重庆科技大学管理学院讲师。）

成渝地区双城经济圈县域竞争力分析

一、指标说明和数据来源

本研究以川渝两地各县（市、区）统计局公布的国民经济和社会发展统计公报（2023年）以及各县（市、区）的统计年鉴（2024年）为数据来源，对2023年度县域综合竞争力进行评价。本章根据成渝地区双城经济圈划定的行政区划范围，对成渝地区双城经济圈中分别隶属于四川省和重庆市的133个县（市、区）进行县域综合竞争力的评价与分析，并对其进行排序和位次比较。评价指标体系及权重如表1所示。

表1　成渝地区双城经济圈县域综合竞争力指标体系及权重

二级指标	二级指标权重	三级指标	三级指标权重	四级指标	四级指标权重
宏观经济竞争力	0.301	经济产出	0.148	人均GDP（万元）	0.133
				近3年GDP平均增长率（%）	0.015
		投资增长	0.137	固定资产投资额占GDP的比重（%）	0.008
				人均固定资产投资额（万元）	0.014
				实际利用外资金额（万美元）	0.115
		消费需求	0.016	全社会消费品零售额占GDP的比重（%）	0.016

续表

二级指标	二级指标权重	三级指标	三级指标权重	四级指标	四级指标权重
产业经济竞争力	0.323	产业结构	0.273	第二产业增加值（万元）	0.118
				第三产业增加值（万元）	0.124
				第二产业占GDP的比重（%）	0.015
				第三产业占GDP的比重（%）	0.016
		产业效率	0.05	第二产业近3年平均增长速度（%）	0.006
				第三产业近3年平均增长速度（%）	0.014
				每万人规模以上工业企业单位数（个）	0.030
财税金融竞争力	0.065	财政实力	0.017	人均财政收入（万元）	0.017
		金融实力	0.046	人均金融机构人民币存款余额（万元）	0.018
				人均金融机构人民币贷款余额（万元）	0.028
		税收负担	0.002	地方财政一般预算内收入占GDP的比重（%）	0.002
基础设施竞争力	0.137	交通运输	0.123	等级公路密度（公里/平方千米）	0.045
				铁路密度（公里/平方千米）	0.077
				距离港口的最近距离（公里）	0.001
		信息通信	0.014	移动电话年末用户数（人）	0.014
人力资本竞争力	0.133	教育资源	0.082	每万人中小学学校数（所）	0.019
				每万人中小学专任教师数（人）	0.012
				每万人中普通中学学校数（所）	0.016
				每万人中普通中学专任教师数（人）	0.009
				每百万人公共图书馆藏书（千册）	0.026
		医疗资源	0.051	每万人卫生技术人员数（人/万人）	0.020
				每万人执业医师数（人）	0.012
				每万人医院床位数（张）	0.011
				每万人提供住宿的社会工作机构床位数（张）	0.008
可持续发展竞争力	0.044	人口素质	0.028	近3年人口机械增长率均值（%）	0.001
				大专以上人口比例（%）	0.027

续表

二级指标	二级指标权重	三级指标	三级指标权重	四级指标	四级指标权重
可持续发展竞争力	0.044	绿色发展	0.016	PM2.5	0.001
				每万人拥有公园绿地广场数（个）	0.015

二、测算结果分析

（一）县域综合竞争力评价结果

2023年成渝地区双城经济圈内133个区（县）综合竞争力排序情况如表2所示。相较于2022年，成都市所辖区县占前10强的席位减少1位，而重庆市主城各区排名相较上年有所提升，但总体来讲，两地县域综合竞争力格局变化趋于稳定（如表3和表4所示）。

表2　　县域综合竞争力总体排序（前20位）

县（市、区）	综合竞争力	宏观经济	产业经济	财税基础	基础设施	人力资本	可持续发展
渝中区	1	2	16	1	2	2	9
武侯区	2	6	3	2	7	3	12
成华区	3	30	2	3	14	1	3
渝北区	4	14	1	5	88	76	13
九龙坡区	5	11	4	28	11	26	14
江北区	6	4	39	7	1	83	5
锦江区	7	9	5	29	66	79	37
温江区	8	5	52	24	3	85	1
沙坪坝区	9	1	43	38	5	14	4
青羊区	10	13	6	15	17	23	47
金牛区	11	22	10	51	8	5	8

续表

县（市、区）	综合竞争力	宏观经济	产业经济	财税基础	基础设施	人力资本	可持续发展
翠屏区	12	3	35	81	6	82	2
璧山区	13	7	18	46	4	80	6
南岸区	14	15	7	11	57	27	49
北碚区	15	10	9	4	38	17	64
涪城区	16	19	8	26	19	32	10
青白江区	17	16	13	57	30	65	19
龙泉驿区	18	12	12	64	49	91	27
涪陵区	19	23	11	14	92	42	93
巴南区	20	8	27	72	21	96	11

资料来源：根据本研究指标体系和方法计算所得。

表3　　2023年成渝地区双城经济圈县域综合竞争力排序归类

类型	层次	县域	综合竞争力
上游县域类型（前45位）	第一层次（居1~25位）	渝中区、武侯区、成华区、渝北区、九龙坡区、江北区、锦江区、温江区、沙坪坝区、青羊区、金牛区、翠屏区、璧山区、南岸区、北碚区、涪城区、青白江区、龙泉驿区、涪陵区、巴南区、双流区、新都区、万州区、大渡口区、长寿区	绝对竞争优势
上游县域类型（前45位）	第二层次（居26~45位）	郫都区、江津区、丰都县、垫江县、忠县、南川区、合川区、綦江区、荣昌区、邻水县、龙马潭区、西充县、船山区、金堂县、广汉市、彭州市、宝兴县、崇州市、顺庆区、旌阳区	一般竞争优势
中游县域类型（46~90位）	第一层次（居46~70位）	什邡市、江阳区、平武县、都江堰市、自流井区、邛崃市、大足区、江油市、渠县、盐亭县、蒲江县、内江市中区、金口河区、大邑县、黔江区、雁江区、高坪区、青神县、北川县、南溪区、合江县、宜宾县、营山县、达川区、绵竹市	优势不显著
中游县域类型（46~90位）	第二层次（居71~90位）	华蓥市、游仙区、五通桥区、石棉县、阆中市、兴文县、东坡区、潼南区、乐至县、泸县、南部县、中江县、古蔺县、梓潼县、三台县、江安县、武胜县、通川区、安岳县、仁寿县	优势不显著

资料来源：根据本研究指标体系和方法计算所得。

表 4　　县域综合竞争力得分［前 20 位，按区（市）和县划分］

区（市）	得分	县	得分
渝中区	0.476	丰都县	0.192
武侯区	0.431	垫江县	0.145
成华区	0.410	忠县	0.134
渝北区	0.353	邻水县	0.120
九龙坡区	0.316	西充县	0.117
江北区	0.303	金堂县	0.115
锦江区	0.298	宝兴县	0.111
温江区	0.297	平武县	0.106
沙坪坝区	0.296	渠县	0.102
青羊区	0.269	盐亭县	0.101
金牛区	0.266	蒲江县	0.100
翠屏区	0.266	大邑县	0.099
璧山区	0.245	青神县	0.097
南岸区	0.231	北川县	0.096
北碚区	0.230	合江县	0.095
涪城区	0.228	宣汉县	0.095
青白江区	0.206	营山县	0.094
龙泉驿区	0.204	石棉县	0.092
涪陵区	0.192	兴文县	0.092
巴南区	0.209	乐至县	0.091

资料来源：根据本研究指标体系和方法计算所得。

(二) 县域宏观经济竞争力评价结果

如表 5 所示，四川省县域之间的经济竞争力非常接近。靠近成都和重庆这两座核心城市的县域宏观经济竞争力得分均显著高于双城经济圈平均水平，表现出更高的经济发展水平。

表5　　县域宏观经济竞争力得分［前20位，按区（市）和县划分］

区（市）	得分	县	得分
沙坪坝区	0.138	蒲江县	0.046
渝中区	0.136	忠县	0.040
翠屏区	0.109	金堂县	0.023
江北区	0.101	宣汉县	0.022
温江区	0.095	渠县	0.021
武侯区	0.093	垫江县	0.020
璧山区	0.085	古蔺县	0.019
巴南区	0.078	开江县	0.018
锦江区	0.075	平武县	0.017
北碚区	0.068	营山县	0.017
九龙坡区	0.061	大竹县	0.017
龙泉驿区	0.058	蓬安县	0.017
青羊区	0.058	长宁县	0.016
渝北区	0.056	珙县	0.016
南岸区	0.054	合江县	0.016
青白江区	0.050	安岳县	0.016
金牛区	0.044	江安县	0.016
涪城区	0.042	邻水县	0.016
万州区	0.040	盐亭县	0.016
大渡口区	0.040	大英县	0.016

资料来源：根据本研究指标体系和方法计算所得。

（三）县域产业经济竞争力评价结果

如表6所示，靠近成都市和重庆市这两座核心城市的县域产业经济竞争力得分均显著高于双城经济圈平均水平，表现出更高的经济发展水平。这与当前双城经济圈内"双引擎驱动"的发展格局相互吻合。

表6　县域产业经济竞争力得分［前20位，按区（市）和县划分］

区（市）	得分	县	得分
渝北区	0.249	忠县	0.041
成华区	0.184	垫江县	0.040
武侯区	0.179	金堂县	0.036
九龙坡区	0.176	大邑县	0.034
锦江区	0.175	大竹县	0.034
青羊区	0.149	三台县	0.034
南岸区	0.132	古蔺县	0.033
涪城区	0.118	仁寿县	0.033
北碚区	0.108	宣汉县	0.033
金牛区	0.105	渠县	0.033
涪陵区	0.104	合江县	0.033
龙泉驿区	0.098	威远县	0.033
青白江区	0.095	兴文县	0.032
万州区	0.089	梓潼县	0.032
长寿区	0.081	泸县	0.032
渝中区	0.078	北川县	0.032
合川区	0.057	南部县	0.032
荣昌区	0.052	筠连县	0.032
大足区	0.048	珙县	0.032
翠屏区	0.047	营山县	0.032

资料来源：根据本研究指标体系和方法计算所得。

（四）县域财税金融竞争力评价结果

如表7所示，重庆市县域的财税金融竞争力强于四川省县域的财税金融竞争力。靠近成都和重庆这两座核心城市的县域财税金融竞争力得分均显著高于双城经济圈平均水平，表现出更高的财税实力和金融发展水平。

表7　　县域财税金融竞争力得分［前20位，按区（市）和县划分］

区（市）	得分	县	得分
渝中区	0.052	石棉县	0.015
武侯区	0.039	蒲江县	0.013
成华区	0.033	夹江县	0.013
北碚区	0.019	荥经县	0.012
渝北区	0.017	天全县	0.012
温江区	0.015	忠县	0.012
锦江区	0.015	青神县	0.012
南岸区	0.015	丹棱县	0.011
都江堰市	0.015	垫江县	0.011
江北区	0.014	大邑县	0.011
南川区	0.014	仁寿县	0.011
彭山区	0.014	洪雅县	0.011
涪陵区	0.014	金堂县	0.011
什邡市	0.014	芦山县	0.011
黔江区	0.013	平武县	0.010
大渡口区	0.013	犍为县	0.010
彭州市	0.013	宝兴县	0.010
广汉市	0.013	荣县	0.010
峨眉山市	0.013	屏山县	0.010
邛崃市	0.013	乐至县	0.010

资料来源：根据本研究指标体系和方法计算所得。

（五）县域基础设施竞争力评价结果

如表8所示，重庆县域的基础设施竞争力强于四川省县域的基础设施竞争力。靠近成都和重庆这两座中心城市的县域基础设施竞争力指数均值高于双城经济圈平均水平。

表8　　县域基础设施竞争力得分［前20位，按区（市）和县划分］

区（市）	得分	县	得分
江北区	0.114	邻水县	0.040
渝中区	0.113	西充县	0.032
温江区	0.106	垫江县	0.019
璧山区	0.081	宝兴县	0.019
沙坪坝区	0.078	安岳县	0.018
翠屏区	0.070	盐亭县	0.017
武侯区	0.051	北川县	0.011
金牛区	0.048	金堂县	0.010
大渡口区	0.040	乐至县	0.010
九龙坡区	0.036	荣县	0.009
新都区	0.032	蒲江县	0.008
成华区	0.030	大邑县	0.007
温江区	0.027	马边县	0.007
合川区	0.026	泸县	0.007
青羊区	0.026	仁寿县	0.007
长寿区	0.025	忠县	0.007
涪城区	0.022	富顺县	0.006
青白江区	0.022	大英县	0.006
巴南区	0.022	合江县	0.006
荣昌区	0.022	渠县	0.006

资料来源：根据本研究指标体系和方法计算所得。

（六）县域人力资本竞争力评价结果

如表9所示，重庆市县域的人力资本竞争力与四川省县域的人力资本竞争力十分接近。靠近成都和重庆这两座中心城市的县域人力资本竞争力指数均值高于平均水平。

表9　　县域人力资本竞争力得分［前20位，按区（市）和县划分］

区（市）	得分	县	得分
成华区	0.109	平武县	0.041
渝中区	0.073	渠县	0.032
武侯区	0.048	忠县	0.030
金牛区	0.039	兴文县	0.029
内江市中区	0.032	武胜县	0.029
黔江区	0.029	合江县	0.028
金口河区	0.028	西充县	0.028
雁江区	0.026	宝兴县	0.028
南溪区	0.026	北川县	0.028
大足区	0.026	营山县	0.027
高坪区	0.025	江安县	0.027
顺庆区	0.025	岳池县	0.027
荣昌区	0.025	中江县	0.027
涪陵区	0.024	盐亭县	0.026
安居区	0.024	仪陇县	0.025
阆中市	0.024	泸县	0.025
邛崃市	0.024	南部县	0.025
什邡市	0.023	高县	0.025
达川区	0.023	乐至县	0.025
翠屏区	0.022	邻水县	0.025

资料来源：根据本研究指标体系和方法计算所得。

（七）县域可持续发展竞争力评价结果

如表10所示，重庆市县域的可持续发展竞争力与四川省县域的可持续发展竞争力并无显著差异。靠近成都市和重庆市这两座中心城市的县域可持续发展竞争力指数均值高于双城经济圈平均水平。

表10　县域可持续发展竞争力得分［前20位，按区（市）和县划分］

区（市）	得分	县	得分
温江区	0.031	金堂县	0.011
翠屏区	0.029	青神县	0.010
成华区	0.029	宝兴县	0.010
沙坪坝区	0.027	大邑县	0.009
江北区	0.025	蒲江县	0.008
璧山区	0.025	梓潼县	0.007
温江区	0.025	石棉县	0.007
金牛区	0.024	北川县	0.007
渝中区	0.023	垫江县	0.007
涪城区	0.023	芦山县	0.007
巴南区	0.022	平武县	0.007
武侯区	0.020	夹江县	0.007
渝北区	0.018	丹棱县	0.006
九龙坡区	0.017	荥经县	0.006
大渡口区	0.017	长宁县	0.006
涪城区	0.017	天全县	0.005
自流井区	0.016	洪雅县	0.005
游仙区	0.016	兴文县	0.005
青白江区	0.015	犍为县	0.005
旌阳区	0.015	南部县	0.005

资料来源：根据本研究指标体系和方法计算所得。

三、研究结论

本研究对成渝地区双城经济圈县域竞争力进行了多维分析，主要得出以下三点结论。

（1）成渝地区双城经济圈"双擎驱动"特征依旧显著，但表现更加多元。成都市、重庆市两个核心城市所下辖的县域经济实力非常接近，各区（县）在宏观经济、产业基础、财税金融和人力资本维度上均显著优于平均水平，进一步巩固了核心区的引领作用。

（2）成渝地区双城经济圈中部走廊县域发展势头强劲。位于成渝双圈中间走廊的县域综合竞争力排名提升明显，尤其是在财税金融和可持续发展维度表现较好。

（3）成渝地区双城经济圈应立足新质生产力的培育，推动县域产业发展与要素流动将是关键。提高投资效益、改善基础设施和提升人力资本积累水平，将显著推动成渝地区双城经济圈县域经济高质量发展。

（执笔人：梁甄桥，博士，重庆工商大学经济学院讲师。）

第二篇
成渝地区双城经济圈产业园区发展分析

成渝地区双城经济圈国家级新区发展分析

一、重庆两江新区

（一）园区概况①

1. 基本概况

重庆两江新区是中国内陆首个国家级开发开放新区，其设立源于国家西部大开发战略深化的重要需求。2008年，重庆市政府向国务院提出申请，经过深入调研论证后，于2009年获得国务院正式批复。随后在2010年6月18日正式挂牌成立，成为继上海浦东、天津滨海之后的第三个国家级新区。

就区位条件而言，两江新区地处重庆主城区长江以北、嘉陵江以东区域，规划面积达1200平方千米，区域范围涵盖江北区、渝北区和北碚区的部分区域。作为"一带一路"和长江经济带的重要联结点，两江新区凭借其承东启西、沟通南北的地理优势，已然成为中国内陆开放的前沿阵地。

在交通网络建设方面，两江新区已形成独具特色的"五港合一"多式联运物流通道体系，包括水港、空港、铁路港、保税港和信息港。通过与渝新

---

① 如无特别说明，本部分相关资料根据两江新区网站（https：//www.liangjiang.gov.cn）整理。

欧国际铁路大通道和长江黄金水道的有效衔接，两江新区已发展成为西部地区唯一兼具水运、航空、铁路和公路综合优势的交通枢纽，构建起完善的立体交通网络体系。

2. 发展目标

当前，两江新区正围绕"两高两区"的发展定位，即高质量发展引领区、高品质生活示范区的目标稳步推进，逐步实现经济高质量发展与居民生活品质双提升的发展愿景，进而成为引领西部地区发展的核心增长极。

3. 空间布局

两江新区的空间布局呈现出多组团协同发展的格局。新区整体规划形成了七大功能组团，包括北碚－悦来－水土新兴产业组团、渝北－空港组团、金山－水港组团、照母山服务贸易和科技创新组团、江北－江北嘴金融组团、龙盛高端产业组团以及果园港物流组团。各组团功能定位清晰，优势互补，共同构成了新区发展的空间骨架。

4. 主导产业

两江新区已形成完整的现代化产业体系，构建了"3＋5＋11"的产业发展格局，即3个千亿级主导产业、5个百亿级特色产业和11个"新星"产业协同发展。

在产业发展方面，两江新区形成了以智能网联新能源汽车、新一代电子信息制造业、新一代互联网及软件信息业为主导的产业体系。其中，智能网联新能源汽车产业以长安汽车、赛力斯等龙头企业为依托，正加快向科技型、服务型、绿色化方向转型。新一代电子信息制造业重点布局集成电路、平板显示和智能终端等领域，以京东方笔电基地等重点项目为引领，构建"芯屏器核网"产业生态。新一代互联网及软件信息业则围绕互联网服务、软件开发和信息技术服务等方向展开，其中重庆宝湾智能制造供应链中心成为产业发展的重要示范。

同时，两江新区还积极培育生命健康、高端装备制造和新材料等支柱产业，通过优化产业布局、完善产业链条，加快构建现代化产业体系，有力推动区域经济实现高质量发展。这种多元协同的产业发展格局，为新区打造西部创新引擎提供了坚实基础。

从近期发展数据来看，新区产业发展势头强劲。按产业分，汽车产业实现产值2481.63亿元，增长40.4%，占规模以上工业的52.3%；电子产业1554.86亿元，下降2.0%，占32.8%；装备制造业250.91亿元，增长6.7%，占5.3%；生物医药87.78亿元，下降13.6%，占比1.9%。[1]

5. 发展成果

两江新区作为重庆市重要的经济增长极，近年来在工业发展方面展现出显著成效。从经济总量来看，两江新区直管区全年GDP 2910.34亿元、工业增加值1056.89亿元。在独角兽企业培育方面，2024年更是实现5家企业获评，位居重庆市首位。

6. 开放平台

两江新区依托多个开放发展平台积极推进招商引资工作。目前，新区已建成中新（重庆）多式联运示范基地、两江协同创新区以及中新（重庆）战略性互联互通示范项目核心区等重要创新平台，为招商引资工作提供了坚实基础。

从招商引资成果来看，2023年前三季度，两江新区新签约项目66个，协议投资金额达1220.63亿元，完成年度目标的87.2%。其中工业类项目26个，服务业类项目40个，呈现出产业结构持续优化的良好态势。同年，在全球招商大会上，两江新区共签约28个项目，总投资额约301亿元，主要涉及智能网联新能源汽车、新一代电子信息技术等重点领域。延续良好发展态势，2024年8月，新区又有6个总投资达58亿元的项目实现开工或竣工。

在重点引进项目方面，两江新区已吸引多家世界500强和中国500强企业落户。其中，国家电网、德勤、仁宝、上海星景、北京艾瑞数智等6家世

---

[1] 2024年重庆两江新区国民经济和社会发展统计公报［EB/OL］. https：//ljxq.cq.gov.cn/zwgk_199/fdzdgknr/tjxx/tjtjgb/202504/t20250424_14553613.html，2025-04-24.

界 500 强企业相继入驻。同时，腾讯、奕斯伟、赣锋锂业、华峰等 22 个中国 500 强项目也已落地。此外，两江新区还成功签约了中国兵器装备集团、深圳南国能源、太极集团、国药集团、国电等 11 个央企投资项目，进一步丰富了区域产业生态。

7. 创新生态

两江新区目前引进了至少 27 个两院院士团队、5000 余名具备高级职称的专业人才以及 8 位国家重大项目首席科学家。这些高层次人才的引进为两江新区的科技创新和产业发展提供了重要支撑。

两江新区不仅拥有本地高校如重庆理工大学、重庆邮电大学等，还吸引了众多国内外知名高校入驻，形成了较为完善的高等教育体系。两江新区近年来通过聚焦前沿技术领域、强化产学研合作、优化创新生态等措施，在智能网联汽车、新型显示、工业互联网、生物医药、空天信息、新材料等多个领域取得了显著的科技创新成果，为区域经济高质量发展提供了强劲动力。

（二）主导产业分析

1. 产业规模分析

（1）企业数量。

从企业数量来看，新一代互联网及软件信息业企业数量最多，到 2023 年底达 49710 家，智能网联新能源汽车业企业紧随其后，有 46391 家。电子信息制造业企业数量相对较少，为 22404 家，约为互联网及软件行业的 45%（见图 1）。新一代互联网及软件信息业企业规模领先，电子信息制造业、智能网联新能源汽车行业也在稳步增长，展现出蓬勃的产业活力。

（2）就业规模。

从各产业从业人员规模来看，智能网联新能源汽车业从业人员最多，达 266347 人，占据主导地位。其次是互联网及软件信息业，拥有 195479 名从业人员，约为电子信息制造业的 1.35 倍。电子信息制造业从业人员相对较少,为144686人,仅为智能网联新能源汽车行业的54.3%(见图2)。三大主导行业中,智能网联新能源汽车业的就业容量最大,展现出良好的发展态势。电子信息制造业、互联网及软件信息业也在持续发展,创造大量就业机会。

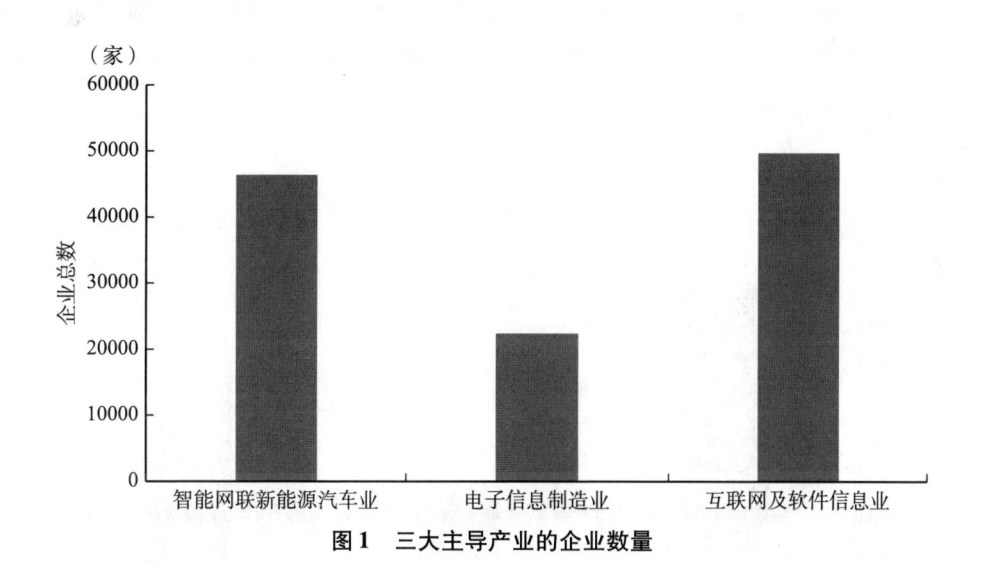

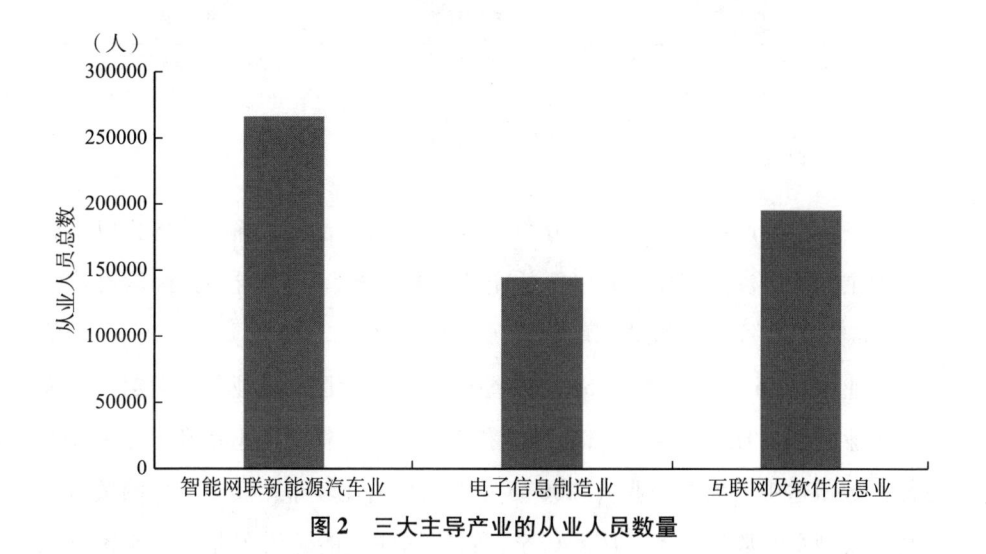

图1 三大主导产业的企业数量

图2 三大主导产业的从业人员数量

91

(3) 注册资本。

从注册资本量级来看，智能网联新能源汽车业规模最大，达 181 亿元，其次是互联网及软件信息业，注册资本为 140 亿元，约为智能网联新能源汽车业的 77.3%。电子信息制造业注册资本相对较小，约为 80 亿元，三大主导产业在资本投入上存在显著差异（见图 3）。智能网联新能源汽车业资本规模优势明显，互联网及软件信息业、电子信息制造业也在稳步发展，展现出较大的投资潜力。

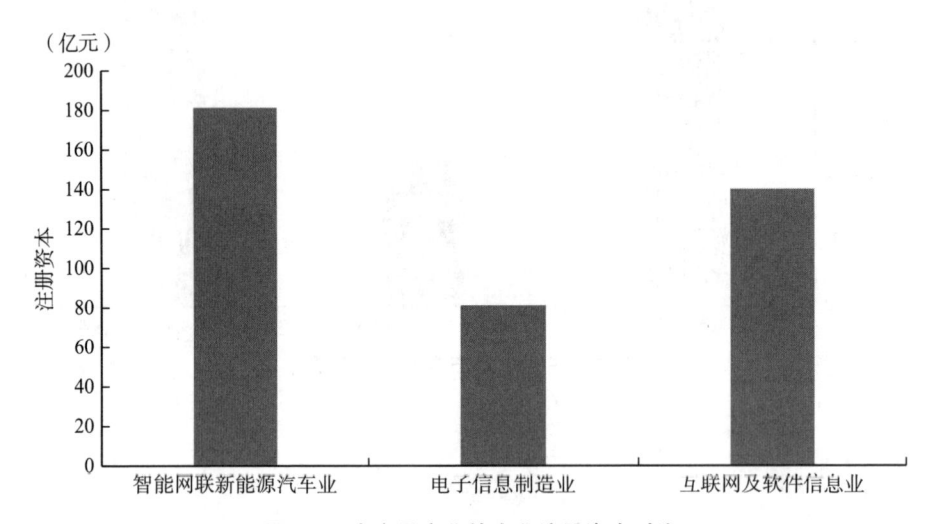

图 3 三大主导产业的企业注册资本对比

从三大主导产业的注册资本分布来看，均呈现"金字塔"结构，以小微企业为主。注册资本 100 万元以下的企业数量最多，互联网及软件信息业占比 61.04%（见图 4）；智能网联新能源汽车占比 63.58%（见图 5）；电子信息制造业占比 56.46%（见图 6）。200 万～500 万元区间企业位居第二，三大主导产业分别占比 13.14%、12.74% 和 14.95%。中型企业（500 万～5000 万元）数量适中。大型企业（5000 万元以上）占比较小，其中互联网及软件信息业大型企业数量最多，达 840 家，智能网联新能源汽车业为 684 家，电子信息制造业为 393 家。

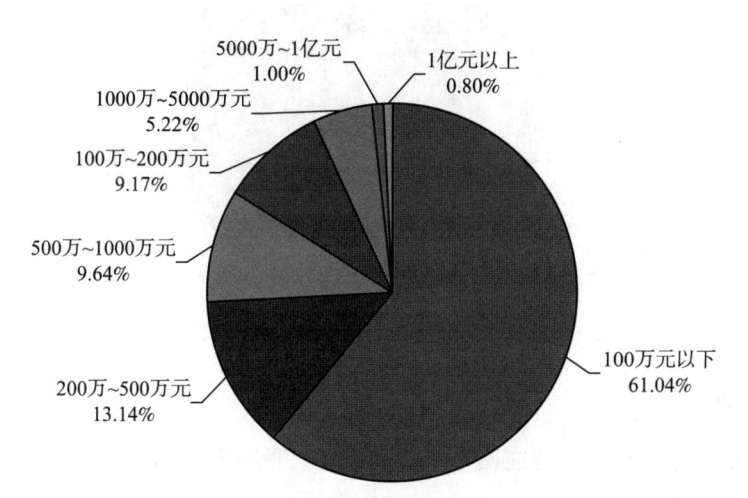

图 4　新一代互联网及软件信息业企业注册资本结构

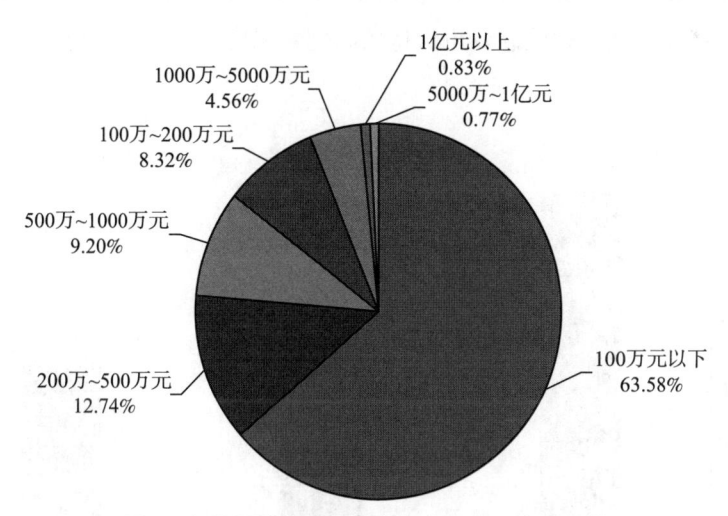

图 5　智能网联新能源汽车业企业注册资本结构

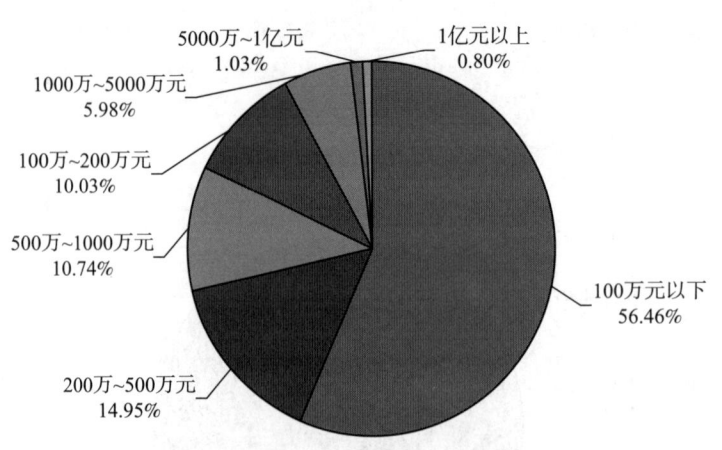

图6　新一代电子信息制造业企业注册资本结构

2. 经营状况分析

从专利总量来看，智能网联新能源汽车行业专利总数最多，达34625项，占据明显优势，约为电子信息制造业的1.84倍，为互联网及软件行业的近2倍。电子信息制造业以18797项专利位居第二，略高于互联网及软件行业（见图7）。近年来，智能网联新能源汽车业在技术创新方面领先，电子信息制造业、互联网及软件信息业也保持较高创新强度。

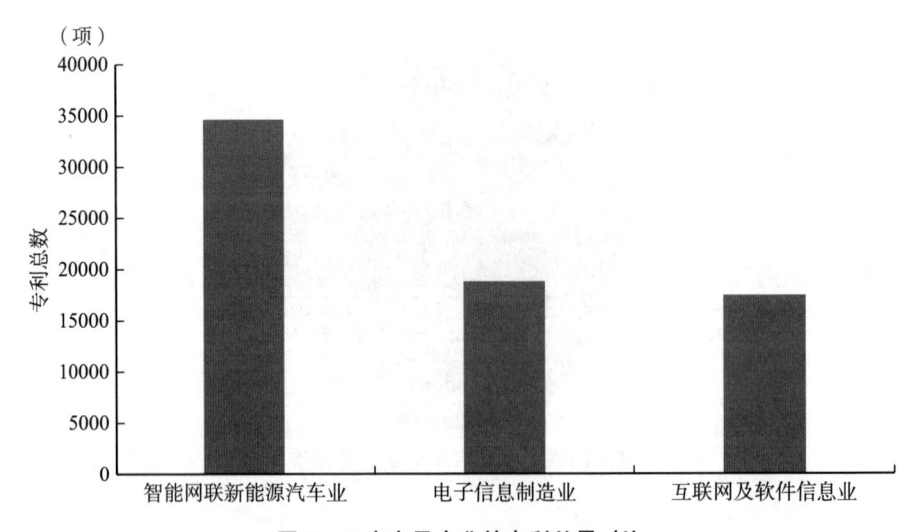

图7　三大主导产业的专利总量对比

从三大主导产业的营业收入分布来看，均呈现"金字塔"结构，以小微企业为主。年营业收入 200 万元以下的企业数量最多，互联网及软件信息业占比最高达 88.11%（见图 8）；智能网联新能源汽车占比 87.21%（见图 9）；

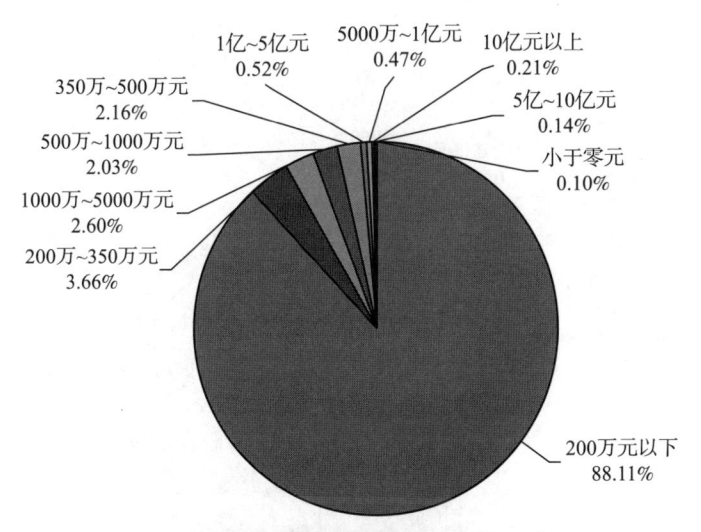

图 8　互联网及软件信息业企业营业收入结构

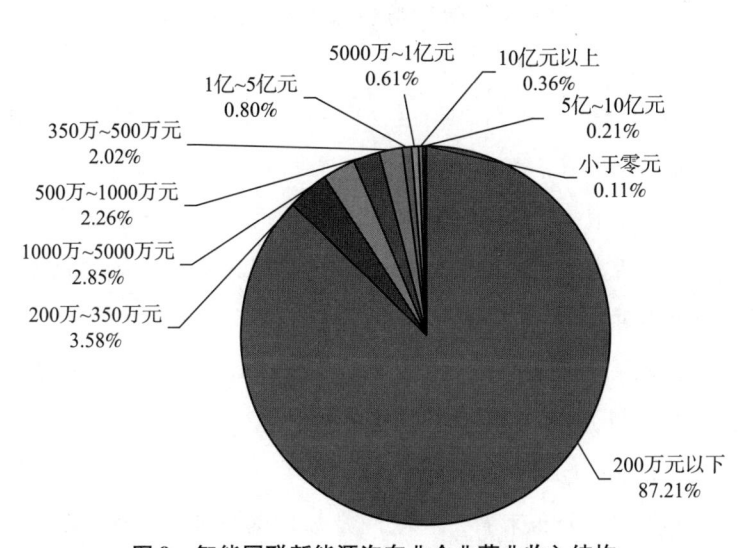

图 9　智能网联新能源汽车业企业营业收入结构

电子信息制造占比 83.97%（见图 10）。营收 200 万~5000 万元区间的企业数量次之，三个产业分别占比 10.45%、10.69% 和 13.73%。高营业收入企业数量相对较少，年营业收入 10 亿元以上的企业在三大主导产业中的占比均不足 1%，其中智能网联新能源汽车业 85 家，电子信息制造业 63 家，互联网及软件信息业 61 家。

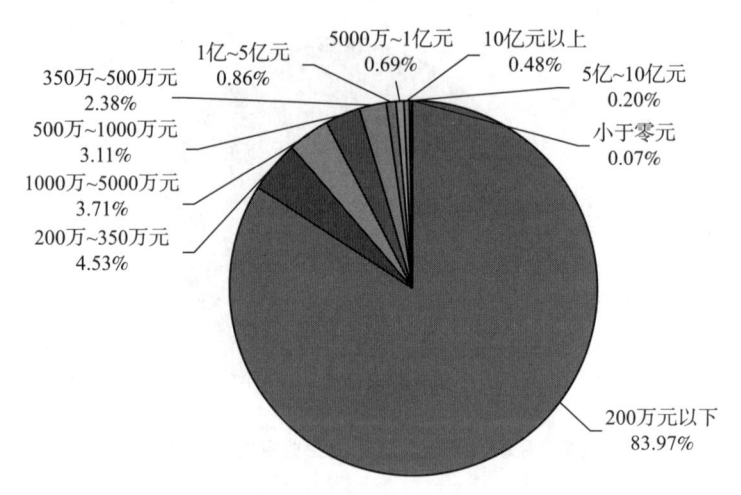

图 10 电子信息制造业企业营业收入结构

3. 入驻企业分析

（1）专精特新企业。

专精特新企业中，智能网联新能源汽车业以 284 家企业位居首位，体现出该产业的创新活力。互联网及软件信息业紧随其后，拥有 263 家企业，与领先者的差距相对较小。电子信息制造业以 211 家企业位列第三，其总数约为智能网联新能源汽车业的 74%，显示出三大产业在专精特新发展上的梯度分布特征（见图 11）。

（2）规上企业。

从规上企业数量分布来看，互联网及软件信息业以 1057 家企业位居首位，占据主导地位，比智能网联新能源汽车业和电子信息制造业分别多

36.2%和61.4%。智能网联新能源汽车业以776家企业位列第二，较电子信息制造业多出121家。电子信息制造业规上企业数量相对较少，为655家。三大主导产业规上企业总体呈现梯度分布格局（见图12）。整体来看，三大主导产业规上企业总体呈现梯度分布格局。

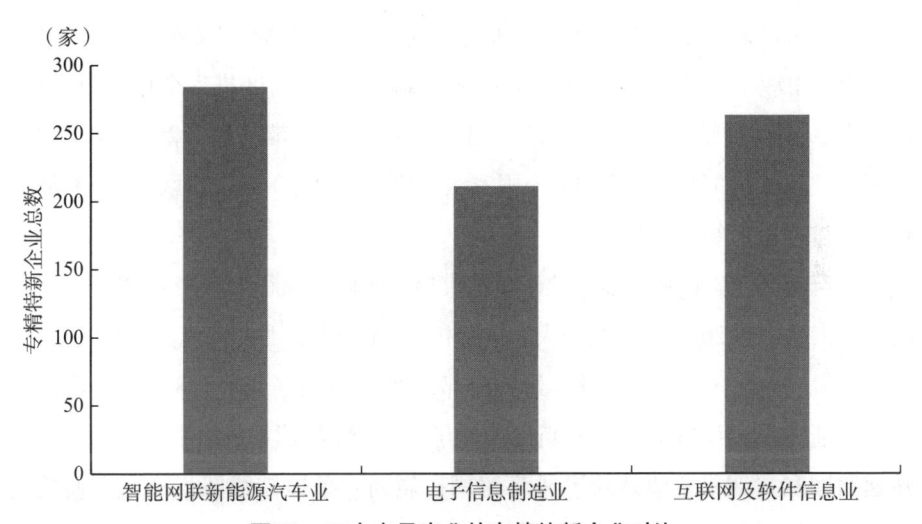

图11 三大主导产业的专精特新企业对比

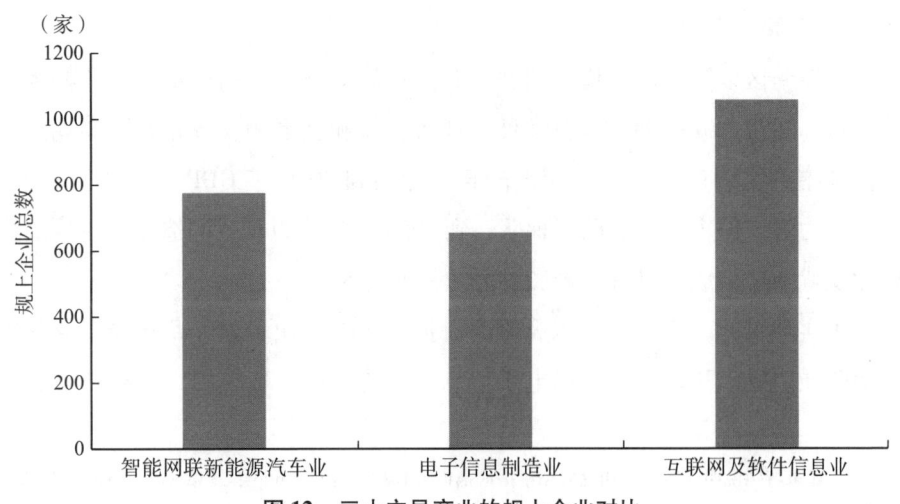

图12 三大主导产业的规上企业对比

二、四川天府新区

(一) 园区概况①

1. 基本概况

四川天府新区自 2010 年提出概念以来，经历了深入规划和快速发展。2011 年，国务院批复《成渝经济区区域规划》，天府新区进入全面建设阶段。2013 年，新区被纳入"一带一路"倡议和长江经济带战略。2014 年 10 月，经国务院正式批复设立为第 11 个国家级新区。至 2020 年，新区 GDP 达 3561 亿元，位列国家级新区第五。

天府新区区位优势明显，位于成都市核心区域，北距天府广场 48 千米，南距眉山市政中心 26 千米，东距天府国际机场 28 千米，西距双流国际机场 32 千米，辐射成渝地区双城经济圈，影响西部 12 个省（区、市）3.8 亿人口市场。

交通体系建设方面，天府新区构建了"两横四纵"铁路网、"三横七纵"快速路网和"四横六纵八快"外环路网，规划 8 条地铁线路，形成了便捷高效的城市交通系统，为天府新区高质量发展提供了支撑。未来，天府新区计划到 2035 年 GDP 突破 1 万亿元，力争进入国家级新区前三梯队。

2. 发展目标

天府新区以建设新时代公园城市典范和国家级新区高质量发展标杆为战略定位，通过创新驱动、绿色发展、开放合作和城乡融合等路径，实现人与自然和谐共生、产业与生活深度融合。计划到 2035 年 GDP 突破 1 万亿元，综合实力进入国家级新区前三梯队；到 2050 年建成以现代制造业为主导的国际化现代新区，成为具有全球影响力的一流新区。

为实现目标，天府新区积极招商引资，已吸引众多世界 500 强企业和中国 500 强企业入驻，重点布局电子信息、装备制造、新能源、新材料等高能

---

① 如未特别说明，本部分相关数据根据成都市天府新区网站（https://www.cdtf.gov.cn）进行整理。

级产业，推动区域经济高质量发展。

3. 空间布局

天府新区位于成都市核心区域，北距天府广场48千米，南距眉山市政中心26千米，东距天府国际机场28千米，西距双流国际机场32千米。空间布局采用"两轴两翼、三组团四区"结构。三大组团包括：天府总部商务区（发展高端商务、行政和文化功能）、成都科学城（发展新经济产业）、天府数字文创城（发展数字文创产业）。四大功能区包括：高端制造产业集聚区、临空制造产业集聚区、智能制造产业集聚区、国际文化旅游集聚区。总规划范围1578平方千米，覆盖成都市和眉山市部分区域，设有华阳组团、新川片区和中和组团等特色功能区域。

4. 主导产业

天府新区形成电子信息、航空航天和新能源三大主导产业，辅以高端现代服务业和数字创意产业。积极推动"建圈强链"发展模式，在人工智能、高端软件、光电与集成电路等细分领域形成完善产业链。

电子信息产业产值突破千亿级，以成都盟升电子技术股份有限公司为代表。航空航天产业重点布局发动机、无人机等领域，已研发出高性能涡扇发动机。新能源产业形成千亿级产业集群，在新能源汽车和动力电池领域具有市场竞争力。高端现代服务业重点发展商务会展、现代金融等。数字创意产业依托中意园区和国家网络视听基地，形成特色发展优势。

5. 发展成果

四川天府新区已形成现代产业体系，战略性新兴产业、现代制造业和高端服务业集聚效应显著。到2024年底，四川天府新区GDP突破5000亿元，同比增长6.6%，完成固定资产投资近1800亿元，同比增长10.3%。四川天府新区直管区GDP站上800亿元台阶，同比增长6.5%；完成固定资产投资649亿元，同比增长8.9%。[①]

[①] 四川天府新区管委会网站（www.cdtf.gov.cn）。

同时，四川天府新区成功吸引众多世界500强企业和中国500强企业入驻，如中建、中铁等。科技创新领域也吸引众多创新型企业设立研发基地。这些企业的集聚为新区带来显著经济效益，推动产业转型升级和经济高质量发展。

6. 开放平台

天府新区依托多元化开放创新平台体系，形成招商引资优势。建有6个国家级重大科技基础设施和22个科技创新基地，构建综合保税功能平台，拥有国家超算成都中心和天府智算中心等重要创新平台。作为国家自主创新示范区，建设了天府国际技术转移中心等协同创新平台，以及跨境贸易中心等国家级功能平台。招商引资成果显著，截至2024年10月，共签约77个项目，其中市级重大产业化项目26个。2024年"开门红"重大项目集中签约活动共吸引19个项目落地，总投资额227.4亿元。重点发展高能级产业，成功引进多个重要项目，进一步提升产业能级和创新活力。

7. 创新生态

天府新区科技创新发展现状令人瞩目。到2023年底，已累计引进高层次人才981人，其中两院院士18人。通过灵活多样的人才引进政策，形成完整人才梯队体系。建成6个国家级重大科技基础设施和22个科技创新基地，为国家重大项目提供算力支持。建立多个协同创新平台，获批建设全国科技成果转移转化中心，成功创建为国家知识产权强区，为区域创新发展提供坚实保障。

(二) 主导产业分析

1. 产业规模分析

（1）企业数量。

从企业数量分布来看，航空航天业规模最大，共有127391家企业，占据主导地位。新能源业和电子信息制造业规模相近，分别有69010家和66384家企业。航空航天业企业数量约为新能源产业的1.85倍，电子信息制造业的1.92倍，显示出航空航天业在企业规模上具有明显优势（见图13）。

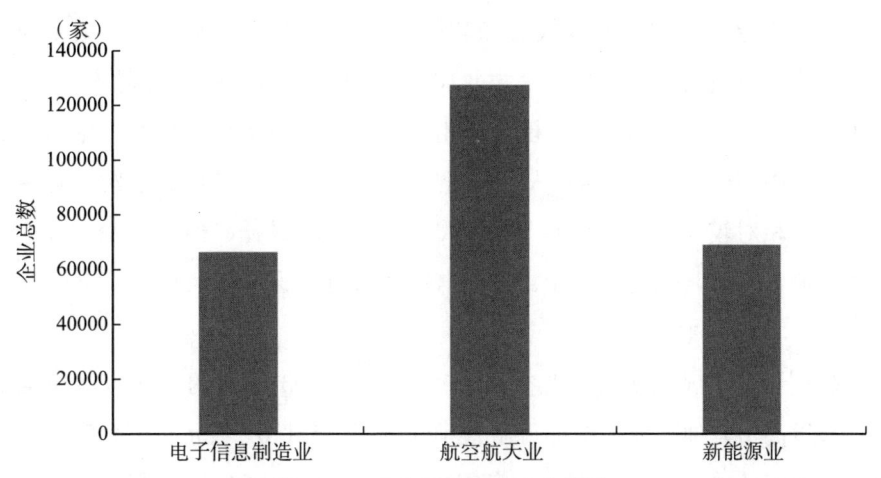

图 13　三大主导产业的企业数量

（2）就业规模。

从各产业从业人员规模来看，新能源业从业人员最多，达495992人，占据主导地位。其次是航空航天行业，拥有443520名从业人员，规模仅次于新能源行业。电子信息制造业从业人员相对较少，为294400人，约占新能源业的59.4%。这三个行业共同构成了重要的就业领域，为经济发展提供了大量就业机会（见图14）。

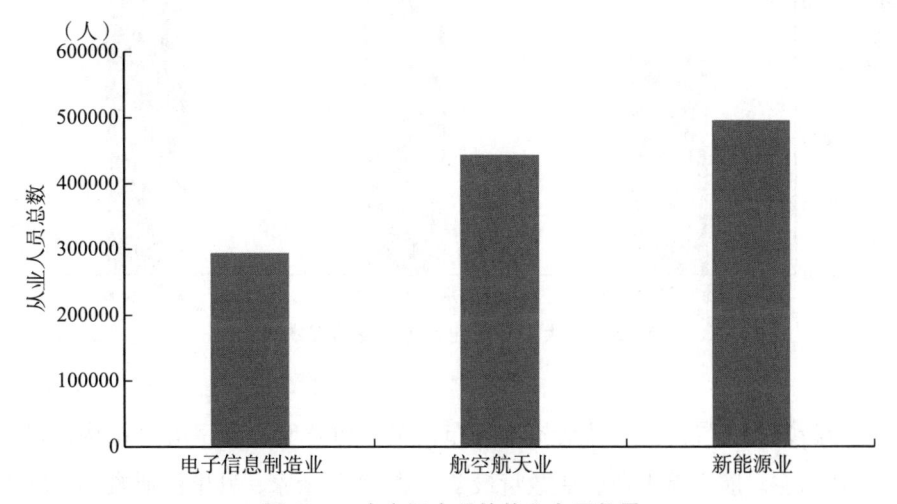

图 14　三大主导产业的从业人员数量

三大主导产业的企业规模分布均呈现"金字塔"结构，以小微企业为主。其中航空航天业企业总量最大，10人及以下微型企业占比高达94.7%。电子信息制造和新能源产业规模分布相似，10人及以下企业分别占94.7%和94.1%。中型企业（51~300人）占比均在1%~2%，其中新能源产业中型企业占比相对较高。大型企业（300人以上）占比最低，但新能源产业大企业数量明显多于其他两个产业，体现出较强的规模效应。

（3）注册资本。

从注册资本规模来看，航空航天业以10506.03亿元的注册资本位居首位，显著高于其他行业。新能源业注册资本达8551.61亿元，位列第二，约为航空航天业的81.4%。电子信息制造业注册资本为6457.25亿元，规模相对较小，但仍保持可观水平。三大主导产业注册资本总体呈现梯度分布，体现出航空航天业的资本优势地位（见图15）。

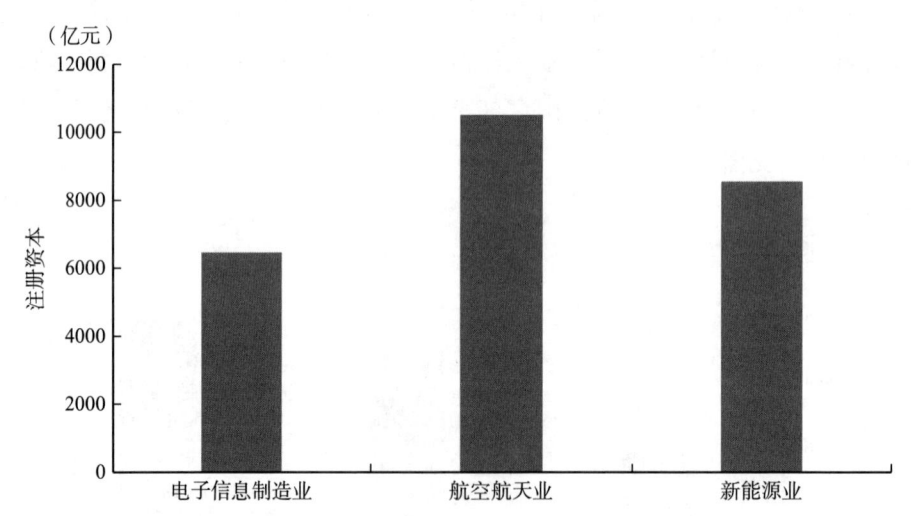

图15 三大主导产业的企业注册资本对比

分析三大主导产业的注册资本分布情况，均呈现"金字塔"结构，以小微企业为主。航空航天业企业数量最多，达12万余家，其中注册资本100万元以下企业占54.64%（见图16）；电子信息制造业共6.4万余家企业，100万元以下占比53.84%（见图17）；新能源业约6.5万家企业，100万元以下占比59.62%（见图18）。三大主导产业中，注册资本1亿元以上的大型企业占比均较小，航空航天业为0.61%，电子信息制造业为0.62%，新能源业略高为1.10%，显示出典型的大企业引领、中小企业集群发展的产业生态特征。

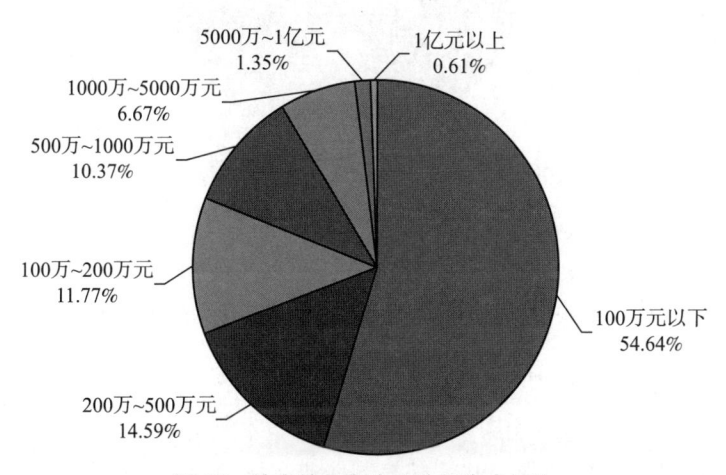

图16　航空航天业企业注册资本结构

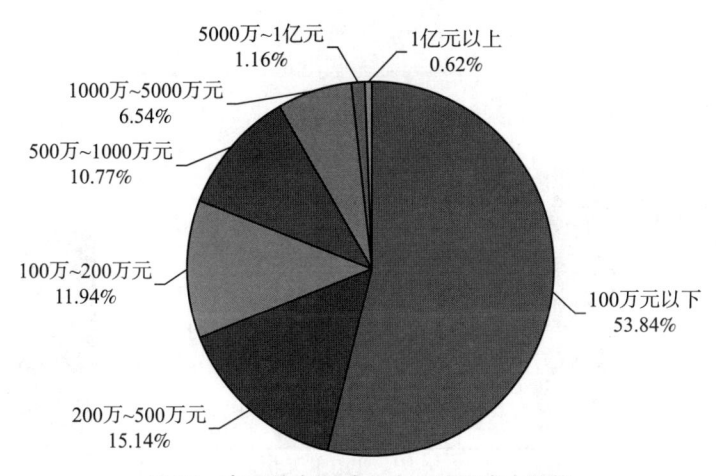

- 1亿元以上 0.61%
- 5000万~1亿元 1.35%
- 1000万~5000万元 6.67%
- 500万~1000万元 10.37%
- 100万~200万元 11.77%
- 200万~500万元 14.59%
- 100万元以下 54.64%

图17　电子信息制造业企业注册资本结构

- 1亿元以上 0.62%
- 5000万~1亿元 1.16%
- 1000万~5000万元 6.54%
- 500万~1000万元 10.77%
- 100万~200万元 11.94%
- 200万~500万元 15.14%
- 100万元以下 53.84%

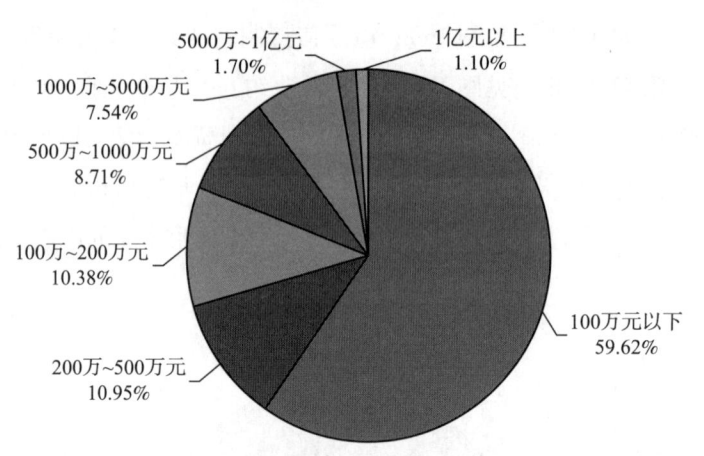

图 18　新能源业企业注册资本结构

2. 经营状况分析

从专利总数分布来看，航空航天领域以 48286 项专利位居首位，电子信息制造业紧随其后，拥有 41477 项专利，两者差距约为 6809 项。新能源业专利数量为 31752 项，与前两者相比存在一定差距，约为航空航天领域的 65.8%（见图 19）。这表明航空航天业和电子信息制造业在技术创新方面处于领先地位。

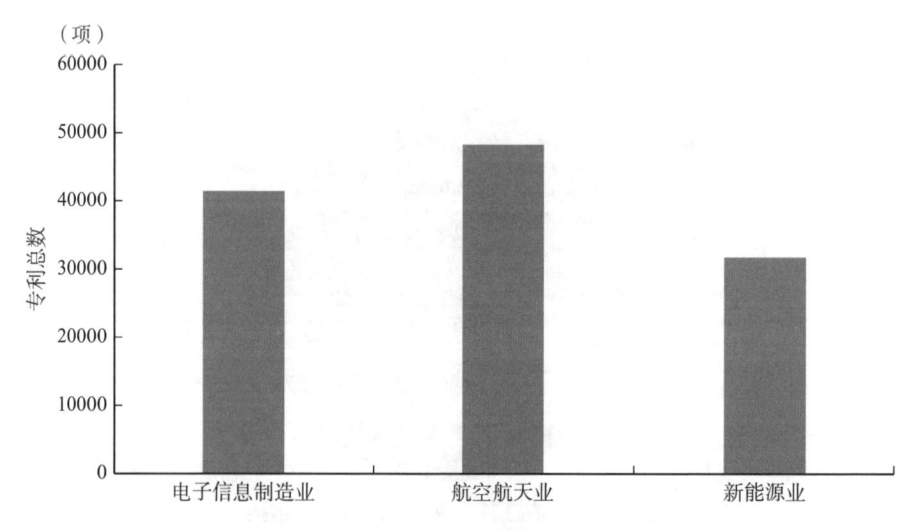

图 19　三大主导产业的专利总量对比

第二篇　成渝地区双城经济圈产业园区发展分析

从营业收入分布来看，三大主导产业均呈现"金字塔"结构，以小微企业为主。航空航天业规模最大，其中年营业收入200万元以下的企业达60186家，占比84.59%（见图20）；电子信息制造业和新能源业营业收入200万元以下企业分别为31481家和19395家，占比分别为82.65%和76.34%。中等规模企业（营业收入200万~5000万元）在各产业中占比相对稳定，约为12%~15%。大型企业（营业收入10亿元以上）数量较少，但新能源业表现较为突出，拥有132家大型企业，占比0.52%，高于其他两个产业（见图21和图22）。

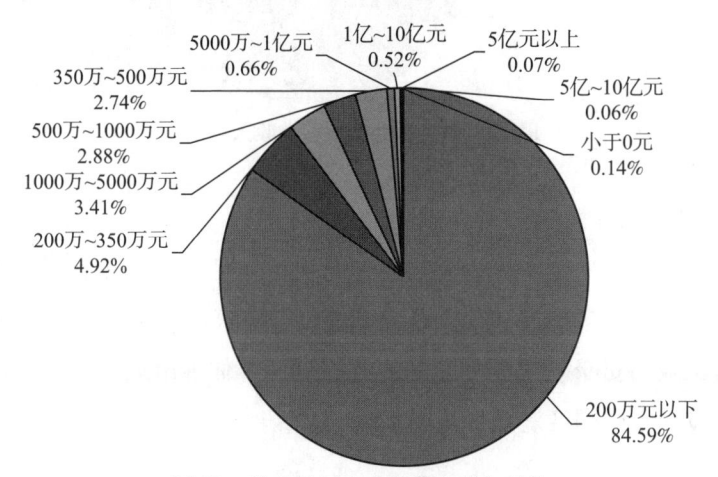

图20　航空航天业企业营业收入结构

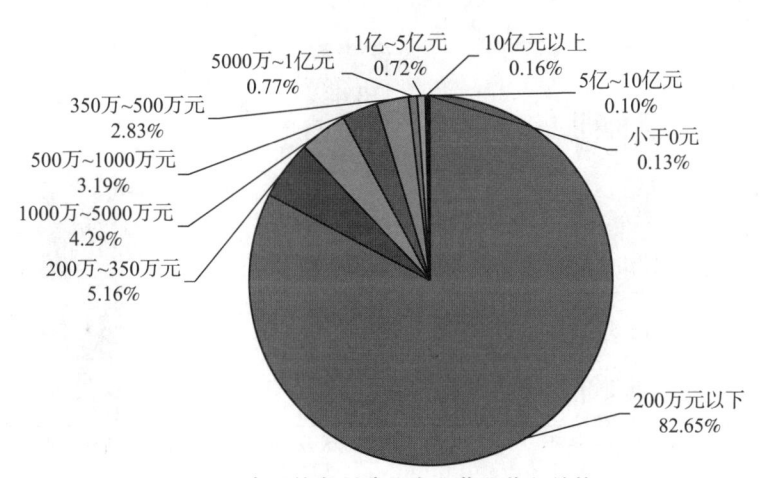

图21　电子信息制造业企业营业收入结构

105

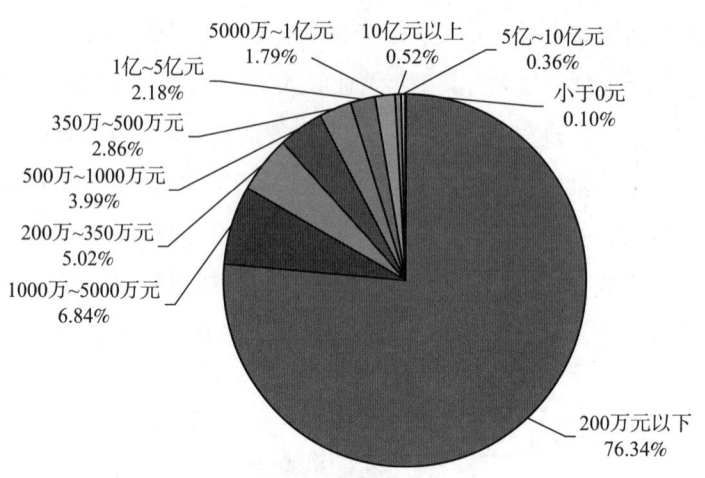

图 22　新能源业企业营业收入结构

3. 入驻企业分析

航空航天业在专精特新企业总数方面领先，拥有 420 家企业，较电子信息制造业的 345 家多出 21.7%。新能源业以 277 家企业位居第三，其数量约为航空航天业的 66%，电子信息制造业的 80%，体现出三大主导产业在专精特新企业分布上的梯度差异（见图 23）。

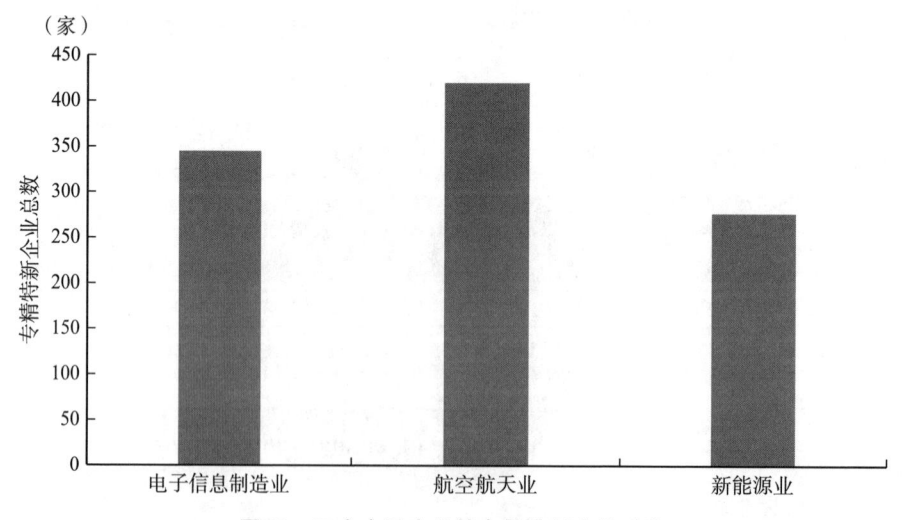

图 23　三大主导产业的专精特新企业对比

106

从规上企业数量分布来看，航空航天业规上企业数量最多，达到3157家，占据明显优势。新能源业以2229家规上企业位居第二，约为航空航天业的70.6%。电子信息制造业规上企业数量相对较少，为1856家，约占航空航天业的58.8%（见图24）。这一分布格局反映出航空航天业在规模化发展方面具有较强实力，而新能源业和电子信息制造业虽然规模相对较小，但仍保持可观的企业规模。

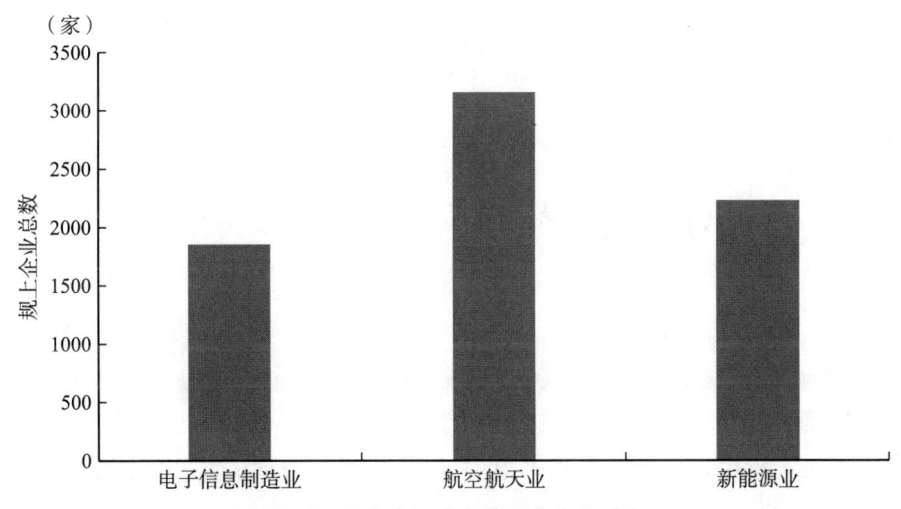

图24　三大主导产业的规上企业对比

成渝地区双城经济圈高新技术产业开发区发展分析

一、西部（重庆）科学城园区

（一）园区概况①

1. 基本概况

西部（重庆）科学城起步于 1991 年，其前身为重庆高新区，作为国家首批高新区之一，奠定了深厚的发展基础。2020 年，重庆市委、市政府提出"一城多园"合作共建模式，启动科学城规划建设，旨在打造具有全国影响力的科技创新中心核心区，成为成渝地区双城经济圈的重要引擎。

科学城位于重庆市中心城区西部，规划总面积 1198 平方千米，涵盖北碚、沙坪坝、九龙坡、江津、璧山五个区域，是中国规模最大的科学城之一。凭借其独特的区位优势，科学城不仅是成渝地区双城经济圈的枢纽，也是科技创新的核心载体。交通网络发达，涵盖多条高速公路及轨道交通线路，预计到 207 年，运营里程将达 39.2 千米。

---

① 如未特别说明，本部分相关数据根据西部（重庆）科学城网站（https：//gxq.cq.gov.cn）整理。

目前，科学城正进入高质量发展阶段，重点发展集成电路、生物医药、智能网联新能源汽车等四大产业集群，计划到2025年成为具有全国影响力的科技创新中心核心区，推动区域高质量发展。

2. 发展目标

西部（重庆）科学城以"科学之城、创新高地"为定位，致力于建设科技创新核心区，成为"科学家的家、创业者的城"。其核心任务是集聚大装置、大院所、大平台、大项目，推动科技成果转化，形成原始创新集群。科学城将建设智慧型、海绵型、韧性城市，融合山水风光和科学元素，展现巴渝乡愁与现代文明的和谐统一。

3. 空间布局

西部（重庆）科学城采用合理的空间布局，形成层次分明、功能互补的发展格局。核心区域为重庆高新区直管园，占地316平方千米，承担创新引擎和科技创新功能。科学城形成了四片发展格局：北碚片区以教育科研为主，沙坪坝片区聚焦高端生活服务与国际交往，西永片区专注国际物流与高端制造，璧山片区则致力于高新技术产业集群与科技创新。

此外，科学城规划了多个居住组团，确保职住平衡，推动产业与居民生活深度融合。依托黛山大道等规划路线，科学城形成了贯通全域的科技创新走廊，促进了产业集聚与深度融合。

4. 主导产业

西部（重庆）科学城以"4+1X"产业体系为核心，重点发展智能网联新能源汽车、生物医药、集成电路、新型智能终端等四大产业集群，并推动民营企业壮大，推动区域经济高质量发展。通过引进优质项目，已形成多个特色产业园区，如金凤电子信息产业园等高端制造基地，促进了产业集群的发展。

在招商引资方面，科学城取得显著成效，吸引了大量优质项目，包括智能网联新能源汽车、生物医药、集成电路等多个前沿领域项目，增强了区域创新能力。

5. 发展成果

西部（重庆）科学城总面积 1198 平方千米。科学城 2023 年前三季度 GDP 增速达 7.6%，全年增速达到 8.3%，继续在重庆市保持领先地位。工业经济表现出色，智能网联新能源汽车及核心器件产值达到 145.9 亿元，同比增长 55.6%。

科学城通过引进全球资源和创新团队，已建立多个高能级科创平台，如金凤实验室、国家生物产业基地、硅基混合集成国家制造业创新中心等，提升了科技创新能力。此外，科学城注重生态宜居建设，致力于打造宜居宜业的良好环境。

6. 开放平台

西部（重庆）科学城在招商引资方面表现突出，2023 年签约项目 130 个，实际到位资金 377.5 亿元，同比增长 11.6%。2024 年第一季度实现新突破，签约 9 个重点招商项目，总投资额达 211 亿元。到 2024 年 8 月，完成到位资金 227.8 亿元，同比增长 34.1%。这些成果增强了区域创新能力，推动了产业集群的快速发展。科学城还注重校企合作，吸引了 1.4 万名大学生学习和就业，推动了创新创业生态的良性发展。

7. 创新生态

西部（重庆）科学城始终坚持高质量发展战略，在人才引进和科技创新方面取得了显著成效。目前，金凤实验室正聚焦国家重大需求及产业发展制约要素，瞄准原创科学问题，加快形成具有全国影响力、重庆辨识度的创新成果，目前由卞修武、段树民、董晨、杨正林等院士领衔的 29 个科研团队已经入驻，汇聚各类科研人员超 300 人。[①]

科技创新体系方面，科学城已建设多个高能级科创平台，例如，金凤实验室、国家生物产业基地、硅基混合集成国家制造业创新中心等，形成以智能网联新能源汽车、集成电路、新一代信息技术为主导的现代产业集群。科

---

① 重庆市人民政府网站（https://www.cq.gov.cn/ykbzt/yhyshj/ycjz/202312/t20231218_12716688.html）。

学城注重教育、医疗、交通等多领域的协同发展，打造宜居宜业的创新生态系统，为成渝地区双城经济圈建设提供了有力支撑。西部（重庆）科学城正在加快推进基础研究和关键核心技术突破，展现出强劲的发展势头和广阔的发展前景。

(二) 主导产业分析

1. 产业规模分析

(1) 企业数量。

从企业数量分布来看，智能网联新能源汽车业企业数量最多，达2386家，占据主导地位。其次是智能装备业，拥有1936家企业，规模相对较大。电子信息制造业企业数量相对较少，为1384家，约为智能网联新能源汽车行业的58.0%（见图1）。三个主导行业的企业数量差异显示出产业发展的不同阶段和市场规模特征。

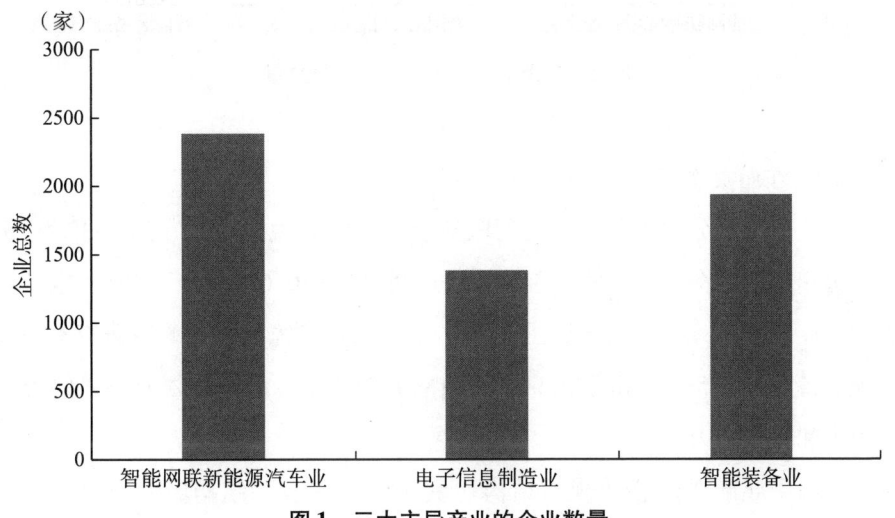

图1 三大主导产业的企业数量

(2) 就业规模。

从各产业从业人员规模看，电子信息制造业人数最多，达19948人，占据主导地位。智能装备业以 17628 人位居第二，规模仅次于电子信息制造业。智能网联新能源汽车业从业人员最少，为 12332 人，约为电子信息制造业的 61.8%（见图 2）。三大主导产业中，电子信息制造业的就业容量最大，体现了该产业的发展优势。

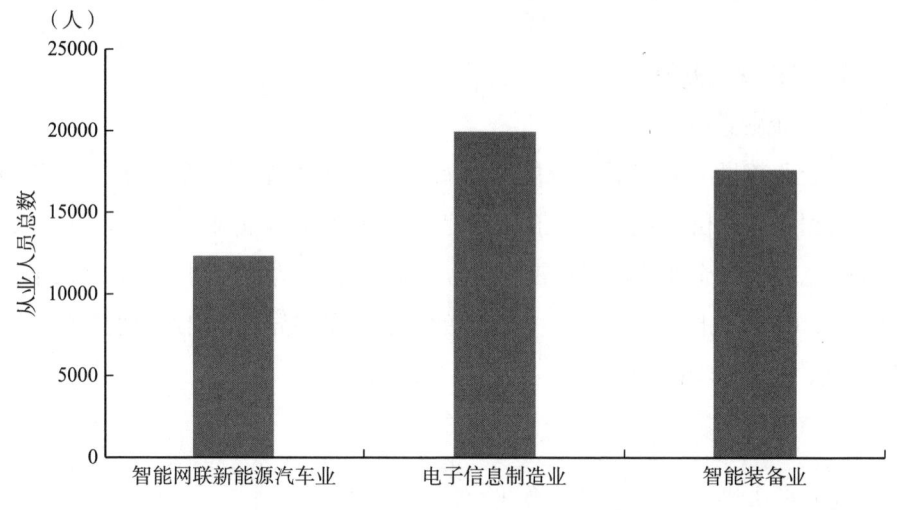

图 2　三大主导产业的从业人员数量

（3）注册资本。

从注册资本分布来看，智能网联新能源汽车业规模最大，达 2335.50 亿元，远超其他两个产业。智能装备业注册资本为 916.65 亿元，略高于电子信息制造业的 1393.42 亿元（见图 3）。智能网联新能源汽车业的注册资本约为智能装备业的 2.5 倍、电子信息制造业的 1.7 倍，显示出该领域较强的资本吸引力和发展潜力。

三大主导产业的企业规模结构均呈现"金字塔"结构，以小微企业为主。如图 4～图 6 所示，注册资本 100 万元以下的企业数量最多，智能网联新能源汽车业、电子信息制造业和智能装备业分别占比 65.50%、51.93% 和 54.21%。200 万～500 万元企业次之，分别占比 12.18%、15.65% 和 14.61%。

中型企业（500万~5000万元）占比相对较小，三个产业分别为12.10%、17.36%和17.52%。大型企业（5000万元以上）数量最少，三个产业分别仅占1.70%、3.19%和2.54%，显示产业整体规模仍有较大提升空间。

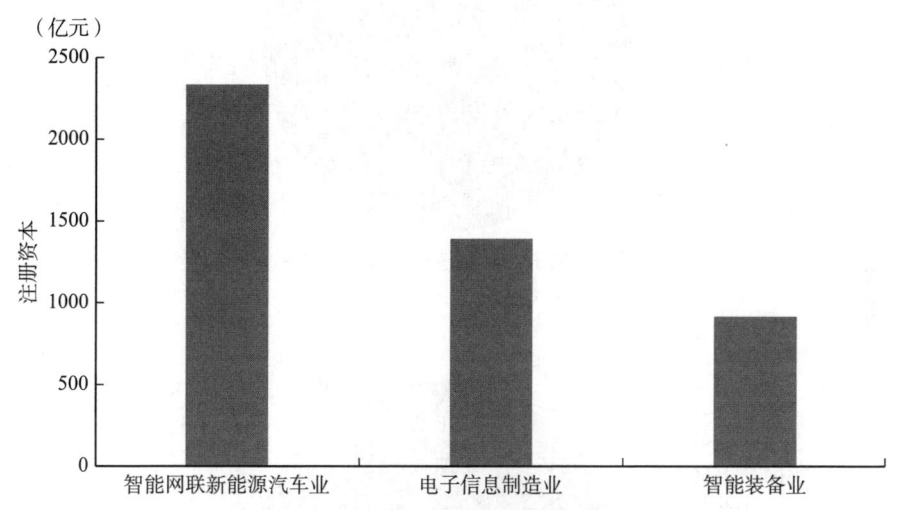

图3 三大主导产业的企业注册资本对比

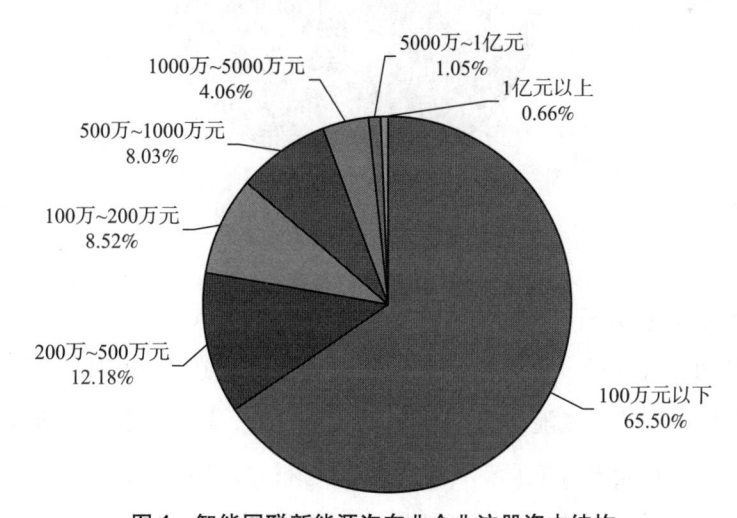

图4 智能网联新能源汽车业企业注册资本结构

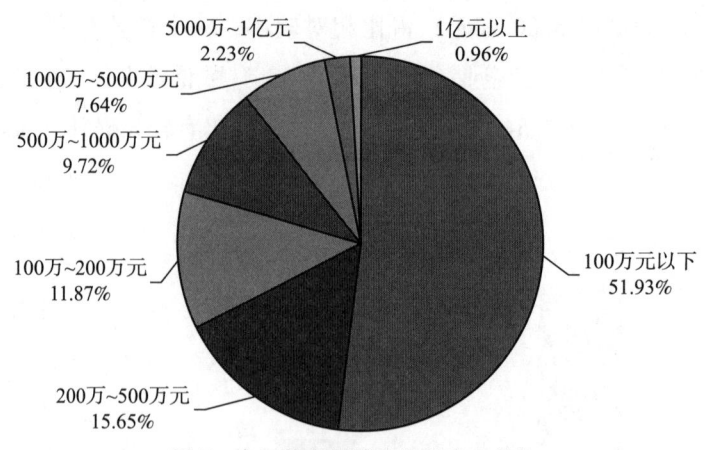

图 5　电子信息制造业注册资本结构

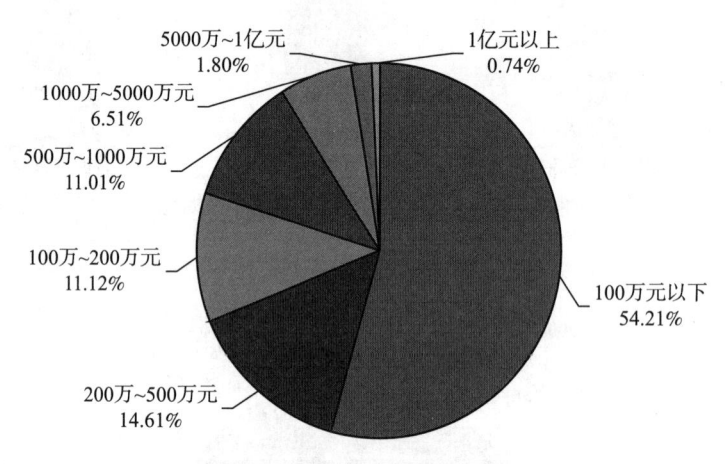

图 6　智能装备业注册资本结构

2. 经营状况分析

从专利总量分析，智能装备业专利数量最多，达1940项，占据领先地位。电子信息制造业紧随其后，拥有1744项专利，与智能装备业差距相对较小。智能网联新能源汽车业专利数量相对较少，为1048项，约为智能装备业的54%，显示该领域专利创新活动相对不够活跃（见图7）。

从营业收入分布来看，三大主导产业均呈现典型的"金字塔"结构，以小微企业为主。如图8~图10所示，年营业收入200万元以下的企业数量最多，智能网联新能源汽车业、电子信息制造业和智能装备业分别占总数的81.83%、78.05%和76.04%。中等规模企业（营业收入200万~5000万元）次之，三个产业分别占比16.24%、18.51%和20.85%。大型企业（营业收入5亿元以上）数量较少，各产业占比均不超过1%。其中智能装备业的中型企业占比相对较高，显示出较好的梯队发展态势。

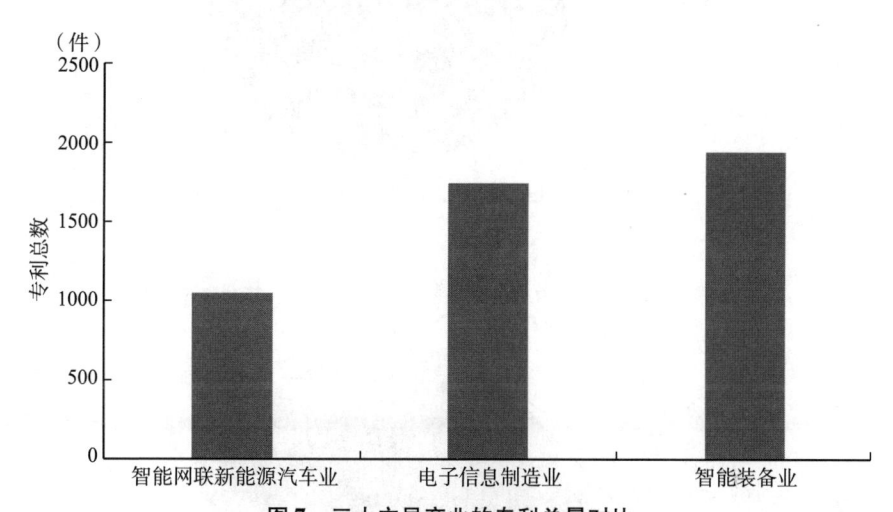

图7 三大主导产业的专利总量对比

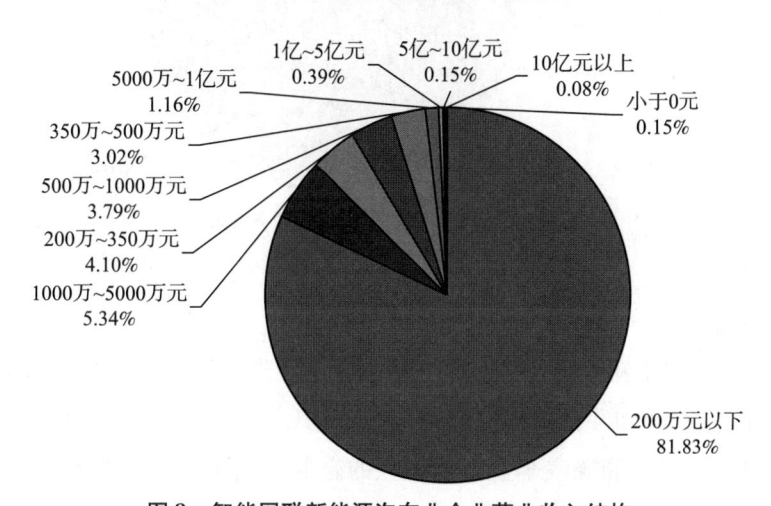

图8 智能网联新能源汽车业企业营业收入结构

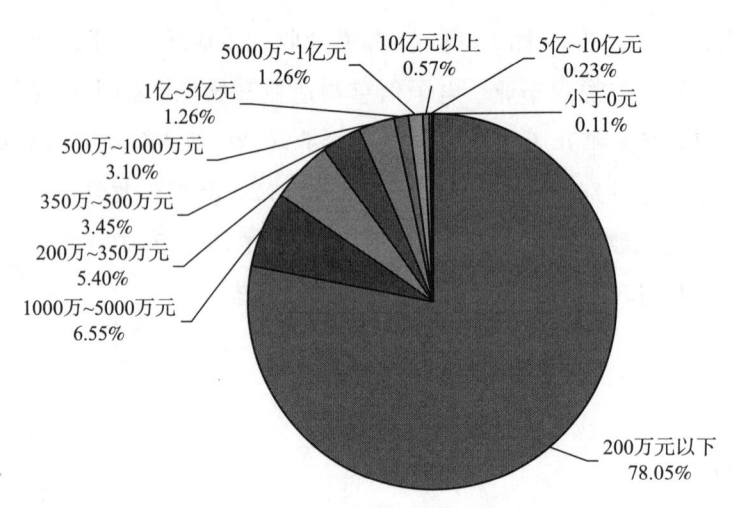

图9　电子信息制造业企业营业收入结构

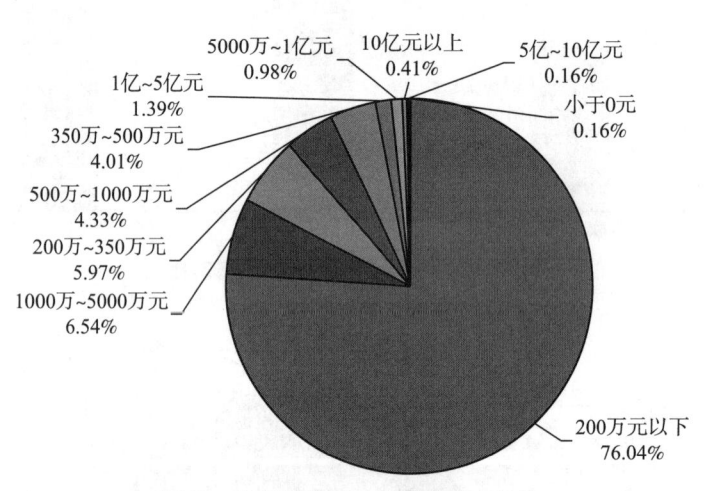

图10　智能装备业企业营业收入结构

3. 入驻企业分析

在专精特新企业分布中，智能装备业占据领先地位，总数达45家，比电子信息制造业和智能网联新能源汽车业分别多出13家和14家。电子信息制造业与智能网联新能源汽车业两个行业的企业数量相近，分别为32家和31家，显示这两个领域的专业化发展水平相当（见图11）。

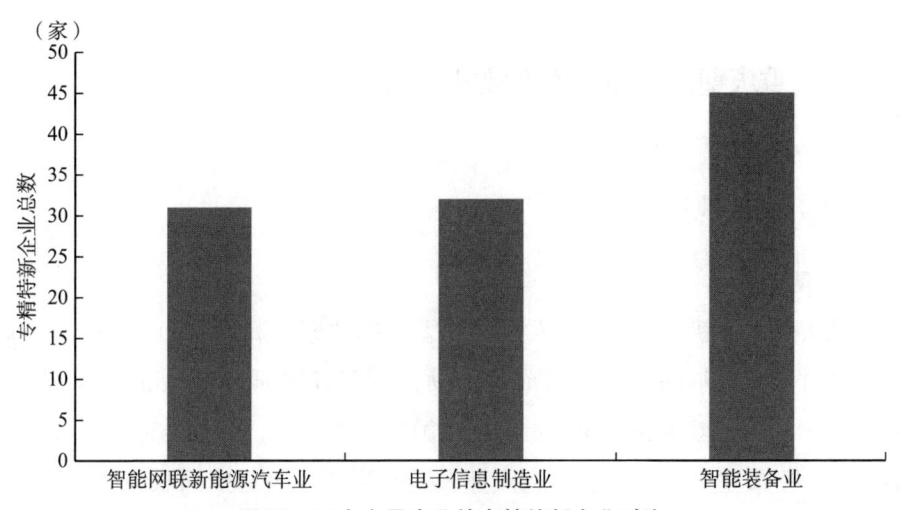

图11 三大主导产业的专精特新企业对比

从规上企业数量分布来看，智能装备业以84家企业位居首位，占据主导地位。电子信息制造业紧随其后，拥有60家规上企业，与行业龙头的差距相对较小。智能网联新能源汽车业以56家规上企业位居第三，其规模与电子信息制造业相近，但与智能装备业相比存在明显差距，约为其2/3（见图12）。整体而言，三大产业的规上企业数量呈现梯度分布态势。

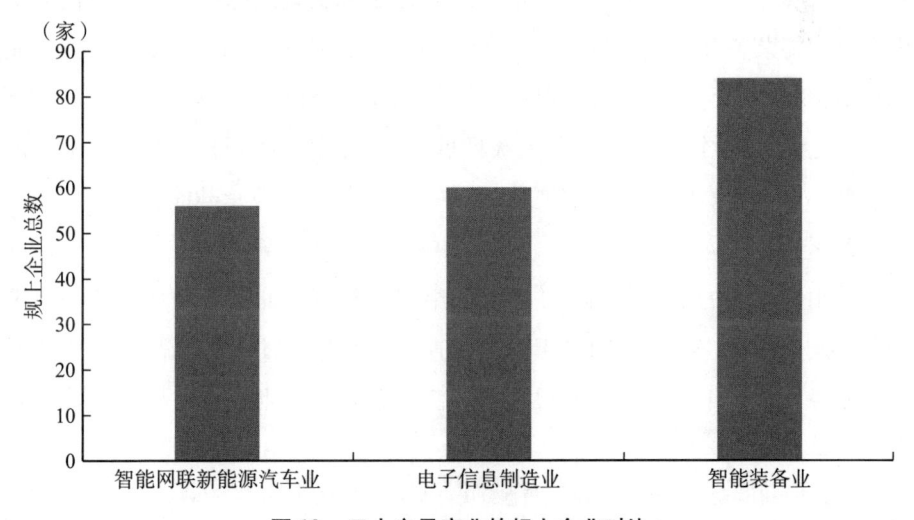

图12 三大主导产业的规上企业对比

二、重庆璧山高新技术产业开发区

（一）园区概况①

1. 基本概况

重庆璧山高新技术产业开发区（以下简称"璧山高新区"）始建于2002年，经过二十余年的发展，已成为推动区域经济高质量发展的重要引擎。2015年，园区成功升级为重庆市第二个国家级高新区，并布局智能装备、信息技术、生命健康等战略性新兴产业，逐步形成了以智能网联新能源汽车、新一代信息技术、电子信息、大健康等四大产业集群为核心的现代产业体系。园区面积34.13平方千米，建成区33平方千米，是成渝地区双城经济圈的重要节点。园区通过地铁、璧山隧道等交通设施的建设，形成了完善的交通网络，为可持续发展提供了强有力支撑。

2. 发展目标

璧山高新区立足成渝地区双城经济圈，致力于成为先进制造业承载地和科技成果转移转化首选地。园区重点发展智能网联新能源汽车、新一代电子信息、智能装备和先进材料等产业。到2025年，园区计划实现规模以上工业总产值1800亿元，年均增长28%。同时，实施"512+1"发展计划，引进5个100亿元级项目、10个10亿元级项目、1个千亿元级项目，并孵化1万家科技型小微企业。园区还将扩展10平方千米，提升产业承载能力。

3. 空间布局

璧山高新区的空间布局呈"一廊四组团"格局。北部的璧城组团是园区的重要发展板块，塘坊组团位于南部，青杠－来凤组团专注于高品质居住和公共服务功能，丁家组团则发展临空经济，璧泉组团则重点发展高新技术企

---

① 如未特别说明，本部分相关数据根据重庆市人民政府网站（https://www.cq.gov.cn）璧山高新技术产业开发区开放平台整理。

业。园区总规划面积34.13平方千米,已建成33平方千米,形成了良好的发展空间。

4. 主导产业

璧山高新区已建立以智能网联新能源汽车、新一代电子信息制造、智能装备和生命科技为主导的产业体系。智能网联新能源汽车产业链完整,2023年产值突破600亿元,占规上工业总产值的20%以上。新一代电子信息产业产值达544.2亿元,发展集成电路、半导体、新型显示和智能终端等细分领域。智能装备产业2023年产值149.3亿元,持续向高端化方向发展。生命科技产业虽规模较小,但在生物医药、医疗器械领域具有广阔前景。

园区还采用"产业研究院+产业基金+产业园区"模式推动科技成果转化,取得显著成果。以"刀片电池"为例,其产能占重庆市动力电池市场的70%。

5. 发展成果

璧山高新区规上工业总产值从2015年的323.4亿元增长至2024年的923亿元,显示出强劲的发展势头。2024年智能网联新能源汽车业产值突破600亿元,占比超过20%。电子信息产业产值为544.2亿元,智能装备产业也实现了149.3亿元的产值。园区已吸引1924家企业入驻,其中包括413家规上工业企业,建设了65个数字化车间和8个智能工厂,推动了产业升级和智能制造。

6. 开放平台

璧山高新区已建立7个国家级研发平台、192个市级以上研发平台,并拥有2个国家级孵化器和5个市级孵化器。园区还成功引进一批重大项目,包括青山新能源传动系统产业园、中车恒昌世通高端机床制造项目、全球魔方晶圆生产线等。这些项目的落地,显著提升了璧山高新区的产业能级和创新能力。园区通过持续优化营商环境和完善配套设施,正逐步成为西部地区具有重要影响力的创新型产业园区。

7. 创新生态

璧山高新区通过人才引进和科技创新,推动了园区的创新发展。2024年,园区引进了600名高层次人才,并通过"归雁兴璧回归"计划引进143

名硕博人才。此外，园区还吸引了45名战略科技人才，包括新加坡高校首席科学家，为创新发展提供了强有力的支撑。

璧山高新区已建成的7个国家级研发平台和192个市级以上研发平台，提供了坚实的科技创新基础设施。园区通过推进智能制造转型，已建成65个数字化车间和8个智能工厂，提升了产业智能化水平，进一步推动科技成果转化和产业创新。园区的创新成果得到了国家的认可，获得"国家新型工业化示范基地""国家低碳工业园区试点"等荣誉，展现了璧山高新区在创新驱动发展方面的强劲步伐。

（二）主导产业分析

1. 产业规模分析

（1）企业数量。

从企业数量分布来看，智能网联新能源汽车业企业数量最多，达1785家，略高于电子信息制造业的1645家。生命科技业企业数量相对较少，为1514家，与其他两个行业的差距并不显著（见图13）。三大主导行业的企业数量较为均衡，体现出各产业发展相对平衡的特点。

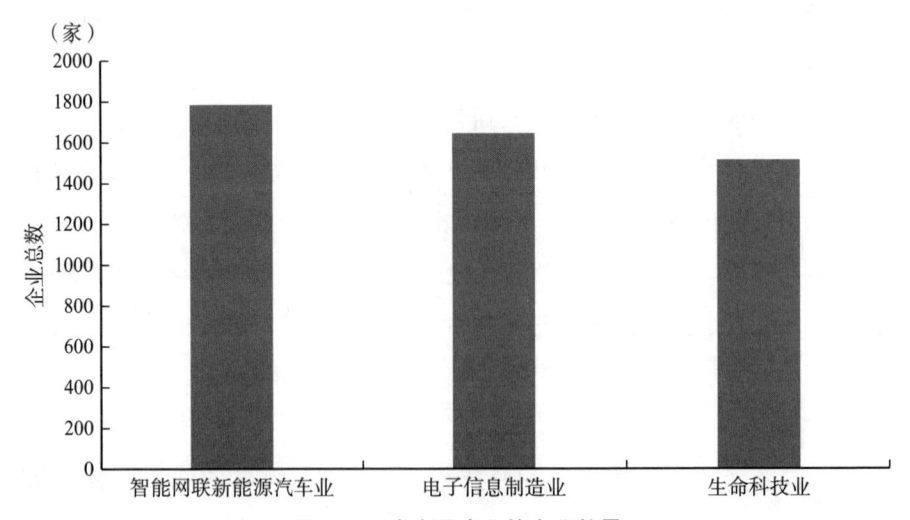

图13 三大主导产业的企业数量

(2)就业规模。

从各产业从业人员规模来看,电子信息制造业从业人员最多,达14592人,略高于智能网联新能源汽车业的14035人,两者规模相当。生命科技业从业人员数量明显较少,仅2984人,约为电子信息制造业与智能网联新能源汽车业的五分之一(见图14)。整体呈现电子信息制造业和智能网联新能源汽车业并驾齐驱,生命科技业相对滞后的格局。

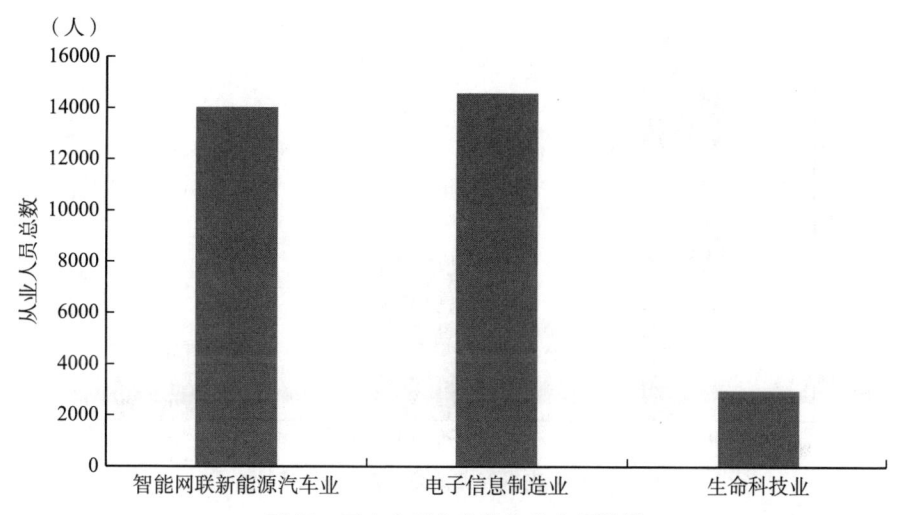

图14 三大主导产业的从业人员数量

(3)注册资本。

从注册资本规模来看,智能网联新能源汽车业以4260.55亿元的注册资本远超其他行业。电子信息制造业注册资本为1836.35亿元,约为智能网联新能源汽车业的43.1%。生命科技业注册资本规模相对较小,为880.29亿元,显示出三大主导产业在资本规模上存在显著差异(见图15)。

三大主导产业的企业规模结构呈现"金字塔"结构,以小微企业为主。如图16~图18所示,注册资本100万元以下的企业数量最多,智能网联新能源汽车业、电子信息制造业和生命科技业分别为1082家、962家和918家,分别占各自总数的 65.18%、59.53% 和 63.14%。200 万~500 万元次之，三个产业分别为 170 家、216 家和 185 家。大型企业相对较少，注册资本 1 亿元以上的企业数量分别为 38 家、15 家和 7 家，其中智能网联新能源汽车业领域大型企业较为集中。整体来看，智能网联新能源汽车业的企业规模分布较为均衡。

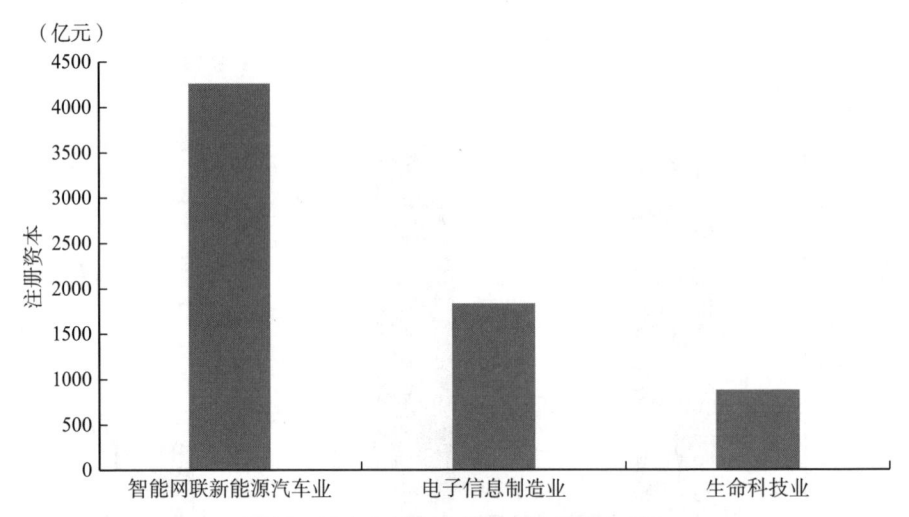

图 15　三大主导产业的企业注册资本对比

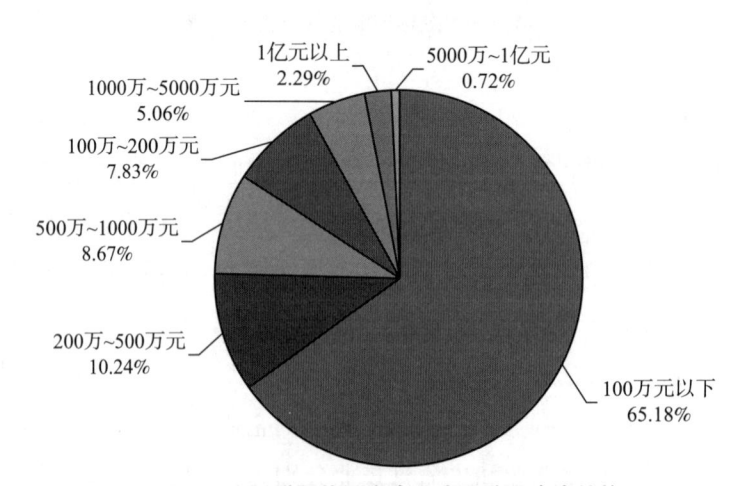

图 16　智能网联新能源汽车业企业注册资本结构

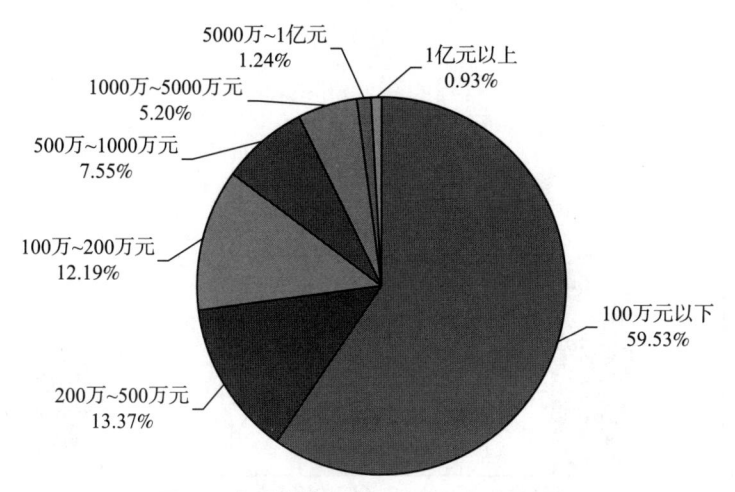

图17　电子信息制造业企业注册资本结构

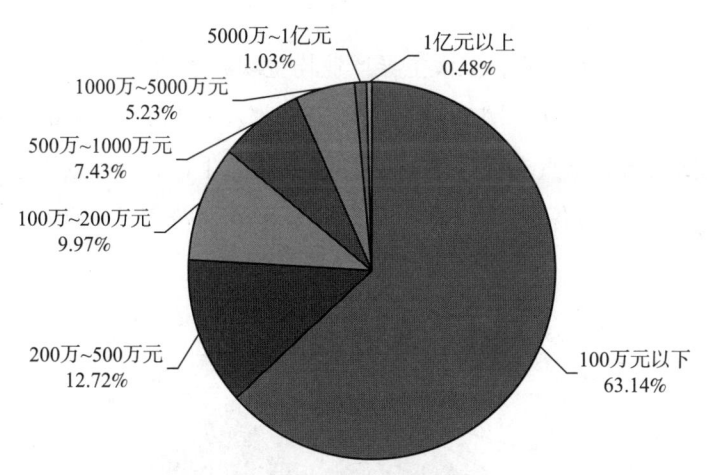

图18　生命科技业企业注册资本结构

2. 经营状况分析

从专利总数分布来看，电子信息制造业以1957项专利位居首位，显著高于其他行业。智能网联新能源汽车业以1362项专利排名第二，约为电子信息制造业的69.6%。生命科技业专利数量相对较少，为798项，仅为电子信息制造业的40.8%，反映出该领域专利创新活动相对较弱（见图19）。

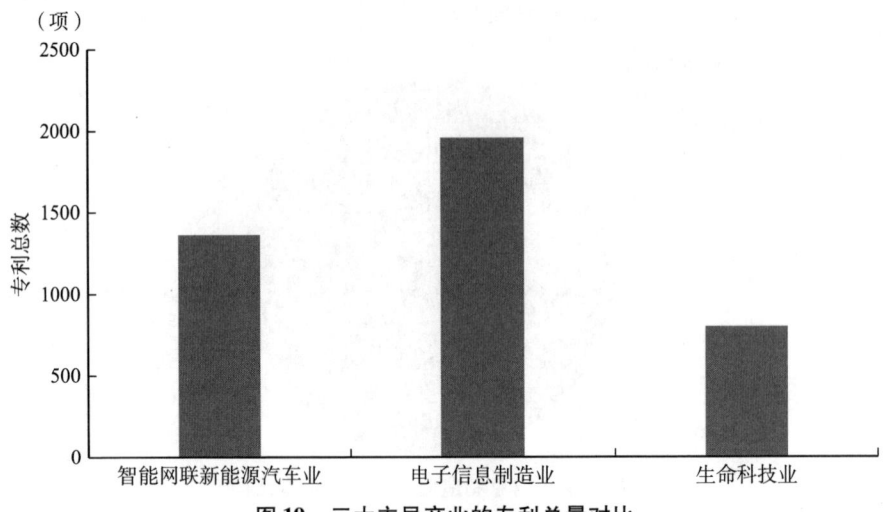

图 19　三大主导产业的专利总量对比

从营业收入分布来看，三大主导产业均呈现典型的"金字塔"结构，以小微企业为主。如图 20～图 22 所示，年营业收入 200 万元以下的企业数量最多，智能网联新能源汽车业、电子信息制造业和生命科技业分别为 740 家、794 家和 842 家，占各自产业总数的 82.31%、76.79% 和 87.07%。中等规模

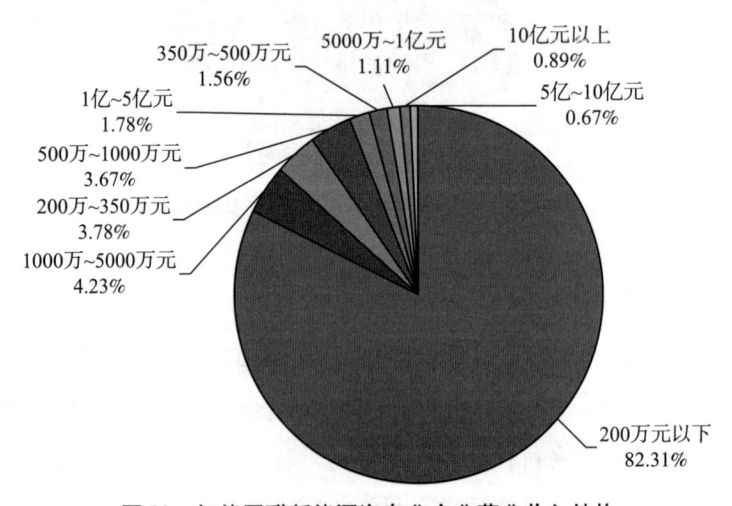

图 20　智能网联新能源汽车业企业营业收入结构

企业（营业收入 200 万～5000 万元）次之，三个产业分别占比 13.24%、19.92% 和 12.10%。大型企业（营业收入 5 亿元以上）数量较少，三个产业分别为 14 家、7 家和 3 家，占比均不超过 2%，显示出产业发展仍处于培育期。

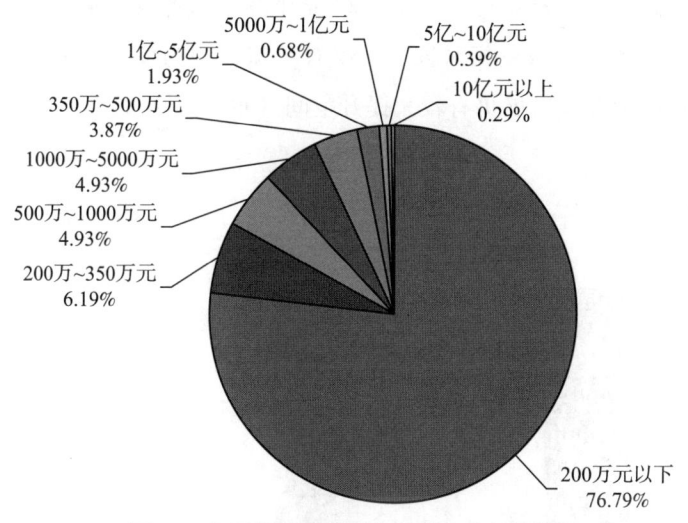

图 21　电子信息制造业企业营业收入结构

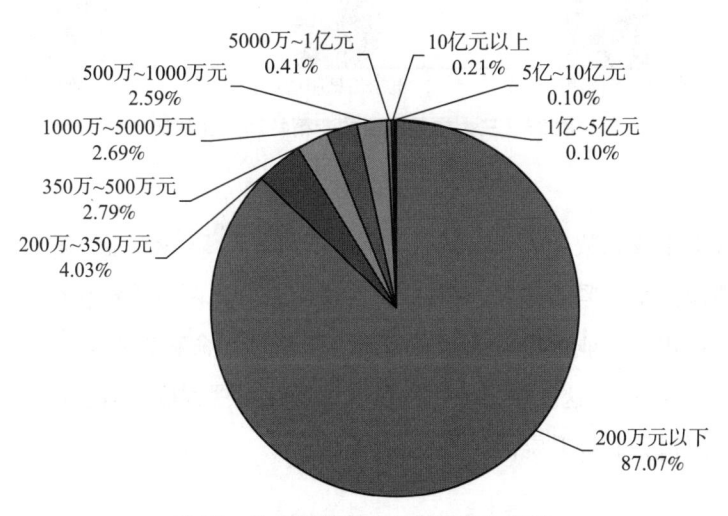

图 22　生命科技业企业营业收入结构

3. 入驻企业分析

在专精特新企业分布中，智能网联新能源汽车业领域以 23 家企业位居首位，电子信息制造业紧随其后，拥有 22 家企业，两者数量相近。生命科技业领域的专精特新企业数量相对较少，仅有 7 家，约为前两个领域的 1/3，显示出该领域的专业化发展仍有较大提升空间（见图 23）。

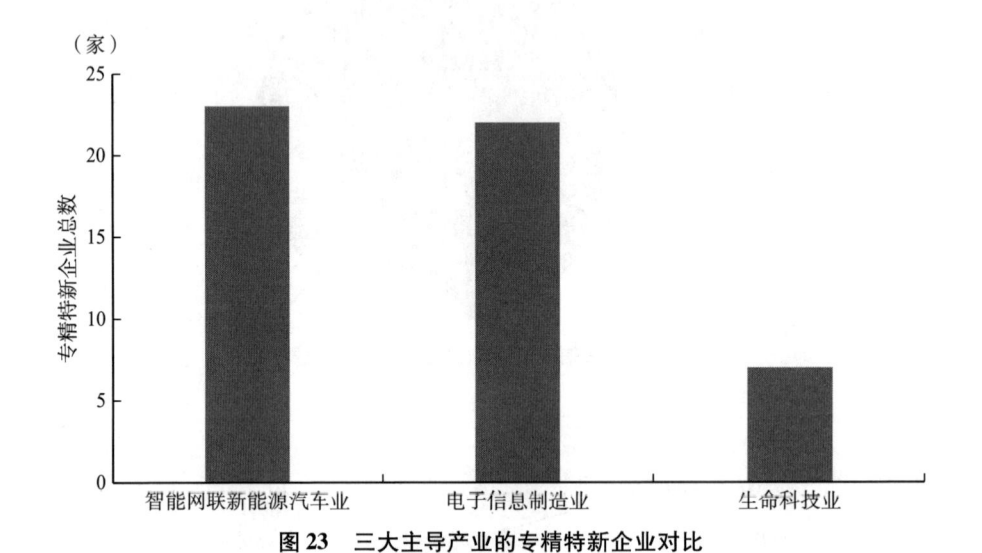

图 23　三大主导产业的专精特新企业对比

从规上企业总数分布来看，电子信息制造业以 58 家企业位居首位，智能网联新能源汽车业紧随其后，拥有 54 家规上企业，两者数量相近，分别是生命科技产业规上企业数量的 1.87 倍和 1.74 倍。生命科技业规上企业数量相对较少，为 31 家，这反映出该领域目前规模化发展程度相对较低，但也显示出未来发展潜力和提升空间较大（见图 24）。

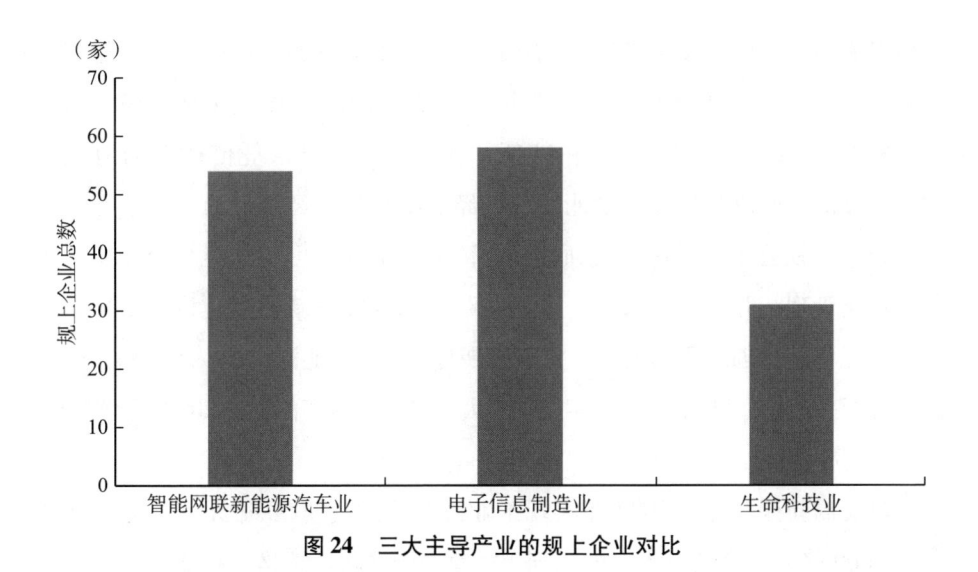

图 24 三大主导产业的规上企业对比

三、重庆涪陵高新技术产业开发区

（一）园区概况①

1. 基本概况

重庆涪陵高新技术产业开发区（以下简称"涪陵高新区"）始建于2003年，以李渡工业园区为基础，初期聚焦于食品工业、新型建材和精细化工，同时构建了高水平的技术创新体系。历经多年发展，至2018年，园区规划面积扩展至14.64平方千米，并确立了生物医药与大健康、先进制造与自动化、电子信息和现代服务业的"3+1"主导产业格局。2018年，涪陵高新区晋升为重庆市级高新区，并于2024年跃升为国家级经济技术开发区，成为重庆市第四个国家级经开区。2024年，园区总面积已达73平方千米，其中43平方千米已建成，集聚了86家高新技术企业、293家科技型企业和96家市级以

---

① 如未特别说明，本部分相关数据根据重庆市涪陵区人民政府网站（http://www.fl.gov.cn）、重庆涪陵高新技术产业开发区管理委员会网站进行整理。

上研发机构，形成了装备制造、现代医药、电子信息四大产业集群。经济实力显著增强，GDP从2018年的318亿元增长到2024年的超千亿规模，培育出4家百亿元级企业和7家专精特新"小巨人"企业。凭借优越的地理位置，涪陵高新区成为连接成渝地区双城经济圈与长江经济带的关键节点，拥有完善的"铁公水空"综合交通体系。2024年起，园区与涪陵综合保税区实行一体化管理，并积极融入"一带一路"和西部陆海新通道建设。未来，涪陵高新区将坚持创新驱动发展，重点发展智能网联新能源汽车、新材料、生物医药等新兴产业，目标到2027年实现三大主导产业总产值突破2000亿元。

2. 发展目标

涪陵高新区目标到2027年实现工业总产值达到4000亿元，工业增加值达到1000亿元，高新技术企业达到300家。园区将继续推进智能网联新能源汽车、新材料和生物医药等产业的集群发展，构建现代化产业体系，推动区域经济高质量发展。

3. 空间布局

涪陵高新区的空间布局呈现出沿长江两岸的"双区两岸"特征。园区分为三个主要功能组团：李渡组团、龙桥组团和清溪组团。李渡组团主要发展行政文化、商务办公和生态宜居等功能，致力于打造现代化的宜居宜业环境。龙桥组团是产业集聚区，重点发展天然气化工、精细化工、新材料和生物医药产业。清溪组团与其他组团共同构成园区的空间发展框架。此外，园区还设有涪陵综合保税区等特色功能区，为经济发展提供空间保障。

4. 主导产业

涪陵高新区的主导产业包括装备制造、现代医药和电子信息，已形成四大产业集群：动力电池、先进材料、汽车整车及零部件等。2023年，园区规上工业总产值达到1272.6亿元，占全区规上工业总产值的51.5%。并且园区吸引了多个行业龙头企业入驻，装备制造领域包括鑫源汽车、重庆川渝船舶重工，现代医药领域代表为国药太极中药现代智能制造中心，电子信息产业也已形成规模化发展。

5. 发展成果

涪陵高新区经济发展表现良好。2023年，园区规上工业总产值达到1272.6亿元，占全区规上工业总产值的51.5%，预计2024年将达到1295亿元，同比增长1.5%。园区拥有86家高新技术企业和293家科技型企业，96家市级以上研发机构，体现了强大的创新能力。

园区吸引了鑫源汽车、重庆川渝船舶重工有限责任公司和国药太极中药现代智能制造中心等龙头企业，这些企业的入驻推动了产业集群的形成和壮大，为园区经济注入了动力。通过优化产业结构和提升创新能力，涪陵高新区正逐步发展成为区域创新高地，为高质量发展奠定基础。

6. 开放平台

涪陵高新区积极发挥产业集聚和创新引领优势，成功引进了多个重大项目。在先进材料领域，引进了上海玻芯成玻璃基芯片产业化项目、紫光天元氯代甲苯衍生物项目等；在智能制造与新能源领域，引进了中能电投新型储能及智慧充电项目，涪陵慧谷湖科创小镇也正在建设中；在生物医药领域，园区引进了心脏生物磁量子计算机项目和领核高温超导项目。

这些重大项目的成功落地为园区产业转型升级注入了强劲动力。未来，涪陵高新区将继续聚焦智能网联新能源汽车、新材料和生物医药等新兴产业，推动现代化产业体系建设，力争到2027年三大主导产业总产值突破2000亿元，进一步提升区域经济发展水平。

7. 创新生态

涪陵高新区在人才引进和科技创新方面取得显著成效。2024年，园区成功引进了两名两院院士，并通过"才聚涪陵·就在当下"等引才活动，柔性引进了院士级专家，如陈士林、李德发等。园区还新增多个博士后工作站和创新团队，为区域发展提供了强有力的智力支持。

在科技创新方面，涪陵高新区已研发出尼龙66全产业链关键技术，突破了国外技术垄断，并成功构建了自主知识产权的大型海相页岩气开发技术体系，累计产气量达到532亿立方米。在智能制造方面，推出了智慧绿色矿山无人矿卡装运系统，并在全国推广。生命健康产业发展迅速，华兰生物工程有限公司年研发投入近亿元，拥有 103 项授权专利。

此外，涪陵高新区已形成以聚酯、聚氨酯、聚酰胺为代表的新材料产业集群，产值达 1000 亿元。通过实施"揭榜挂帅"和"赛马制"等创新机制，园区在核心技术攻关上不断取得突破。涪陵高新区将继续坚持创新驱动发展，重点发展智能网联新能源汽车、新材料、生物医药等新兴产业，力争到 2027 年实现三大主导产业总产值突破 2000 亿元，推动区域经济高质量发展。

（二）主导产业分析

1. 产业规模分析

（1）企业数量。

从企业数量分布来看，生物医药业企业数量最多，达 327 家，占据主导地位。智能装备业有 195 家企业，位居第二，比电子信息制造业多 18 家。电子信息制造业企业数量相对较少，为 177 家，约为生物医药业的 54%（见图 25）。三大主导产业的企业数量差异明显，反映出生物医药产业在该区域具有较强的发展优势。

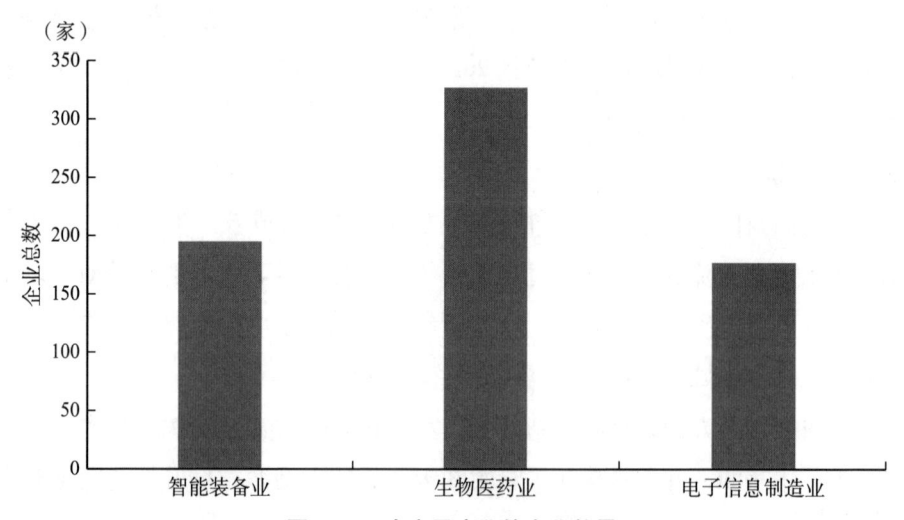

图 25 三大主导产业的企业数量

（2）就业规模。

从各产业从业人员规模来看，电子信息制造业从业人员规模最大，达7852人，约为生物医药业的2.4倍。智能装备业从业人员数量位居第二，有5442人，较生物医药业多2182人。生物医药业从业人员数量相对较少，为3260人，约为电子信息制造业的41.5%（见图26）。三大产业中，电子信息制造业对就业的贡献最为显著。

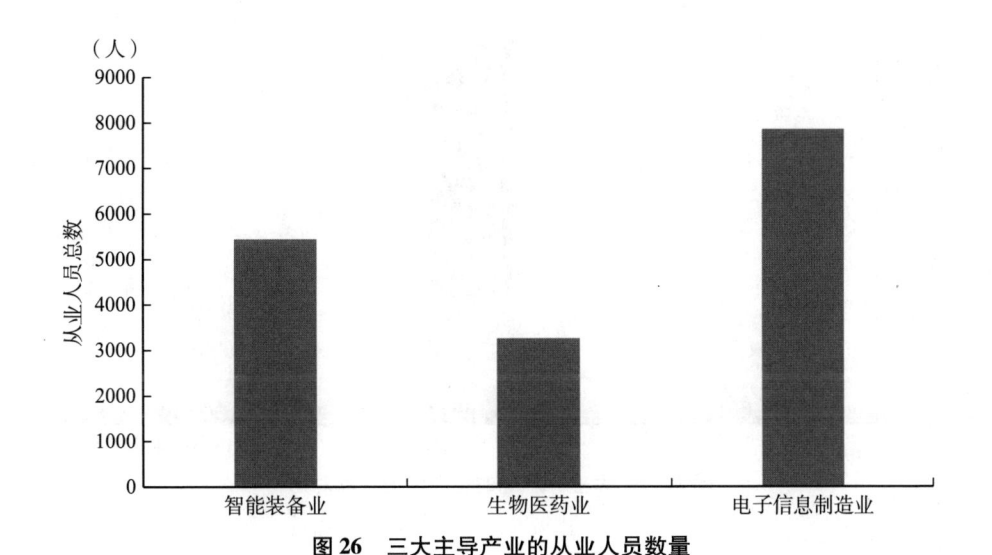

图26 三大主导产业的从业人员数量

（3）注册资本。

从注册资本规模来看，生物医药业以84.38亿元的注册资本位居首位，显著高于其他两个产业。电子信息制造业注册资本为28.53亿元，排名第二，与智能装备业的24.42亿元相差不大（见图27）。生物医药业的注册资本约为电子信息制造业的3倍，为智能装备产业的3.5倍，显示出较强的资本吸引力。

三大主导产业的企业规模分布呈现"金字塔"结构，以小微企业为主。生物医药产业企业数量最多，共316家，其中注册资本100万元以下的企业占比 56.96%（见图 28）；智能装备业共 185 家企业，100 万元以下企业占比 47.03%（见图 29）；电子信息制造业规模相对较小，共 173 家企业，其中 100 万元以下企业占比 44.51%（见图 30）。在大型企业方面，三个产业注册资本 1 亿元以上的企业数量较少，分别为 5 家、8 家和 5 家，占各自总数的 2.70%、2.53% 和 2.89%，体现了产业结构以中小企业为主的特点。

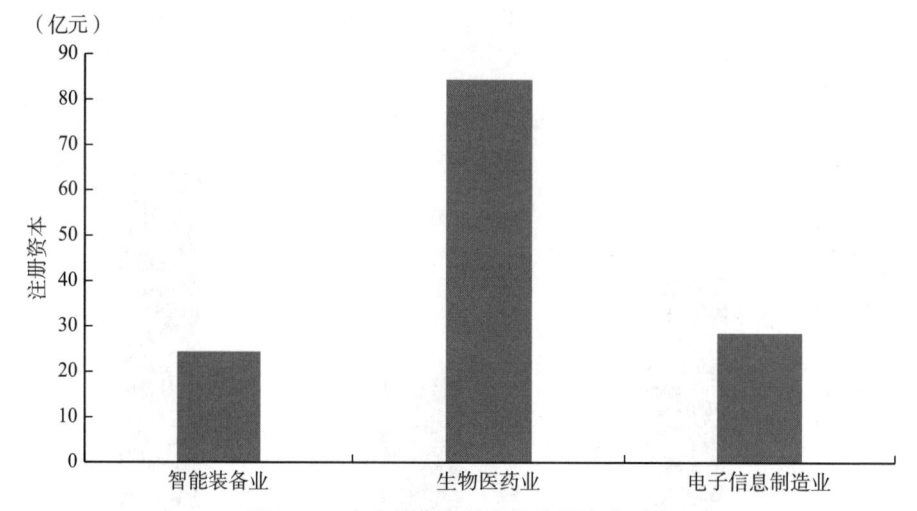

图 27　三大主导产业的企业注册资本对比

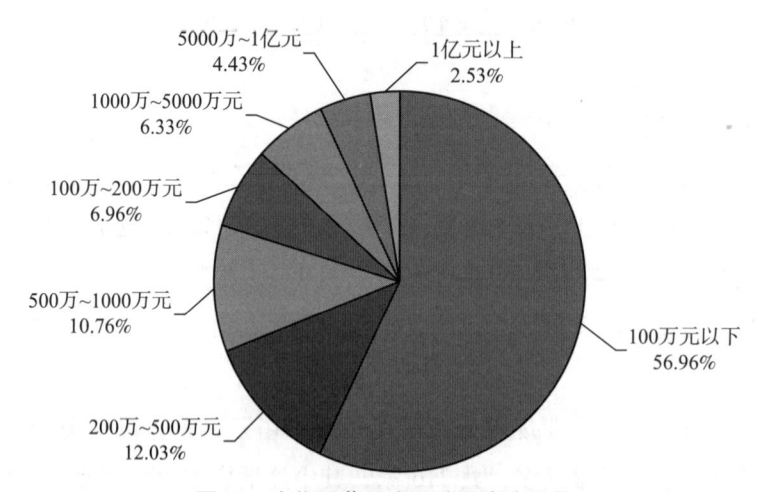

图 28　生物医药业企业注册资本结构

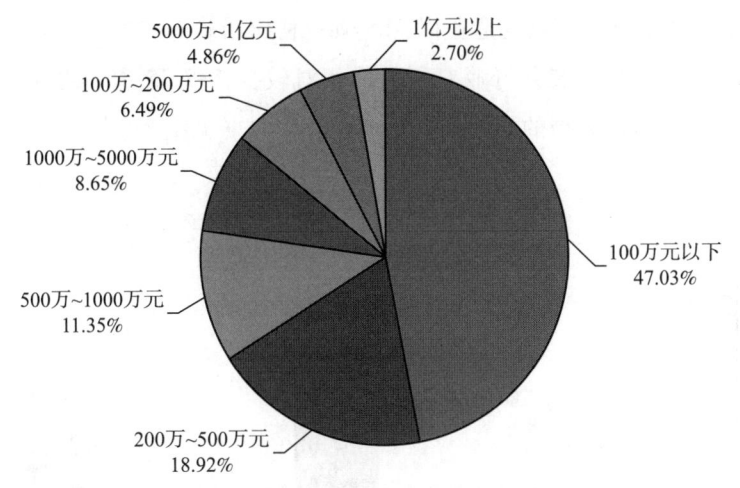

第二篇　成渝地区双城经济圈产业园区发展分析

图29　智能装备业企业注册资本结构

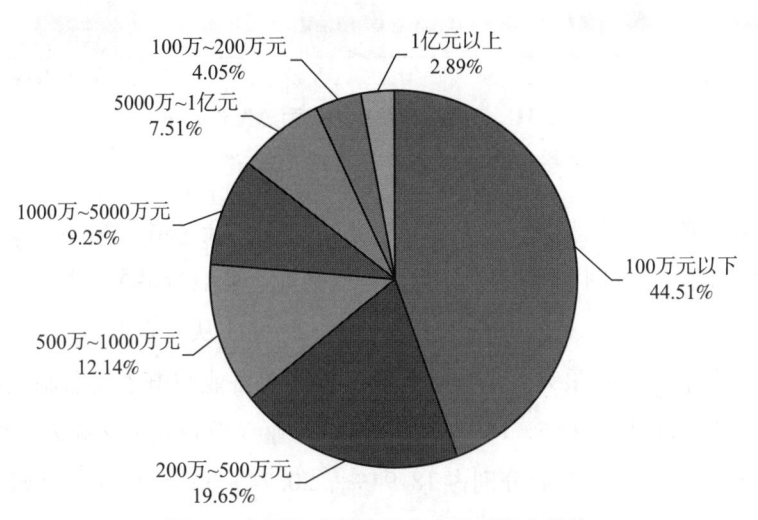

图30　电子信息制造业企业注册资本结构

2. 经营状况分析

从专利总数分布来看，生物医药行业专利数量最多，达397项，领先于其他两个行业。电子信息制造业以315项专利位居第二，专利数量约为生物医药业的79%。智能装备行业专利数量相对较少，仅75项，约为生物医药业的19%，显示该领域的技术创新活动相对较弱（见图31）。

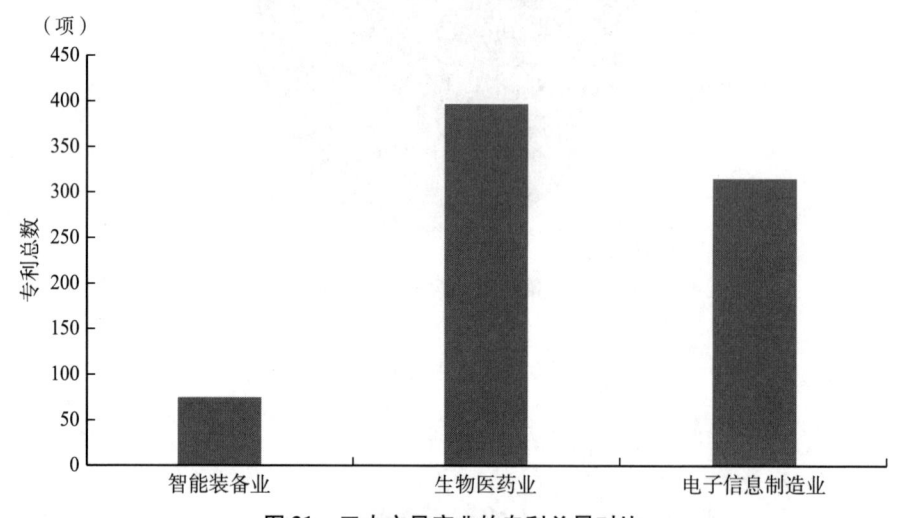

图31 三大主导产业的专利总量对比

从营业收入分布来看，三大主导产业均呈现"金字塔"结构，以小微企业为主。如图32～图34所示，其中生物医药业企业数量最多，共227家，其次是智能装备业135家，电子信息制造业127家。从营业收入规模看，200万元以下的企业占比最大，生物医药业、智能装备业和电子信息制造业分别占74.01%、71.11%和66.14%。中等规模企业（营业收入200万～5000万元）占比次之，三个产业分别占18.94%、20.74%和19.67%。高营业收入企业（营业收入5000万元以上）数量较少，但电子信息制造业大企业相对较多，年营业收入10亿元以上企业有4家，占比3.15%。

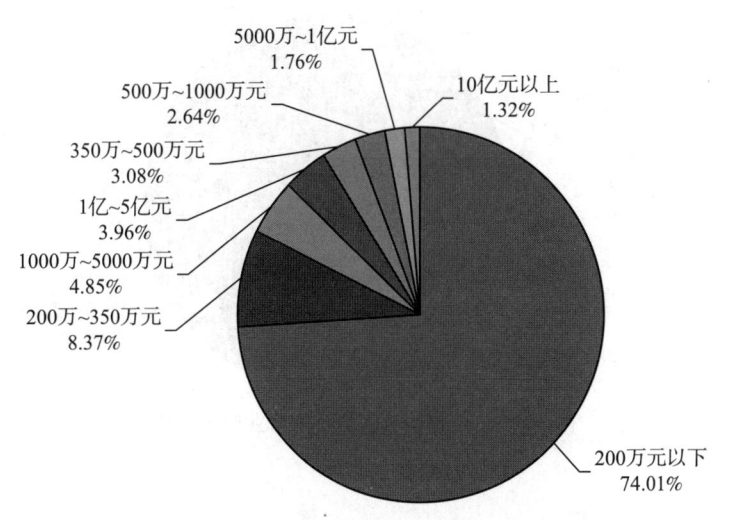

图 32 生物医药业企业营业收入结构

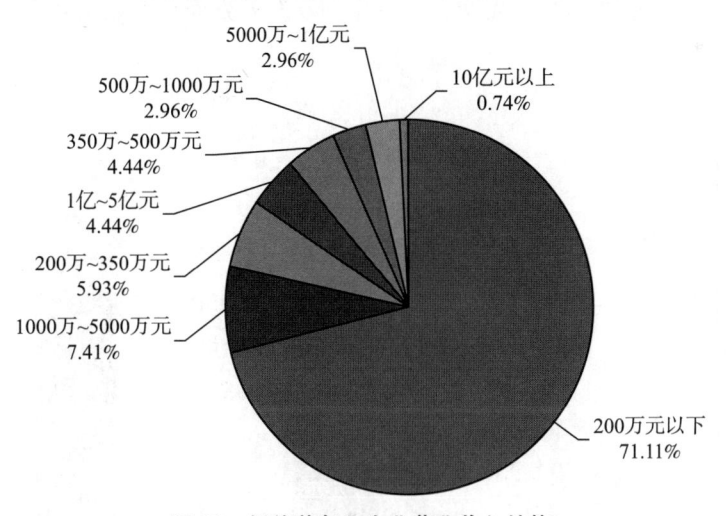

图 33 智能装备业企业营业收入结构

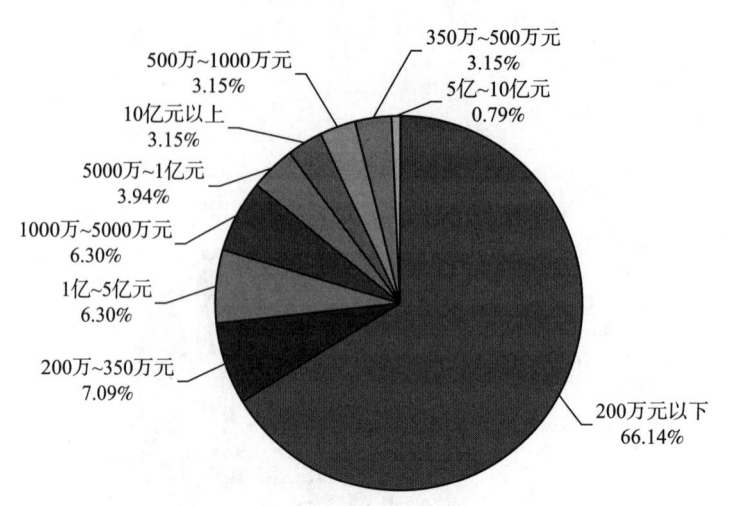

图 34　电子信息制造业企业营业收入结构

3. 入驻企业分析

生物医药业的专精特新企业数量最多，共有 10 家企业，略高于电子信息制造业的 9 家企业。智能装备业的专精特新企业数量相对较少，仅有 4 家，约为生物医药业的 40%，表明在专业化创新发展方面仍有较大提升空间（见图 35）。

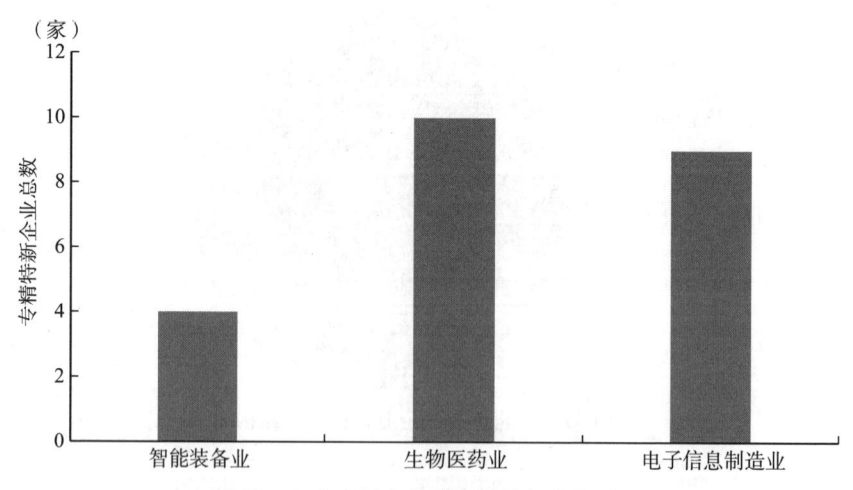

图 35　三大主导产业的专精特新企业对比

在规上企业数量分布上,生物医药业以 24 家企业位居首位,占据主导地位。电子信息制造业紧随其后,拥有 20 家规上企业,较生物医药业少 4 家。智能装备业规上企业数量最少,为 16 家,与生物医药业相差 8 家(见图 36)。整体来看,三大产业的规上企业数量差距相对较小,呈现出较为均衡的发展态势,反映出各产业发展基础相对稳固。

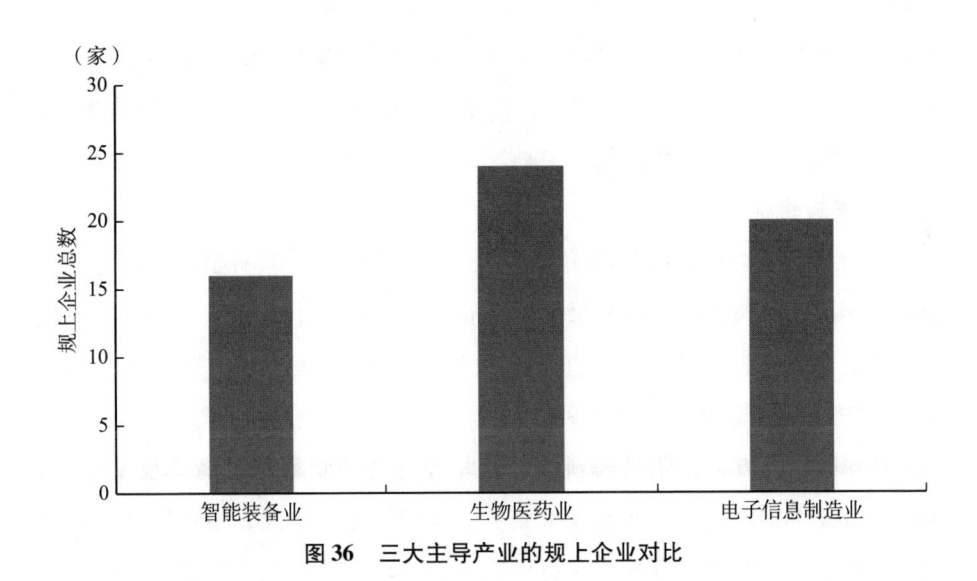

图 36 三大主导产业的规上企业对比

四、重庆荣昌高新技术产业开发区

(一)园区概况①

1. 基本概况

重庆荣昌高新技术产业开发区(以下简称"荣昌高新区")成立于 1992 年,起初规划面积仅为 5 平方千米,启动资金 100 万元。经过三十余年的发

---

① 如未特别说明,本部分相关数据根据重庆市荣昌区人民政府网站(http://www.rongchang.gov.cn)、荣昌高新技术产业开发区管理委员会网站整理。

展，园区于 2018 年升级为国家高新技术产业开发区，规划面积扩大至 17.05 平方千米，成为区域现代化高新区。园区位于成渝经济带，距重庆 88 千米、成都 246 千米，具备"承东启西、双向开发"的区位优势，依托成渝高铁、渝遂高速等重要交通设施，已形成完善的对外开放通道。

园区重点发展智能装备制造、电子信息、生物医药、农牧高新等产业，形成了"1+3+1"现代产业体系。截至 2022 年上半年，园区已吸引 735 家工业企业入驻，其中 573 家投产。未来五年，园区将力争跻身全国百强高新区，进一步提升在成渝地区双城经济圈中的战略地位，推动产城景融合发展，打造具有国际影响力的科技创新中心。

2. 发展目标

荣昌高新区设定了到 2025 年的发展目标，力争成为具有全国影响力的产业开发园区、科技创新高地和绿色发展展示区。园区计划实现"4+1"现代工业产业体系产值 1600 亿元，主导产业产值突破 900 亿元，并扩大规划面积至 50 平方千米，以提升产业承载能力。

在科技创新方面，荣昌高新区计划培育超过 300 家国家高新技术企业，1000 家市级科技型企业，重点发展畜牧、陶瓷、电子电路、生物医药、装备制造等产业。园区将大力发展农业现代化，推动百亿级生猪产业链建设，并发展特色产业如麻竹、雷竹、茶叶等。

荣昌高新区将推动产业转型升级，助力荣昌区成为成渝地区现代化新兴城市，形成"农牧科创特色高地、现代产业集聚高地"以及"城乡融合魅力新城"三大目标。

3. 空间布局

荣昌高新区规划面积 17.05 平方千米，呈现"三区联动"发展格局，由板桥组团、广富组团和荣隆组团组成。各组团的功能布局各具特色，互补协同。板桥组团专注于电子信息和新材料产业，重点布局信息技术和先进材料领域。广富组团发展智能装备制造和生物医药产业，目标是建设高端制造业基地。荣隆组团主要发展食品、服饰、陶瓷等消费品产业，形成特色的轻工业产业集群。通过这些组团的协同作用，园区实现了产业链的有机衔接，为构建现代化产业体系奠定了坚实基础。

4. 主导产业

荣昌高新区已形成"2335"现代制造业集群体系，以电子信息和智能网联新能源汽车零部件及智能制造为核心产业。电子电路产业园在2023年实现产值60亿元，生产1200万平方米的线路板，预计年产值可突破300亿元。

园区还重点发展食品及农产品加工、生物医药、新材料、新能源等领域。陶瓷产业作为"中国三大陶瓷之都"的重要支撑，以及服饰产业凭借全国最大的夏布生产基地优势，已成为园区特色产业。同时，园区积极推进兽药产业发展，促进农业与工业的融合。生物医药方面，华森制药等企业形成了产业集群，并推动了园区的产业链发展，提升了整体竞争力。

5. 发展成果

荣昌高新区经济持续增长，2022年上半年工业总产值达到410亿元，同比增长13.5%。园区已吸引735家工业企业，其中573家投产，持续扩大产业规模。2023年园区GDP增速达到5.8%。

在主导产业方面，电子电路产业取得良好发展，正朝着"年产电路板4000万平方米，年产值300亿元"的目标迈进。园区还布局了新能源汽车零部件、智能制造、生物医药、新材料等新兴产业，为持续增长提供了动力。

6. 开放平台

荣昌高新区依托多层次开放创新平台，推动区域经济高质量发展。园区拥有综合保税区、多式联运物流枢纽和智慧工厂等开放平台，支持农产品加工和进出口贸易。

在科技创新方面，园区已建成1个国家级重点实验室、2个院士工作站、3个博士后工作站，拥有7个国家级创新平台和60个市级创新平台，形成了"创新平台"体系。

园区成功引进四川绿然集团投资150亿元建设电子电路产业园，年产值预计可达100亿元。新能源产业方面，小刀电动车项目和中乔体育生产基地项目相继落地，进一步推动新能源产业发展。园区2022年工业总产值突破716.3亿元，招商引资项目大大提升了经济发展潜力，2023年第一季度新签约项目预计年产值超过200亿元。

7. 创新生态

荣昌高新区在人才队伍建设和科技创新方面取得了显著成果。通过高层次人才引进计划，园区已成功引进两位中国工程院院士，并设定到2027年引进350名高层次人才的目标。园区特别注重引进具有高级职称的技术人才，并对重点科技人才和创新团队提供专项补助。

园区持续加大研发投入，2022年研发经费投入达到4.8%。园区已形成以智能装备制造、电子信息、生物医药和农牧高新为主的"1+3+1"产业体系，累计吸引735家工业企业，573家企业投产。园区的创新活力和产业竞争力不断提升，未来五年有望跻身全国百强高新区，进一步推动成渝地区双城经济圈的经济发展。

（二）主导产业分析

1. 产业规模分析

（1）企业数量。

从企业数量分布来看，智能制造业企业数量最多，达2268家，约为食品饮料业的2倍，是汽车零部件业的20.8倍。食品饮料业企业数量居中，有1116家，汽车零部件业规模与之接近，有809家。三大主导产业中，智能制造业显示出明显的规模优势，体现了该领域的蓬勃发展态势（见图37）。

（2）就业规模。

从各产业从业人员规模来看，智能制造业从业人员最多，达11120人，约为食品饮料业的2倍，是汽车零部件业的7.5倍。食品饮料业居中，有

5518人从业，汽车零部件业从业人数约为5491人，这2个行业吸纳就业能力相当（见图38）。

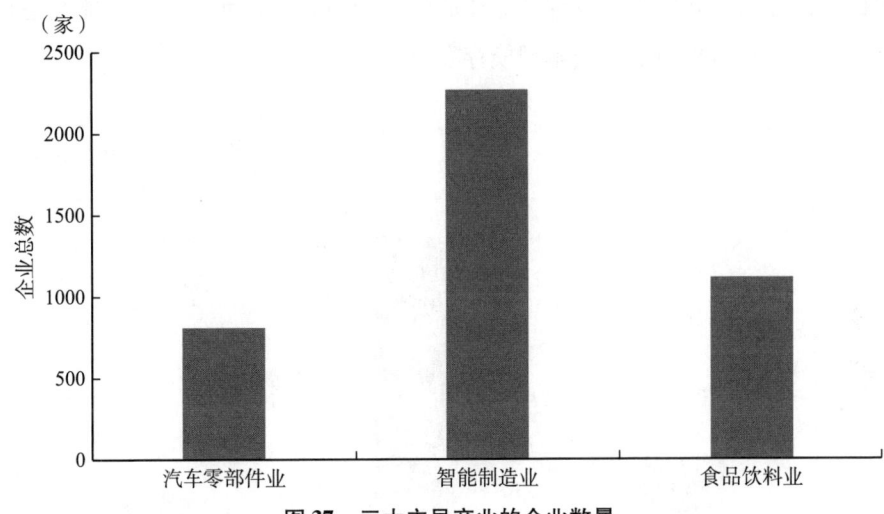

图37 三大主导产业的企业数量

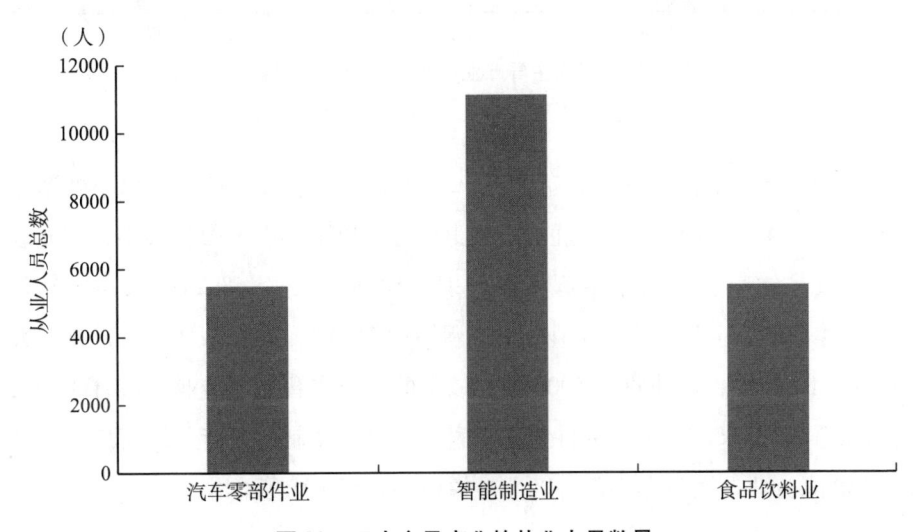

图38 三大主导产业的从业人员数量

（3）注册资本。

从注册资本规模来看，智能制造业以146.01亿元的注册资本位居首位，显著高于其他行业。食品饮料业注册资本为45.40亿元，位居第二，约为智能制造业的31.1%。汽车零部件业注册资本为60.48亿元，仅为智能制造行业的41%，显示出行业间资本规模存在较大差异（见图39）。

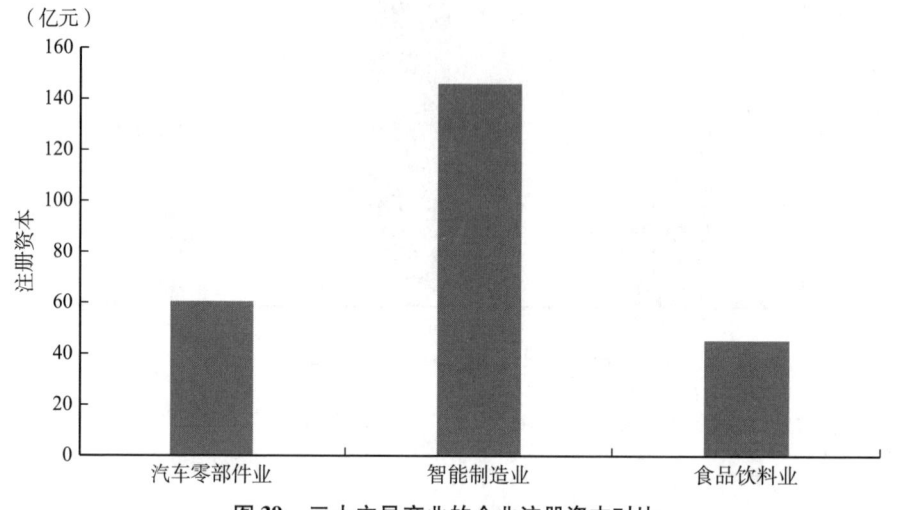

图39 三大主导产业的企业注册资本对比

从三个产业的注册资本分布来看，均呈现"金字塔"结构，以小微企业为主。如图40~图42所示，注册资本100万元以下的企业数量最多，智能制造业、食品饮料业和汽车零部件业分别占比64.82%、68.24%和44.76%。注册资本200万~500万元企业占比分别为10.74%、8.95%和17.14%。大型企业相对较少，注册资本5000万元以上的企业在智能制造业领域有34家，食品饮料业11家，汽车零部件业仅2家。其中智能制造业产业规模最大，共计2189家企业，而汽车零部件产业规模最小，仅105家企业。

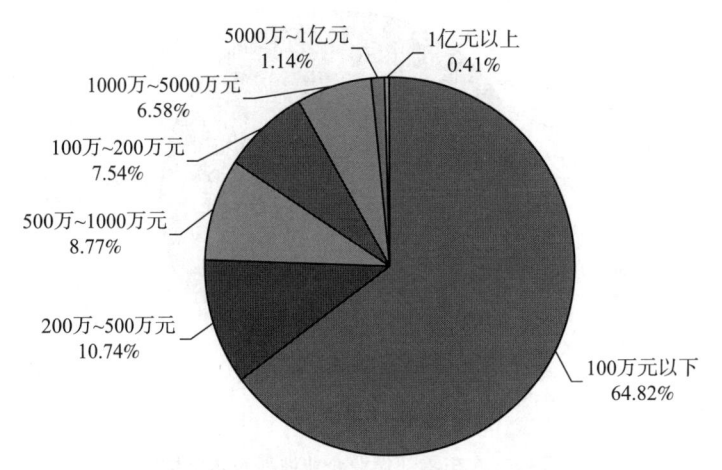

图 40　智能制造业企业注册资本结构

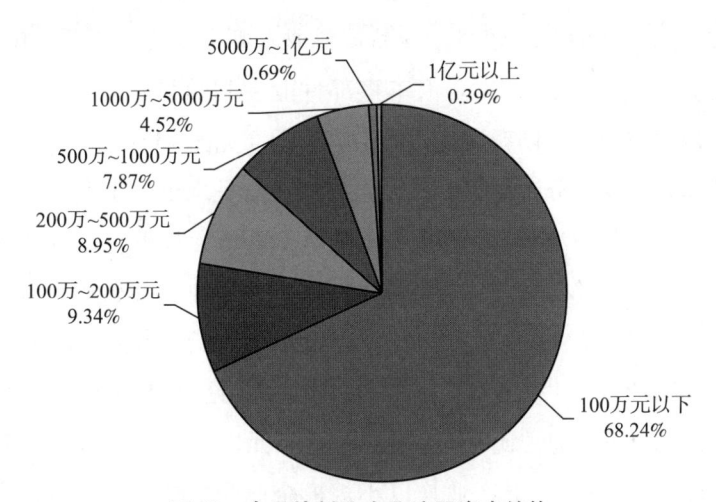

图 41　食品饮料业企业注册资本结构

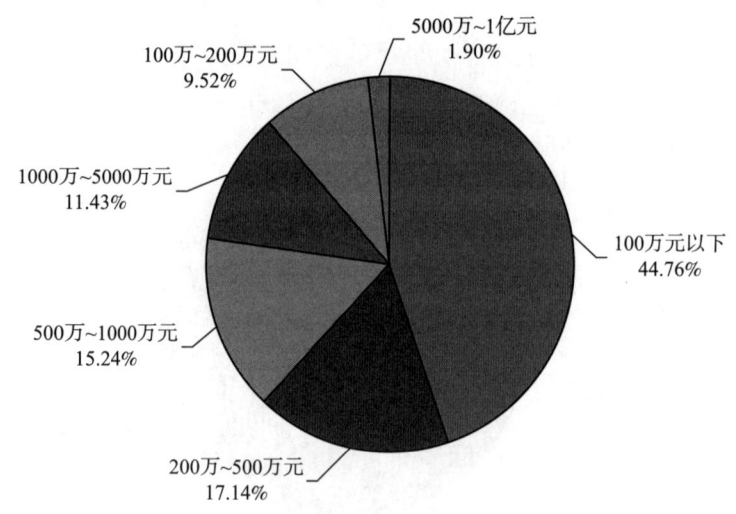

图 42　汽车零部件业企业注册资本结构

2. 经营状况分析

从专利总数分布来看，智能制造业领域以1281项专利居于首位，体现出该领域的技术创新活跃度较高。食品饮料业专利数量为473项，位居第二，约占智能制造业领域的37%。汽车零部件业专利数量相对较少，仅有247项，显示该领域的专利创新活动相对不够活跃（见图43）。

从营业收入规模分布来看，三大主导产业均呈现出"金字塔"结构，以小微企业为主。其中汽车零部件业营业收入200万元以下企业占比80.00%，1000万元以上企业仅占16.92%（见图44）；智能制造业营业收入200万元以下企业占比80.85%，中型企业（营业收入1000万~1亿元）占比9.9%，大型企业（营业收入1亿元以上）占比2.22%（见图45）；食品饮料业营业收入200万元以下企业占比82.89%，1000万元以上企业占比6.65%（见图46）。总体而言，三大主导产业均以小规模企业为主导，中大型企业数量相对较少，产业结构较为相似。

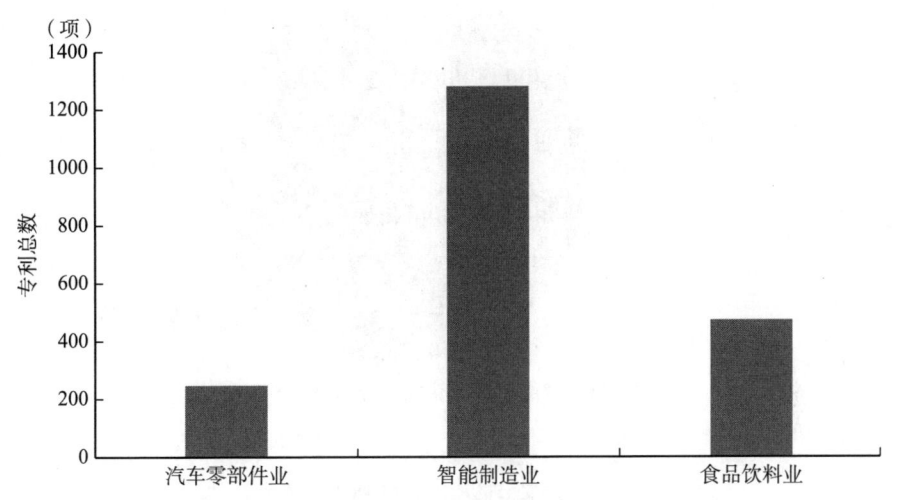

图 43 三大主导产业的专利总量对比

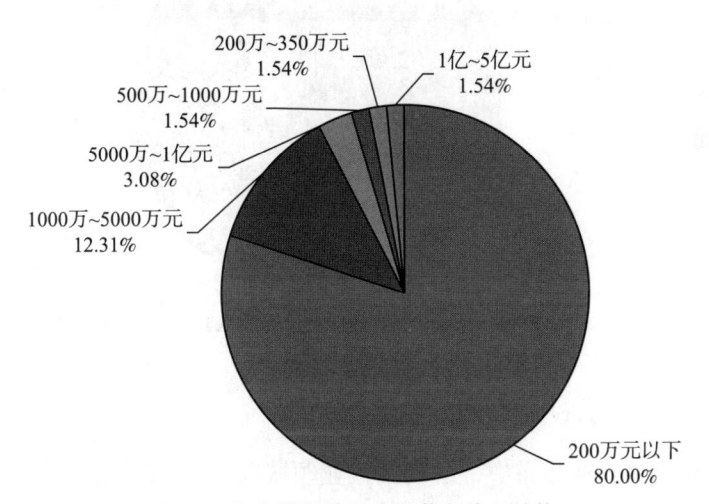

图 44 汽车零部件业企业营业收入结构

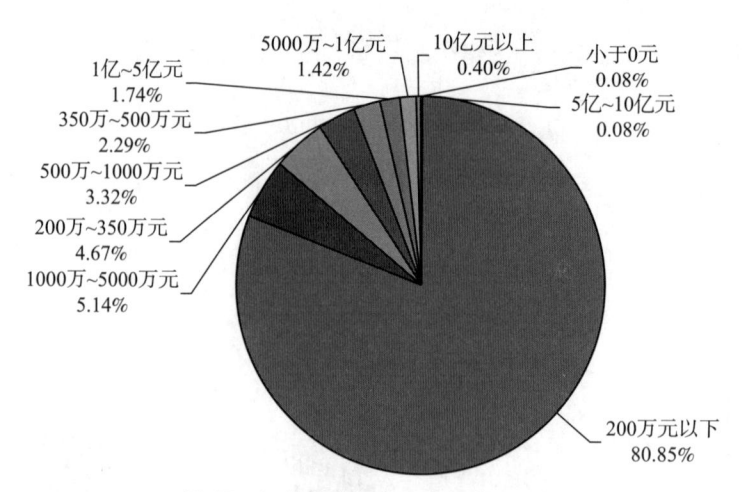

图 45　智能制造业企业营业收入结构

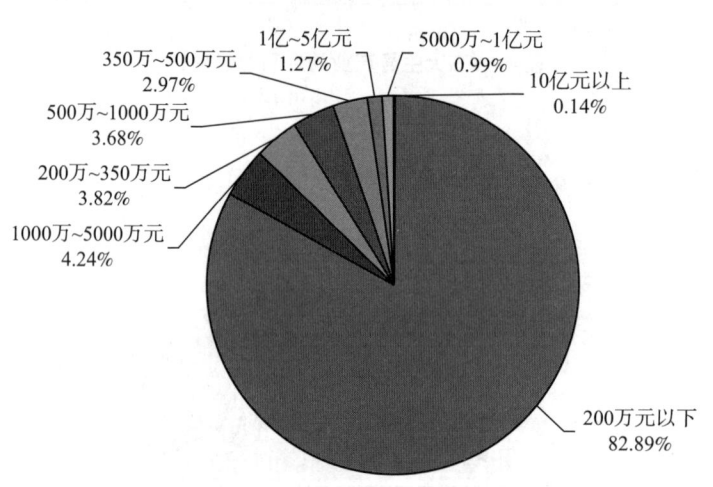

- 1亿~5亿元 1.74%
- 5000万~1亿元 1.42%
- 10亿元以上 0.40%
- 小于0元 0.08%
- 5亿~10亿元 0.08%
- 350万~500万元 2.29%
- 500万~1000万元 3.32%
- 200万~350万元 4.67%
- 1000万~5000万元 5.14%
- 200万元以下 80.85%

图 46　食品饮料业企业营业收入结构

- 350万~500万元 2.97%
- 1亿~5亿元 1.27%
- 5000万~1亿元 0.99%
- 10亿元以上 0.14%
- 500万~1000万元 3.68%
- 200万~350万元 3.82%
- 1000万~5000万元 4.24%
- 200万元以下 82.89%

3. 入驻企业分析

在专精特新企业分布中，智能制造业领域以 44 家企业的规模显著领先，占据主导地位，是食品饮料业企业数量的 4.4 倍，汽车零部件业的 11 倍。食品饮料行业位居第二，有 10 家企业，而汽车零部件行业规模最小，仅有 4 家企业，体现出较大的行业差异（见图 47）。

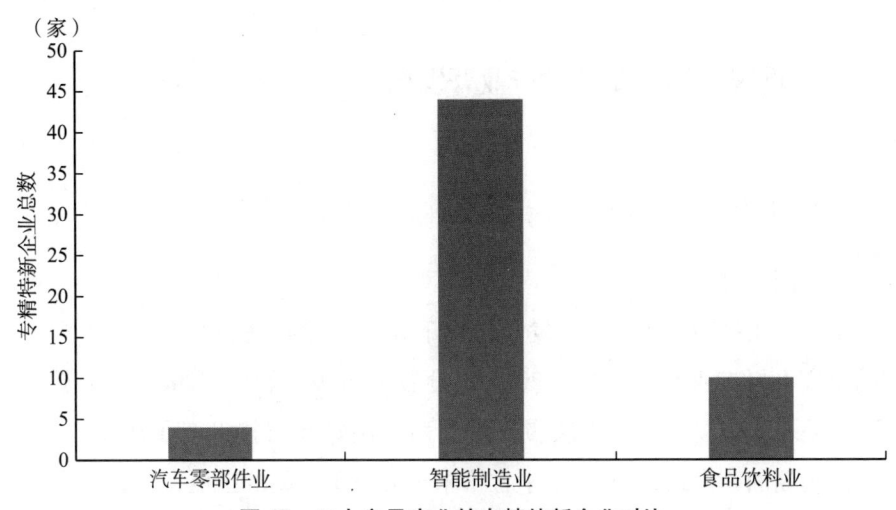

图47 三大主导产业的专精特新企业对比

从规上企业数量分布来看，智能制造行业以99家企业位居首位，远超其他两个行业。食品饮料业有40家规上企业，规模位居第二，约为智能制造业的40.4%。汽车零部件业规上企业数量最少，仅有8家，分别只占智能制造业的8.1%和食品饮料行业的20%，显示出该行业规模企业发展相对滞后，未来仍有较大提升空间（见图48）。

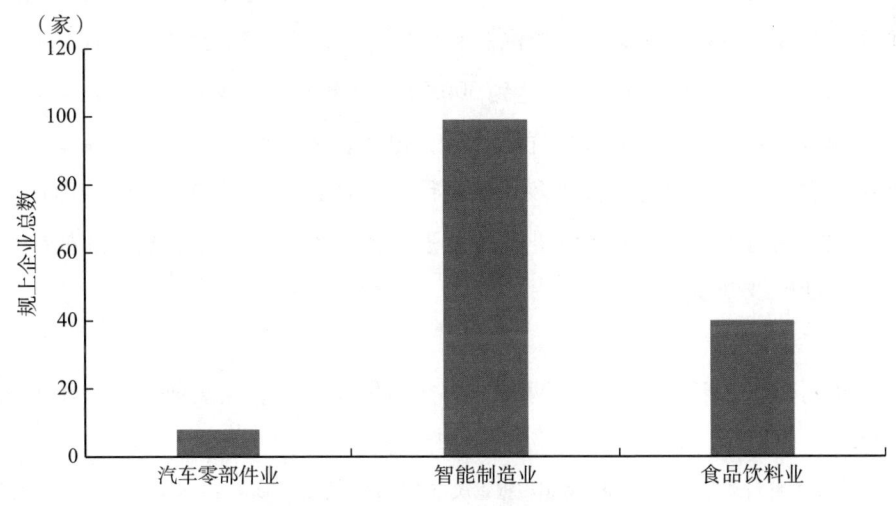

图48 三大主导产业的规上企业对比

五、重庆永川高新技术产业开发区

（一）园区概况[①]

1. 基本概况

重庆永川高新技术产业开发区（以下简称"永川高新区"）起源于2002年的重庆永川工业园区，并于2015年升级为市级高新区。2018年，园区获得国务院正式批复，成为重庆市仅有的两个国家高新技术产业开发区之一。园区的规划面积由最初的1.39平方千米扩展至更广阔的区域，成为成渝地区双城经济圈的重要战略要地。

园区依托其优越的区位条件，结合完善的"公铁水空"多式联运交通体系，发展成为区域重要的枢纽节点。园区积极融入"一带一路"倡议和长江经济带战略，致力于产城融合，推动高新技术企业数量从2015年的58家增长到2023年的192家，展现出显著的经济发展成效。

2. 发展目标

永川高新区秉持高质量发展理念，设定了明确的发展蓝图。园区聚焦两大主导产业——智能网联新能源汽车和先进材料，力争到2025年实现工业总产值1900亿元，高新技术企业达到300家，建设用地扩展至106平方千米。

园区将着力培育五大特色优势产业：电子信息、摩托车、高端装备、生物医药和大健康，致力于打造多元化现代产业体系。通过持续优化营商环境和加大招商引资力度，园区将进一步加强在成渝地区双城经济圈中的战略地位，推动区域创新发展。

3. 空间布局

永川高新区形成了"一核两翼"的空间发展格局。凤凰湖产业园作为核

[①] 如未特别说明，本部分相关数据根据重庆市人民政府网站（https：//www.cq.gov.cn）永川高新技术产业开发区开放平台整理。

心区域，重点布局汽车摩托车零部件和电子信息产业，吸引了长城汽车、雅迪摩托等企业。港桥产业园主要发展纸业和有色金属加工，形成产业集群；三教产业园集中发展陶瓷、智能家居和食品加工，吸引东鹏陶瓷等企业。大数据产业园依托重庆云谷·永川大数据产业园，发展数字经济、软件服务外包和人工智能等新兴产业。此外，园区还设有综合保税区、职业教育基地等专业功能区，推动产城融合，促进产业集聚和协调发展。

4. 主导产业

永川高新区形成了以"2515"现代产业发展体系为核心的产业布局，其中智能网联新能源汽车和先进材料为两大主导产业。智能网联新能源汽车产业已经集聚了 30 余家零部件企业和 10 余家自动驾驶企业，长城汽车智慧工厂在 2023 年产值达 35 亿元。新材料产业方面，园区引进了东方希望集团、信义集团等龙头企业，玻璃纤维年产能达到 100 万吨，预计年产值 300 亿元。

高端装备制造产业也取得显著进展，2023 年产值达到 77.54 亿元，利勃海尔机床项目正在加快建设。生物医药及大健康产业已形成完整产业链，园区在新能源摩托车领域领先，成为全国规模最大的新能源摩托车产业基地，2023 年产量突破 150 万辆。这些主导产业的发展不仅推动了园区产业集群的形成，也促进了产业链上下游的协同发展。

5. 发展成果

截至 2024 年，园区内共有规上工业企业 168 家，表现出强大的工业基础。永川高新区已培育 113 家市级专精特新企业，其中 8 家为国家级"小巨人"企业，体现了园区在创新型企业培育方面的成效。2022 年园区规上工业总产值达到 1461.8 亿元，呈现良好的经济发展势头。

园区还建有多个重要开放平台，如永川综合保税区，已于 2023 年完成封关运行，专注于保税加工、保税物流等业务。同时，园区设有多个国家级、省部级实验室和创新平台，支持企业研发和科技创新，为园区的高质量发展提供了有力支撑。

6. 开放平台

永川高新区在开放创新和招商引资方面取得显著成效。园区依托永川综合保税区等对外开放平台，重点发展保税加工、物流和研发等业务。园区还拥有多个创新平台，如国家自主创新示范区、智慧工厂、数字工厂等，进一步增强科技创新能力。

在招商引资方面，园区引进了涵盖汽车、摩托车、高端装备、新能源、生物医药、数字文创等领域的重大项目，为区域经济发展注入了新动力。特别是2023~2024年，园区的招商引资成果显著，提升了区域经济实力，并巩固了永川作为现代制造业基地的重要地位。

7. 创新生态

永川高新区注重人才储备和科技创新，已成功引进20位两院院士，包括何继善院士和张宏科院士等知名专家。园区还通过"逐浪奔永"人才集聚行动，柔性引进了包括陈仙辉院士在内的高层次人才。

在科技创新方面，园区已完成165个智能化改造项目，新增8个市级智能工厂和5个数字化车间，推动了智能制造和数字化转型。园区内的万州科技创新中心等平台培育了多家国家级专精特新企业，推动了科技成果转化和产业升级。园区还积极开展产学研合作，与清华大学、电子科技大学等高校共建研发平台和产学研基地，为创新发展提供了强大支持。园区的创新能力提升显著，连续两年位居渝东北地区发明专利拥有量第一，展现了强大的科技创新实力。

（二）主导产业分析

1. 产业规模分析

（1）企业数量。

从企业数量分布来看，智能网联新能源汽车业企业数量最多，达2349家，占据主导地位。生物医药业紧随其后，拥有2089家企业，与智能网联新能源汽车业规模相当。新材料业企业数量相对较少，为856家，约为智能网联新能源汽车业的36.4%，显示出较大的发展空间（见图49）。

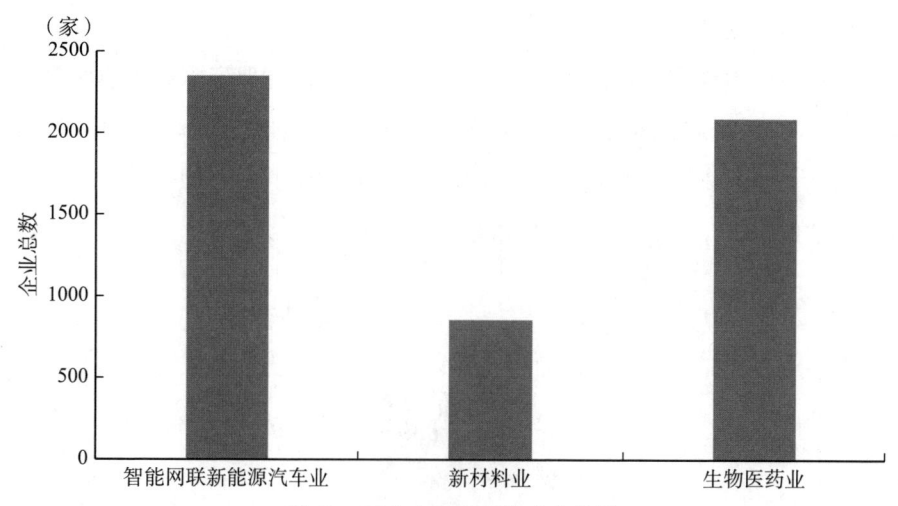

图 49　三大主导产业的企业数量

（2）就业规模。

从各产业从业人员规模来看，生物医药业从业人员最多，达 12312 人，占据主导地位。其次是智能网联新能源汽车业，有 10647 人，约为生物医药业的 86.5%。新材料业从业人员相对较少，为 8199 人，仅为生物医药业的 66.6%。三大主导产业的人员规模呈现明显的梯度分布特征（见图 50）。

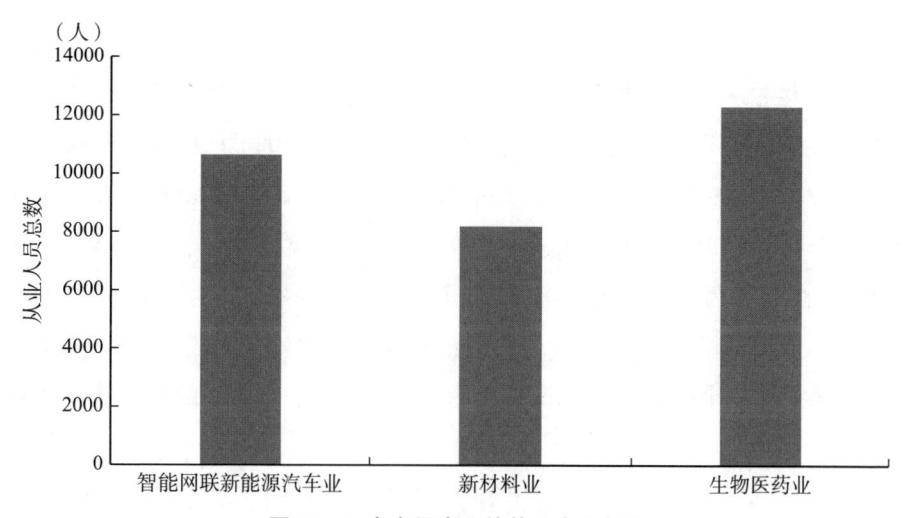

图 50　三大主导产业的从业人员数量

151

(3) 注册资本。

从注册资本规模来看，新材料业以165.6亿元的注册资本规模位居首位，是智能网联新能源汽车业的2.64倍。智能网联新能源汽车业注册资本达62.7亿元，位居第二。生物医药业注册资本相对较小，为31.7亿元，仅为新材料业的19%，显示出较大的发展空间（见图51）。

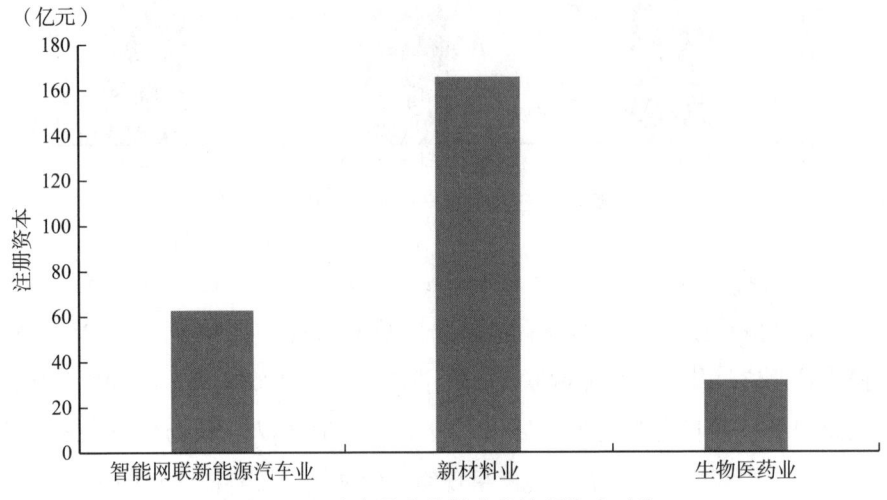

图51 三大主导产业的企业注册资本对比

从三大主导产业的注册资本分布来看，均呈现"金字塔"结构，以小微企业为主。智能网联新能源汽车业中，注册资本100万元以下企业占比68.35%，其次是200万～500万元占10.13%（见图52）；新材料业中，注册资本100万元以下企业占比57.13%，200万～500万元占14.13%（见图53）；生物医药业中，注册资本100万元以下企业占比67.37%，200万～500万元占10.45%（见图54）。大型企业数量相对较少，注册资本5000万元以上企业在三个产业中的占比均不超过2%，显示出典型的中小企业主导的产业特征。

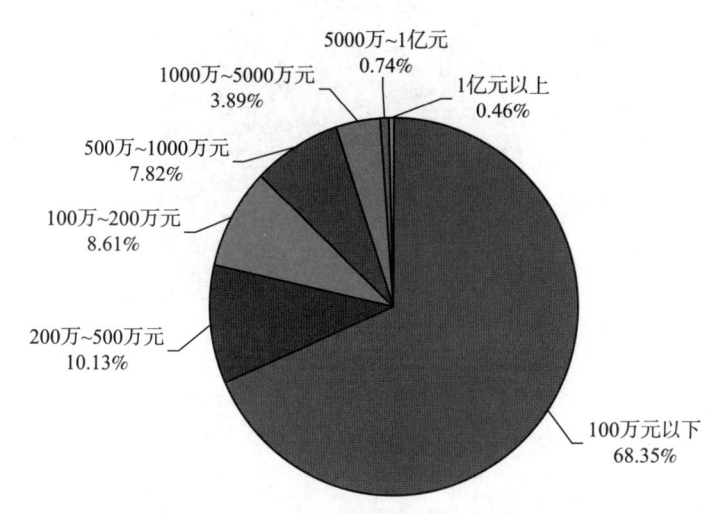

第二篇　成渝地区双城经济圈产业园区发展分析

图 52　智能网联新能源汽车业注册资本结构

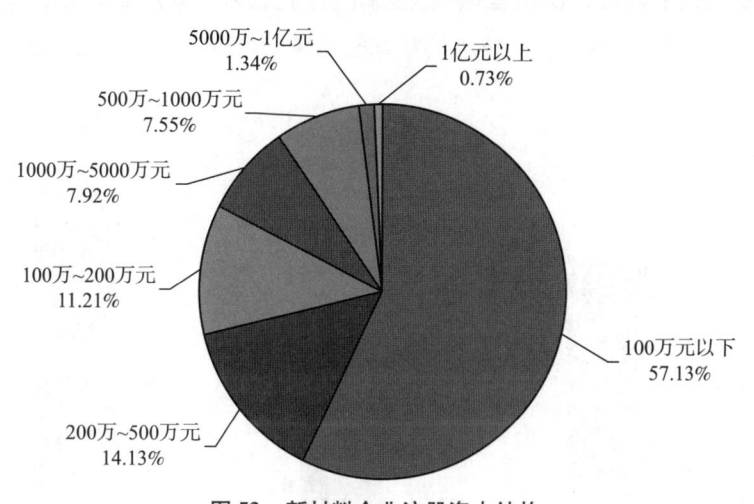

图 53　新材料企业注册资本结构

153

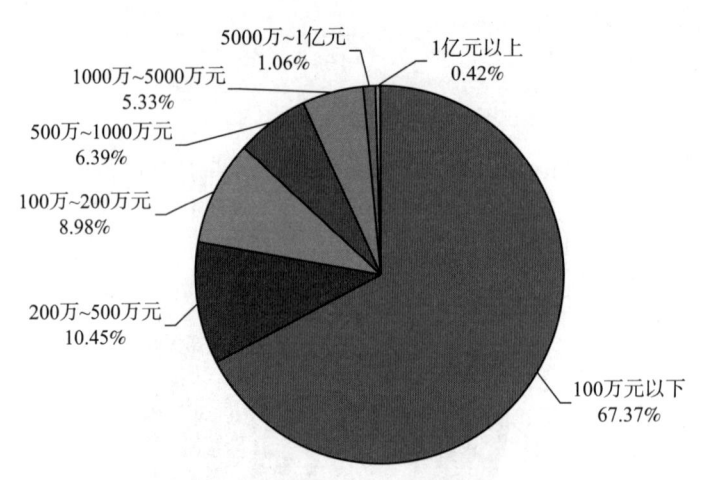

图54 生物医药业企业注册资本结构

2. 经营状况分析

从专利总数分布来看，生物医药业以316项专利位居首位，领先于其他两个行业。智能网联新能源汽车业以260项专利位列第二，与新材料业的254项专利数量相近，仅相差6项（见图55）。三大主导产业的专利总量分布相对均衡，体现出各产业在技术创新方面都保持着较为活跃的发展态势。

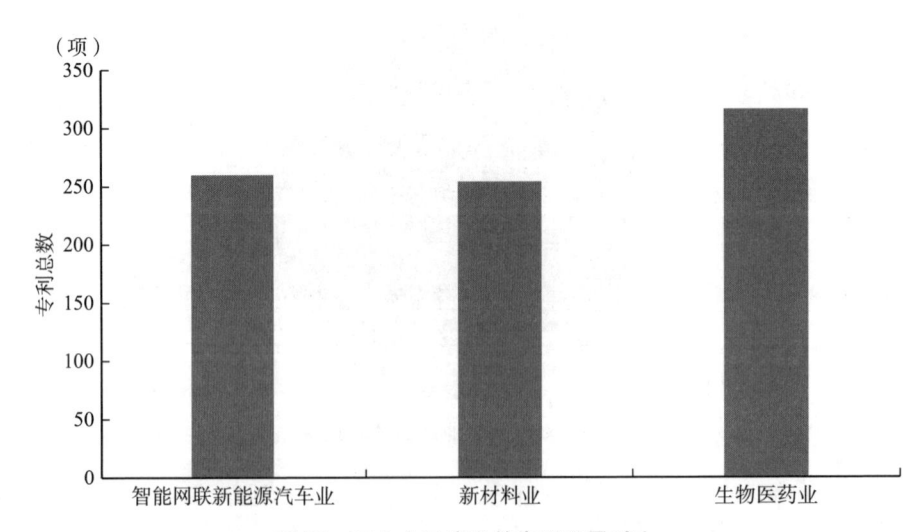

图55 三大主导产业的专利总量对比

从营业收入分布来看，三大产业均呈现以小微企业为主的"金字塔"结构。如图56～图58所示，其中年营业收入200万元以下的企业数量最多，智能网联新能源汽车业、新材料业和生物医药业分别占比90.74%、83.00%和

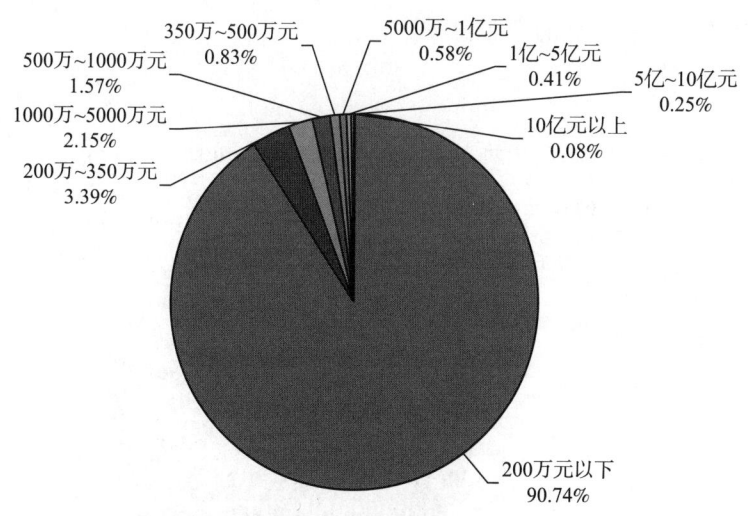

图56　智能网联新能源汽车业企业营业收入结构

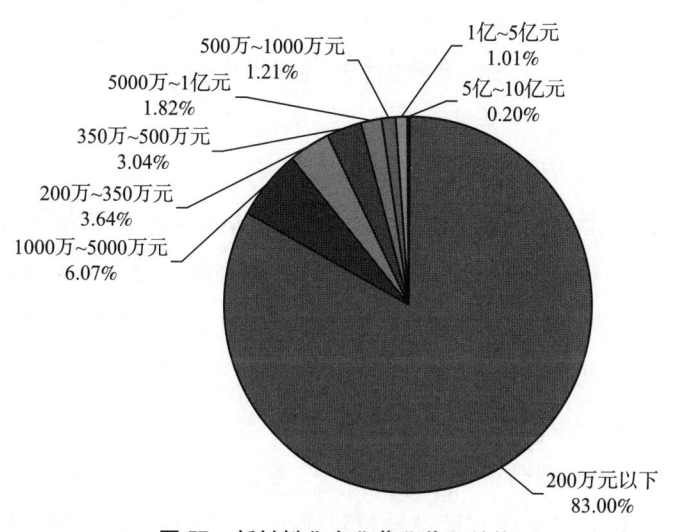

图57　新材料业企业营业收入结构

91.06%。营业收入200万~5000万元的企业数量次之，三个产业分别占比7.94%、13.97%和8.06%。高营业收入企业数量较少，智能网联新能源汽车业有1家营业收入10亿元以上企业，生物医药业有1家营业收入10亿元以上企业，新材料业最高营业收入企业在5亿~10亿元，仅1家。整体显示出典型的中小企业主导的产业发展特征。

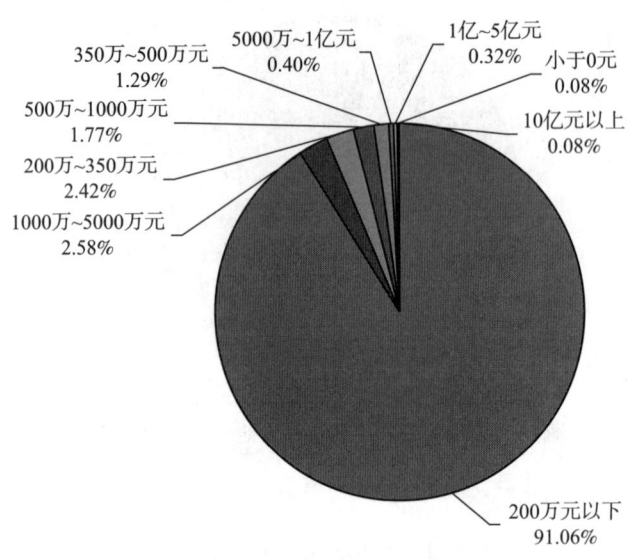

图58 生物医药业企业营业收入结构

3. 入驻企业分析

智能网联新能源汽车业领域的专精特新企业数量最多，达11家，领先于其他产业。新材料业以8家企业位居第二，生物医药业以7家企业数量位居第三（见图59）。三个产业的专精特新企业总数差距相对较小，体现出这些领域的专业化发展水平较为接近。

在规上企业分布方面，生物医药业以40家企业位居首位，略高于新材料业的38家，智能网联新能源汽车业以32家企业数量位居第三（见图60）。三大主导产业的规上企业数量差异相对较小，最高与最低之间仅相差8家企业，显示出这些新兴产业发展较为均衡，各产业规模化发展水平相近，都处于稳步成长阶段。

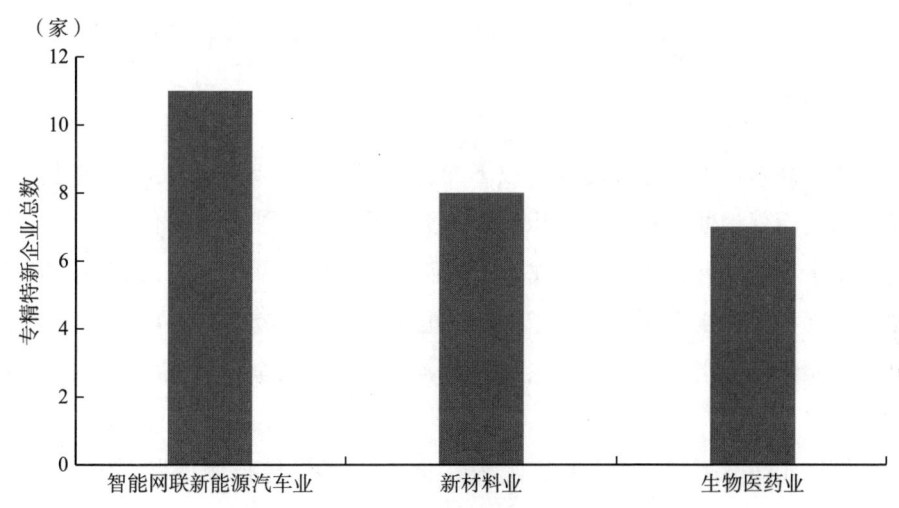

图 59 三大主导产业的专精特新企业对比

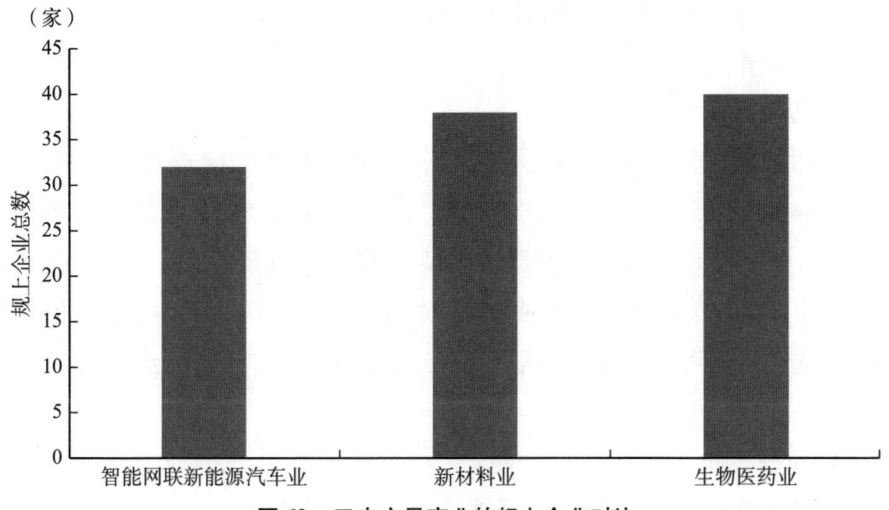

图 60 三大主导产业的规上企业对比

六、成都高新技术产业开发区

(一) 园区概况[①]

1. 基本概况

成都高新技术产业开发区（以下简称"成都高新区"）自1988年起步，最初选址南郊神仙树片区，面积仅2.5平方千米，专注于电子信息产业。经过三十余年的发展，园区现已成为中国西部最具创新活力和经济实力的区域之一，面积扩大至234平方千米，涉及电子信息、生物医药、新经济等多个领域。园区已吸引英特尔、京东方等知名企业，成为全球领先的高科技园区之一。

园区于2006年被科技部确定为"世界一流高科技园区"试点，并在2010年成为中国（四川）自由贸易试验区的一部分。2015年，成都高新区成为西部首个国家自主创新示范区，并通过推动"一带一路"和长江经济带建设，深化国际化发展。到2023年，园区GDP达3201.2亿元，持续展现出强劲的经济增长。

2. 发展目标

成都高新区制定了明确的发展目标，力争到2025年实现GDP达到4000亿元，翻番增长。同时，计划将研发投入强度提升至5%，国家级创新平台数量提升至240家，创新企业数量实现翻倍增长。园区还将重点培育电子信息制造业、生物医药业、互联网及软件业等三大主导产业，进一步强化产业链、供应链和价值链的协同发展，推动产业转型升级，建设全球领先的高科技园区。

3. 空间布局

成都高新区总面积234平方千米，形成了以高新南区、高新西区、成都

[①] 如未特别说明，本部分相关数据根据成都高新区网站（https://www.cdht.gov.cn）整理。

天府国际生物城和成都天府新区空港新城等为核心的多园区协同发展格局。各园区根据产业特征，聚焦不同领域：高新南区：聚焦新一代信息技术产业、金融业和现代高端服务业。高新西区：重点发展集成电路、光电显示、智能终端等电子信息产业。天府国际生物城：专注于生物医药产业发展。空港新城：侧重发展航空经济和高端制造业。此外，园区还包括多个功能组团，如新川六组团等，通过这种空间布局促进产业生态的多元化发展，协同推动区域经济发展。

4. 主导产业

成都高新区形成了以电子信息制造、生物医药和互联网及软件为核心的产业体系，三大主导产业均已形成完整的产业链，具有显著优势。电子信息业：2023年规上工业产值达3298.9亿元，占成都市电子信息产业55%，包括集成电路、新型显示、终端应用等。园区引进了英特尔、京东方等知名企业，形成了完整的产业链。生物医药业：2023年产值达到1400亿元，涵盖现代中药、化学药、生物制剂等领域，保持年均20%的增长。园区在生物医药领域综合竞争力排名全国前列。互联网及软件业：核心产业增加值1605亿元，占成都市总量52%，重点发展人工智能、数字文创、软件服务等。人工智能与机器人产业发展势头强劲。这些产业的协同发展带动了区域产业的整体升级，增强了园区的综合竞争力。

5. 发展成果

成都高新区已实现快速且稳健的经济增长，2023年GDP 3201.2亿元，综合实力长期位居全国高新区前列。园区形成了以电子信息制造、生物医药和互联网及软件为核心的多元化产业体系，成功吸引了如英特尔、戴尔、富士康、赛诺菲等知名企业。

在电子信息制造业中，集成电路、新型显示产业实现规模突破，形成强大产业集群。生物医药领域，赛诺菲、倍特等企业推动了产业的蓬勃发展。在互联网及软件领域，华为、腾讯等头部企业推动了人工智能、数字文创等新兴产业的快速增长。

6. 开放平台

成都高新区在招商引资和开放平台建设方面取得了显著成果。2023 年，新签约 22 个重大项目，总投资 3500 亿元。园区成功引进了格罗方德、京东方、腾讯、字节跳动等世界 500 强企业。通过优化营商环境，园区吸引了大量战略性项目，包括半导体、新能源、生物医药等领域。园区还建设了多个创新平台，包括智慧园区综合管理平台、数据要素产业集聚区、数字工厂等。通过这些平台，园区推动了科技创新和产业协同发展，为区域经济提供了有力支撑。

7. 创新生态

成都高新区已建立完善的人才梯队和创新平台体系。目前，园区拥有 26 名两院院士，以及 450 余名国家级人才和 750 余名省级人才。园区还通过"鸿雁计划"和"新重庆引才计划"吸引高层次人才，为创新提供智力支持。

园区自 2006 年被认定为"世界一流高科技园区"以来，创新实力不断提升。园区已累计建设 61 个国家级创新平台，推动了科技成果的转化和产业升级。通过与高等院校和科研机构的合作，园区形成了多层次的产学研合作体系，进一步增强了创新能力。

园区还设有综合保税区、算力中心、多式联运物流枢纽等重要平台，促进了区域产业竞争力的提升。未来，园区将继续深化创新驱动发展战略，推动区域高质量发展。

(二) 主导产业分析

1. 产业规模分析

(1) 企业数量。

从企业数量分布来看，互联网及软件业企业数量最多，达 235878 家，占据显著优势，约为电子信息制造业的 4.55 倍。生物医药行业位居第二，拥有 117579 家企业，是电子信息制造业企业数量的 2.27 倍。电子信息制造业企业数量相对较少，为 51800 家，但仍构成了较为可观的产业规模（见图 61）。三大主导产业呈现明显的阶梯式分布特征。

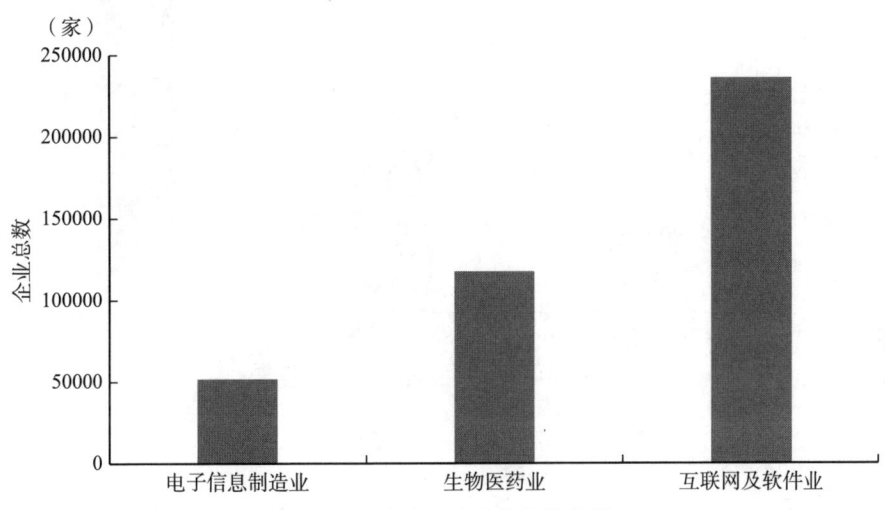

图 61　三大主导产业的企业数量

（2）就业规模。

从各产业从业人员规模来看，互联网及软件业从业人员最多，达 806982 人，占据绝对优势，约为生物医药业的 2.2 倍，电子信息制造业的 4.2 倍。生物医药业以 362675 人位居第二，而电子信息制造业从业人数相对较少，为 192074 人（见图 62）。三大行业中，互联网及软件业的人才吸引力最强，创造了最多的就业岗位。

（3）注册资本。

从注册资本规模看，互联网及软件业以 14689.13 亿元的注册资本位居首位，显著高于其他行业。生物医药业注册资本达 8261.15 亿元，位列第二，约为互联网及软件业的 56.24%。电子信息制造业注册资本为 3733.42 亿元，规模相对较小，仅为互联网及软件业的 25.42%，显示出三大主导产业在资本投入上存在明显的梯度差异（见图 63）。

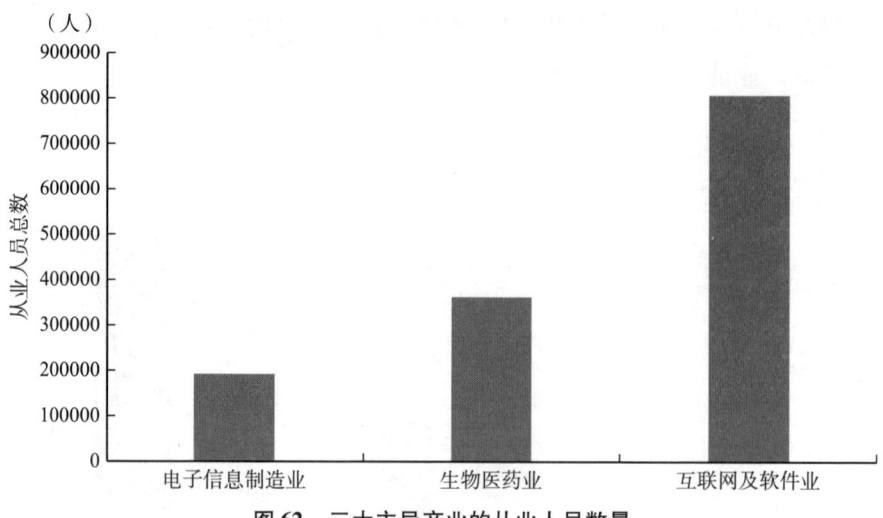

图 62　三大主导产业的从业人员数量

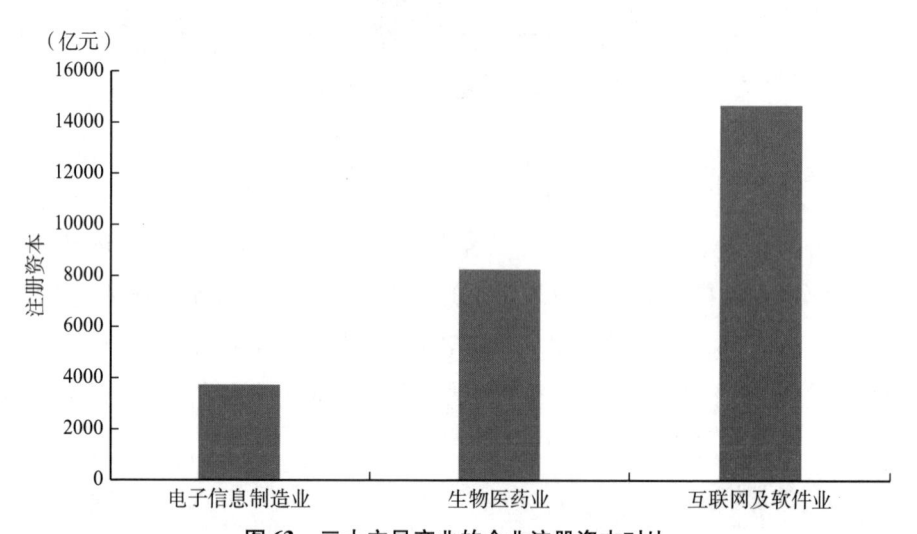

图 63　三大主导产业的企业注册资本对比

三大主导产业的企业规模分布呈现"金字塔"结构，以小微企业为主。如图 64～图 66 所示，注册资本 100 万元以下的企业数量最多，互联网及软件业占比 58.54%，生物医药业占比 56.03%，电子信息制造业占比 53.71%。其次是注册资本 200 万～500 万元区间，三个产业分别占比 13.46%、

14.24%和15.55%。中型企业（注册资本1000万~5000万元）占比相对较小，分别为5.11%、6.19%和6.27%。大型企业（注册资本1亿元以上）数量最少，互联网及软件业828家，生物医药业548家，电子信息制造业239家，分别占各自总数的0.37%、0.49%和0.48%。

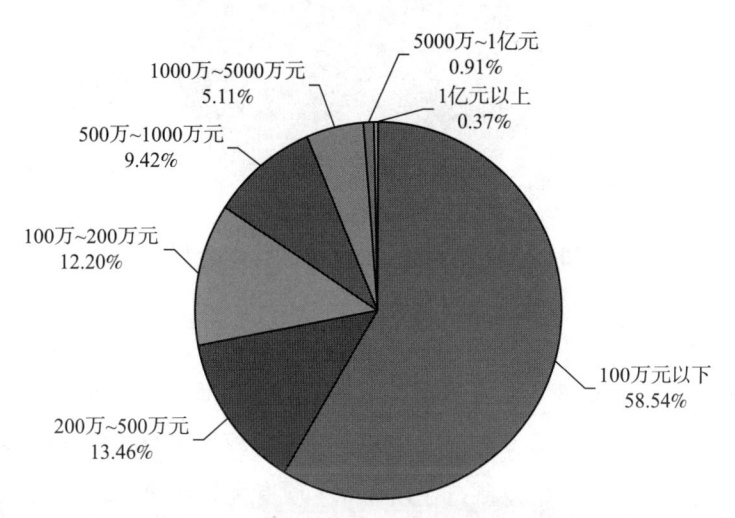

图64 互联网及软件业企业注册资本结构

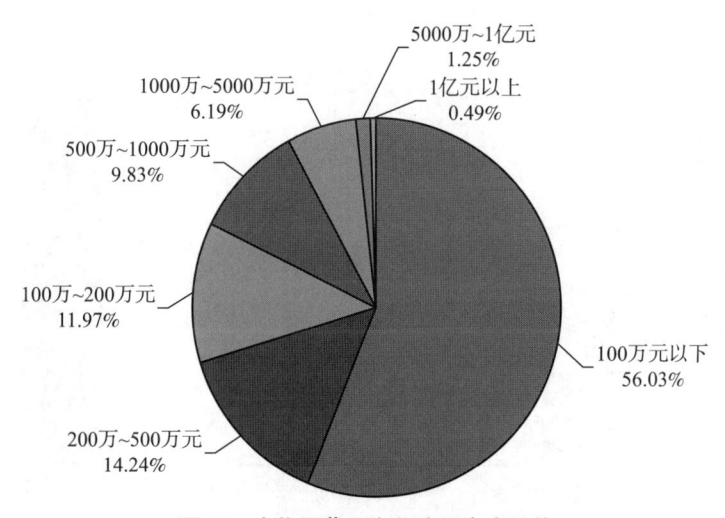

图65 生物医药业企业注册资本结构

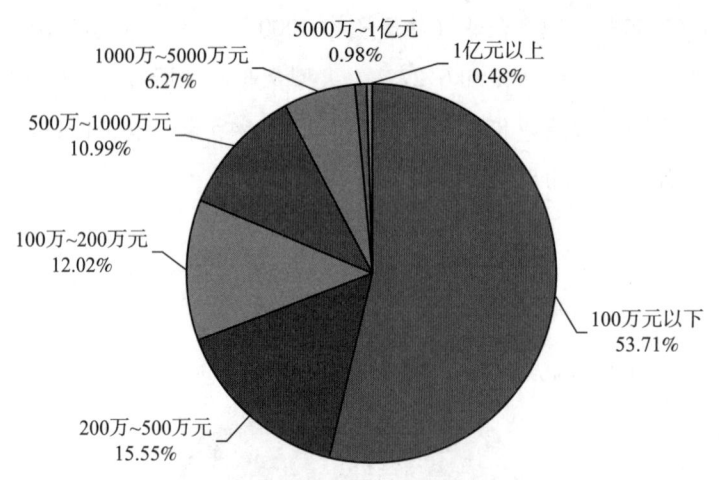

图66 电子信息制造业企业注册资本结构

2. 经营状况分析

从专利总数分布来看，互联网及软件业以53863项专利数量遥遥领先，约为电子信息制造业的2.0倍，生物医药业的1.7倍。生物医药业以31361项专利位居第二，电子信息制造业以26654项专利排名第三，见图67。这表明互联网及软件业领域的创新活力最为活跃，技术创新投入力度较大。

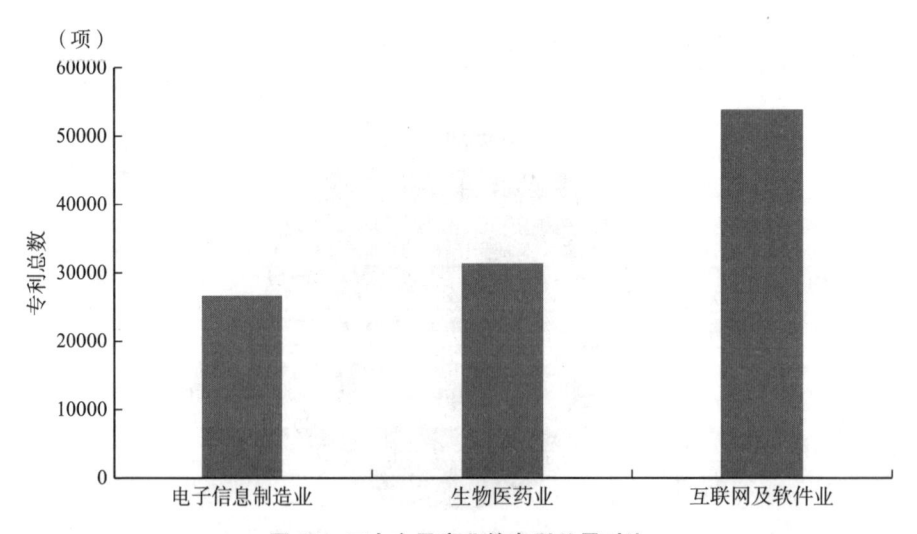

图67 三大主导产业的专利总量对比

第二篇 成渝地区双城经济圈产业园区发展分析

三大主导产业均呈现出"金字塔"结构的营业收入分布结构，以小微企业为主导。互联网及软件业规模最大，营业收入200万元以下企业达10.8万家，占该产业86.32%（见图68）；生物医药业次之，该区间企业5.5万家，占85.27%（见图69）；电子信息制造业规模相对较小，该区间2.4万家，占

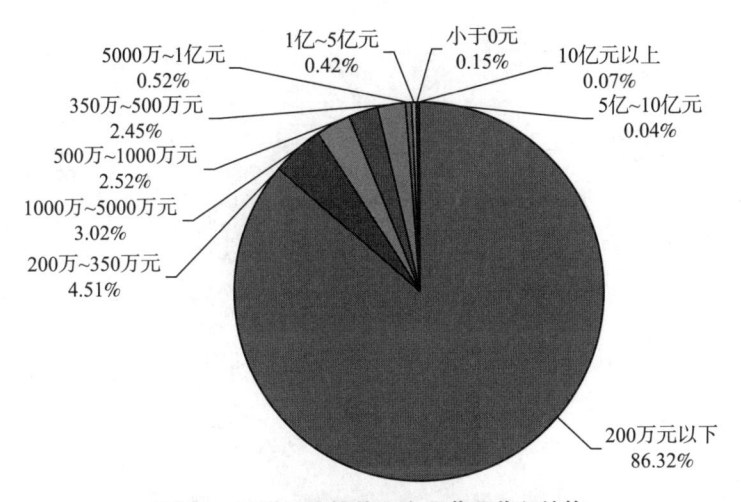

图68 互联网及软件业企业营业收入结构

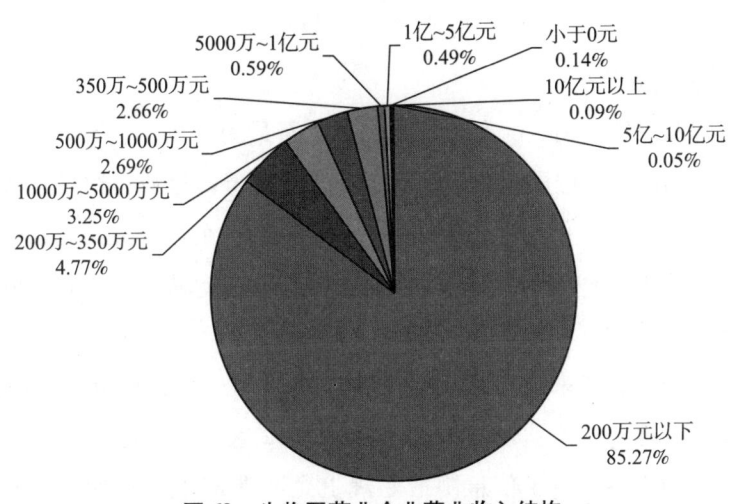

图69 生物医药业企业营业收入结构

165

83.34%（见图70）。中等规模企业（营业收入200万~5000万元）在各产业中占比相似，约为12%~14%。大型企业（营业收入5亿元以上）数量较少，三个产业分别仅占0.11%、0.14%和0.20%，但对产业发展具有重要带动作用。

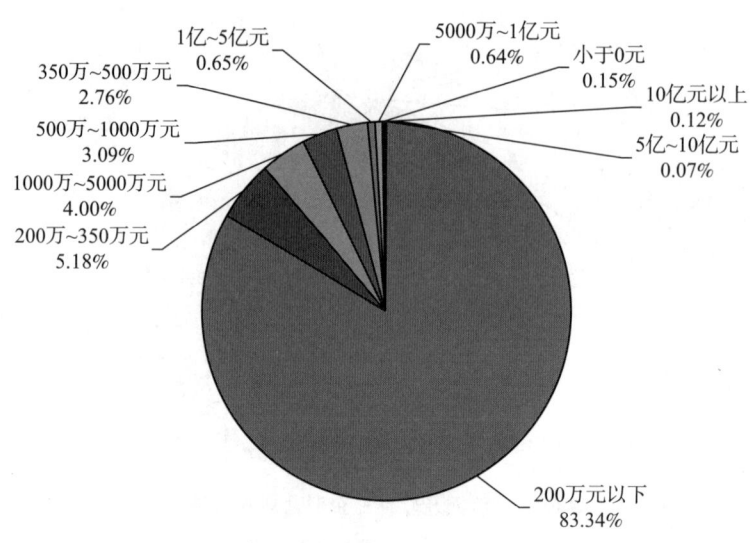

图70　电子信息制造业企业营业收入结构

3. 入驻企业分析

互联网及软件业领域的专精特新企业数量最为突出，达557家，远超其他行业。生物医药业位居第二，拥有287家专精特新企业，约占互联网及软件业的51.5%。电子信息制造业以222家专精特新企业位列第三，数量仅为互联网及软件业的39.9%，显示出三大主导产业在专精特新企业规模上存在显著差异（见图71）。

从规上企业总数来看，互联网及软件业规模最大，拥有3887家企业，显著领先于其他两个产业。生物医药业以2642家企业位居第二，约为电子信息制造业的2倍。电子信息制造业规上企业数量相对较少，为1330家，仅为互联网及软件业的1/3左右（见图72）。这一分布格局反映出互联网

第二篇 成渝地区双城经济圈产业园区发展分析

及软件业在规模化发展方面具有明显优势，而电子信息制造业的规模化程度相对较低。

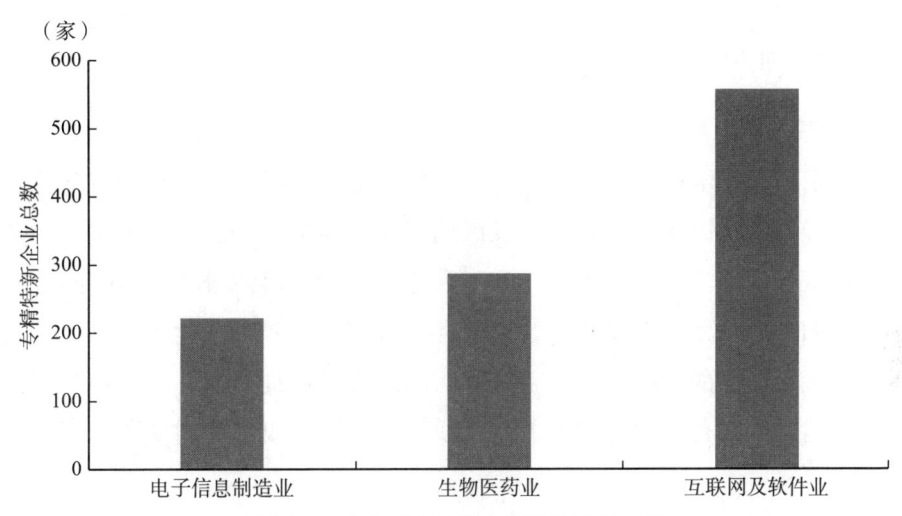

图 71 三大主导产业的专精特新企业对比

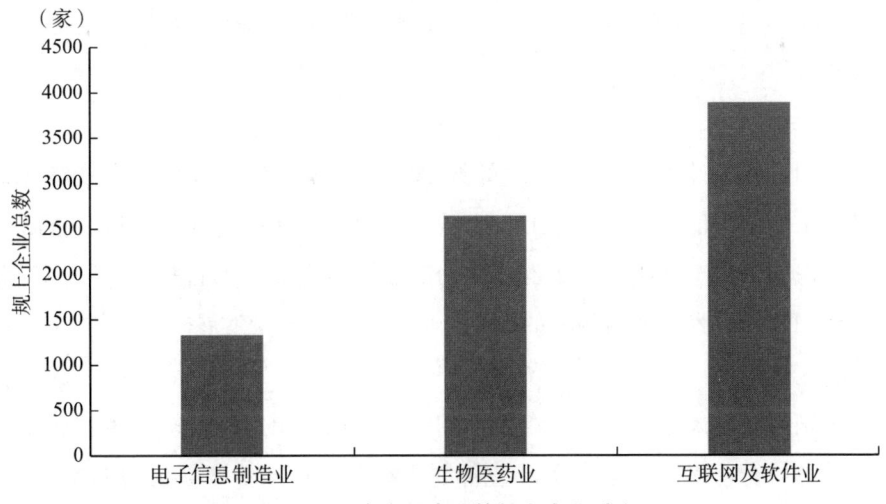

图 72 三大主导产业的规上企业对比

七、德阳高新技术产业开发区

(一) 园区概况[①]

1. 基本概况

德阳高新技术产业开发区（以下简称"德阳高新区"）自1991年成立以来，经历了从四川广汉经济开发区到国家级高新区的转型与发展。2006年，园区被认定为省级开发区，2015年升级为国家高新技术产业开发区，成为德阳的产业发展重要支柱。2018年，罗江园区被纳入德阳高新区，进一步扩大了园区的影响力与覆盖范围。园区交通便捷，拥有完善的公路和铁路网络，并随着成都天府大道北延线的建设，与成都的同城化发展逐步推进。

园区规划面积已达到133.34平方千米，重点发展油气装备、生物医药、通用航空等主导产业，同时积极培育新材料和新能源等新兴产业，力争到2025年实现总产值突破1000亿元，形成千亿级装备制造和万亿级生物医药产业集群。

2. 发展目标

德阳高新区计划到2025年，实现总产值突破1000亿元，并使战略性新兴产业工业总产值占规模以上工业比重达到45%。园区将重点打造装备制造和生物医药两大千亿级产业集群，推动产业转型升级和创新驱动，进一步巩固其作为高新技术产业引领区的地位，推动区域高质量发展。

3. 空间布局

德阳高新区采用"三区八组团"的空间布局。园区包括多个重要功能组团，包括：狮象组团，重点发展装备制造和新材料产业；绵远河西岸组团，

[①] 如未特别说明，本部分相关数据根据德阳国家高新技术产业开发区网站（https://gxq.deyang.gov.cn）整理。

专注装备制造产业，发展壮大相关产业链；临湖科创组团，依托三星湖区位优势，引入科技创新企业和科研机构；天府国际空港新城，以航空经济和高端制造业为主，拓展产业发展空间；南部园区，着力打造现代商务中心，聚焦金融、商务和高端服务业。通过这些组团，园区形成了多元化的产业发展格局，促进了产业协同和区域经济的协调发展。

4. 主导产业

德阳高新区的主导产业涵盖装备制造、生物医药和先进材料，形成了完整的产业链。装备制造：作为园区的支柱产业，油气装备制造产业已成为国内最大产业集群，涵盖钻井、采油、炼油设备等领域。园区还依托东方电气和中国二重等企业，发展清洁能源装备。生物医药：园区内的依科制药、通园制药等企业，已形成包括中成药、生物制药和医疗器械的完整产业体系。生物医药产业已成为四川省最大的生物医药服务平台。先进材料：园区聚焦有色金属、新型工业型材和高性能树脂，重点企业如三星新材料等，推动了特种玻璃纤维和高性能复合材料的突破。电子信息：以传感器制造为核心，园区正推动智能传感谷建设，重点发展工业电子、汽车电子和航空航天电子产业，预计到2025年产值达到150亿元。

5. 发展成果

德阳高新区在产业发展上取得显著成效。2023年，园区GDP为1245.8亿元，规模以上工业营业收入突破1482.5亿元，油气装备产业与生物医药产业作为园区发展主力，贡献突出。油气装备产业占主导产业产值的83%，生物医药产业也占据重要份额。此外，园区的数字经济和传统产业如机械装备、材料化工、食品饮料等均表现出良好的增长势头。园区正朝着实现产业结构优化和高质量发展的目标迈进，力争在2025年实现战略性新兴产业的大发展。

6. 开放平台

德阳高新区在开放平台建设方面成效显著，已设立中国（四川）自由贸易试验区德阳协同改革先行区和跨境电商综合试验区，并建成德阳国际铁路物流港，促进开放型经济发展。园区还建设了多个创新平台，包括6个国家级重点实验室和4个省级实验室，推动科技创新和技术转移。

园区在招商引资方面也取得了突出成效，成功引进了多个高技术含量的项目，包括中航锂电动力电池及储能电池基地、BOE 的 8.6 代 TFT-LCD 生产线、高通汽车芯片研发中心等，这些项目的落地为园区经济带来了新动能。

7. 创新生态

德阳高新区已建立完善的人才体系，柔性引进 24 名院士，并吸引了大量国家级和省级专家。园区通过多元化的人才引进机制，汇聚了大量高端人才，形成了以院士为引领、高级专家为骨干的人才结构。

园区在科技创新方面取得了多项突破，特别是在航天、智能制造、新材料和生物医药等领域。园区成功实现了液体火箭贮箱、超导量子计算机等关键技术的突破，智能制造领域的"天行者一号"和"贡嘎一号"机器人也创造了行业纪录。此外，园区建设了多个创新平台，如省级制造业创新中心和科技孵化平台，推动了新技术的研发与产业化，进一步增强了园区的创新能力和市场竞争力。

（二）主导产业分析

1. 产业规模分析

（1）企业数量。

从企业数量分布看，医药食品业企业数量最多，达2250家，占据主导地位。新材料业企业数量居中，有1327家，约为医药食品业的59%。智能装备业企业数量最少，为1095家，约为医药食品业的49%（见图73）。三大主导产业中，医药食品业企业数量明显领先，而智能装备与新材料业规模相对接近。

（2）就业规模。

从各产业从业人员规模来看，医药食品业从业人员数量最多，达 13615

人，占据主导地位。其次是智能装备业，拥有 10392 名从业人员，比医药食品业少约 24%。新材料业从业人员数量相对较少，为 8911 人，约为医药食品业的 65%，是三个行业中规模最小的（见图 74）。

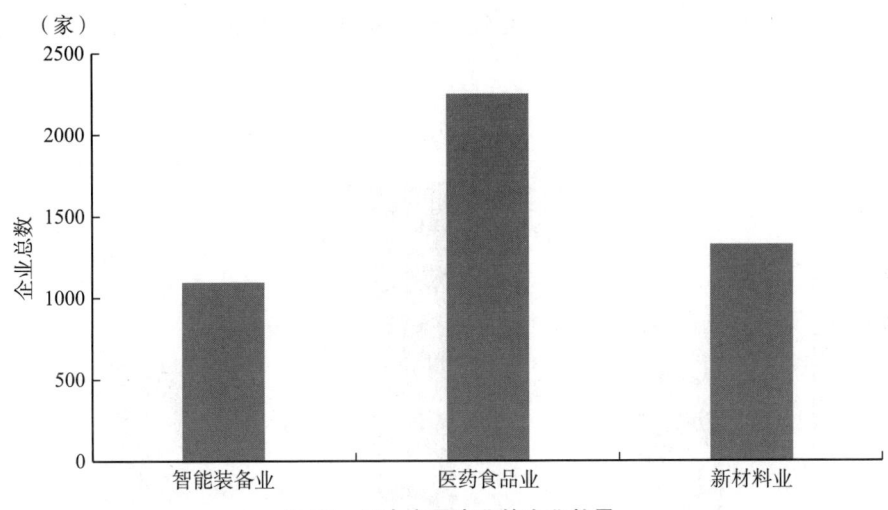

图 73 三大主导产业的企业数量

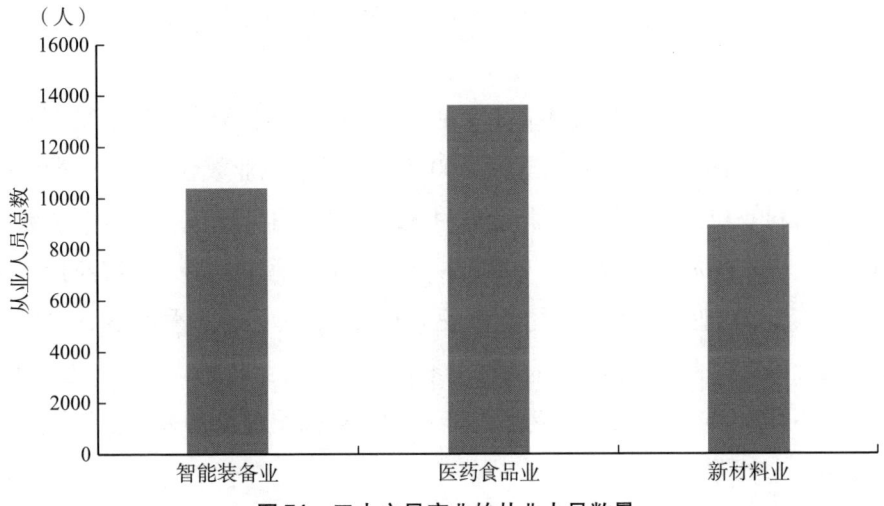

图 74 三大主导产业的从业人员数量

(3) 注册资本。

从注册资本规模来看，医药食品业注册资本最高，达 148.83 亿元，占据主导地位。智能装备业紧随其后，注册资本达 100.22 亿元，约为医药食品业的 67.3%。新材料业注册资本为 79.68 亿元，虽然规模相对较小，但仍保持较高水平，体现出三大产业均具有较强的资本实力和发展潜力（见图 75）。

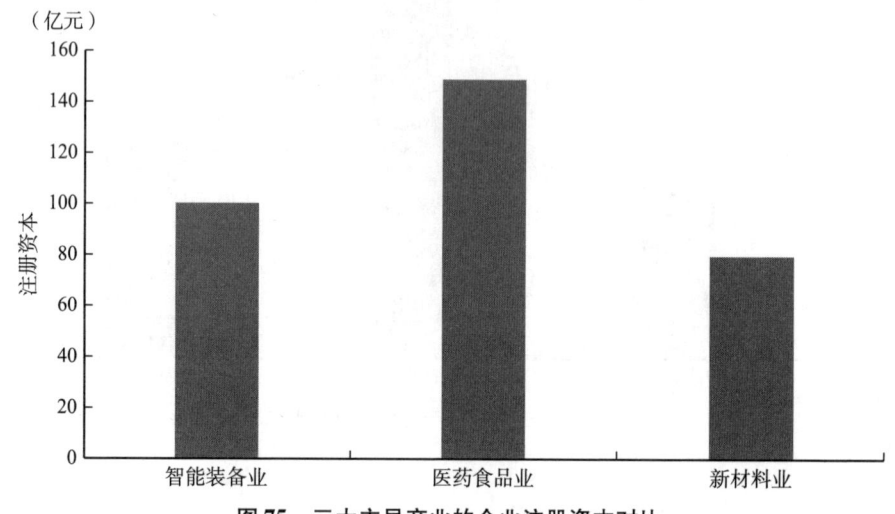

图 75　三大主导产业的企业注册资本对比

三大主导产业的企业规模结构呈现"金字塔"结构分布，以小微企业为主。如图 76～图 78 所示，注册资本 100 万元以下的企业数量最多，医药食品业、新材料业和智能装备业分别达 1164 家、632 家和 490 家，占各自总数的 56.20%、49.34% 和 47.25%。200 万～500 万元企业位居第二，医药食品业 260 家、新材料业 270 家、智能装备业 171 家。大型企业数量较少，注册资本 1 亿元以上的企业有医药食品业 14 家、智能装备业 9 家、新材料业 7 家，占比均不足 1.5%。整体上医药食品产业的企业数量规模最大，是其他两个产业的 1.5～2 倍。

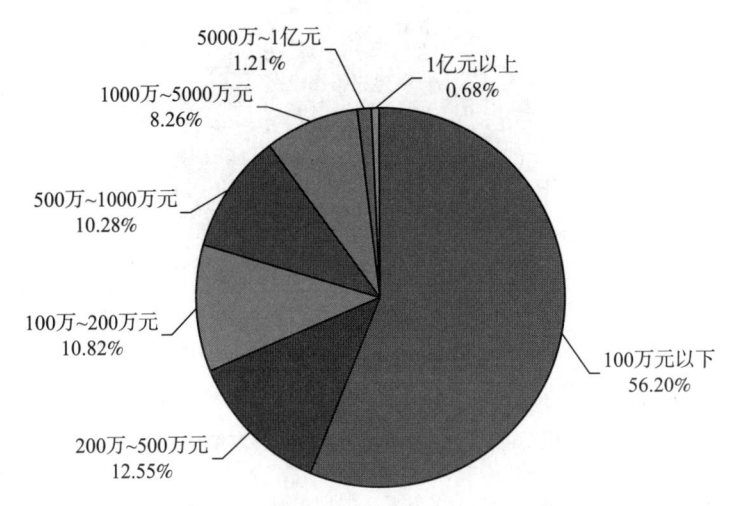

图76 医药食品业企业注册资本结构

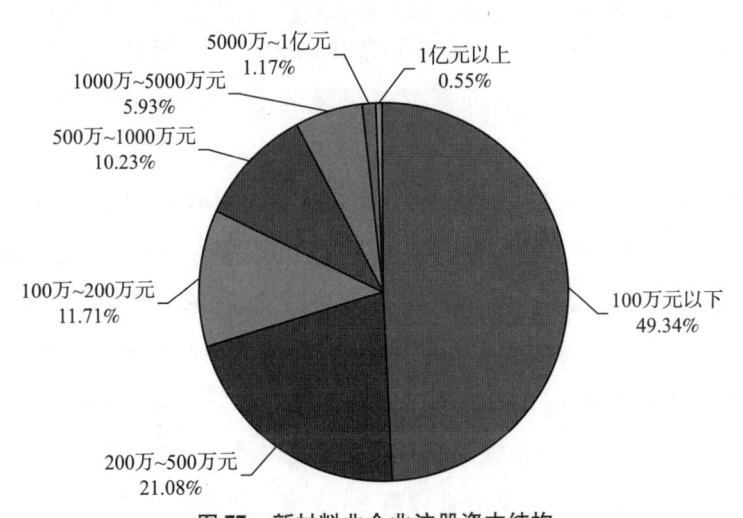

图77 新材料业企业注册资本结构

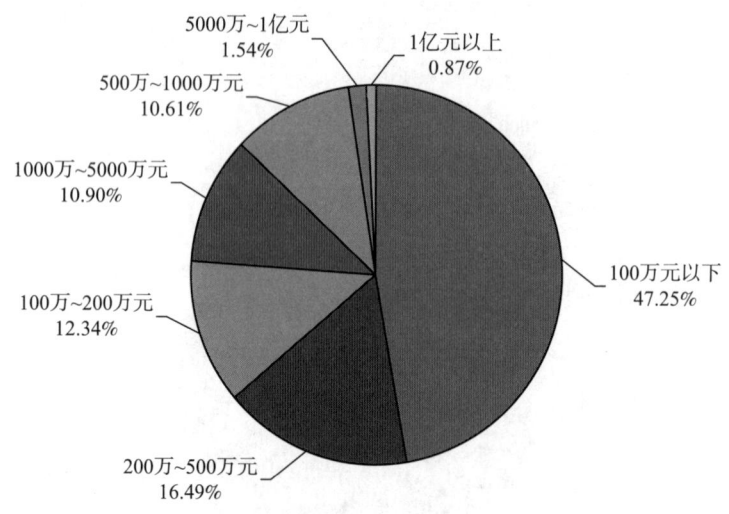

图78 智能装备业企业注册资本结构

2. 经营状况分析

从专利总数分布来看，智能装备领域以1321项专利居于首位，医药食品行业以921项专利位居第二，两者差距约400项。新材料领域专利数量相对较少，为352项，仅为智能装备领域的26.6%，反映出智能装备在技术创新方面具有明显优势，而新材料领域的专利创新活动相对较弱（见图79）。

分析三大主导产业的营业收入分布情况，均呈现出"金字塔"结构特征。如图80~图82所示，年营业收入200万元以下的小微企业数量最多，智能装备业、医药食品业和新材料业分别占总数的63.36%、74.41%和66.38%。其次是年营业收入200万~1000万元的中小企业，三个产业在该区间的企业占比分别为21.38%、13.88%和25.37%。年营业收入1000万~1亿元的企业数量逐步减少，而营业收入超过1亿元的大型企业数量较少，三个产业中营收10亿以上的企业仅有2~3家，体现出典型的中小企业主导的产业结构特征。

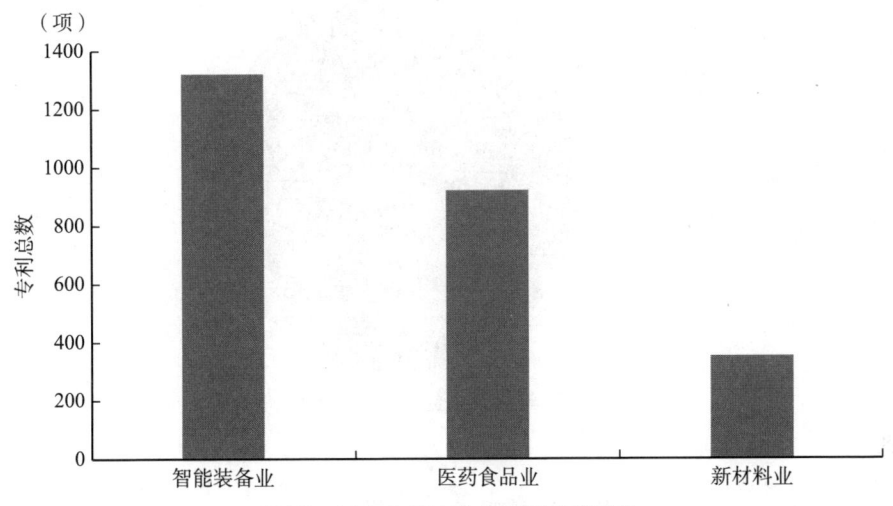

图79 三大主导产业的专利总量对比

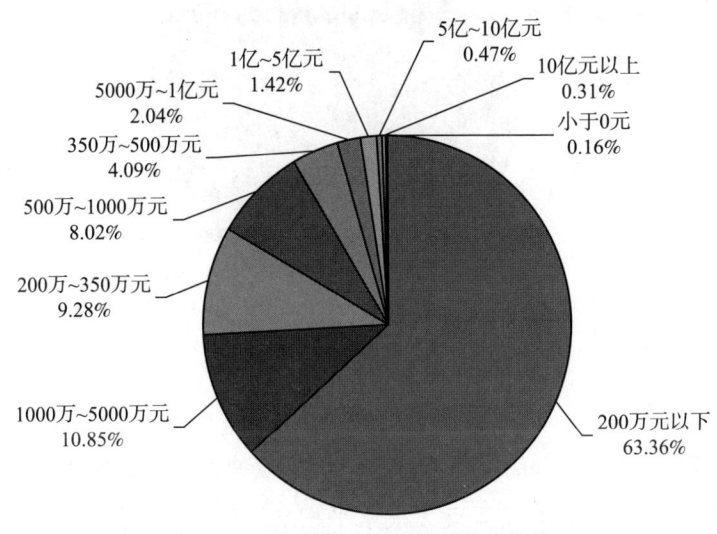

图80 智能装备业企业营业收入结构

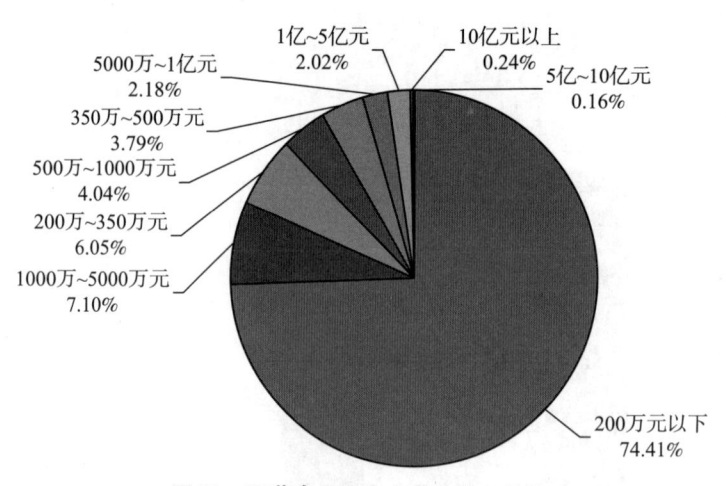

图 81 医药食品业企业营业收入结构

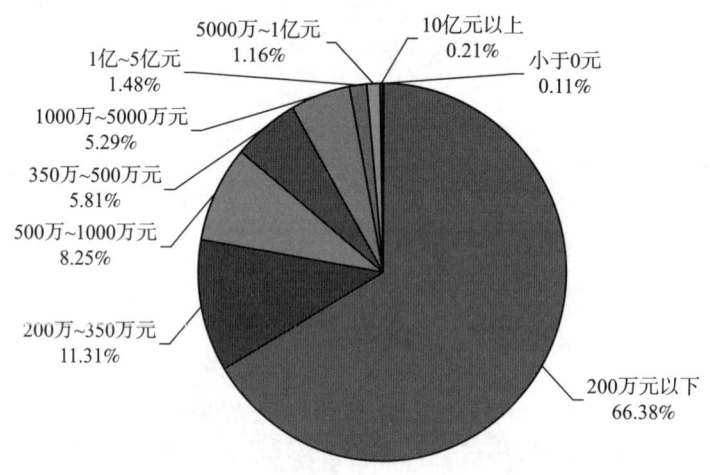

图 82 新材料业企业营业收入结构

3. 入驻企业分析

在专精特新企业分布中，智能装备业和医药食品业并列领先，各有17家企业，显示这两个领域的专业化发展水平相当。新材料业的专精特新企业数量相对较少，仅有7家，约占前两个行业的41%，表明该领域在专业化创新方面还有较大发展空间（见图83）。

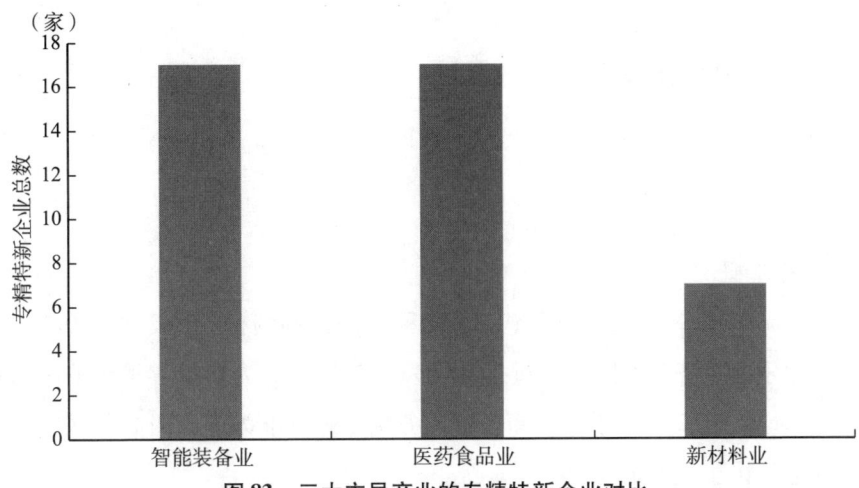

图 83 三大主导产业的专精特新企业对比

在规上企业分布方面，医药食品业规上企业数量最多，达到133家，约为智能装备业的2.08倍，新材料业的2.61倍。智能装备业以64家规上企业位居第二，比新材料业多出13家。新材料业规上企业数量相对较少，为51家，显示出该产业规模化发展仍有提升空间（见图84）。总体来看，三大主导产业的规上企业数量差异较为明显，呈现出医药食品业领先、其他两个产业逐次递减的梯度分布格局。

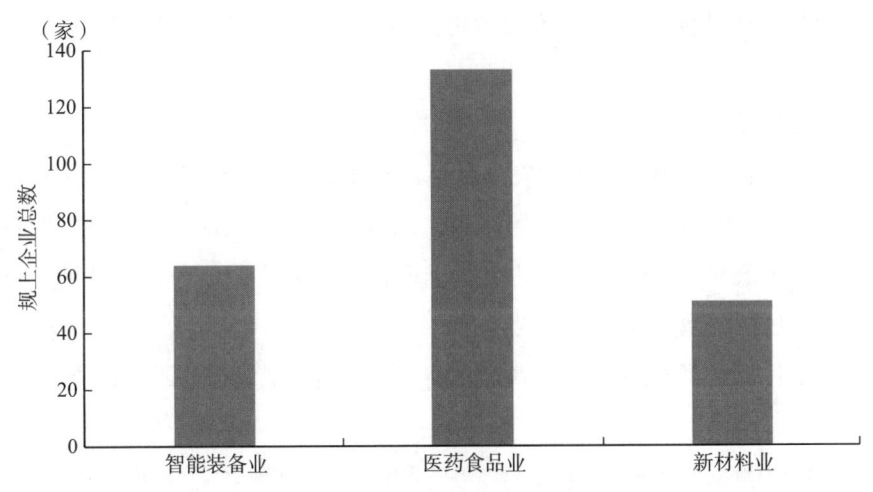

图 84 三大主导产业的规上企业对比

八、乐山高新技术产业开发区

（一）园区概况[①]

1. 基本概况

乐山高新技术产业开发区（以下简称"乐山高新区"）成立于1992年，最初作为乐山经济开发区，经过多年的发展，逐步成为四川省重要的高新技术产业基地。2012年，乐山高新区被国务院正式批准为国家级高新区，标志着园区进入快速发展阶段。

园区发展重点包括光伏新能源、机电制造、生物医药等产业，尤其在光伏新能源领域取得显著成就，使乐山成为全国重要的多晶硅生产基地之一。此外，乐山高新区已建立了多个科技创新平台，如科技创业园、孵化器和夹江核技术产业园。

乐山高新区交通便利，拥有成乐高速、乐宜高速等多条重要公路，还通过铁路网和成乐城际铁路与成都实现便捷连接。园区通过不断完善交通、供水、供电等基础设施，推动区域经济发展。展望未来，乐山高新区将继续推动产业升级和科技创新，力争成为中国绿色硅谷，推动区域经济更高质量发展。

2. 发展目标

乐山高新区制定了清晰的发展目标。到2025年，园区计划实现GDP占全市经济总量的16%，并在全国高新区综合排名中进入前80名。中期目标为建设绿色低碳产业体系，推动园区成为科技创新策源地和现代产业标杆，促进区域经济转型升级。

长期目标至2035年，乐山高新区将全力打造千亿级产业园区，成为四川

[①] 如未特别说明，本部分相关数据根据乐山国家高新技术产业开发区网站（https://gxq.leshan.gov.cn）整理。

省万亿级产业发展的核心力量。通过发展光伏、电子信息、新能源装备制造和生物医药等产业，乐山高新区力争构建绿色产业体系，推动园区向现代化、智能化、绿色化发展。

3. 空间布局

乐山高新区的空间布局采用"一区三园"模式，规划多个功能园区以支撑区域发展。主要包括：中央创智谷——集聚高科技产业，成为园区发展的中枢力量；活力休闲谷——提升生态休闲功能，为区域提供高品质生活空间；滨江休闲风光走廊和山水人文生态游憩走廊——提升环境品质，打造宜居宜业区域。

园区还设有多个特色产业园区，包括高新制造产业园、电子信息产业园、新能源产业园等，形成了多元化产业集群。这些功能区和产业园区的科学布局，为乐山高新区的产业发展和创新升级提供了坚实基础。

4. 主导产业

乐山高新区形成了以光伏新能源为主导，绿色化工、机电制造、食品饮料等产业集群协同发展的现代产业体系。第一，光伏产业。乐山光伏产业已成为园区的"王牌产业"，2023年产值达到836亿元，预计2025年将突破2000亿元。全球排名前十的光伏企业已有5家在园区投资，显示出强大的产业吸引力。第二，绿色化工。园区利用磷矿资源发展天然气制甲醇、氢氰酸等产品，拥有全球竞争优势。利尔化学的绿色植保项目投资118亿元，年产值预计达166亿元。第三，新能源装备制造。发展电池、电机等配套产业，推动新能源装备制造业提升。第四，电子信息。聚焦光纤、显示器件等，推动电子信息产业快速发展。第五，新型建材和食品饮料。推动绿色建材和特色食品产业发展，如峨眉山茶、晚熟柑橘等特色产品。这些产业协同发展，推动了园区经济的多元化发展和产业链的完善。

5. 发展成果

乐山高新区在产业发展上取得显著成就。2023年，园区光伏产业产值达836亿元，居全球第一梯队。除光伏外，绿色化工、机电制造等产业也取得了较快增长。绿色化工产业以利尔化学为代表，推动了园区化工产业的持续增长。2024年，工业总产值同比增长16.5%，显示出良好的产业集聚效应。

园区还大力发展新能源、电子信息、机器人及智能制造等新兴产业，推动产业结构升级。园区成功吸引了大量投资，尤其在新能源和光伏领域，进一步巩固了乐山高新区在行业中的领先地位。

6. 开放平台

乐山高新区在招商引资方面取得了显著成效，尤其在光电信息、新能源装备制造和生物医药等领域。2024年，园区成功签约99个项目，总投资突破1300亿元。其中，31个项目投资额超过10亿元，8个项目投资超过50亿元。

重大项目包括和邦生物的双甘膦生产基地（167亿元）、利尔化学绿色植保系列项目（118亿元）、天台山制药项目（20亿元）等。这些项目的引入为园区产业结构优化和经济发展提供了强大动力。园区还创新采用"零地招商"和"二次招商"等方式，盘活存量土地，提升了项目落地的效率。

7. 创新生态

乐山高新区着力构建科技创新和人才引进的双轮驱动发展格局。目前，园区已成功引进24名两院院士和40余名具有高级职称的专家，通过"嘉州英才卡"等政策吸引高层次人才，为区域科技创新提供强大支持。

园区建立了多个创新平台，包括科技创业园、企业孵化器和夹江核技术产业园，推动绿色化工、电子信息、机电制造等领域的技术突破。园区已获得51项发明专利，并在新能源、智能制造等领域取得重要技术进展。通过深化产学研合作，园区在绿色低碳技术、智能制造等前沿技术上取得了突破，进一步促进了产业升级和创新驱动发展。

（二）主导产业分析

1. 产业规模分析

（1）企业数量。

从企业数量分布来看，核技术应用领域的企业数量最多，达1554家，约为晶硅光伏企业数量的 3.23 倍，是绿色化工企业数量的 5.32 倍。绿色化工领域企业数量最少，仅有 292 家，占比较小（见图 85）。整体来看，新能源相关产业中，核技术应用领域的企业规模明显领先，而传统化工转型的绿色化工领域仍有较大发展空间。

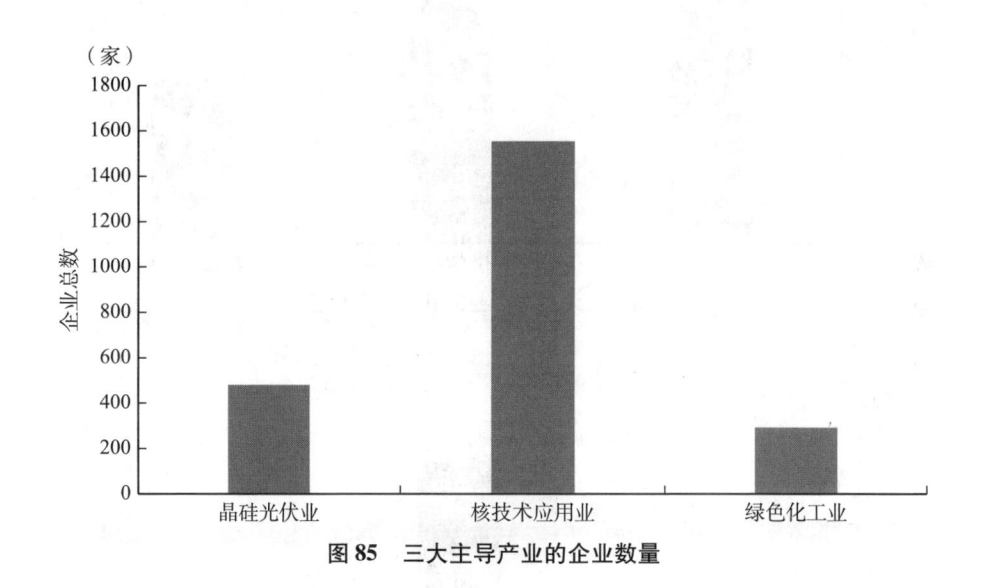

图 85 三大主导产业的企业数量

（2）就业规模。

从各产业从业人员规模来看，晶硅光伏业从业人员最多，达 10571 人，略高于核技术应用业的 10269 人。这两个行业的从业人员规模相当，均处于万人以上水平。相比之下，绿色化工业从业人员数量为 4790 人，约为晶硅光伏业的一半，显示出较大的规模差距（见图 86）。

（3）注册资本。

从注册资本规模来看，核技术应用业以 281.38 亿元的注册资本位居首位，显著高于其他两个产业。晶硅光伏业注册资本达 159.45 亿元，位居第二，约为核技术应用业的 56.7%。绿色化工业注册资本为 98.82 亿元，规模相对较小，约为核技术应用业的 35.1%，但仍显示出较强的发展潜力（见图 87）。

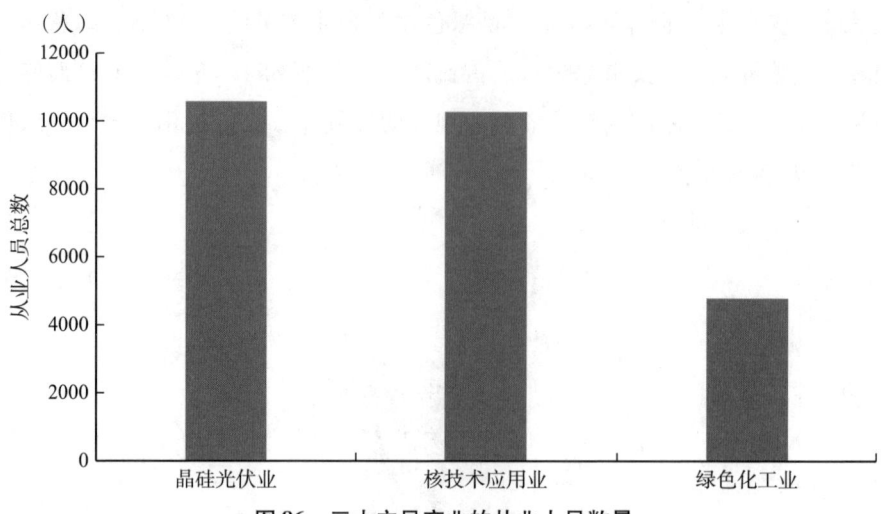

图 86　三大主导产业的从业人员数量

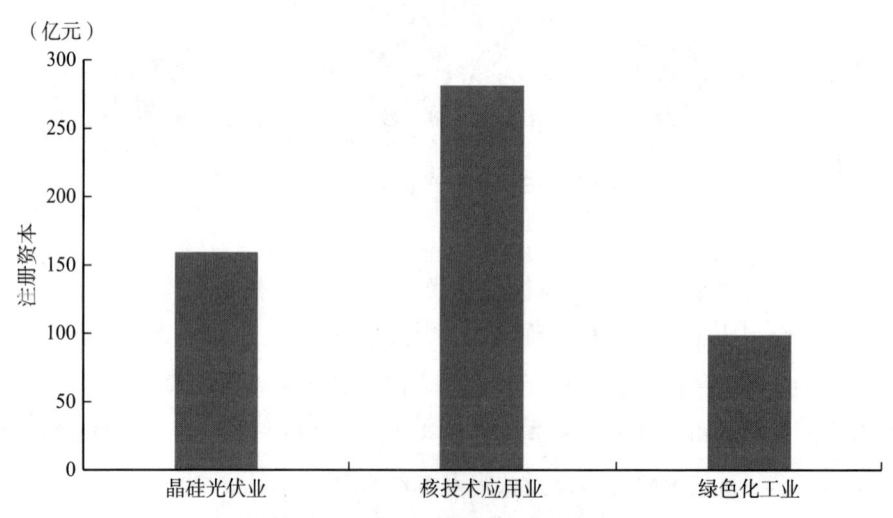

图 87　三大主导产业的企业注册资本对比

三大主导产业的企业规模分布呈现"金字塔"结构，以小微企业为主。核技术应用业企业数量最多，共1366家，其中注册资本100万元以下的占62.81%（见图88）；晶硅光伏业企业417家，注册资本100万元以下占比59.95%（见图89）；绿色化工业企业248家，注册资本100万元以下占比

66.94%（见图90）。中型企业（注册资本200万~1000万元）在核技术应用业和晶硅光伏业中占比较为接近，分别为18.37%和15.35%。大型企业（注册资本1亿元以上）数量较少，但晶硅光伏业中大型企业占比相对较高，达到4.80%，显示出较强的资本实力。

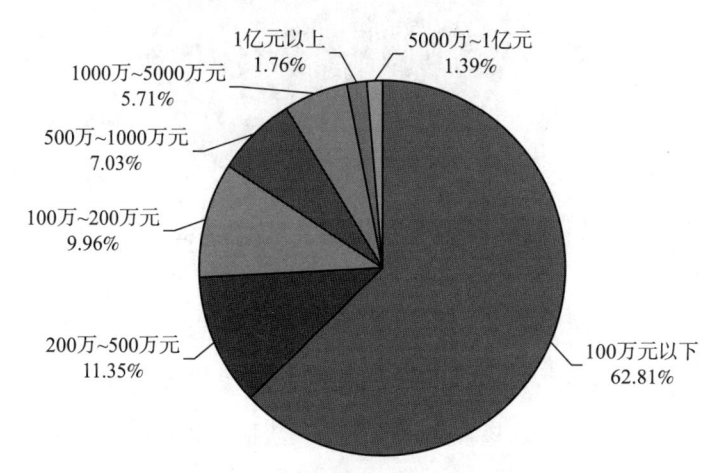

图88　核技术应用业企业注册资本结构

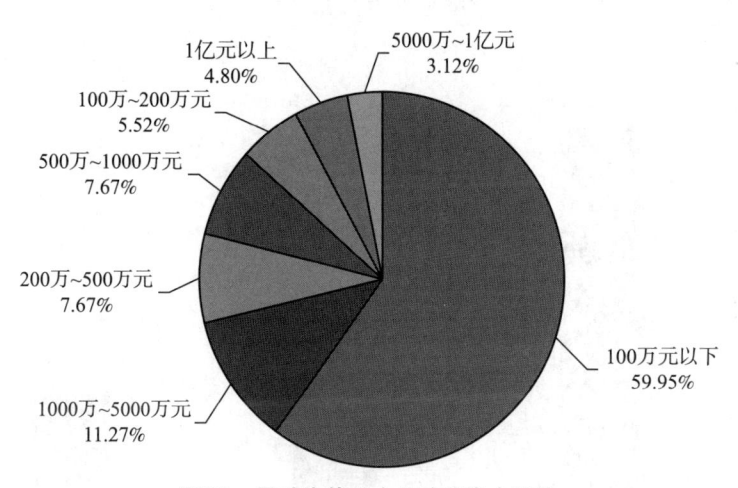

- 1亿元以上 1.76%
- 5000万~1亿元 1.39%
- 1000万~5000万元 5.71%
- 500万~1000万元 7.03%
- 100万~200万元 9.96%
- 200万~500万元 11.35%
- 100万元以下 62.81%

图89　晶硅光伏业企业注册资本结构

- 1亿元以上 4.80%
- 5000万~1亿元 3.12%
- 100万~200万元 5.52%
- 500万~1000万元 7.67%
- 200万~500万元 7.67%
- 1000万~5000万元 11.27%
- 100万元以下 59.95%

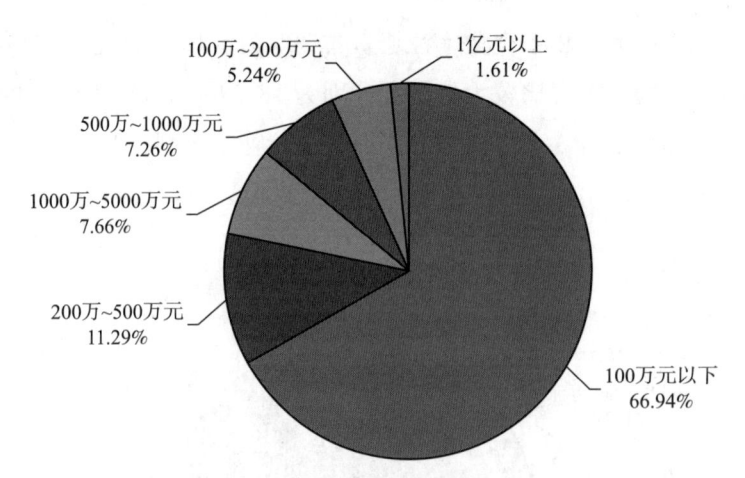

图 90　绿色化工业企业注册资本结构

2. 经营状况分析

从专利总数分布来看，晶硅光伏业以 560 项专利位居首位，是核技术应用业专利数量的 2.46 倍。核技术应用业专利数量为 228 项，居于第二位。绿色化工业专利数量相对较少，有 170 项，与晶硅光伏业形成明显对比，体现出不同新兴产业在技术创新活跃度上的显著差异（见图 91）。

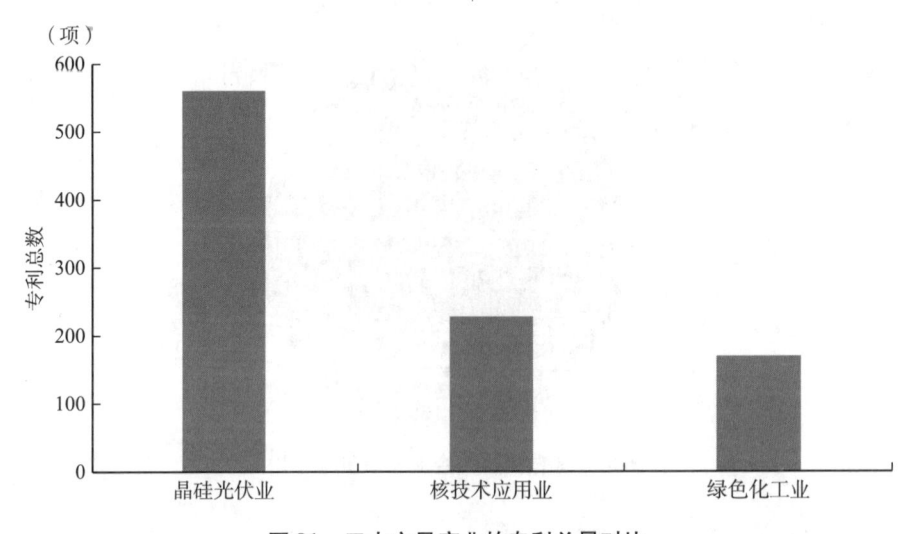

图 91　三大主导产业的专利总量对比

从营业收入分布来看，三大主导产业均呈现出小微企业占主导地位的特征。其中核技术应用业企业数量最多，共计 740 家，其中营业收入 200 万元以下的企业占比达 85.81%（见图 92）；晶硅光伏业共有 186 家企业，营业收入 200 万元以下企业占比 67.74%，但拥有 6 家年营业收入 10 亿元以上的大型企业（见图 93）；绿色化工业规模相对较小，仅 105 家企业，其中 92.38% 的企业年营业收入在 200 万元以下，仅有 1 家企业年营业收入达到 1 亿~5 亿元，显示出发展相对初期的特点（见图 94）。

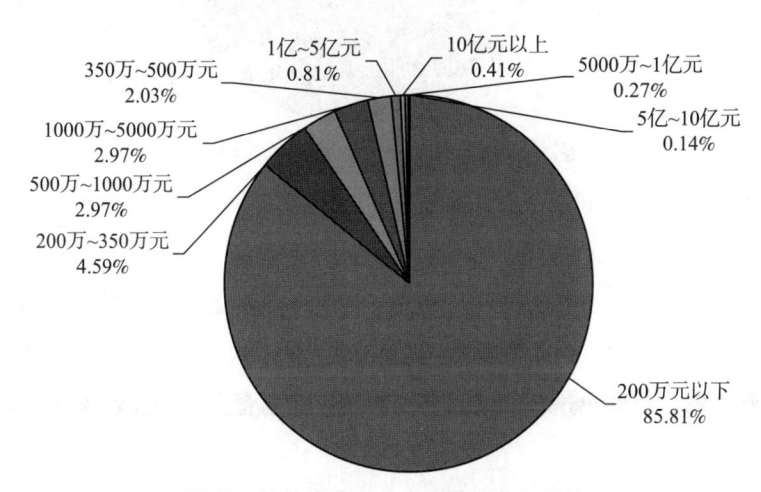

图 92　核技术应用业企业营业收入结构

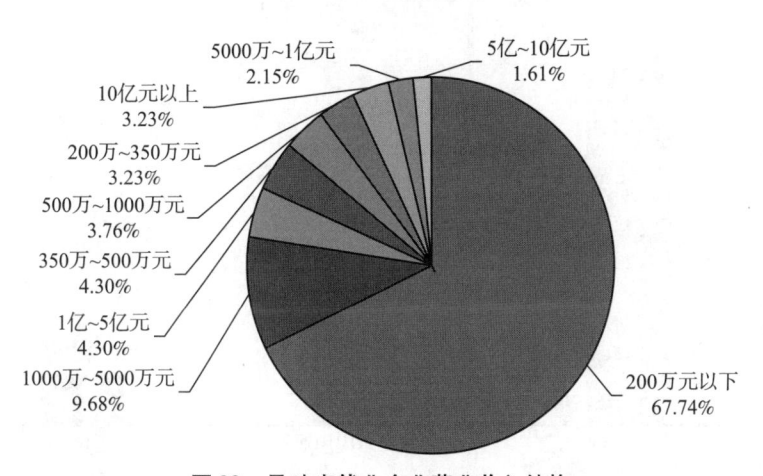

图 93　晶硅光伏业企业营业收入结构

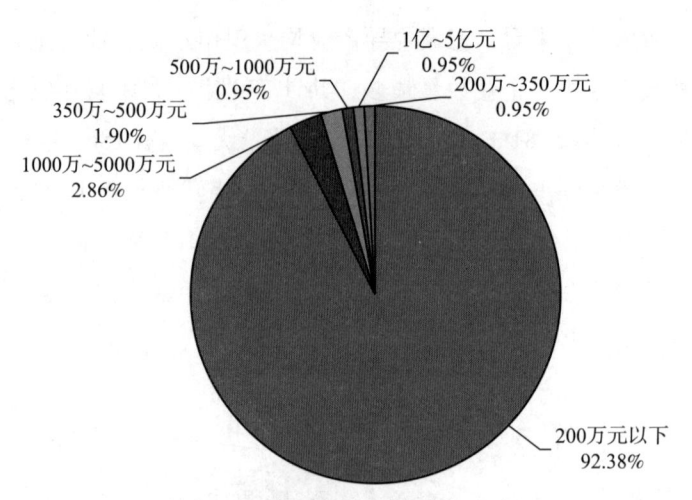

图 94　绿色化工业企业营业收入结构

3. 入驻企业分析

在专精特新企业分布方面，晶硅光伏业拥有 7 家企业，展现出一定的专业化发展水平（见图 95）。而核技术应用和绿色化工两个领域专精特新企业分别有 2 家和 1 家，反映出这些领域在专精特新企业培育方面仍有较大发展空间。

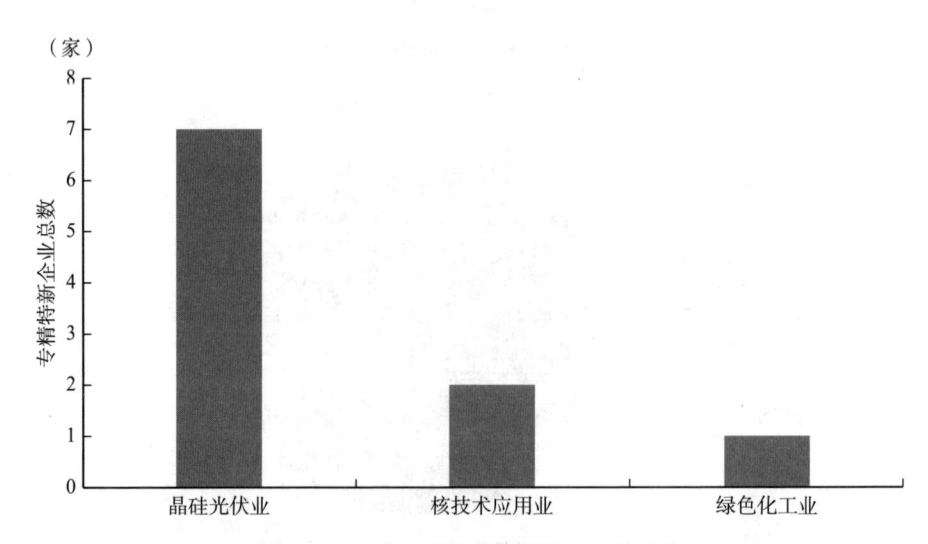

图 95　三大主导产业的专精特新企业对比

从规上企业总数来看，晶硅光伏业以 32 家企业位居首位，核技术应用业紧随其后，拥有 29 家企业，两者数量相近，差距不大。相比之下，绿色化工业的规上企业数量明显偏少，仅有 2 家，约为晶硅光伏业的 1/16，反映出该产业规模化发展程度较低（见图 96）。整体来看，三大主导产业的规上企业数量差异较大，呈现出明显的梯度分布特征。

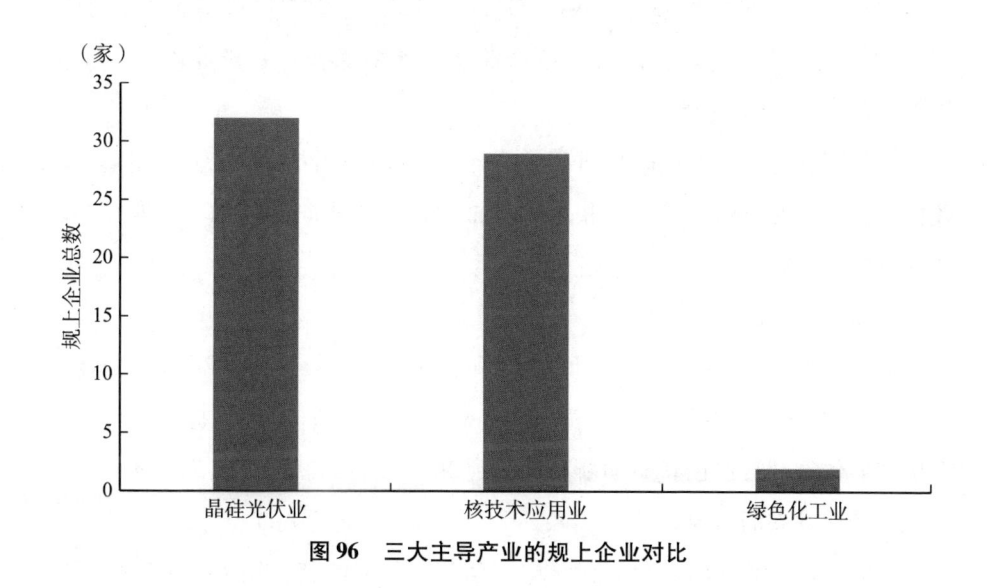

图 96 三大主导产业的规上企业对比

九、泸州国家高新区

（一）园区概况[①]

1. 基本概况

泸州国家高新区（以下简称"泸州高新区"）位于四川省泸州市，是川滇黔渝接合部的核心区域，交通便利，区位优势明显。园区内有长江

[①] 如未特别说明，本部分相关数据根据泸州国家高新区网站（https://gxq.luzhou.gov.cn）整理。

黄金水道、泸州港等水路设施，且与多条高速公路（如宜泸渝高速、成自泸赤高速等）交会。铁路网和泸州云龙机场也为区域经济提供了强有力的支撑。

泸州高新区采用"一核、两翼、多园"的空间布局。"一核"是位于龙马潭区的核心区，主要承担科技研发与孵化功能；"两翼"是江阳区和泸县片区，进一步扩展园区发展空间。"多园"是指园区内有多个产业园区，如现代医药产业园、机械装备产业园、新能源新材料产业园等，支撑着园区的产业集聚发展。

泸州高新区注重产业转型升级，重点发展智能电网、高端装备制造、现代医药、新能源新材料等产业集群，并推动传统产业向高端化、智能化、绿色化方向发展。

2. 发展目标

泸州高新区的目标分为短期、中期和长期三个阶段。到2025年，目标是实现GDP占全市的16%，并跻身全国高新区前80名；中期目标是构建绿色低碳产业体系，打造创新驱动新高地；到2035年，高新区将成为支撑四川省万亿级产业发展的重要力量。

具体来说，园区将聚焦光伏、电子信息、新能源装备制造、生物医药等战略性新兴产业，推动传统产业的智能化、数字化和绿色转型。泸州高新区还将加快建设科技创新平台，提升创新资源配置能力，推动生态宜居的产业园区建设。

3. 空间布局

泸州高新区采用"一核、两翼、多园"的空间布局模式，合理规划了区域发展。核心区位于龙马潭区，占地4.62平方千米，重点承载科技研发与孵化功能。两翼布局延伸至江阳区和泸县，扩展了园区的功能区。

园区内有多个特色园区，包括现代医药产业园、机械装备产业园、新能源新材料产业园、智能制造产业园等，形成了产业集群的有机整合。这些产业园区为泸州高新区的发展奠定了坚实基础。

4. 主导产业

泸州高新区形成了以医药健康、电子信息、先进材料、装备制造和数字经济为主导的现代产业体系。第一，医药健康产业。泸州国家医药产业园作为重要组成部分，2024年实现主营业务收入167.6亿元，同比增长16.2%。产业链包括生物医药、医疗器械和保健品等领域。第二，电子信息产业。重点布局数字经济和人工智能领域，预计2024年收入达900亿元。产业推动"智改数转"提升产业竞争力。第三，先进材料产业。2024年上半年，产业增加值同比增长30.3%，园区已吸引合盛硅业等龙头企业，形成完整产业链。第四，装备制造产业。稳步发展，代表企业包括豪能公司和成像通公司，在全球市场具有竞争力。

2024年，园区实现营业收入1300亿元，同比增长9%，工业总产值1024亿元，同比增长12.4%。园区的创新投入达到销售收入的2.5%，展现了较强的科技创新实力。

5. 发展成果

泸州高新区在产业发展和经济增长方面取得显著成绩。2024年，园区营业收入达1300亿元，工业总产值达到1024亿元，增速保持稳定。园区已形成了以电子信息、高端制造、医药健康为主的产业集群，并成功吸引了全球知名企业入驻，如恒力集团、华为和中国电子集团。

通过创新驱动，园区在光伏、电子信息、先进材料等领域取得了关键突破。特别是光伏产业，已成为全球第一梯队，2025年预计产值突破2000亿元。

6. 开放平台

泸州高新区在招商引资方面成果丰硕，特别在光电信息、新能源装备制造、生物医药等领域。2023年，园区共签约27个重点项目，总投资额达184亿元，其中30亿元以上的项目占据重要地位。2024年，泸州高新区成功引入恒力集团、华为等重大企业项目，进一步增强了园区在电子信息、智能制造等领域的竞争力。

园区通过实施"走出去"和"以商招商"等多元化招商策略，优化了营商环境，并通过"拿地即开工"审批模式提高项目落地效率。这些举措推动了园区的产业升级和经济发展。

7. 创新生态

泸州高新区高度重视人才引进和科技创新。通过"嘉州英才卡"政策，园区成功柔性引进了两院院士等高层次人才，为创新驱动提供了强大智力支持。园区吸引了 780 名具有正高级职称的专家，整体人才储备达到 13.69 万名。

在科技创新方面，园区取得了显著成效。2024 年，泸州高新区新增了 3 家专精特新企业，推动了产业数字化转型。通过与清华大学、北京大学等高校合作，园区在生物医药、新能源等领域取得了系列技术突破。

园区还建有多个创新平台，包括省级科技成果转移转化示范区、国家级工程技术研究中心等，形成了完善的创新生态体系。这些措施进一步促进了园区在技术研发、产业升级和市场转化等方面的突破，推动了园区的高质量发展。

(二) 主导产业分析

1. 产业规模分析

（1）企业数量。

从企业数量分布来看，电子信息制造业企业数量最多，达 346 家，略高于新材料业的 335 家。医药健康业企业数量相对较少，为 203 家，约为电子信息制造业的 58.7%（见图 97）。三大主导产业中，电子信息制造业与新材料业产业规模相近，而医药健康业产业规模相对较小，体现出电子信息制造业和新材料业发展较为成熟。

（2）就业规模。

从各产业从业人员规模来看，电子信息制造业从业人员最多，达 2916 人，约为新材料业的 1.12 倍。新材料业从业人员数量位居第二，有 2592 人。

医药健康业从业人员数量相对较少，仅964人，约为电子信息制造业的33%，新材料业的38%，显示出一定的规模差距（见图98）。

图97 三大主导产业的企业数量

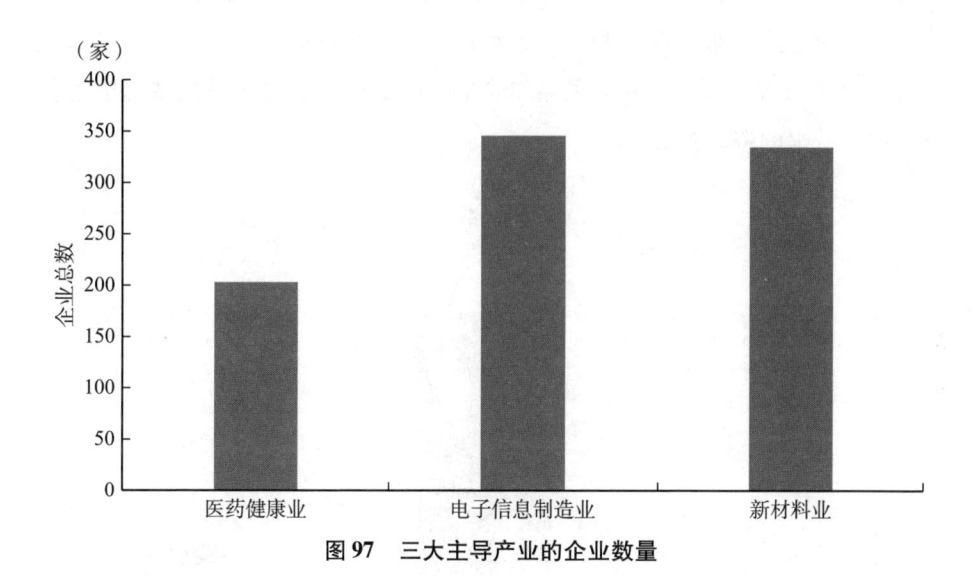

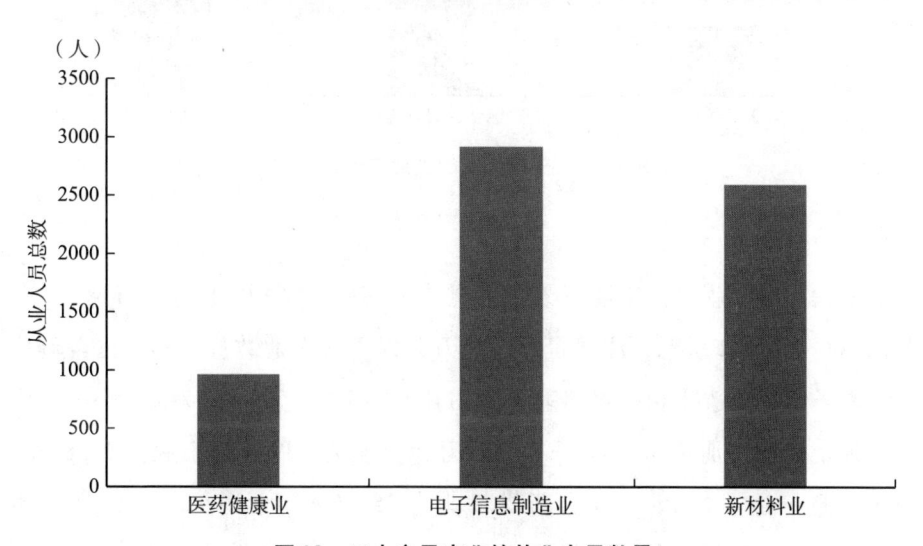

图98 三大主导产业的从业人员数量

(3) 注册资本。

从注册资本分布来看，电子信息制造业规模最大，达 66.63 亿元，占据主导地位。新材料业以 28.57 亿元位居第二，约为电子信息制造业的 42.9%。医药健康业企业注册资本为 11.66 亿元，规模相对较小，仅为电子信息制造业的 17.5%（见图 99）。三大主导产业呈现明显的梯度分布，反映出电子信息制造业较强的资本吸引力。

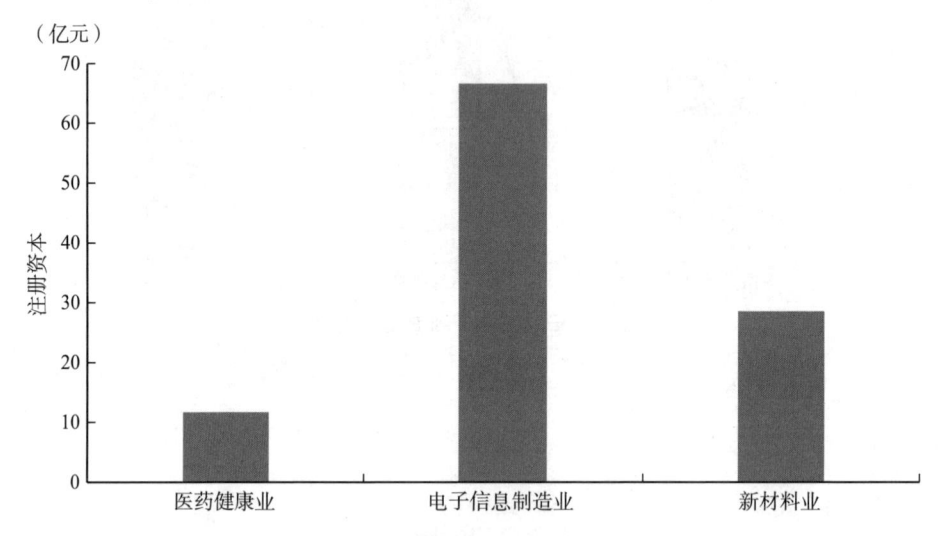

图 99　三大主导产业的企业注册资本对比

三大主导产业的企业规模分布呈现"金字塔"结构，以小微企业为主。如图 100～图 102 所示，注册资本 100 万元以下的企业数量最多，医药健康业、电子信息制造业和新材料业分别占比 63.87%、51.47% 和 50.63%。中等规模企业（注册资本 200 万~1000 万元）次之，医药健康业占 17.80%，电子信息制造业占 26.76%，新材料业占 25.16%。大型企业（注册资本 5000 万元以上）占比较小，医药健康业仅 1.57%，电子信息制造业 4.12%，新材料业 2.52%。其中电子信息制造业大型企业数量相对较多，显示出较强的资本实力。

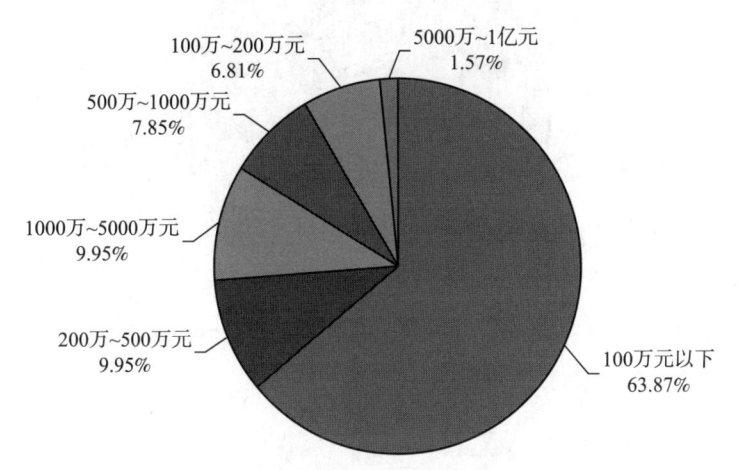

图 100　医药健康业企业注册资本结构

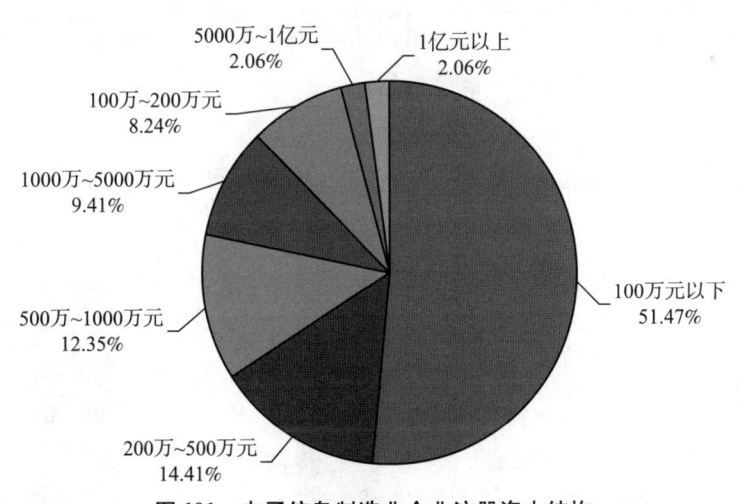

图 101　电子信息制造业企业注册资本结构

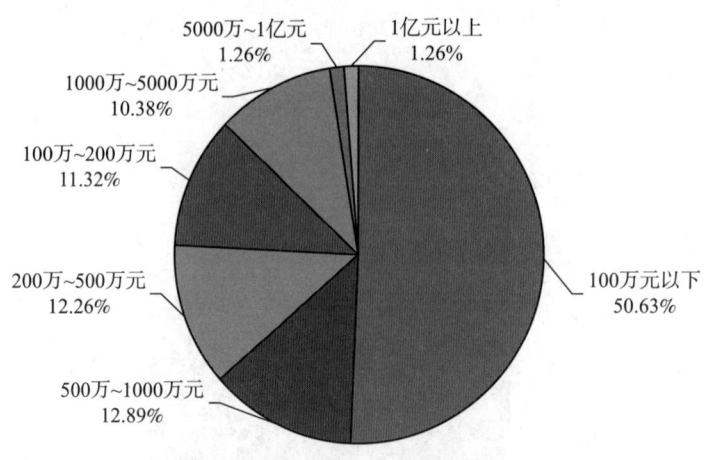

图 102　新材料业企业注册资本结构

2. 经营状况分析

从专利总量分布来看，电子信息制造业领域专利数量最多，达 268 项，占据主导地位。新材料业紧随其后，拥有 198 项专利，专利数量约为电子信息制造业的 74%。医药健康业领域专利数量相对较少，仅有 42 项，与其他两个领域相比存在较大差距，仅为电子信息制造业的 15.7%（见图 103）。

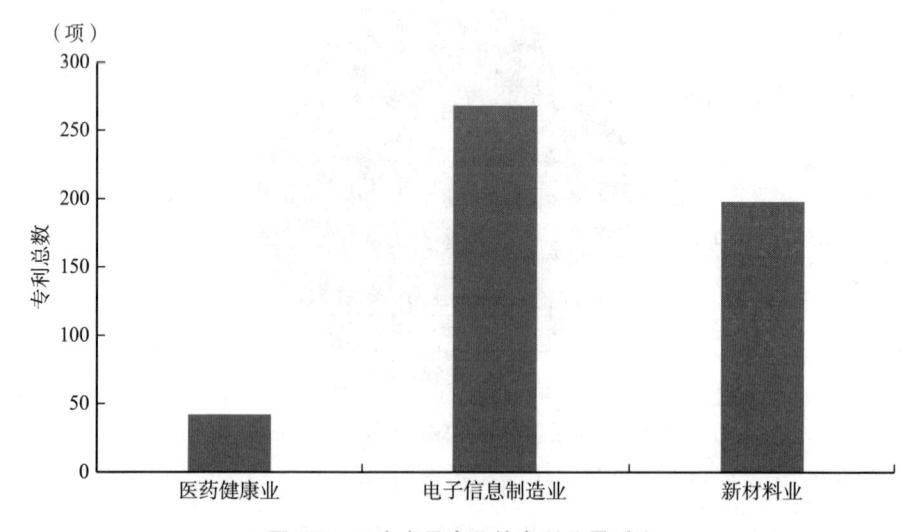

图 103　三大主导产业的专利总量对比

从营业收入分布来看，三大主导产业均呈现以小微企业为主的特征。医药健康业中，年营业收入 200 万元以下的企业有 97 家，占比 89.81%（见图 104）；电子信息制造业中有 154 家，占比 84.15%（见图 105）；新材料业中有 94 家，占比 71.21%。在中等规模企业方面，新材料业表现较为突出，年营业收入在 200 万~5000 万元的企业占比达 18.94%（见图 106）。大型企业数量较少，其中电子信息制造业和新材料业分别有 1 家和 2 家年营业收入 10 亿元以上的企业，而医药健康业最高营收规模仅在 5000 万~1 亿元。

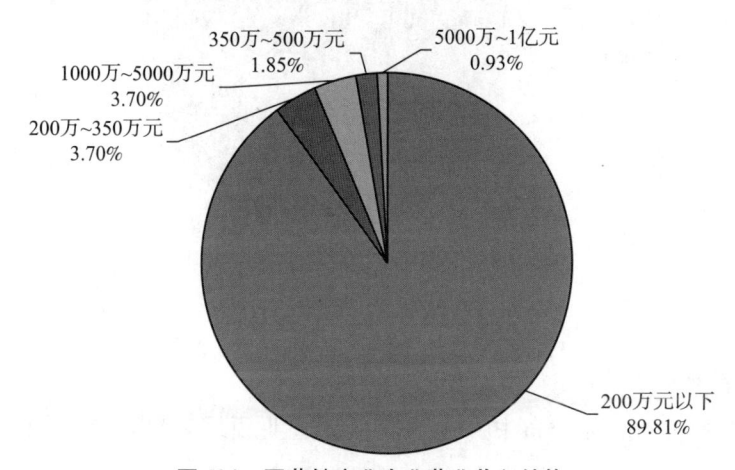

图 104　医药健康业企业营业收入结构

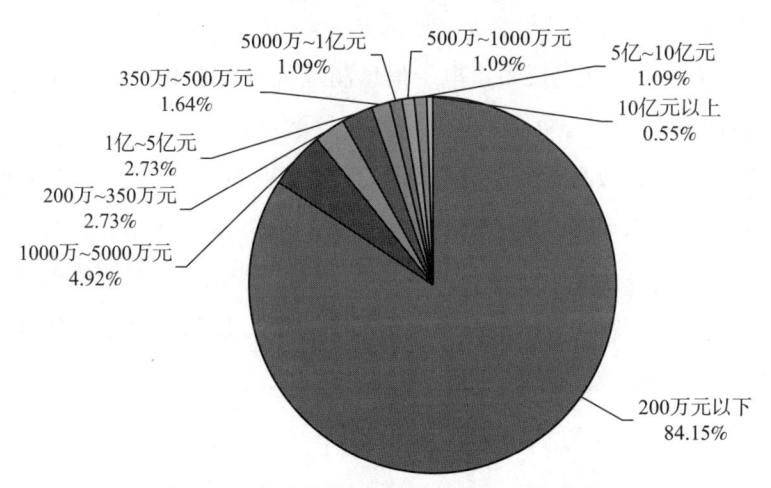

图 105　电子信息制造业企业营业收入结构

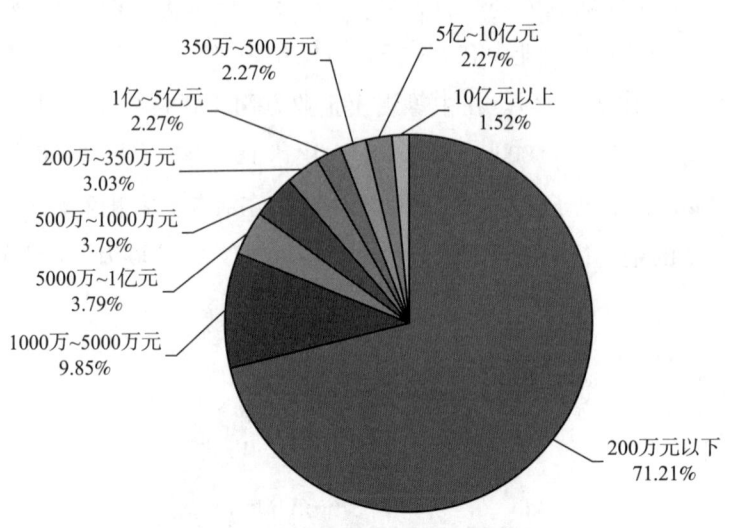

图 106　新材料业企业营业收入结构

3. 入驻企业分析

在专精特新企业分布中，电子信息制造业领域表现最为突出，共有 8 家企业，占据主导地位。新材料业领域有 2 家企业，规模相对较小。而医药健康业领域有 3 家专精特新企业入选，该领域仍有较大发展空间（见图 107）。这种分布格局反映出电子信息制造业在专业化、特色化发展方面具有明显优势。

从规上企业总数来看，新材料业以 23 家企业位居首位，占据主导地位，是医药健康业的 4.6 倍。电子信息制造业以 14 家企业位居第二，约为医药健康业的 2.8 倍。医药健康业规上企业数量最少，仅有 5 家（见图 108）。这一数据分布表明新材料产业的规模化发展较为领先，而医药健康业的规模化水平相对较低，仍有较大提升空间。

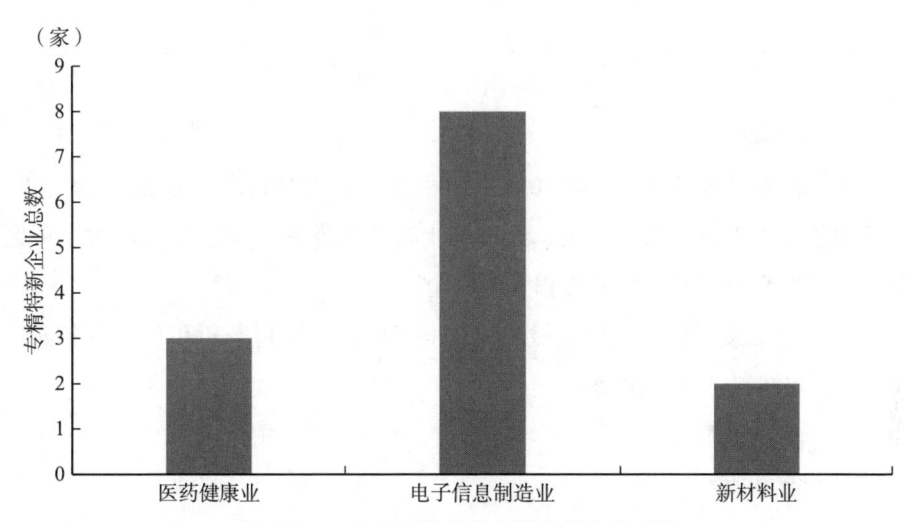

图 107 三大主导产业的专精特新企业对比

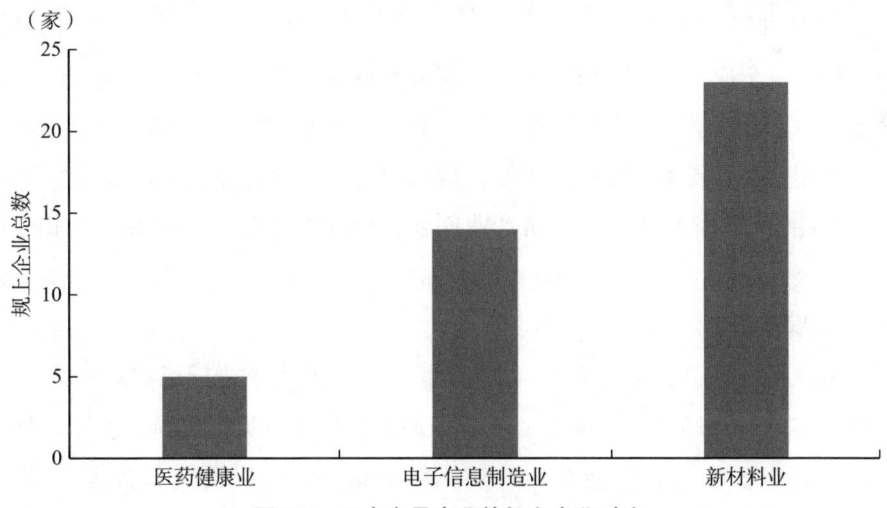

图 108 三大主导产业的规上企业对比

十、内江高新技术产业开发区

(一) 园区概况[①]

1. 基本概况

内江高新技术产业开发区（以下简称"内江开发区"）始建于1992年，是四川省首批省级重点开发区，经过三十余年的发展，现已成为成渝经济区的重要创新高地。园区发展历程分为四个阶段：

（1）早期发展阶段：以机械汽配、电子信息、生物医药和现代服务业为主，形成"3+1"产业体系。

（2）升级为国家级经济技术开发区（2013年）：成为成渝经济区电子信息配套产业基地。

（3）获批为国家高新区（2017年2月）：采用"一区三园"模式布局，总规划面积达120平方千米。

（4）近年来稳步提升：全国169家国家高新区排名由2018年第132位提升至2021年第120位。

园区位于成渝经济区核心地带，周边有成渝、内宜、内遂、内荣等多条高速公路，并将借助内大高速建成进一步完善交通网络。区内设有321国道、铁路专用货场及省级公路客运中心，构成完善立体交通体系。通过城乡改造与生态建设，园区已发展成为集产业创新、科研孵化与城市功能于一体的现代化新区。

2. 发展目标

内江高新区立足区域优势，力争打造创新驱动发展先行区和高新技术产业核心区。到2025年，目标是：在国家高新区排名中跃升至前100名；构建以新一代电子信息、智能制造、新材料为核心，辅以现代服务业支撑的

[①] 如未特别说明，本部分相关数据根据内江高新技术开发区管理委员会网站（https：//gxq.neijiang.gov.cn）整理。

"3+1"产业体系；建设国家级和省级产业技术研究院及公共中试平台，实现关键共性技术突破，形成"成渝研发、内江转化"的新模式；通过招才引智，形成多层次人才结构，推动高成长企业与"独角兽"企业培育；实现绿色产业体系建设和传统产业绿色改造，打造宜居宜业的智慧城市。依托成渝地区双城经济圈机遇，内江高新区将推进数字化智慧城市建设，实现生产、生活、生态"三生融合"，成为区域经济发展的核心引擎和高质量发展典范。

3. 空间布局

内江高新区采用"一区三园"布局。白马园区：位于汉渝大道以南及内江新城白马组团，重点发展新一代信息技术、节能环保、新材料、现代物流等产业，目标是打造"川南硅谷"；高桥园区：作为科教园区，主要聚集电子商务、科研机构、企业总部与高校，致力于建设"川南中关村"；隆昌园区：位于隆昌经济开发区，侧重机械汽配、食品生物医药、纺织服装等产业，打造"川渝合作示范区"。

此外，园区还管理东兴区部分街道（胜利街道、高桥街道），这种布局整合了科技、产业与居住功能，推动产城融合，形成优势互补的产业格局。

4. 主导产业

内江高新区构建了以电子信息、智能制造和数字经济为核心的"2+1"主导产业体系。第一，电子信息。2023年实现产值约16亿元，同比增长55.3%。园区积极推动人工智能、卫星制造、低空无人机等领域发展，致力于形成400亿元以上产值目标（2030年）。第二，智能制造。园区通过推进传统制造业智能化转型，已集聚多家龙头企业，如内江金鸿曲轴（年产240万件）等。第三，数字经济。结合大数据、物联网与云计算，推动产业链数字化升级。

此外，园区在未来还将布局空间科技、氢能与储能等新兴领域，并通过多层次企业培育，努力打造具有竞争力的现代化产业集群。

5. 发展成果

内江高新区近年来经济发展持续向好：2022年园区GDP达到230.15亿元；2024年工业总产值达到44亿元，同比增长42.7%，规模以上工业增加值上半年增速达 20.5%，工业投资同比增长近 60%。

目前，园区拥有规模以上工业企业 309 家，其中包含 2 家国家级专精特新"小巨人"和 15 家省级专精特新中小企业。园区企业如内江金鸿曲轴、内江富乐华半导体等均表现出较强的生产能力与技术突破，使园区在全国高新区排名由 2018 年的第 132 位提升至 2021 年第 120 位。目标到 2030 年，园区计划实现电子信息产业产值 400 亿元以上，生物医药产业产值达到 100 亿元以上，稳步向西部一流高科技园区迈进。

6. 开放平台

内江高新区大力推进招商引资与开放平台建设，形成了以国家级、省级及市级人才发展平台为支撑的双创生态。近年来，通过"揭榜挂帅"等机制，园区累计签约重大项目数量逐步增加。2024 年 1~7 月，园区共签约 15 个重点项目，总投资额达 168 亿元，同时储备 16 个意向投资项目，总额预计超过 80 亿元。这些重大项目涵盖新能源车联网、高端装备制造、人工智能等领域，为园区经济高质量发展和产业转型升级提供了新动能。

7. 创新生态

内江高新区在科技创新与人才引进方面成果显著，人才资源总量达 2.3 万人，其中引进两院院士 30 余位，累计高层次人才储备丰富。建设了 98 个国家、省、市级人才发展平台，形成多层次人才支撑体系。通过实施"揭榜挂帅"等创新机制，园区推动了智能制造、数字化转型，培育了多家国家级专精特新"小巨人"企业。同时，园区与清华、北大等高校和科研机构建立了产学研合作机制，在绿色低碳技术、新材料、高端装备等领域实现多项技术突破，为区域创新发展提供了强大动力。

（二）主导产业分析

1. 产业规模分析

（1）企业数量。

从企业数量分布来看，互联网及软件业企业数量最多，达 4154 家，占据主导地位。智能制造业企业数量为 1949 家,约为电子信息制造业的 3.63 倍。电子信息制造企业数量相对较少,为 537 家(见图 109)。三大主导产业中,互联网及软件业企业数量明显领先,是电子信息制造业的 7.73 倍,体现出数字经济的蓬勃发展态势。

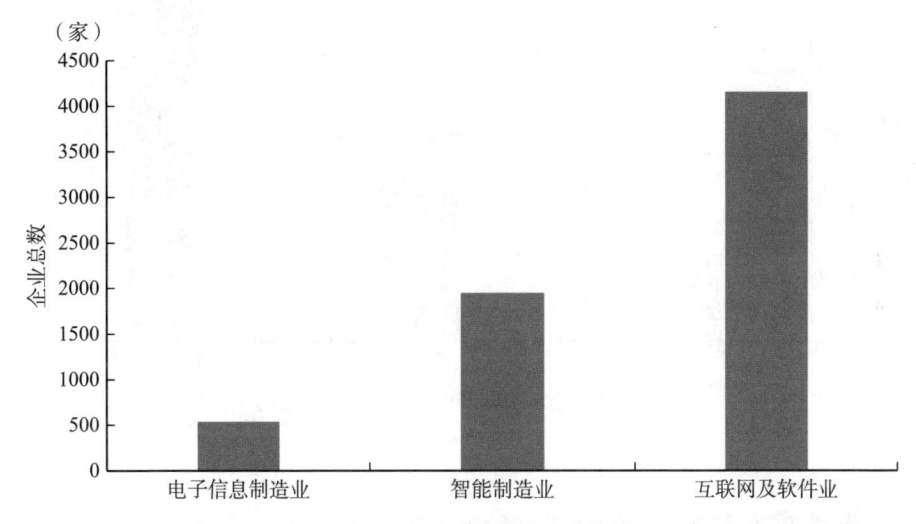

图 109 三大主导产业的企业数量

(2) 就业规模。

从各产业从业人员规模来看,互联网及软件业从业人员最多,达 10760 人,占据主导地位。其次是智能制造业,有 6132 人,约为电子信息制造业的 2.4 倍。电子信息制造业从业人员相对较少,为 2560 人(见图 110)。三大主导产业中,互联网及软件业从业人员数量明显领先,约为电子信息制造业的 4.2 倍,体现了该行业的人才密集特征。

(3) 注册资本。

从注册资本规模来看,智能制造产业以 6925.84 亿元的注册资本总额遥遥领先,远超其他两个产业。互联网及软件业注册资本为 1540.86 亿元,位居第二。电子信息制造业注册资本为 1510.65 亿元,规模相对较小。智能制造业的注册资本约为互联网及软件业的 4.5 倍,是电子信息制造业的 4.6 倍,显示出该产业的资本密集特征（见图111）。

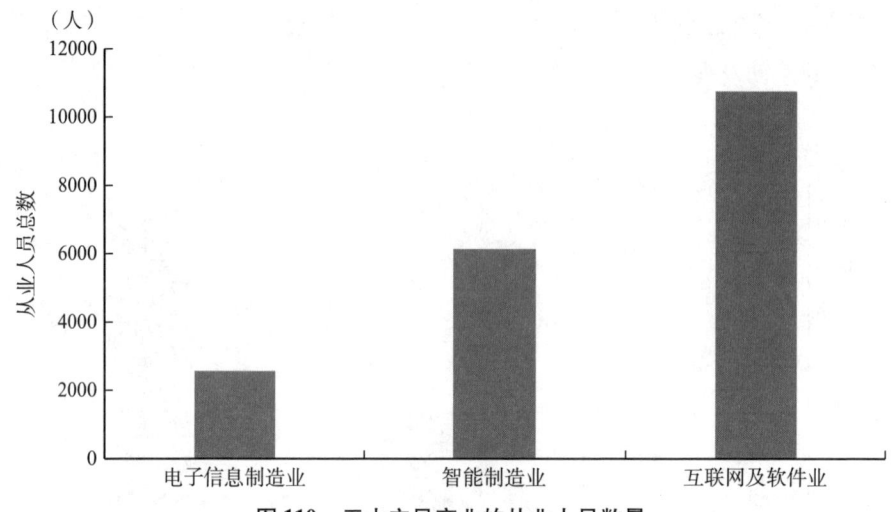

图110　三大主导产业的从业人员数量

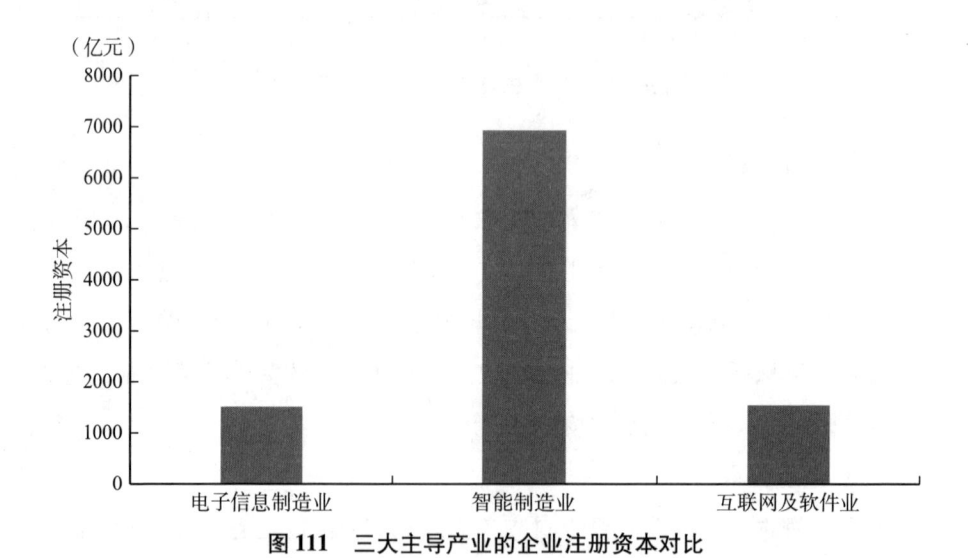

图111　三大主导产业的企业注册资本对比

三大主导产业均呈现以小微企业为主的"金字塔"结构。其中，注册资本100万元以下的企业数量最多，互联网及软件业达2630家，占该产业总数的72.87%（见图112）；智能制造业1160家，占65.50%（见图113）；电子信息制造业306家，占59.65%（见图114）。注册资本200万~500万元次之，三个产业分别占比10.20%、12.37%和15.20%。大型企业相对较少，注册资本1亿元以上的企业数量均不超过20家，三个产业分别占比0.39%、1.02%和1.56%，体现了产业结构以中小微企业为主导的特征。

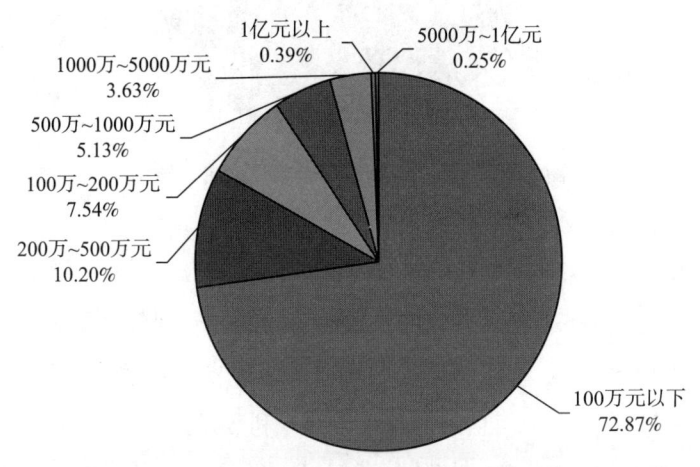

图112 互联网及软件业企业注册资本结构

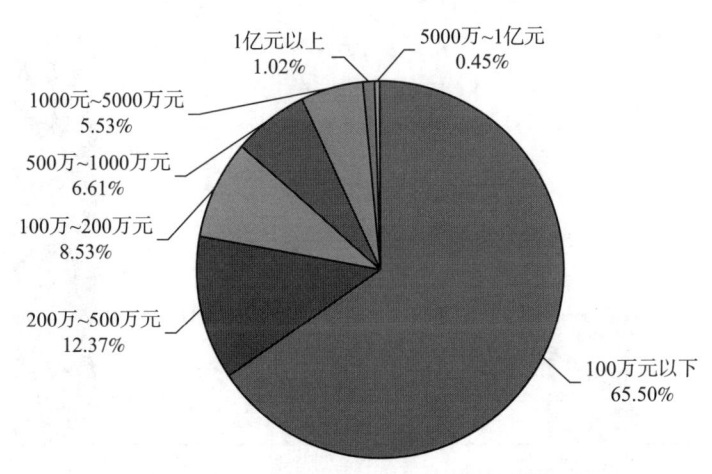

图113 智能制造业企业注册资本结构

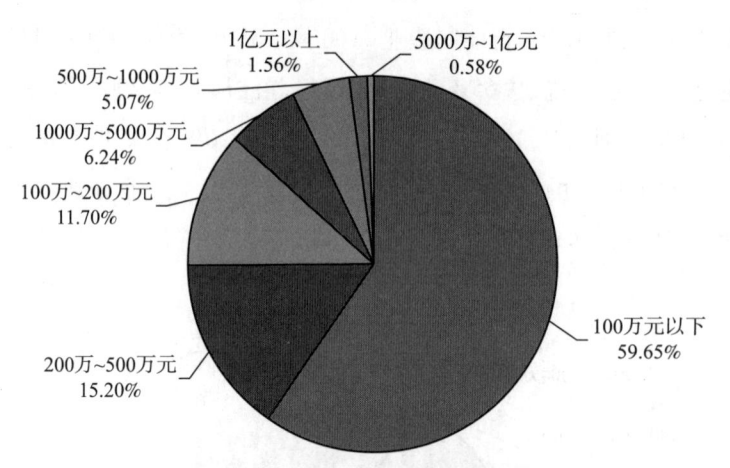

图114　电子信息制造业企业注册资本结构

2. 经营状况分析

从专利总量分布来看，互联网及软件业领域的专利数量最多，达428项，领先于其他两个领域。智能制造业领域以356项专利位居第二，比互联网及软件领域少72项。电子信息制造业领域的专利数量最少，仅有144项，约为互联网及软件业领域的1/3，表明该领域的技术创新活动相对较弱（见图115）。

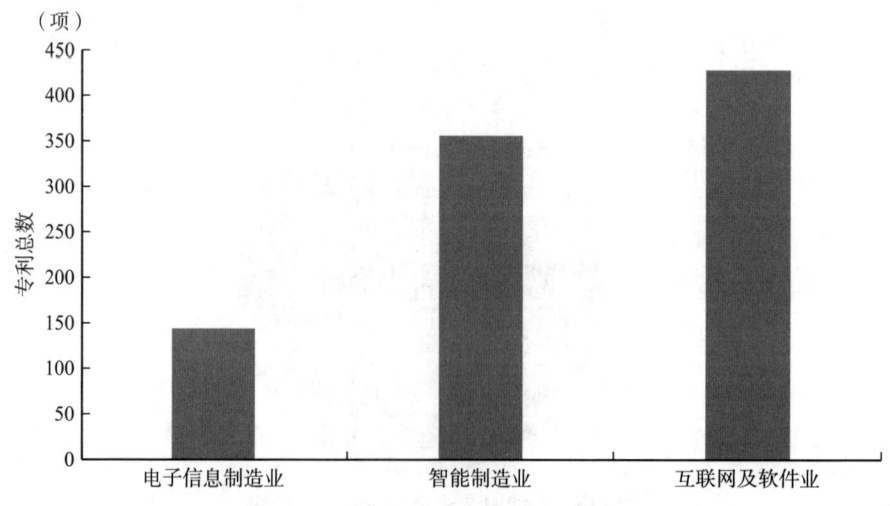

图115　三大主导产业的专利总量对比

第二篇 成渝地区双城经济圈产业园区发展分析

从营业收入分布来看，三大主导产业均呈现典型的"金字塔"结构，以小微企业为主。其中电子信息制造业 200 万元以下企业占比 83.90%，智能制造业占 85.74%，互联网及软件业占 88.12%（见图 116 ~ 图 118）。中等规

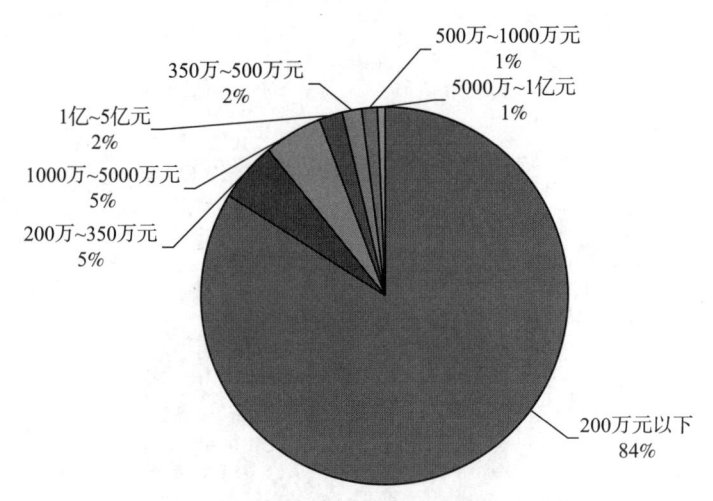

图 116　电子信息制造业企业营业收入结构

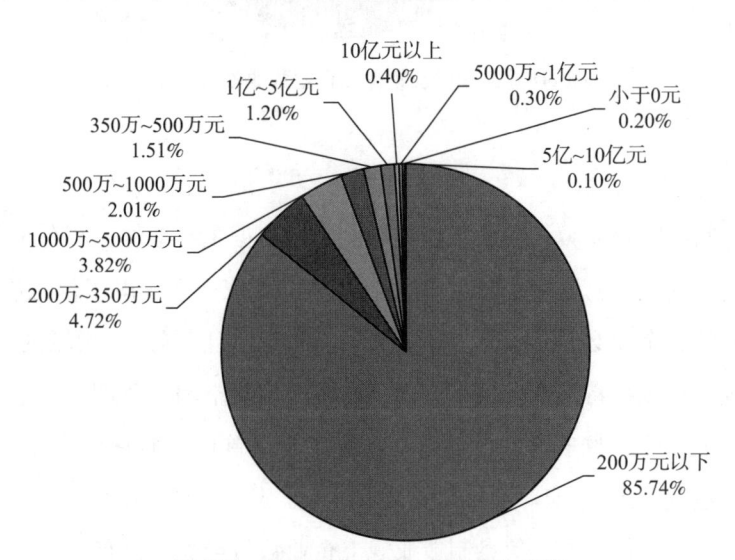

图 117　智能制造业企业营业收入结构

205

模企业（营业收入 200 万~5000 万元）分布相对均匀，电子信息制造业占比 13.36%，智能制造业占 12.05%，互联网及软件业占 10.01%。大型企业（营业收入 1 亿元以上）数量较少，电子信息制造业仅有 6 家，智能制造业 17 家，互联网及软件业 18 家，体现出新兴产业发展初期的特征。

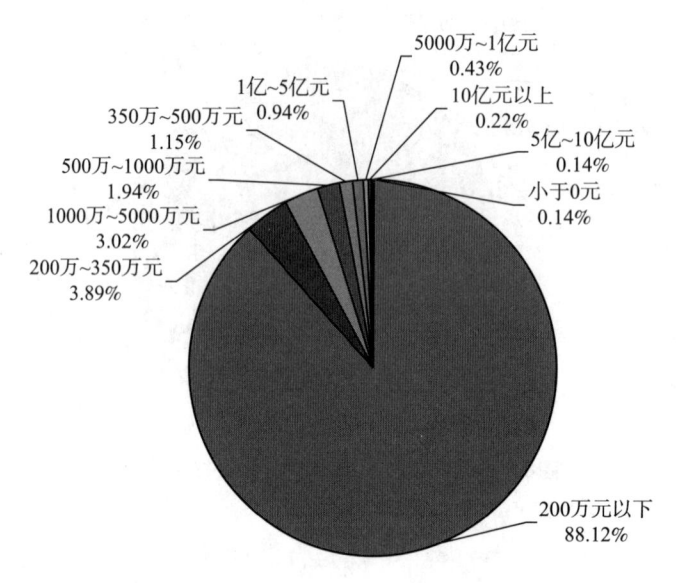

图118　互联网及软件业企业营业收入结构

3. 入驻企业分析

在专精特新企业分布中，智能制造业领域占据主导地位，共有 8 家企业，占比最高。其次是互联网及软件业领域，拥有 6 家企业。电子信息制造业领域的专精特新企业数量相对较少，仅有 2 家，占智能制造业领域的 1/4，显示出该领域在专精特新企业培育方面仍有较大发展空间（见图 119）。

从规上企业总数来看，互联网及软件业居于首位，拥有 65 家规上企业，较智能制造业多出 12 家。智能制造业以 53 家规上企业位居第二，是电子信息制造业的 2.4 倍。电子信息制造业规上企业数量最少，仅有 22 家，与其他两个行业相比存在较大差距（见图 120）。这一分布格局反映出互联网及软件业在规模化发展方面具有明显优势，而电子信息制造业的规模化水平有待提升。

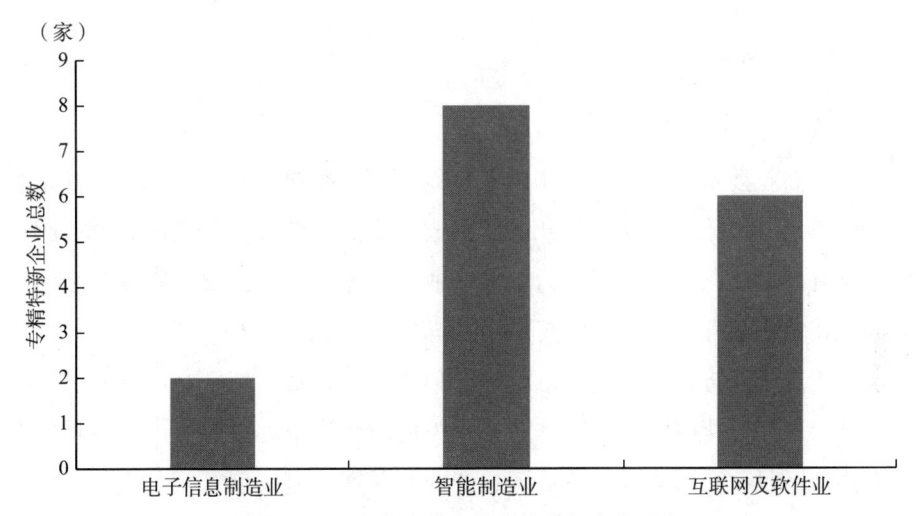

图 119 三大主导产业的专精特新企业对比

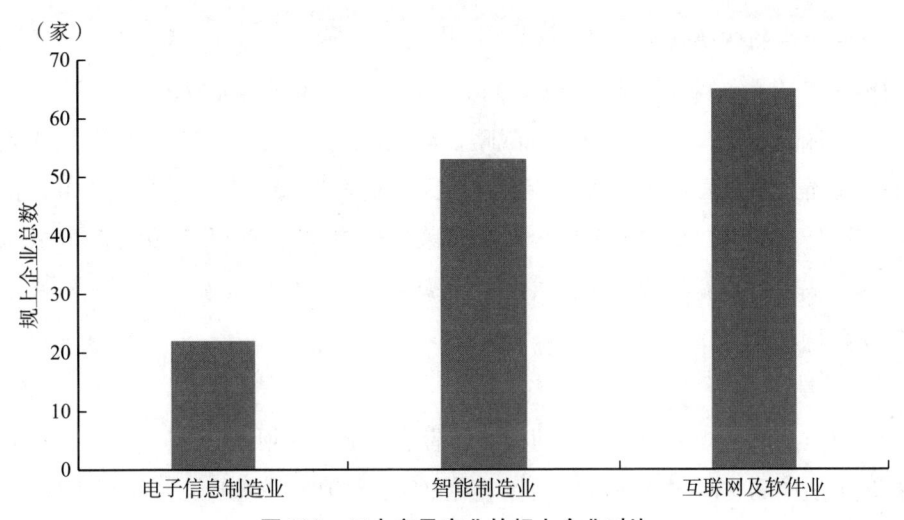

图 120 三大主导产业的规上企业对比

十一、自贡高新技术产业开发区

（一）园区概况①

1. 基本概况

自贡高新技术产业开发区（以下简称"自贡高新区"）自 1990 年开始筹建，1992 年正式设立，成为四川省首批省级重点高新技术开发区。园区起初以机械制造、盐化工和新材料为主导产业，经过调整与扩展，逐步升级为国家高新技术产业开发区，规划面积扩大至 100 平方千米。

位于成渝经济带和川南城市群的几何中心，自贡高新区交通便利，具备陆、空、水一体化的综合交通体系，成为成渝经济带和川南城市群的重要节点。高新区目前已形成宜居生活区、产业发展区、科技创新区和旅游度假区四大功能区，推动着区域经济和社会民生的提升。

2. 发展目标

自贡高新区秉持创新驱动和产业升级的发展理念，计划到 2026 年实现 GDP 600 亿元，规模以上工业总产值 450 亿元，园区营业收入达到 2000 亿元。园区还提出"三个翻两番"战略，即经济总量、工业增加值和财政收入三项翻番。重点发展新能源、新材料、无人机及通航三大千亿产业集群，推动产业转型升级，加快数字化转型。园区目标是成为新时代深化改革开放示范区，成为川南渝西战略性新兴产业集聚区，最终成为成渝地区双城经济圈的重要增长极。

3. 空间布局

自贡高新区规划形成多个功能区。宜居生活区规划 33.5 平方千米，重点打造舒适的居住环境；产业发展区规划 31 平方千米，承载工业和商业活动；

---

① 如未特别说明，本部分相关数据根据自贡高新技术产业开发区管理委员会网站（http://www.zggx.gov.cn）整理。

科技创新区重点推进科技成果转化与高新技术企业集聚；旅游度假区则发展旅游休闲产业。此外，园区还规划了电子信息、新材料、跨境电商、彩灯等专业园区，推动区域产业集群的形成，为区域经济发展提供支撑。

4. 主导产业

自贡高新区已形成以新能源、智能制造和先进材料为主导的产业发展格局。新能源领域发展突出，钠离子电池、新能源汽车零部件及储能设备是重点产品。珈钠能源建设的10万吨钠离子电池正极材料生产线已具备2万吨年产能，年产值约7亿元。到2030年，园区计划将钠电储能产业规模提升至600亿元。

在智能制造领域，园区布局智能终端配件、智能机器人、智能物流装备等产业。成飞自贡无人机产业基地具备年产200架无人机的生产能力。

在先进材料产业方面，园区重点发展新型炭材料、金属新材料和生物医用材料，中昊黑元化工的碳化硅材料占国内市场份额超过40%，并形成了电站锅炉、CNG压缩机等六大产业链。

2024年，园区工业总产值达到175.31亿元，同比增长14.45%，规模以上工业增加值41.61亿元，同比增长13.5%。园区产业逐步向高端化、智能化、绿色化方向发展。

5. 发展成果

自贡高新区已经取得显著的经济发展成果。2024年，工业总产值达到175.31亿元，同比增长14.45%，园区在"十四五"规划中提出打造"幸福宜居新城"和"千亿产业园区"双重目标，重点发展新能源、新材料、无人机及通航三大产业集群。

园区吸引了多家行业领先企业，如珈钠能源的钠离子电池生产线和中昊黑元化工的碳化硅材料生产。园区通过这些企业的带动，推动了产业集群优势的形成。

此外，园区已累计培育201个创新平台，其中16个为国家级平台，新增工业用地3.3平方千米，标准化厂房90万平方米，助力产业发展。园区还支持国家专精特新中小企业和规模以上企业的发展，进一步优化了产业生态。

6. 开放平台

自贡高新区在创新平台建设方面成绩突出，至今已培育201个创新平台，其中16个为国家级。园区还新增3.3平方千米工业用地，并建成90万平方米的标准化厂房，为企业发展提供了强大的空间保障。

园区通过深化"链式"招商模式，成功引进了新能源、新材料、智能制造、电子信息等多个产业项目，推动了产业集群的发展。同时，园区注重培育创新型企业，新增31家国家专精特新企业及40家规模以上企业，进一步促进了产业的集聚发展。

7. 创新生态

自贡高新区在人才引进和科技创新方面取得了显著成效。园区已柔性引进两院院士200余人，高层次人才30余人，科技及研发人员6000余名，为区域科技创新提供了坚实的支撑。

园区已建成87个国家和省级科技创新平台，吸引了260余家在孵企业，推动了区域创新生态的发展。新能源产业、智能制造、新材料和无人机产业等领域的快速发展，显示了园区在创新方面的潜力和成果。未来，高新区将继续通过引进更多高科技企业和创新平台，加强绿色低碳现代产业体系建设，力争成为区域经济高质量发展的引擎。

(二) 主导产业分析

1. 产业规模分析

（1）企业数量。

从企业数量分布来看，新能源业企业数量最多，达951家，占据主导地位。其次是智能制造业，拥有781家企业，规模与新能源业相近。新材料业企业数量相对较少，仅有273家，约为新能源业的28.7%，显示出行业发展仍有较大提升空间（见图121）。三大主导产业的企业数量差异反映出产业发展的不同阶段和市场成熟度。

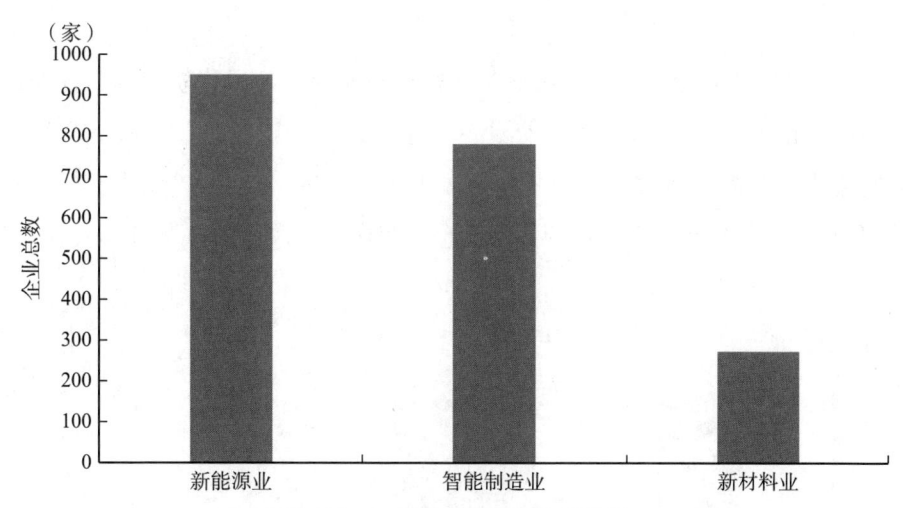

图121 三大主导产业的企业数量

（2）就业规模。

从各产业从业人员规模来看，新能源业从业人员数量最多，达6444人，比智能制造业多947人。智能制造业以5497人位居第二。新材料业从业人员数量相对较少，为1376人，仅为新能源业的21.4%，体现出新能源业和智能制造业是当前吸纳就业的主要领域（见图122）。

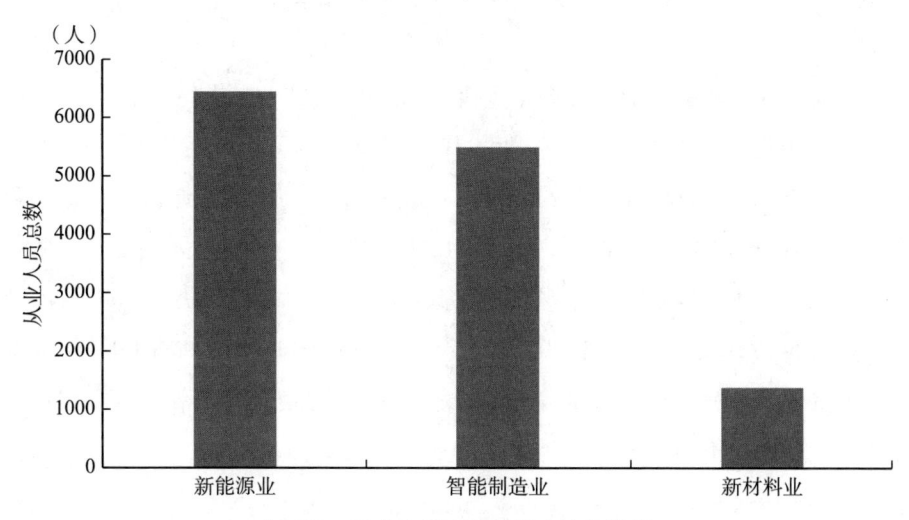

图122 三大主导产业的从业人员数量

（3）注册资本。

从注册资本规模看，新能源业和智能制造业两个领域规模相近，分别为74.61亿元和73.13亿元，两者合计占据主导地位。新能源业领域略高于智能制造业，领先1.48亿元。新材料业注册资本为14.88亿元，仅为新能源业的19.95%，规模相对较小，与其他两个领域存在较大差距（见图123）。

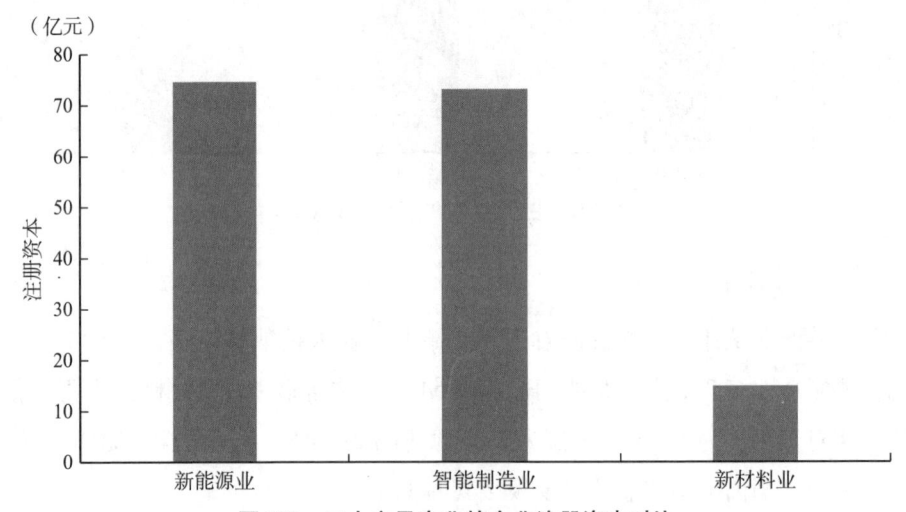

图123　三大主导产业的企业注册资本对比

三大主导产业的企业注册资本呈现"金字塔"结构分布特征，以小微企业为主。新能源业共有811家企业，其中注册资本100万元以下的企业占54.87%，200万~500万元占11.22%（见图124）；智能制造业共有656家企业，注册资本100万元以下占比50.15%，200万~500万元占比15.24%（见图125）；新材料业规模相对较小，共249家企业，注册资本100万元以下企业占54.22%，注册资本200万~500万元占19.28%（见图126）。大型企业数量较少，三个产业注册资本在1亿元以上的企业分别为13家、14家和2家，占比均不超过3%。

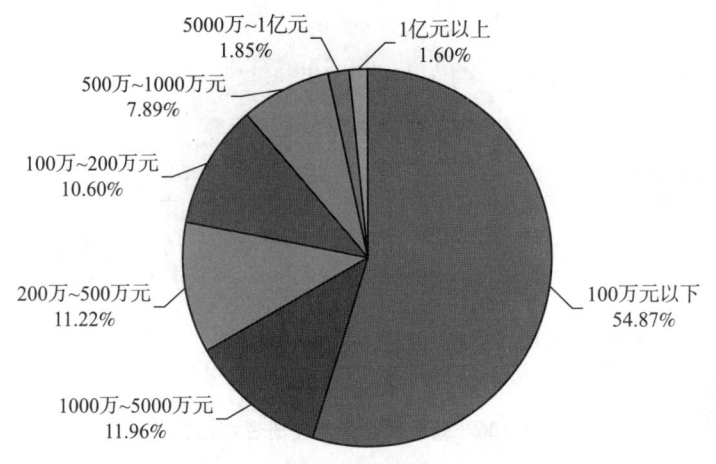

图 124　新能源业企业注册资本结构

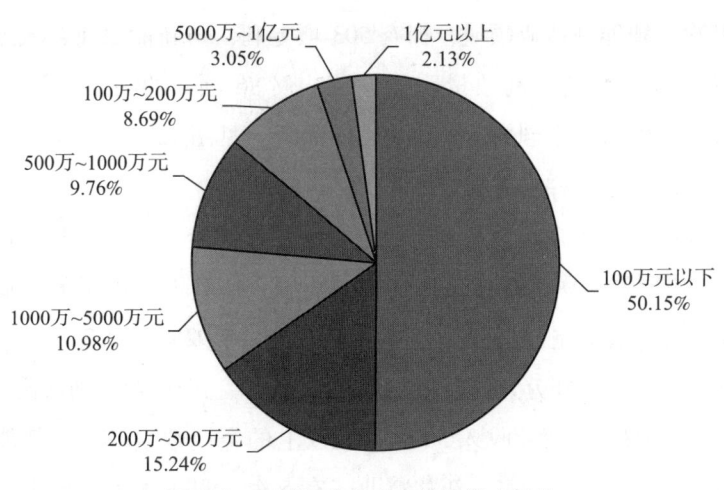

图 125　智能制造业企业注册资本结构

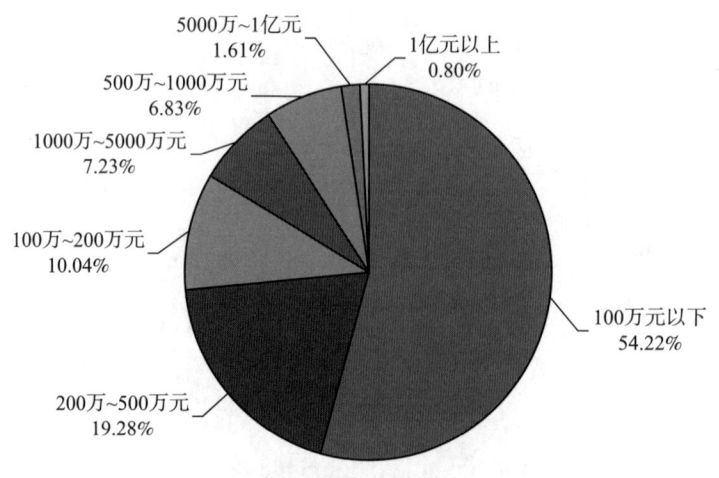

图126　新材料业企业注册资本结构

2. 经营状况分析

从专利总量分布看，新能源业领域专利数量最多，达610项，占据主导地位。其次是智能制造业领域，拥有503项专利，与新能源业领域差距相对较小。新材料业领域专利数量明显偏少，仅86项，约为新能源业领域的14%，表明该领域技术创新活动相对不够活跃（见图127）。三大主导产业的专利分布呈现明显的梯度差异。

从营业收入分布来看，三大主导产业均呈现"金字塔"结构，以小微企业为主。如图128～图130所示，其中营业收入200万元以下的企业数量最多，新能源业、智能制造业和新材料业分别占比65.92%、72.37%和70.19%。营业收入200万~5000万元的企业占据第二梯队，三个产业分别占比27.71%、22.22%和23.08%。营业收入5000万元以上的企业数量较少，新能源业有20家，智能制造业有17家，新材料业仅有5家，显示大型企业占比相对较低。整体来看，智能制造业企业总量最大，其次是新能源业，新材料业企业数量最少。

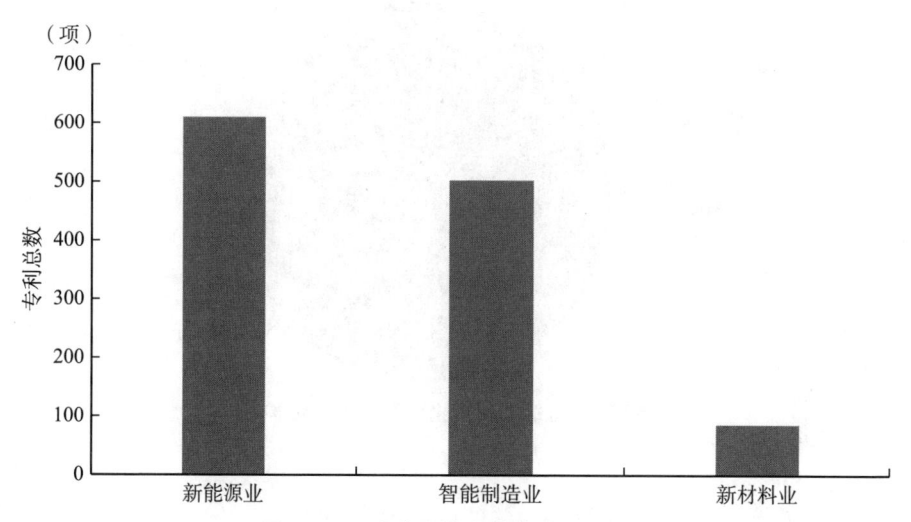

图 127　三大主导产业的专利总量对比

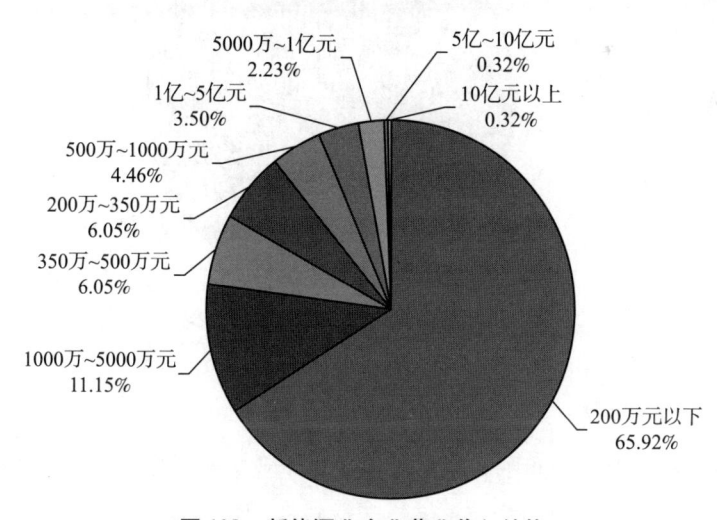

图 128　新能源业企业营业收入结构

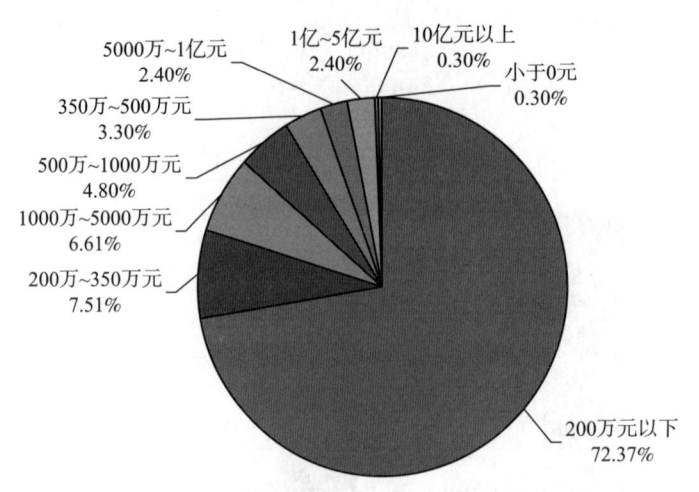

图 129　智能制造业企业营业收入结构

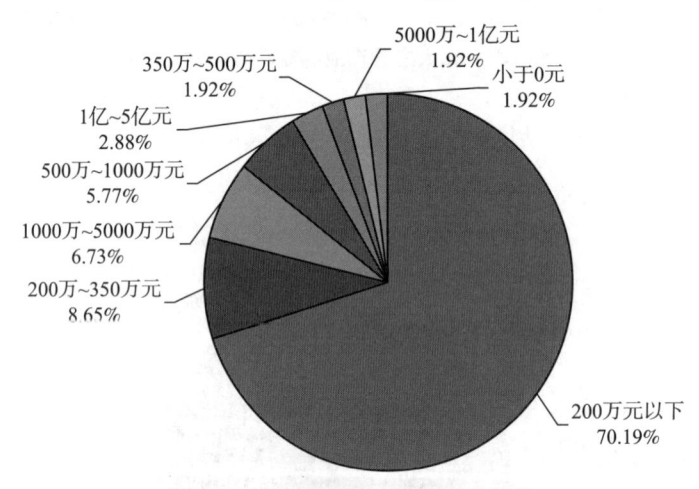

图 130　新材料业企业营业收入结构

3. 入驻企业分析

在专精特新企业分布中，新能源业领域企业数量最多，达到 19 家，是智能制造业领域 12 家企业的 1.58 倍。新材料业领域仅有 3 家企业，数量相对较少，仅为新能源业领域的 15.8%，显示出新能源业领域在专业化发展方面具有明显优势（见图 131）。

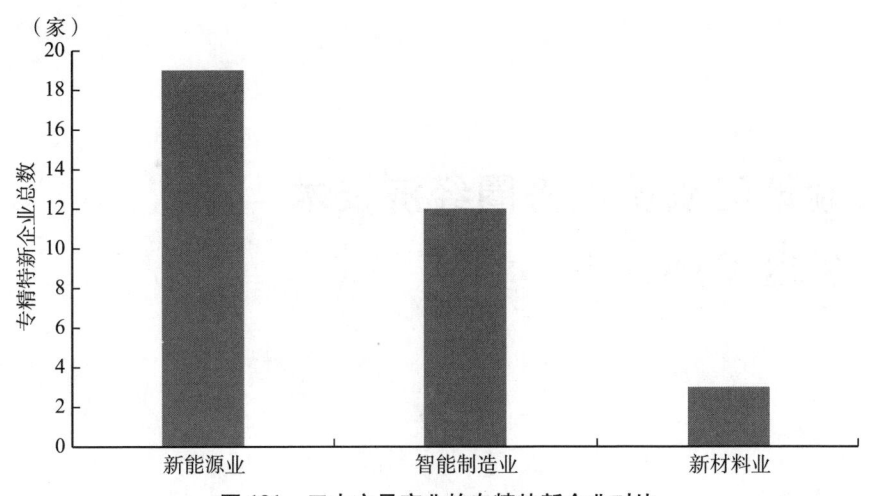

图 131 三大主导产业的专精特新企业对比

从规上企业数量分布来看,新能源业以 40 家企业位居首位,智能制造业紧随其后,拥有 34 家规上企业,两者差距相对较小。新材料业规上企业数量为 14 家,仅为新能源业的 35%,与前两大产业相比存在明显差距(见图 132)。这一分布格局反映出新能源业和智能制造业已形成较为坚实的产业基础,而新材料业仍有较大发展空间。

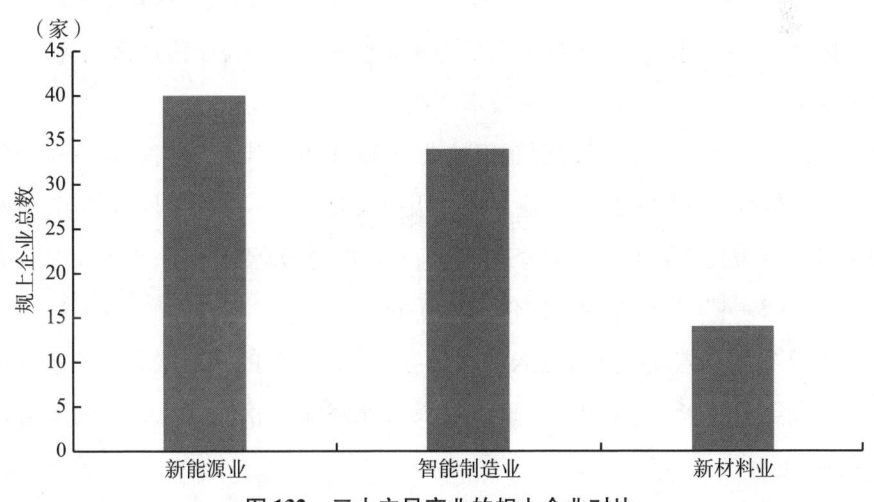

图 132 三大主导产业的规上企业对比

成渝地区双城经济圈经济技术开发区发展分析

一、重庆经济技术开发区

（一）园区概况①

1. 基本概况

重庆经济技术开发区成立于 1993 年 4 月，是中国西部地区最早的国家级经开区之一。初创时，园区规划面积为 9.6 平方千米，位于南岸区南坪片区，主要吸引外资和发展工业及高新技术产业。

进入 2000 年后，园区规划面积扩大至 59 平方千米，重点布局汽车摩托车、电子信息、生物医药等产业，成功吸引长安汽车、力帆集团等知名企业。2010 年，开发区扩展至南岸区茶园地区，规划面积增至 93.95 平方千米，并实施"1＋2＋4"管理体制，优化了产业布局。

2020 年起，重庆经开区进入现代化与高质量发展的新阶段，目前规划面积已扩大至 160.05 平方千米，重点发展智能终端、软件信息、大健康等产

---

① 如未特别说明，本部分相关资料根据重庆经济开发区网站（https：//jkq.cq.gov.cn）整理。

业，吸引了高通、网易、阿里巴巴等世界500强企业。园区还拥有完善的公铁水空多式联运体系，构建起辐射西南地区的综合交通网络。展望未来，重庆经开区将继续深化改革开放，重点布局智能制造、数字能源和脑科学等新兴产业，力争到2027年提升经济竞争力。

2. 发展目标

重庆经济技术开发区致力于成为西部地区重要经济增长极，目标到2025年实现GDP、税收收入和外贸总额的大幅增长，确保高新技术企业数量突破160家，打造千亿级产业园区。园区重点发展智能制造、软件信息、大健康、节能环保和汽车电子等产业，并培育数字产业、脑科学等前瞻性产业。通过产业结构优化，推动高质量发展，建设产业创新中心，构建绿色低碳产业体系，推动区域协同发展。

3. 空间布局

重庆经济技术开发区由多个功能组团构成。万盛工业园区包括建设组团、鱼田堡组团和平山组团，形成合理布局。长寿经济技术开发区包括晏家组团（天然气化工、新材料新能源产业）、江南组团（钢铁冶金产业）、八颗组团（汽车制造和电子信息产业）和葛兰组团（生态产业和现代农业）。园区拓展区茶园组团，规划总面积60.2平方千米，进一步完善了产业发展和空间布局。

4. 主导产业

重庆经济技术开发区已形成完备的产业体系，主要包括智能终端、软件信息、大健康等千亿级产业，节能环保、汽车电子等五百亿级产业为支撑。园区还布局了电子信息、高端装备制造和现代服务业等相关产业。

2023年，园区规上工业企业营业收入达到856.9亿元，同比增长8.3%。预计2024年规上工业总产值将达到1295亿元。园区拥有168家规上工业企业，其中216家市级专精特新企业和288家国家级"小巨人"企业。园区目标到2027年实现年均10%的GDP增长，工业亩产强度达到1500万元，进入国家级一流开发区行列。

5. 发展成果

重庆经济技术开发区经济发展显著，2023 年规上工业企业营业收入 856.9 亿元，同比增长 8.3%。园区目标到 2027 年实现年均 10% 的 GDP 增长，工业亩产强度提升至 1500 万元。

园区已经形成多层次企业体系，拥有 168 家规上工业企业，其中 216 家市级专精特新企业和 288 家国家级"小巨人"企业。这些企业的集聚推动了园区的高质量发展，并成功吸引了高通、网易、阿里巴巴等世界 500 强企业入驻，提升了产业能级。

6. 开放平台

重庆经济技术开发区在招商引资方面成效显著，成功引进多个重要投资项目。园区吸引了 13 个央企投资项目，包括中国化学、中建铁投、国药控股、国家电投等。6 个世界 500 强企业投资项目入驻，包括亚马逊、蚂蚁金服、京东、腾讯、网易和华为。

新加坡鹏瑞利国际医疗综合体、峰米科技 LCD 光机生产项目和西部智联项目等重大投资项目落地，推动了园区产业升级。这些项目集中在医药健康、新能源汽车、智能制造和软件信息等领域，进一步提升了园区产业层次。

为优化营商环境，园区出台专项奖励政策，对世界 500 强和中国 500 强企业提供最高 1000 万元的奖励，并与万州经济技术开发区、长寿经济技术开发区等地合作，促进区域协同发展。

7. 创新生态

重庆经济技术开发区在人才引进和科技创新方面取得显著成效。园区现已聚集 800 名具备高级职称的专业人才，支撑了创新发展。园区在智能制造、工业互联网、智能网联汽车等领域取得了重要突破。

在智能制造方面，美的通用制冷设备有限公司在磁悬浮压缩机研发上实现突破，盟讯电子等企业通过智能制造转型升级。禾赛科技成功落户，推动激光雷达产业园和东港汽车电子产业园建设，成为智能网联汽车产业的重要一环。园区还重点发展人工智能、大数据等未来产业，通过技术创新提升生产效率。

在节能环保、大健康和新材料领域，园区引领企业长江轴承、科瑞制药等在创新和研发上取得了突破，推动了产业升级。为增强创新实力，园区新增5家市级企业技术中心，7家企业获得创新奖，广阳湾实验室等科技基础设施项目也在建设中。

（二）主导产业分析

1. 产业规模分析

（1）企业数量。

从企业数量分布来看，互联网及软件业企业数量最多，达15737家，占据主导地位。其次是生物医药业企业，有8710家，约为互联网及软件业的55.3%。智能终端业企业数量相对较少，有4042家，约为互联网及软件业的一半，显示出较大的发展空间（见图1）。三大主导产业的企业数量差异明显，体现了不同产业发展阶段的特点。

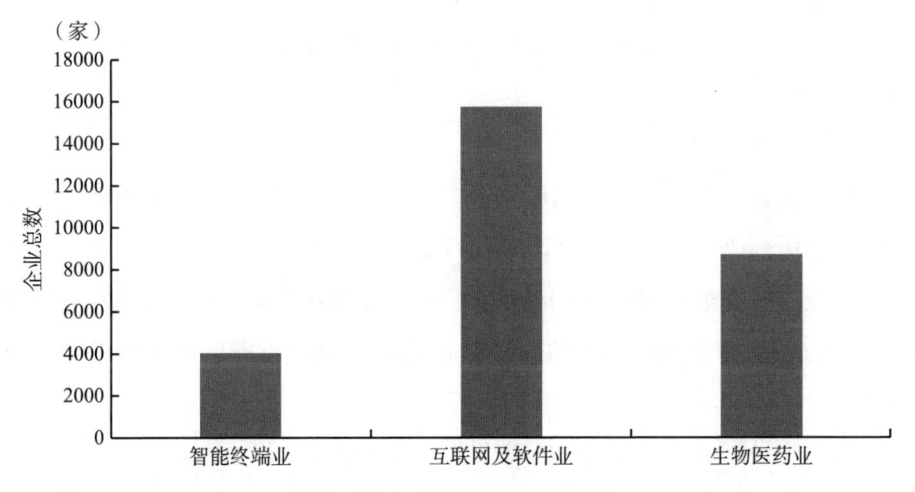

图1 三大主导产业的企业数量

(2) 就业规模。

从各产业从业人员规模来看，互联网及软件业从业人员最多，达35547人，占据主导地位。生物医药业从业人员数量位居第二，有20893人，约为互联网及软件业的58.8%。智能终端业从业人员数量最少，约有13192人，与互联网及软件业形成明显对比，约占其1/3（见图2）。三大主导产业的人员规模差异较大，呈现梯度分布特征。

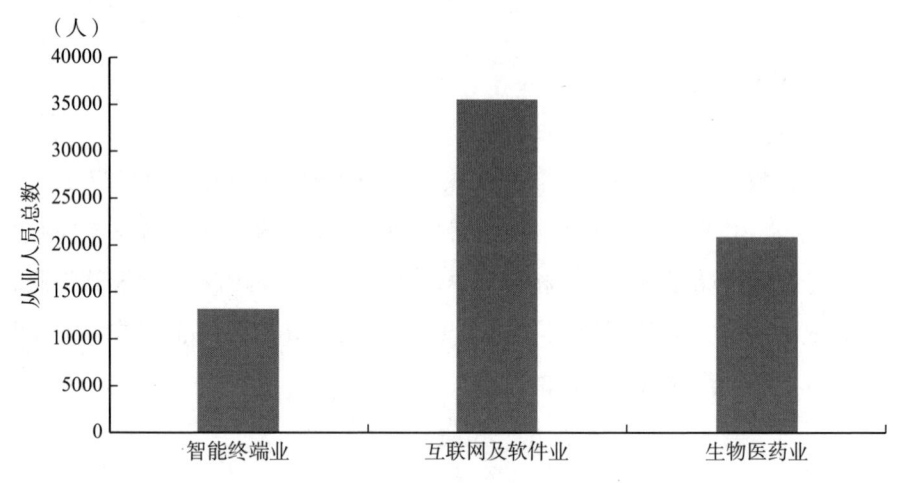

图2　三大主导产业的从业人员数量

(3) 注册资本。

从注册资本规模来看，互联网及软件业注册资本最高，达28422.81亿元，生物医药业紧随其后，为23650.46亿元，两者规模相近。相比之下，智能终端业注册资本为8500.20亿元，与前两者差距显著，分别仅为互联网及软件业的29%和生物医药业的35%，体现出明显的行业资本规模差异（见图3）。

三大主导产业的企业规模呈现"金字塔"结构，以小微企业为主。注册资本100万元以下的企业数量最多，互联网及软件业、生物医药业、智能终端业分别占比66.32%、66.78%和56.58%（见图4～图6）。注册资本200

万~500万元企业位居第二，占比分别为11.90%、12.63%和13.95%。大型企业相对较少，注册资本1亿元以上的企业在三大主导产业中的占比均不足1%，其中互联网及软件业为0.48%、生物医药业为0.58%、智能终端为0.69%，显示产业整体仍处于成长发展阶段。

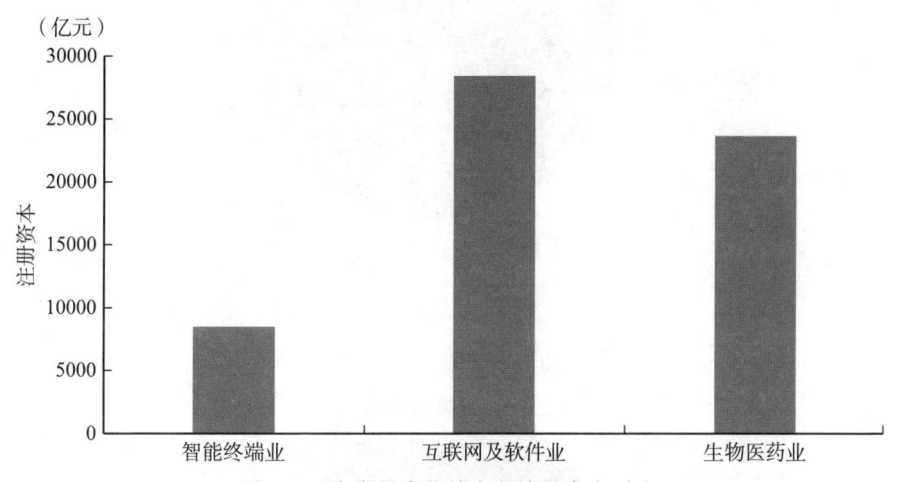

图3 三大主导产业的企业注册资本对比

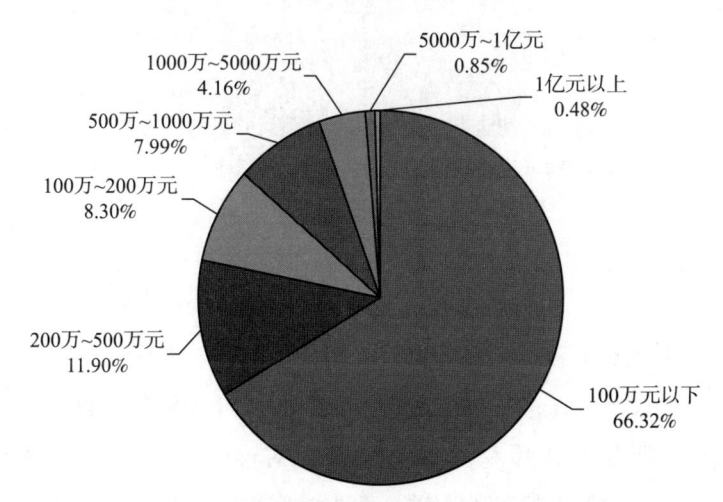

图4 互联网及软件业企业注册资本结构

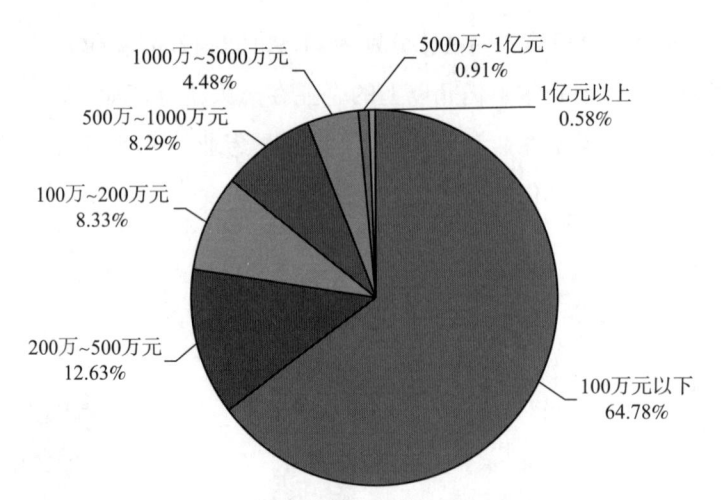

图 5　生物医药业企业注册资本结构

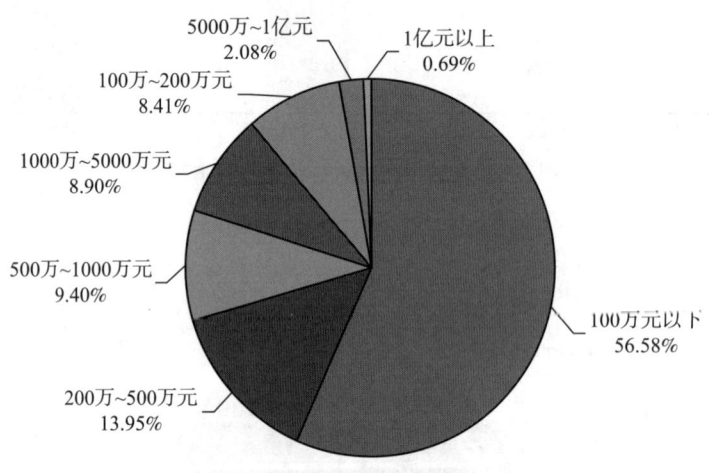

图 6　智能终端业企业注册资本结构

2. 经营状况分析

从专利总数分布看，互联网及软件业以 3061 项专利位居首位，生物医药业紧随其后，拥有 2741 项专利，两者差距相对较小。相比之下，智能终端业的专利数量明显偏低，仅有 616 项，约为互联网及软件业的 1/5，反映出该领域的技术创新活动相对不够活跃（见图 7）。

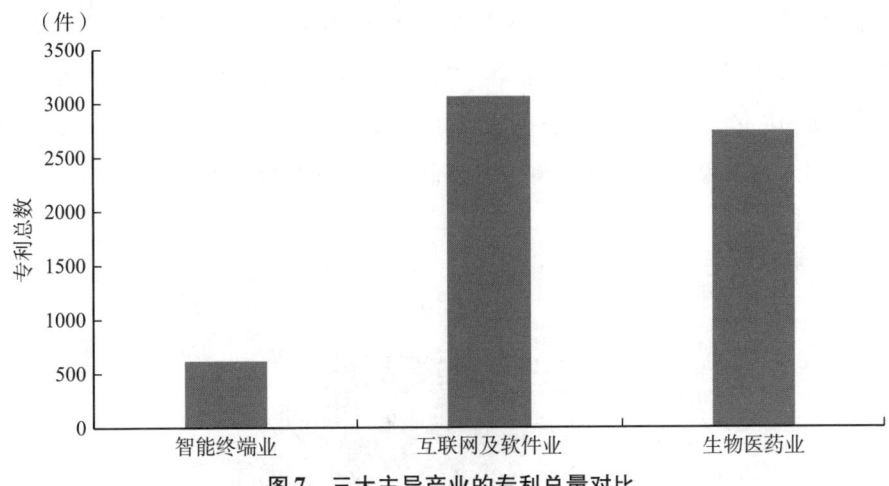

图7 三大主导产业的专利总量对比

从营业收入分布来看，三大主导产业均呈现"金字塔"结构，以小微企业为主。互联网及软件业规模最大，年营业收入200万元以下企业占比89.01%，营业收入200万~5000万元间企业占比9.74%（见图8）；生物医

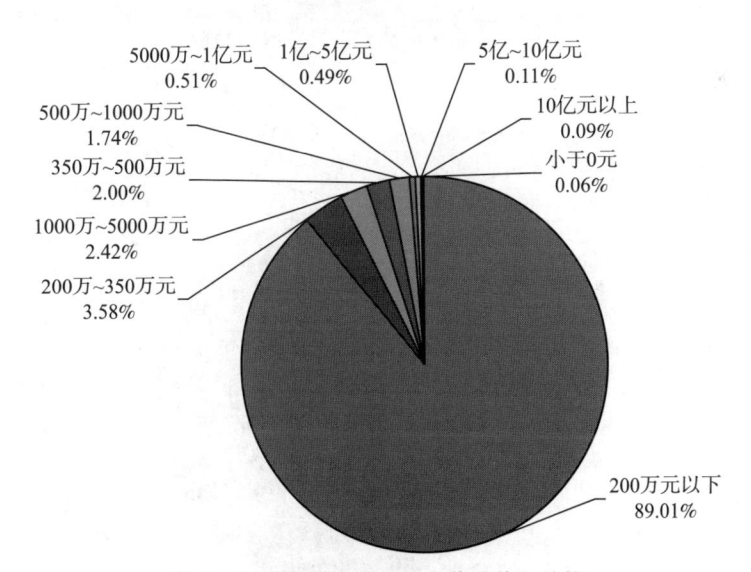

图8 互联网及软件业企业营业收入结构

药业中小微企业占比87.46%，中型企业占比10.79%（见图9）；智能终端业规模相对较小，但结构相似，200万元以下企业占比79.09%（见图10）。三个产业10亿元以上营业收入的大型企业数量均较少，分别为7家、8家和2家，显示出典型的大企业引领、中小企业集群发展的产业生态特征。

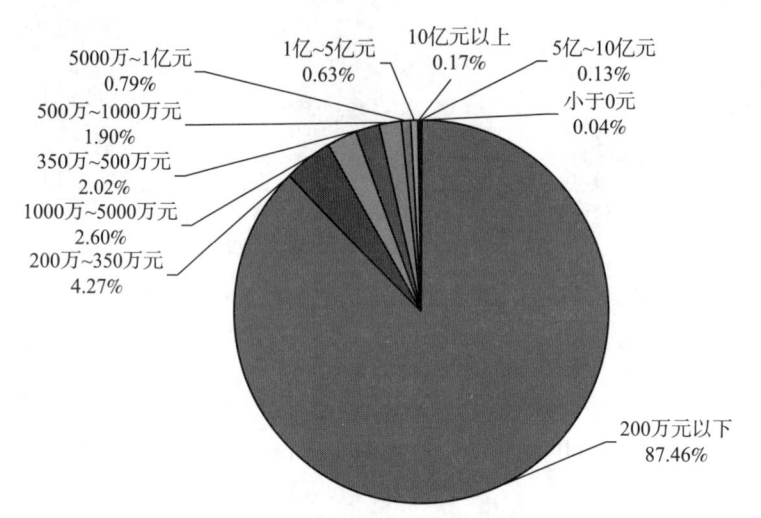

图9　生物医药业企业营业收入结构

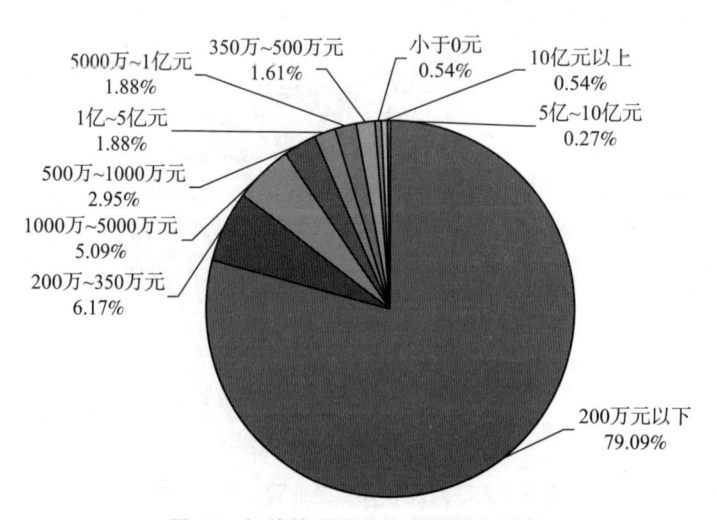

图10　智能终端业企业营业收入结构

3. 入驻企业分析

在专精特新企业分布中,互联网及软件业有 56 家企业,位居首位,是智能终端业企业数量的 5.1 倍。生物医药业拥有 28 家企业,位列第二,约为智能终端业的 2.5 倍。智能终端业有 11 家企业,数量相对较少,显示出该领域专精特新企业发展仍有较大提升空间(见图 11)。

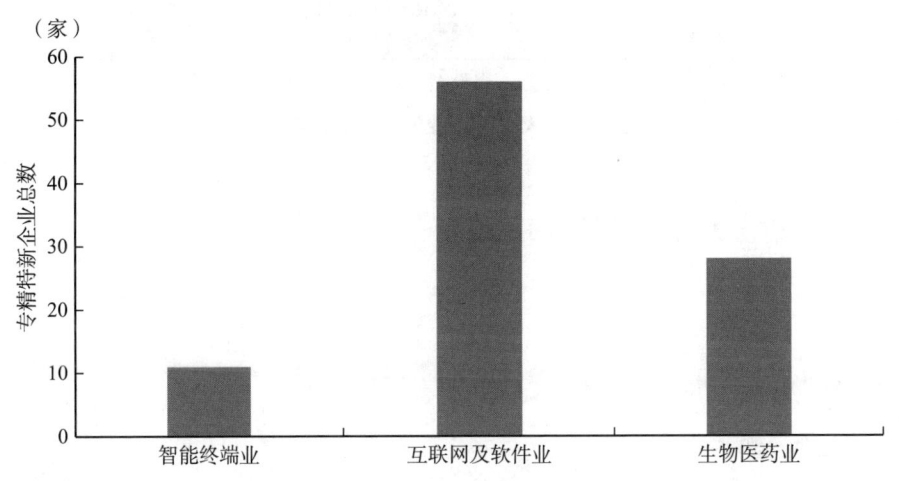

图 11　三大主导产业的专精特新企业对比

从规上企业数量分布来看,互联网及软件业规上企业数量最多,达 243 家,占据主导地位。生物医药业紧随其后,有 192 家规上企业,约占互联网及软件业的 79%。智能终端业规上企业数量相对较少,仅 24 家,与互联网及软件业形成显著对比,约为其 1/10(见图 12)。这种分布格局反映出互联网及软件业的产业规模优势明显,而智能终端业的规模化发展仍有较大提升空间。

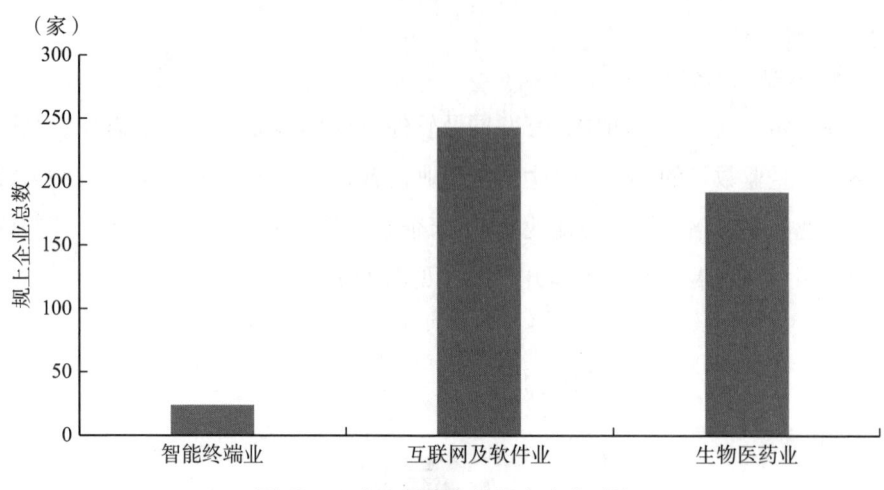

图12 三大主导产业的规上企业对比

二、重庆万州经济技术开发区

(一) 园区概况①

1. 基本概况

重庆万州经济技术开发区（以下简称"万州经开区"）于2002年由重庆市人民政府批准设立，最初为万州工业园区。经过多年的发展，园区逐步形成了完善的产业体系，重点发展盐气化工、新材料新能源、机械电子、纺织服装和食品医药等产业。2009年，园区工业总产值达到175亿元，财政收入3.5亿元，解决了超过1万人的就业问题。

2010年，园区获国务院批准升级为国家级经济技术开发区，成为渝东北地区唯一的国家级经开区。升级后，园区规划面积扩大至50平方千米，吸引了江苏大全、重庆啤酒等企业入驻，同时加快基础设施建设。园区依托成渝

---

① 如未特别说明，本部分相关数据根据万州经济开发区管理委员会网站（https://www.wz.gov.cn）整理。

高铁、渝遂高速等交通设施，形成了完善的多式联运交通枢纽，成为连接西南地区与全国的重要门户。未来，园区将继续推动高质量发展，力争到2035年全面建成现代化经济体系，强化其在成渝地区双城经济圈中的重要地位，取得更多科技创新和产业升级的突破。

2. 发展目标

根据"十四五"规划，万州经开区力求到2025年实现规模以上工业产值600亿元，年均增长率达到18%，GDP年均增长11%。园区将重点打造"先进材料、食品加工、装备制造、医药化工、新型能源"五大产业集群，推动智能制造和绿色低碳发展。

展望2035年，园区将全面建成体现高质量发展的现代化经济体系，成为成渝地区双城经济圈的重要组成部分，着力打造川渝地区现代制造业基地。园区将继续优化交通和物流体系，为重庆市第二大城市的发展提供支撑，推动产城融合发展。

3. 空间布局

万州经开区位于重庆市东北部的万州区，地处长江三峡库区腹心地带，形成了"一区五园"的空间布局。包括高峰园、天子园、五桥园、九龙园和新田园五个主要园区。高峰园：专注装备制造和机械电子产业；天子园：重点发展机械制造、电子信息和纺织服装产业；五桥园：致力于新材料新能源和医药化工产业；九龙园：聚焦精细化工和化工新材料产业；新田园：主要发展保税物流和生产制造业。另外，园区还设有综合保税区和表面处理中心等专业功能区，通过优化空间布局促进产业集聚和协同发展。

4. 主导产业

万州经开区形成了以新材料、新能源、智能装备等为主的产业体系，逐步发展成具有多元化产业结构的区域经济。园区初期的盐气化工、新材料新能源、机械电子、纺织服装和食品医药五大支柱产业，经过优化升级，聚焦智能制造、绿色低碳等方向。

园区已吸引江苏大全、重庆啤酒等知名企业入驻。九龙万达新材料科技有限公司年产 360 万吨氧化铝的生产基地，长江跨越车辆、金龙铜管等企业在新材料、新能源、智能制造等领域取得显著成就。园区还通过政策支持和招商引资，推动产业向高质量方向发展。

5. 发展成果

万州经开区在经济发展方面取得了显著进展，至 2009 年，工业总产值达到 175 亿元，财政收入 3.5 亿元，提供了超过 1 万人的就业机会。根据"十四五"规划，园区计划到 2025 年实现规模以上工业产值 600 亿元，推动产业结构优化升级。

近年来，园区通过精准招商吸引了江苏大全、重庆啤酒等大型企业，推动了产业集群的形成。新材料、新能源、智能制造和生物医药等领域的重大项目不断落地，助力园区经济增长，并在智能制造和绿色低碳产业园区方面取得显著成果。

6. 开放平台

万州经开区近年来在招商引资和创新平台建设方面取得了显著成效。成功引进的重大项目包括：博赛集团投资 75 亿元建设特铝新材料项目，预计年销售收入超过 100 亿元；金龙精密铜管项目和氧化铝智能化升级项目等也已落地。

园区不断完善科技创新平台体系，建设了多个创新服务平台，如市级科技企业孵化器和国家级企业技术中心等。通过与高校和科研机构的合作，园区推动了科技成果转移转化，并通过"三峡科创智谷"等活动，吸引高层次人才入驻，增强了区域创新能力。

7. 创新生态

万州经开区在人才储备和科技创新方面成效显著。园区已引育 287 名市级以上高层次人才，包括 2 名中国工程院院士和 1 名国家级优秀人才，积极推进高端人才引进。园区计划到 2027 年引进 350 名高层次人才，涵盖不同层次的科技人才，为园区发展提供智力支持。

第二篇　成渝地区双城经济圈产业园区发展分析

在科技创新方面，园区已完成165个智能化改造项目，新增8个市级智能工厂和5个数字化车间，进一步推动智能制造和数字化转型。园区通过创新平台的建设，培育了一批国家级专精特新"小巨人"企业。园区的创新能力不断提升，已连续两年位居渝东北地区万人发明专利拥有量第一，展现出强大的科技创新实力。特色企业如长江跨越车辆、九龙万达新材料科技有限公司等，通过自动化改造和智能化生产提升了效率，为园区的高质量发展提供了有力支撑。

(二) 主导产业分析

1. 产业规模分析

(1) 企业数量。

从企业数量分布来看，新能源业企业数量最多，达630家，是新材料业企业数量的3.21倍，是盐气化工业企业数量的11.45倍。新材料业企业数量居中，为196家，是盐气化工业企业数量的3.56倍。盐气化工业企业数量最少，仅55家，显示出该产业的集中度较高（见图13）。

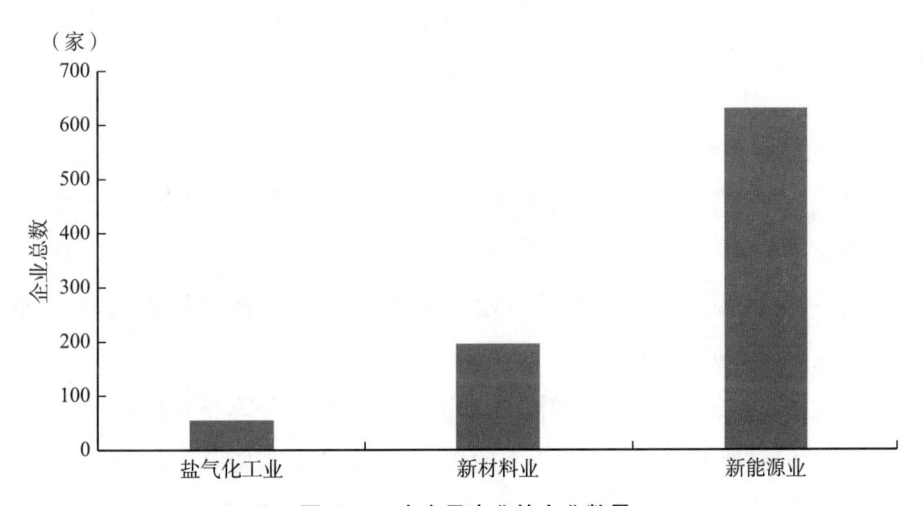

图13　三大主导产业的企业数量

（2）就业规模。

从各产业从业人员规模来看，新能源业人数最多，达5011人，是新材料业的近4倍，盐气化工业的7.2倍。新材料业从业人员1259人，位居第二。盐气化工业从业人员规模最小，仅699人，这反映出传统化工行业从业人员规模相对较小，而新兴产业吸纳就业能力较强（见图14）。

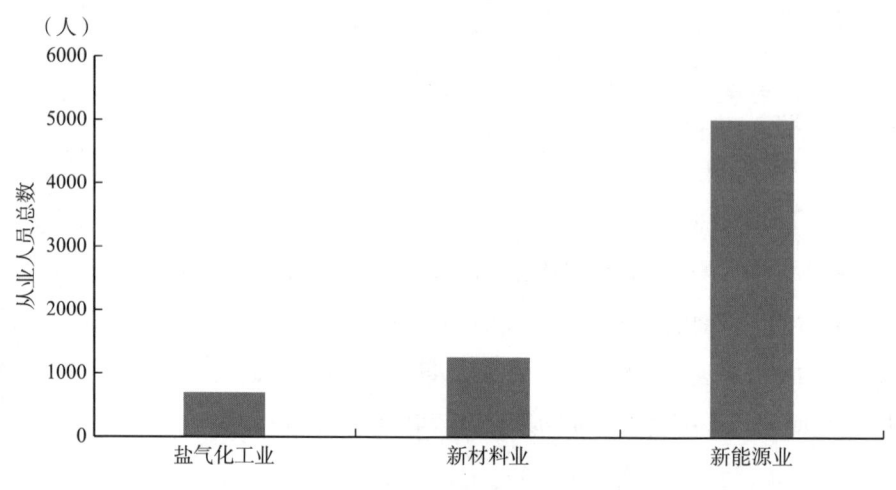

图14　三大主导产业的从业人员数量

（3）注册资本。

从注册资本规模来看，新能源业和新材料业规模相当，均达到约284亿元的高水平，两者之间仅相差31.21亿元，体现出这两个领域的投资热度。相比之下，盐气化工业的注册资本仅为180.51亿元，与新能源业和新材料业形成巨大差距（见图15）。

三大产业的企业规模分布呈现"金字塔"结构，以小微企业为主如图16～图18所示，注册资本100万元以下的企业数量最多，新能源业有380家占比65.29%，新材料业有104家占比58.43%，盐气化工业有23家占比51.11%。中型企业（注册资本1000万～5000万元）分布相对均衡，新能源业、新材料业和盐气化工业分别有47家、20家和6家。大型企业（注册资本1亿元以上）数量较少，三个产业分别仅有5家、2家和3家，但盐气化工业大型企业占比相对较高，达到6.67%。

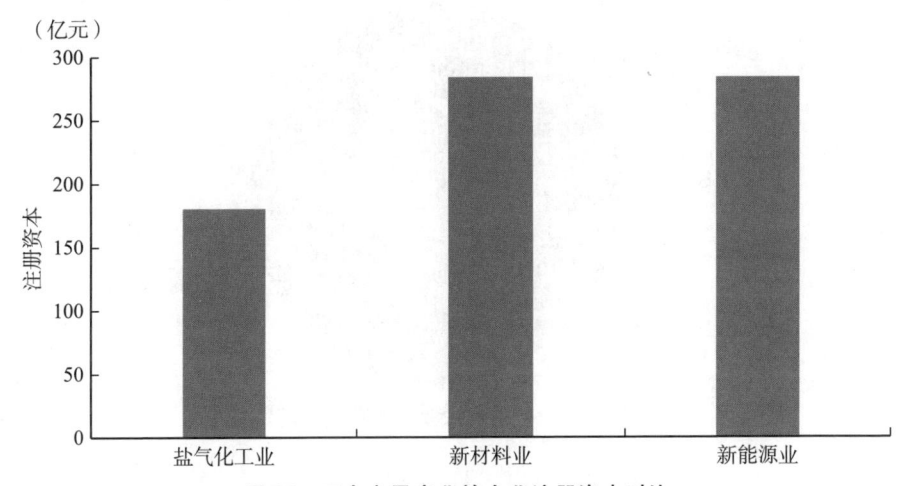

图15 三大主导产业的企业注册资本对比

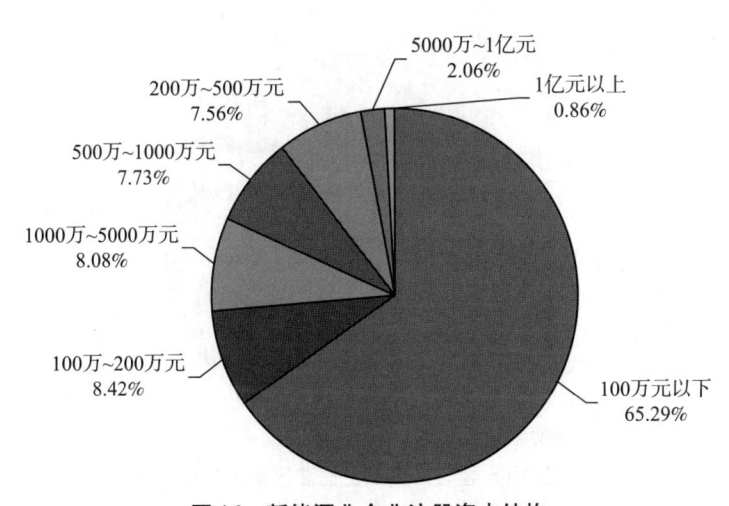

图16 新能源业企业注册资本结构

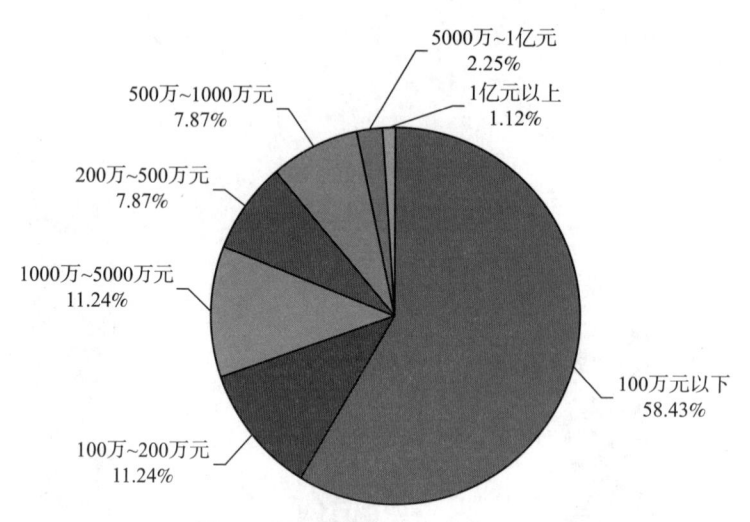

图17 新材料业企业注册资本结构

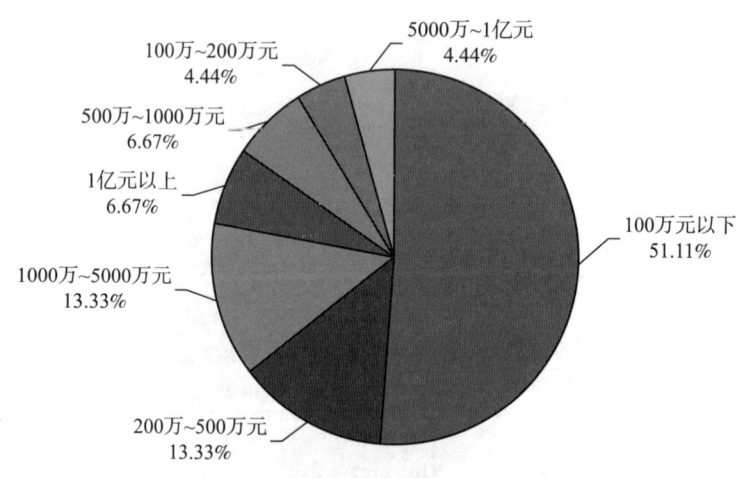

图18 盐气化工业企业注册资本结构

2. 经营状况分析

从专利总数分布来看，新能源业以433项专利居于首位，显著领先于其他两个产业。新材料业的专利数量为63项，约为新能源业的1/7。盐气化工业专利数量最少，仅有35项，不到新能源业专利总量的1/10，反映出该领域的技术创新活动相对较弱（见图19）。

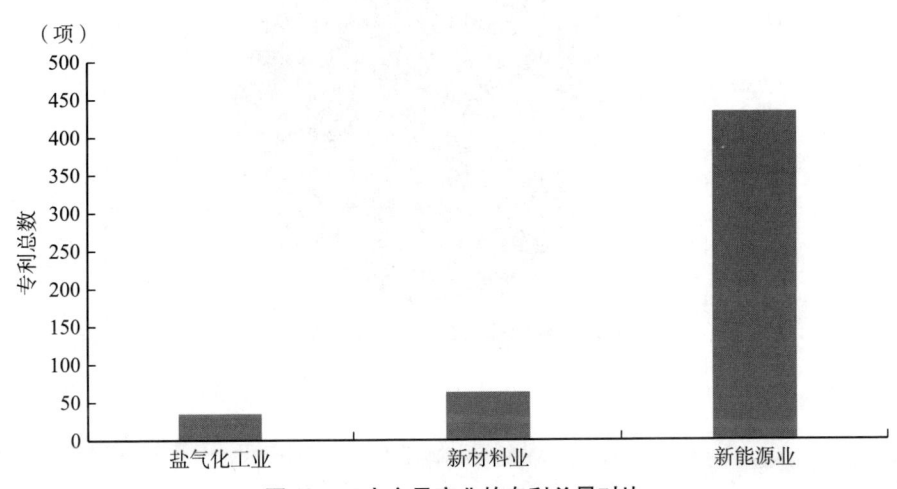

图19 三大主导产业的专利总量对比

从营业收入分布来看，三大主导产业均呈现"金字塔"结构，以小微企业为主。其中新能源业规模最大，共292家企业，营业收入200万元以下企业占77.74%（见图20）；新材料业次之，共90家企业，营业收入200万元以下企业占84.44%（见图21）；盐气化工业规模最小，共22家企业，营业收入200万元以下企业占63.64%（见图22）。在高营业收入企业方面，三大主导产业均有少量营业收入10亿元以上企业，分别为新能源业2家、新材料业1家、盐气化工业1家，体现出一定的产业龙头带动效应。中等规模企业（营业收入1000万~5亿元）占比相对较小，显示产业发展仍有较大提升空间。

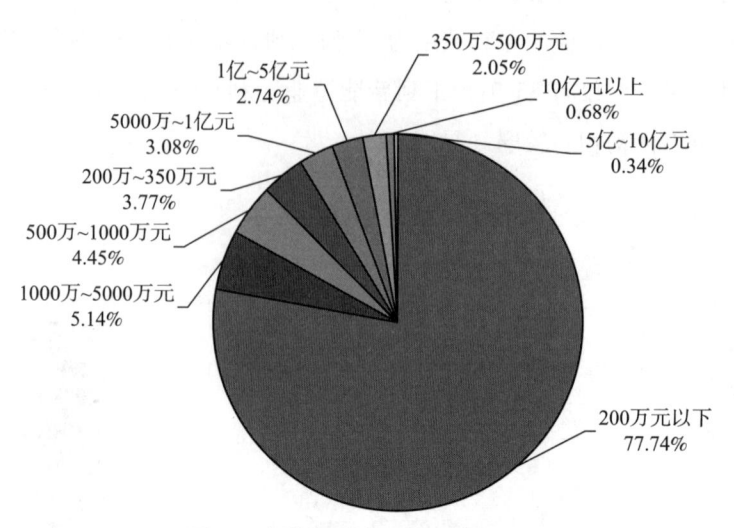

图 20　新能源业企业营业收入结构

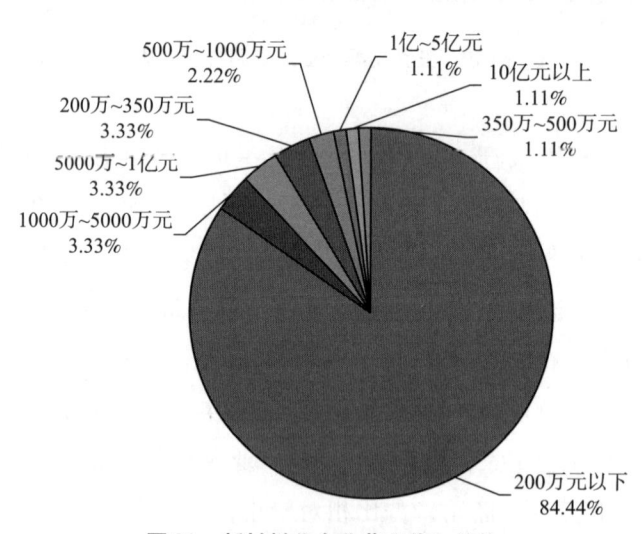

图 21　新材料业企业营业收入结构

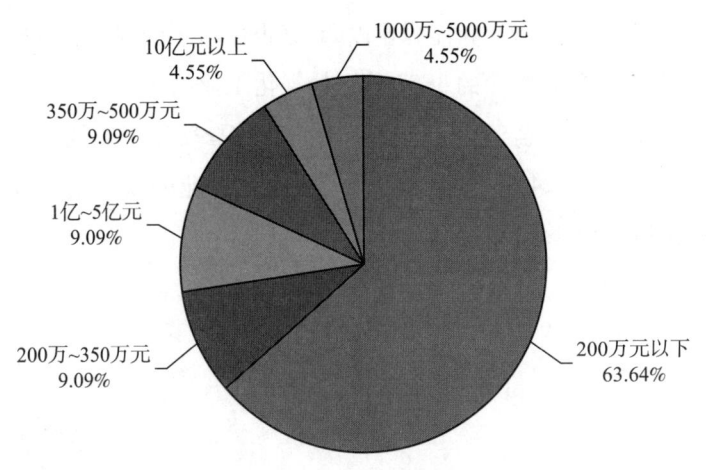

图22 盐气化工业企业营业收入结构

3. 入驻企业分析

在专精特新企业分布中,新能源业以15家企业数量位居首位,显著领先于其他行业。新材料业有4家专精特新企业,规模相对较小。而盐气化工业目前有2家专精特新企业,该领域的专业化和创新发展仍有较大提升空间(见图23)。

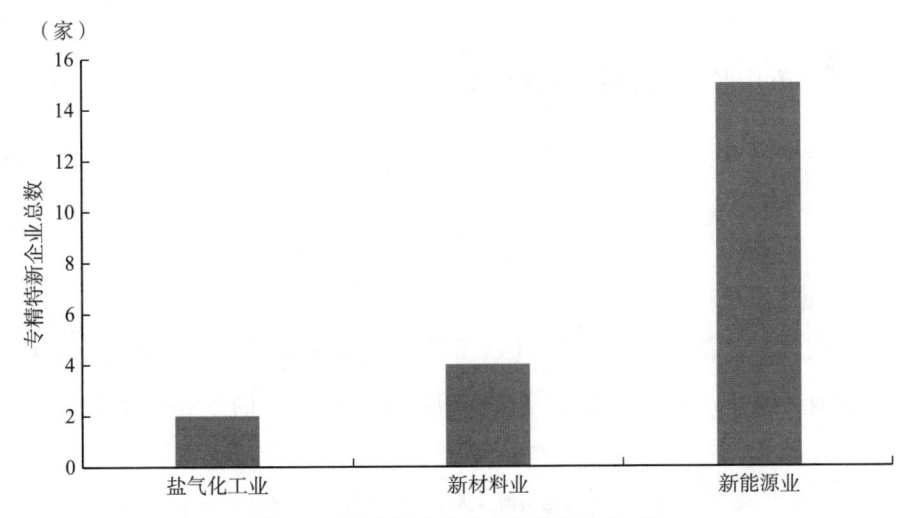

图23 三大主导产业的专精特新企业对比

从规上企业总数来看，新能源业以 25 家企业居于首位，数量显著领先于其他两个产业，是新材料业的 3.57 倍，盐气化工业的 5 倍。新材料业以 7 家规上企业位居第二，比盐气化工业多 2 家企业。盐气化工业规上企业数量最少，仅有 5 家（见图 24）。整体来看，三大主导产业的规上企业数量差异较大，呈现出明显的梯度分布特征。

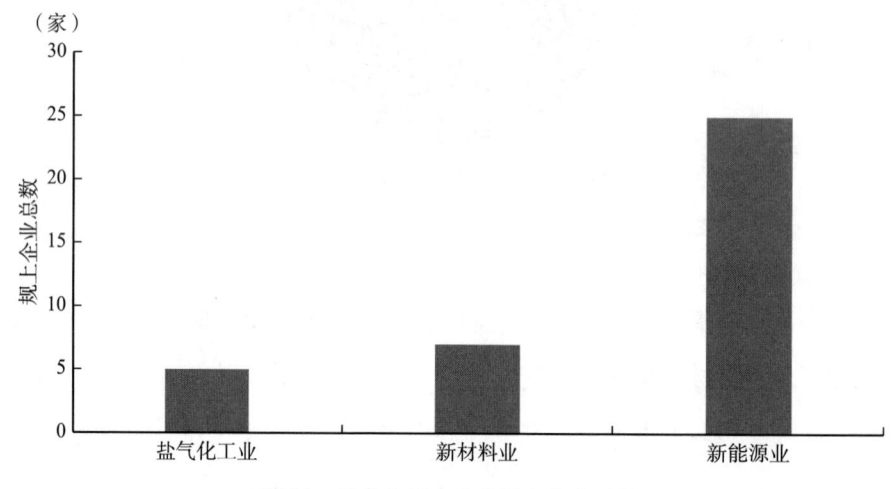

图 24　三大主导产业的规上企业对比

三、重庆长寿经济技术开发区

（一）园区概况[①]

1. 基本概况

重庆长寿经济技术开发区（以下简称"长寿经开区"）始建于 2001 年，前身为重庆（长寿）化工园区。2010 年，园区获国务院批准升级为国

---

① 如未特别说明，本部分相关数据根据重庆市长寿区人民政府网站（https://cqcs.gov.cn）、长寿经济技术开发区管理委员会网站整理。

家级经济技术开发区，规划面积80平方千米，布局了化工、新材料新能源、钢铁冶金、装备制造和电子信息等主导产业。园区成功引进了巴斯夫、川维化工等知名企业，并成为国内最大的天然气化工生产基地和聚乙烯醇出口基地。

进入"十三五"期间，园区被认定为国家化工新材料高新技术产业化示范基地，并持续发展。进入"十四五"后，园区实施创新驱动发展战略，通过"311"项目攻坚行动，推进新材料、新能源和电子信息产业的高质量发展。在交通方面，园区形成了"公铁水空"多式联运体系，建成了高速公路"一环两横三纵"网络，和渝万城际高铁，快速连接重庆主城区，进一步提升了物流运输能力。截至2024年，园区管理服务面积已扩展至129平方千米，已形成以天然气化工为主的现代产业集群，正向打造具有全球影响力的工业园区目标迈进。

2. 发展目标

根据"十四五"规划，长寿经开区目标到2025年实现工业总产值1900亿元，推动高新技术企业数量达到300家，建设用地扩大至106平方千米。同时，园区实施"311"项目攻坚行动，预计完成311个重大项目，总投资5767亿元，推动产业链、供应链、价值链协同发展。

园区将继续发展新材料、新能源、装备制造等主导产业，致力于提升长寿经开区在全球天然气化工新材料领域的领先地位，并推进生态宜居城市新区建设，成为成渝地区双城经济圈的重要支撑。

3. 空间布局

长寿经开区形成了以晏家组团、江南组团和八颗组团为核心的空间发展格局。晏家组团，重点发展天然气化工、石油化工、新材料和新能源产业。江南组团，依托重钢等企业，重点打造钢铁冶金产业基地。八颗组团，发展汽车制造和电子信息产业，形成先进制造业集聚区。此外，园区还设有综合保税区、智慧园区、职业教育基地等多个功能区，推动产城融合和产业集聚。

4. 主导产业

长寿经开区发展了化工、新材料新能源、钢铁冶金、装备制造和电子信息五大主导产业，形成了多元化、高附加值的产业结构。化工产业：天然气化工、石油化工等已发展成为国内最大的天然气化工生产基地，正在推进绿色医药产业基地建设。新材料新能源：布局化工新材料和钢铁材料，重庆国际复合材料公司生产的高强度玻璃纤维已应用于航空航天等领域，园区的化工新材料产业基础不断夯实。钢铁冶金：重钢集团带动区域钢铁产业转型升级，生产船板、线材、管材等多元化产品。装备制造：重点发展汽车零部件、化工装备和高端装备制造，重庆成元汽车部件有限公司年产 50 万套汽车框架。电子信息：推动绿色家居、智能家电、健康食品等领域的创新发展，增强产业创新能力。这些产业协同发展，不仅推动了产业结构优化升级，也为园区可持续发展奠定了坚实基础。

5. 发展成果

2023 年，长寿经开区 GDP 达到 956.7 亿元，同比增长 7.1%，规模以上工业总产值达到 1577.9 亿元，同比增长 6.2%。园区经济稳步增长，预计 2024 年 GDP 将突破 1400 亿元，占重庆市 GDP 的 6.5%。

园区的重点企业如重钢集团、新材料领域的重庆国际复合材料股份有限公司、装备制造领域的重庆成元汽车部件有限公司等，均在各自领域取得显著成就，为园区经济的持续增长提供了强有力支撑。

6. 开放平台

长寿经开区积极构建开放创新平台，已形成以永川综合保税区为核心的多层次开放平台。保税区于 2023 年通过国家验收，重点发展保税加工、保税物流等业务。同时，园区设有智慧园区、数字工厂等多个创新载体。

在招商引资方面，园区成功引进了涵盖新材料、新能源、半导体等多个领域的项目，推动产业升级。重大项目包括投资 115 亿元的磷能新材料项目、芯和能源项目等，这些项目的落地推动了园区产业结构的多样化。

7. 创新生态

长寿经开区通过多元化人才引进和创新平台建设，取得了显著成效。园区已柔性引进7位院士,并吸引了多位国家级专家。通过"鸿雁计划"和"新重庆引才计划",园区引进了近400位高层次人才,形成了完整的人才梯队。

园区还建设了以中国西部数据谷为核心的数字产业集聚区,并与西南交通大学等合作,推动科技成果转化和产业升级。通过与中益研究院等共建研发中心,园区形成了强大的创新生态,支持区域经济高质量发展。

(二)主导产业分析

1. 产业规模分析

(1)企业数量。

从企业数量分布来看,新材料业企业数量最多,共有340家,占据主导地位。其次是钢铁冶金业,有97家企业,规模相对较小。盐气化工业企业数量最少,仅有79家,约占新材料业的23.2%(见图25)。从整体来看,新材料业的企业数量明显高于其他两个传统工业领域,体现出新兴产业的发展优势。

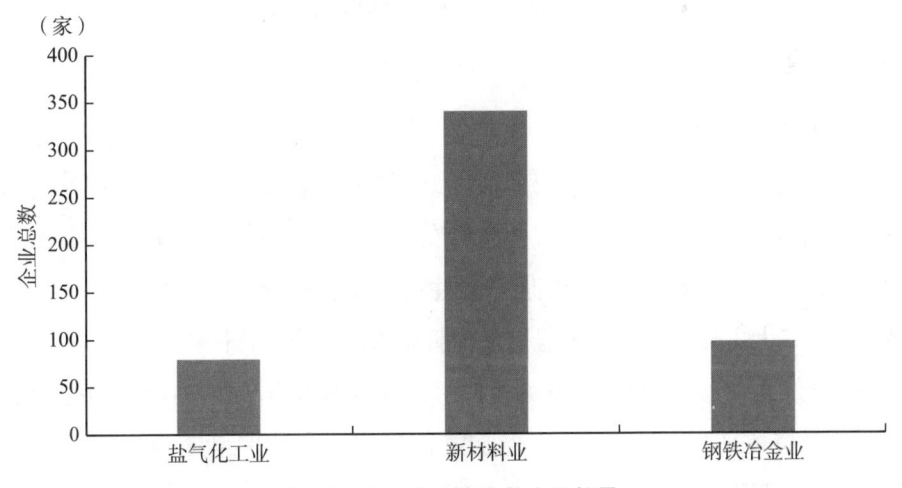

图25 三大主导产业的企业数量

（2）就业规模。

从各产业从业人员规模来看，新材料业从业人员规模最大，达1539人，是盐气化工业的3.47倍，钢铁冶金业的1.63倍。钢铁冶金业从业人员945人，位居第二。盐气化工业从业人员规模最小，仅443人，反映出该行业的劳动密集度相对较低，可能更依赖自动化生产（见图26）。

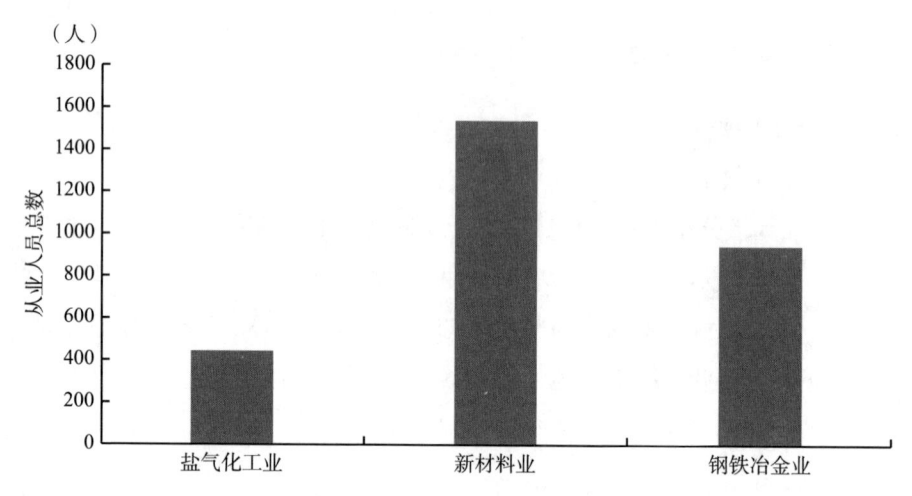

图 26　三大主导产业的从业人员数量

（3）注册资本。

从注册资本规模来看，新材料业以19.12亿元位居首位，占据主导地位，是钢铁冶金业的1.48倍，盐气化工业的4.37倍。钢铁冶金业注册资本为12.92亿元，位居第二，而盐气化工业注册资本相对较小，为4.38亿元（见图27）。三大主导产业的资本规模呈现明显的梯度分布特征。

三大主导产业的企业规模结构均呈现"金字塔"结构，以小微企业为主。注册资本100万元以下的企业数量最多，新材料业有244家，占比72.62%（见图28）；盐气化工业39家，占比50.65%（见图29）；钢铁冶金业42家，占比45.16%（见图30）。中型企业（注册资本200万~1000万元）分布相对均匀，新材料业占 16.37%，盐气化工业占 24.68%，钢铁冶金业占 27.95%。大型企业（注册资本 1 亿元以上）较少，新材料业有 5 家，钢铁冶金业 2 家，显示出产业整体规模偏小。

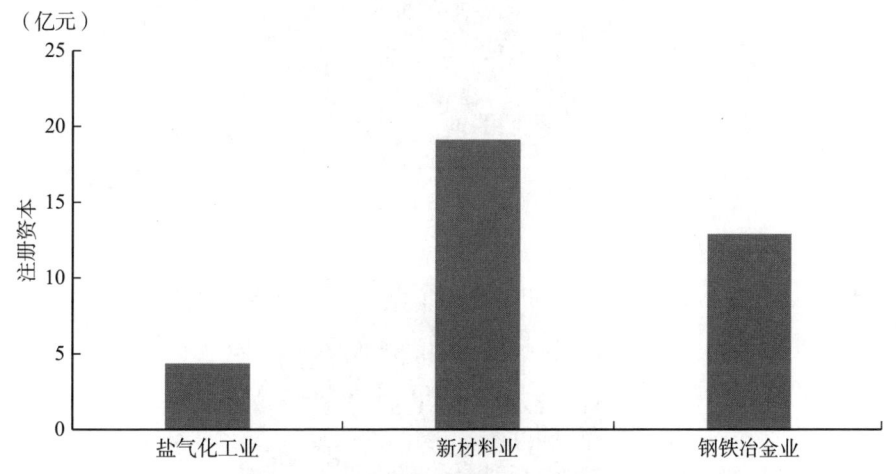

图 27　三大主导产业的企业注册资本对比

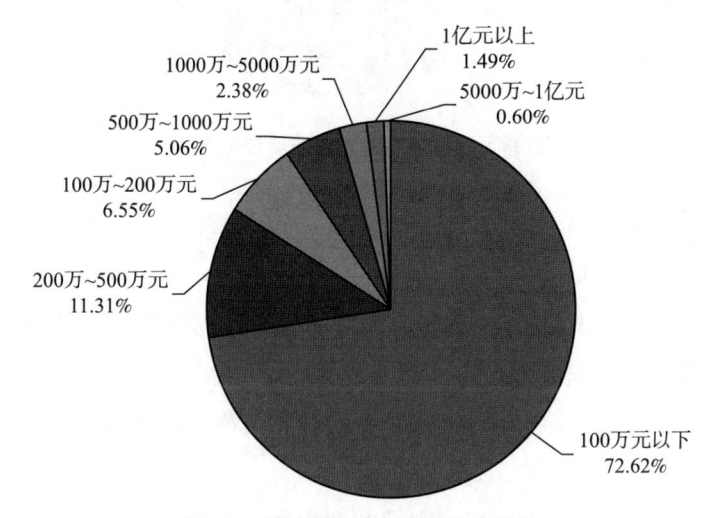

图 28　新材料业企业注册资本结构

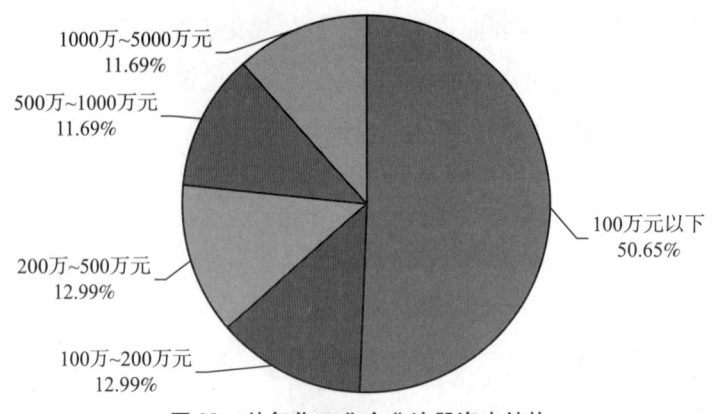

图 29 盐气化工业企业注册资本结构

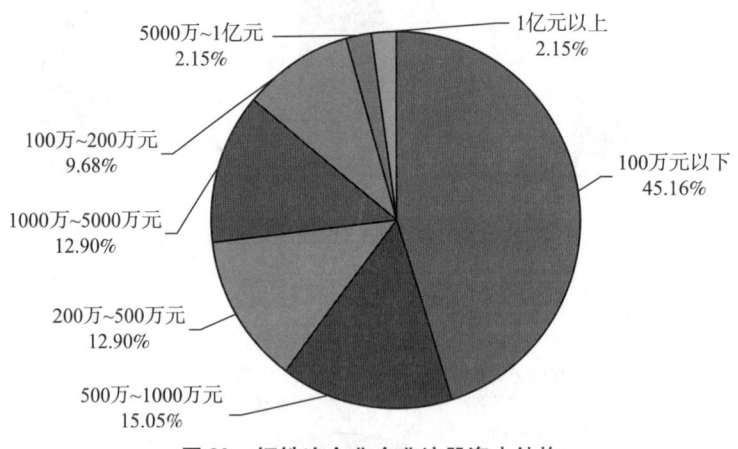

图 30 钢铁冶金业企业注册资本结构

2. 经营状况分析

从专利总数分布来看，新材料业专利数量最多，达118项，是钢铁冶金业专利数量的1.82倍，是盐气化工业的10.73倍。钢铁冶金业专利数量居中，为65项。盐气化工业专利数量最少，仅11项，显示出该领域专利创新活动相对较弱（见图31）。三大主导产业的专利数量差异较大，体现出不同产业创新能力的显著差异。

从营业收入分布来看，三大主导产业均呈现以小微企业为主的特征。其中新材料业企业数量最多，共124家，其中年营业收入200万元以下的企业占82.26%（见图32）；盐气化工业共41家企业，营业收入200万元以下占比63.41%（见图33）；钢铁冶金业共69家企业，200万元以下占比73.91%（见图34）。中等规模企业（营业收入200万~5000万元）在各产业中占据第二梯队，占比分别为新材料业12.10%、盐气化工业29.27%、钢铁冶金业15.95%。大型企业（营业收入5000万元以上）数量较少，三个产业分别为7家、3家和7家，显示出典型的"金字塔"形分布特征。

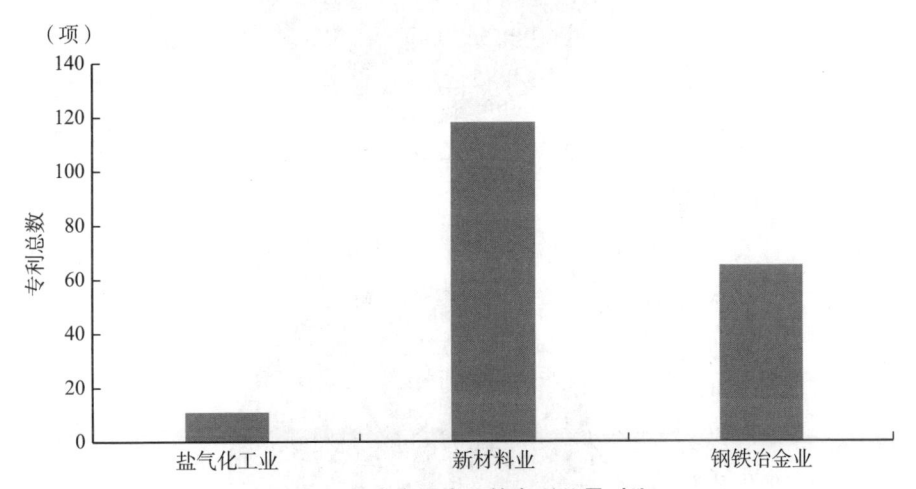

图31 三大主导产业的专利总量对比

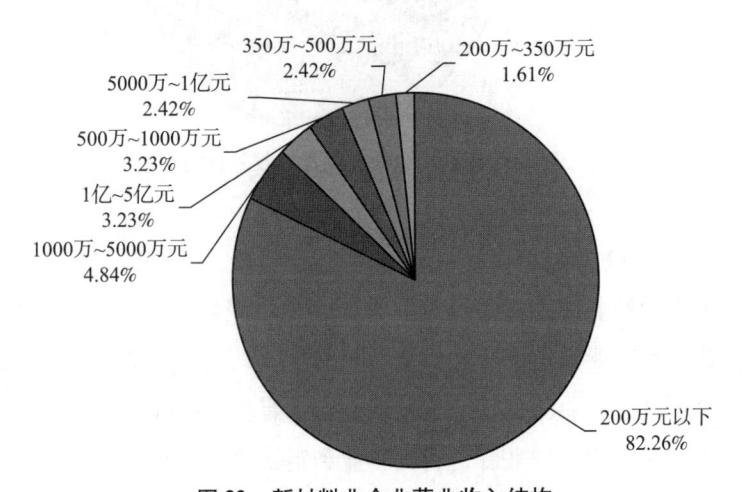

图32 新材料业企业营业收入结构

245

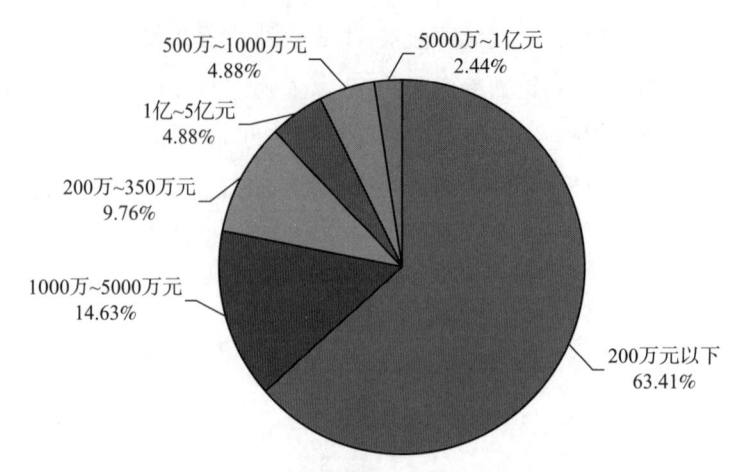

图 33　盐气化工业企业营业收入结构

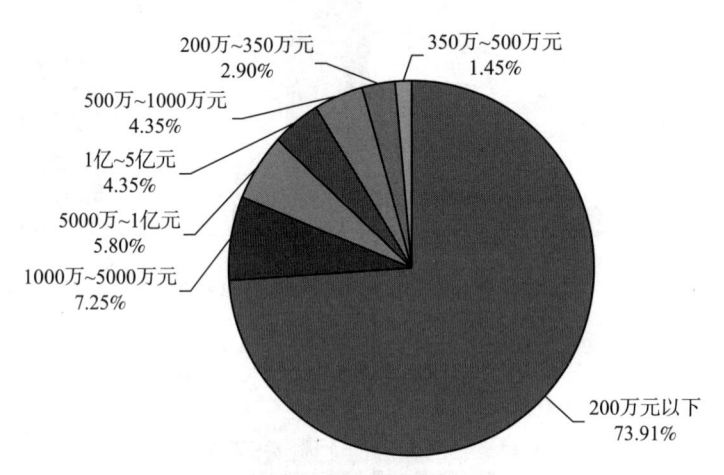

图 34　钢铁冶金业企业营业收入结构

3. 入驻企业分析

在三大主导产业中，新材料业拥有最多的专精特新企业，共计 4 家，是钢铁冶金业 2 家企业数量的 2 倍（见图 35）。盐气化工业目前有 2 家专精特新企业，该领域在专业化、特色化发展方面仍有较大提升空间。

从规上企业总数分布来看，新材料业和钢铁冶金业并列第一，均有 12 家企业，显示这两个产业发展较为成熟。盐气化工业规上企业数量相对较少，

第二篇 成渝地区双城经济圈产业园区发展分析

仅有 7 家，约为新材料业和钢铁冶金业的 58.3%（见图 36）。整体而言，三大主导产业的规上企业数量差距不大，反映出该地区重工业发展相对均衡，但整体规模仍有提升空间。

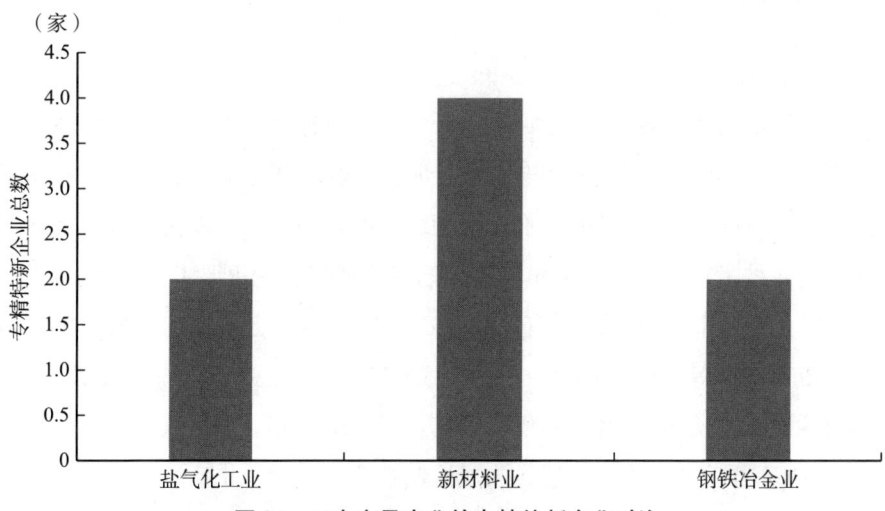

图 35 三大主导产业的专精特新企业对比

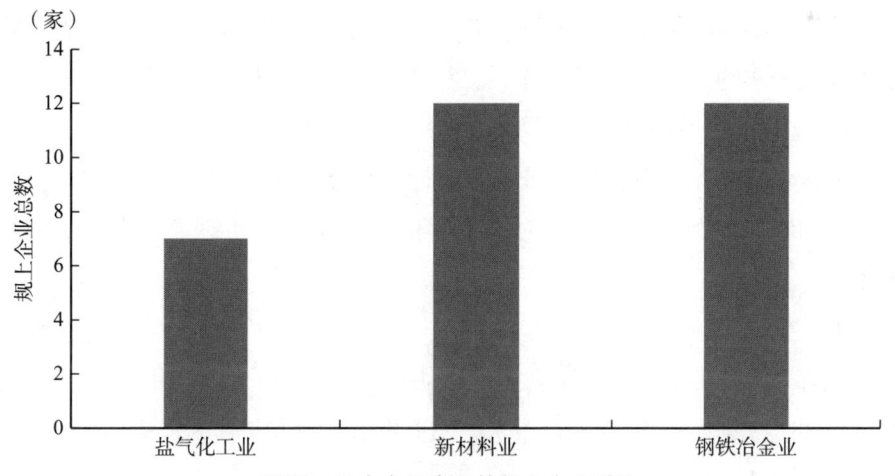

图 36 三大主导产业的规上企业对比

247

四、成都经济技术开发区

(一) 园区概况[①]

1. 基本概况

成都经济技术开发区（龙泉驿区）（以下简称"成都经开区"）成立于1990年，最初为农业区，随后转型为工业区。1993年更名为成都经济技术开发区，并于2000年获国务院批准升级为国家级经济技术开发区。园区的核心产业为高新技术产业，经过多年发展，已成为四川省的重要工业基地。

园区的交通非常便利，拥有完备的高速公路网络，包括连接成渝的成渝高速、成南高速等，并有成龙路、外环路等城市快速路。此外，成都地铁4号线直达园区，使得交通便捷性大大提升。至2020年，园区规划面积已扩大至133.34平方千米，稳步发展成为成渝制造业的高地。

2. 发展目标

成都经开区的目标是成为西部地区的高科技产业中心，推动现代制造业发展。园区将继续聚焦智能网联汽车、电子信息、生物医药等主导产业，推动产业集群集约发展。到2025年，目标实现GDP 620亿元，主导产业规模达到1620亿元。

园区将依托龙泉山的自然景观，建设"山水人文公园城"，促进产业发展与生态宜居的和谐统一，同时提升制造业对全市的贡献率，推动高质量发展。

3. 空间布局

成都经开区的空间布局呈现多组团协同发展的模式。核心区域包括：起步区组团：规划面积约11平方千米，主要发展产业和居住区，配套有交通干

[①] 如未特别说明，本部分相关数据根据成都市龙泉驿区人民政府网站（https://www.longquanyi.gov.cn）整理。

道如西芯大道等。西北组团：主要功能为居住区和基础设施发展，与起步区组团共同构成重要的居住区域。西南组团：规划面积约 15 平方千米，是人口密度较大的区域，主要用于居住与服务功能。南岸组团：专注于产业发展，尤其是信息技术、新材料、生物医药等高端制造业。天府国际空港新城：规划面积 483 平方千米，重点发展航空经济和高端制造业。南部园区：着力打造现代商务中心，重点发展金融、商务、会展和研发服务业。这种多元化的空间布局促进了区域的产业协同与可持续发展。

4. 主导产业

成都经开区的主导产业包括电子信息、生物医药和数字经济。电子信息产业是园区的支柱产业，2023 年规上工业产值达到 3298.9 亿元，占全市电子信息产业的 55%。园区已形成从芯片、显示屏到终端应用的完整产业链。集成电路产业规模突破 1300 亿元，成为中国西部的产业集群。

生物医药产业方面，园区形成现代中药、化学药、生物制剂等多个细分领域，2023 年产值达到 1400 亿元，保持年均 20% 的增长率。数字经济方面，人工智能和数字文创领域发展迅速，2023 年产值达到 1605 亿元，占成都市总量的 52%。

此外，园区还加强了新能源汽车产业的电动化、智能化、网联化发展，新能源汽车整车产能已超过 40 万辆。中创新航、德赛西威等重点企业的入驻，进一步推动了产业链的完善和升级。

5. 发展成果

成都经开区在经济上取得显著成绩，2023 年 GDP 达 3201.2 亿元，规模以上工业营业收入达 1482.5 亿元。产业布局不断优化，汽车产业表现突出，园区整车产量占四川省的 84.5%，成都市的 98%。通过引进一汽丰田、沃尔沃等国际车企，园区已形成千亿级汽车产业集群，并在新能源汽车领域实现转型升级。园区的数字经济和生物医药产业也蓬勃发展，推动了产业结构优化。高端制造业、智能网联汽车等新兴产业逐渐成为经济增长的重要引擎。

6. 开放平台

成都经开区注重招商引资，近年来吸引了多个百亿级甚至千亿级项目落地。2023 年，园区共引进 397 个重大产业化项目，总投资达到 5471.41 亿元，其中先进制造业项目占比超过 81%。重大项目包括格罗方德、京东方等项目的落地，进一步巩固了园区在电子信息产业的优势地位。

此外，园区通过优化营商环境，强化政策支持，吸引了大量国内外知名企业入驻。中航锂电、BOE 等重要项目的引进，为园区的产业升级和经济发展提供了有力支持。

7. 创新生态

成都经开区已经建立起完备的人才梯队和创新体系。园区引进了 37 万余位高层次人才，并汇聚了 26 位两院院士及多位国家级、省级人才，构建了多层次的创新支持系统。

园区持续推动创新发展，特别是在智能制造、新材料、航天和生物医药等领域，取得了一系列关键技术突破。通过"揭榜挂帅"等创新机制，园区加速推动新技术的研发与应用，核心零部件本地化率超过 90%。园区还与高校合作，推动产学研一体化，建立了多个创新平台，如省级制造业创新中心、科技孵化平台等。这些创新平台为园区的高质量发展提供了强有力的支撑。

（二）主导产业分析

1. 产业规模分析

（1）企业数量。

从企业数量分布来看，智能网联新能源汽车业企业数量最多，达 58614 家，占据主导地位。航空航天业紧随其后，拥有 48380 家企业，与智能网联新能源汽车业规模相近。新材料业企业数量相对较少，为 10596 家，仅为智能网联新能源汽车业的约 1/5，显示出较大的规模差距（见图 37）。整体呈现出智能汽车和航空航天双强领跑的格局。

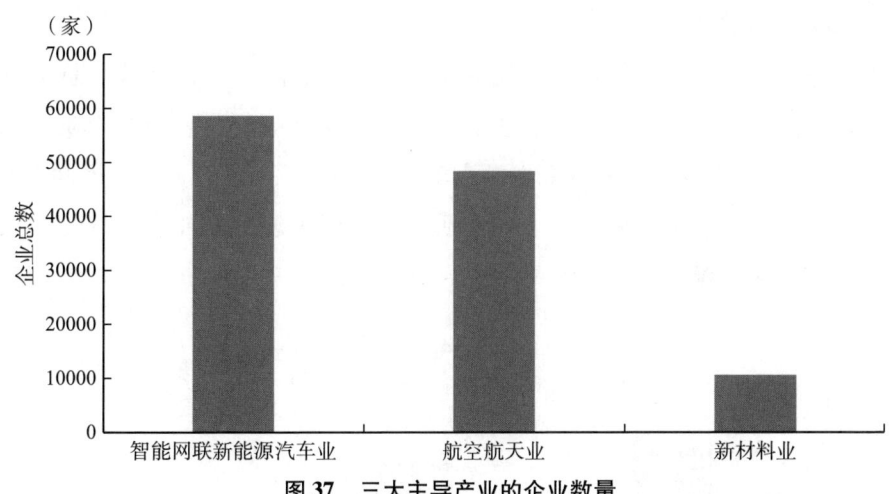

图 37　三大主导产业的企业数量

（2）就业规模。

从各产业从业人员规模来看，智能网联新能源汽车业人员数量最多，达365884人，约为航空航天业的1.83倍，新材料业的6.54倍。航空航天业以200004人位居第二，而新材料业从业人员规模相对较小，为55951人（见图38）。三大主导产业中，智能网联新能源汽车业展现出最强的就业吸纳能力。

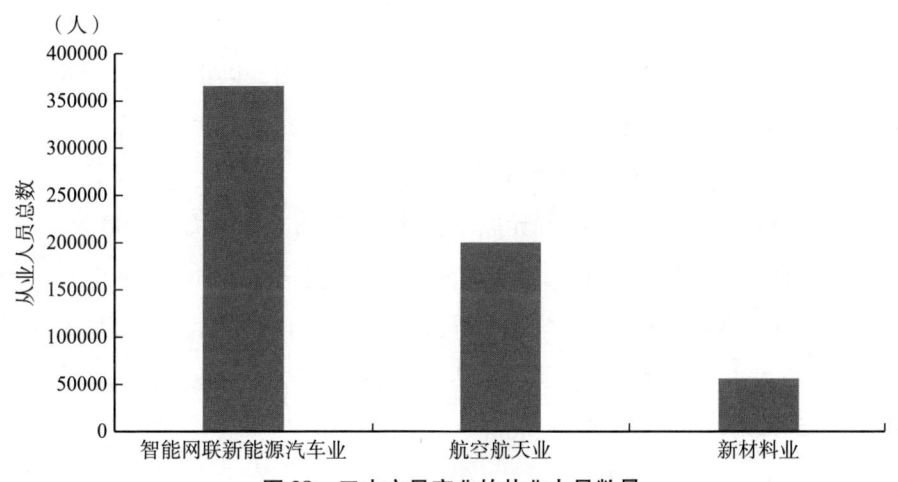

图 38　三大主导产业的从业人员数量

（3）注册资本。

从注册资本规模来看，智能网联新能源汽车业位居首位，总额达4206.08亿元，略高于航空航天业的3824.90亿元。新材料业注册资本为1113.43亿元，约为智能网联新能源汽车业的1/4（见图39）。智能网联新能源汽车业和航空航天业两大产业的注册资本规模相近，共同引领产业发展，而新材料业虽规模较小，但仍具有重要战略意义。

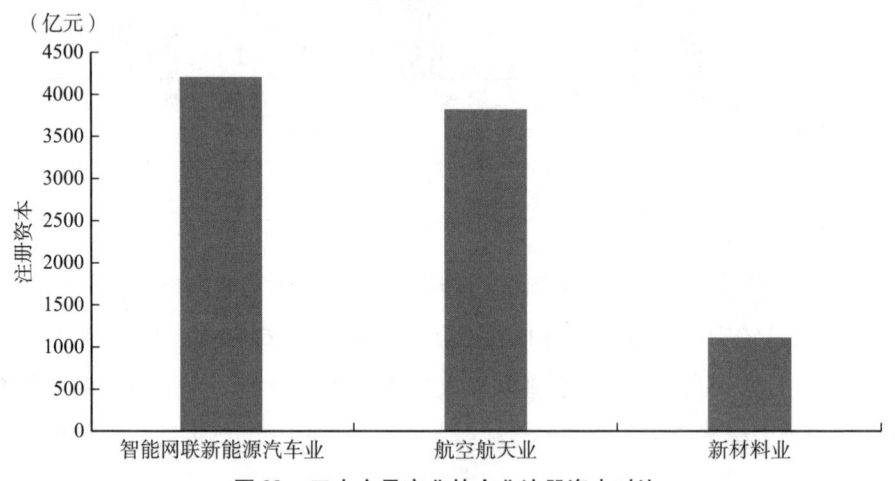

图39　三大主导产业的企业注册资本对比

三大产业的企业注册资本均呈现"金字塔"结构，以小微企业为主。智能网联新能源汽车业共有55979家企业，其中注册资本100万元以下的企业占59.51%，200万~500万元区间占13.35%（见图40）。航空航天业共有45562家企业，注册资本100万元以下占比52.37%，注册资本200万~500万元占比15.16%（见图41）。新材料业规模相对较小，共10167家企业，但资本结构与其他两个产业相似，注册资本100万元以下企业占54.12%（见图42）。三大主导产业中，注册资本1亿元以上的大型企业占比均较小，分别为0.52%、0.64%和0.95%。

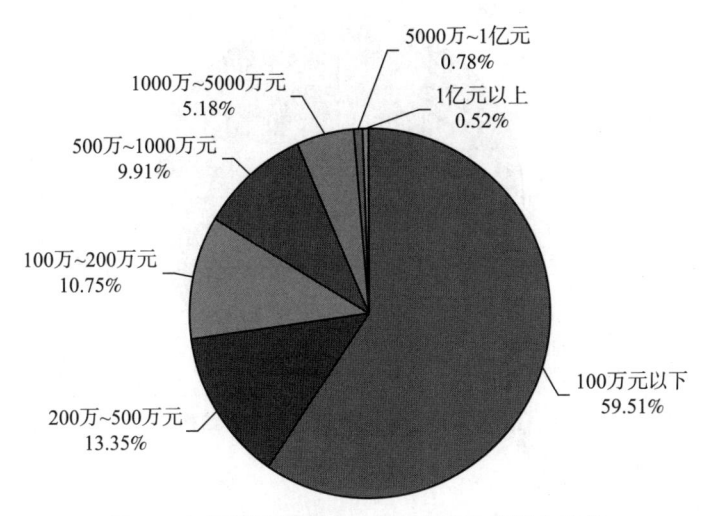

图 40　智能网联新能源汽车业企业注册资本结构

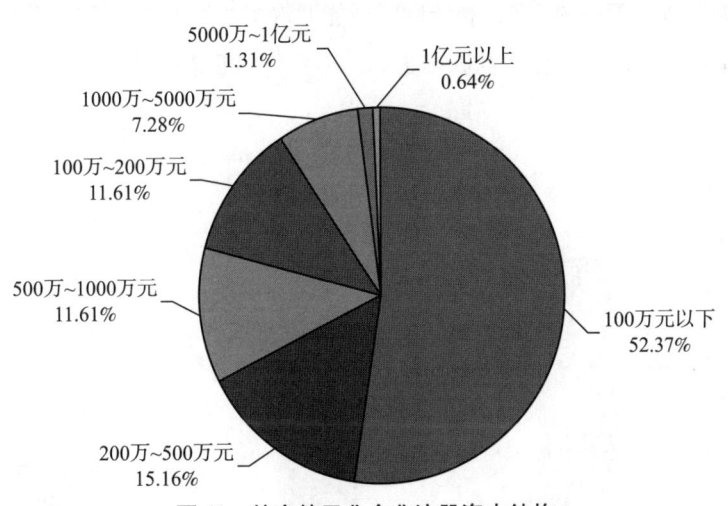

图 41　航空航天业企业注册资本结构

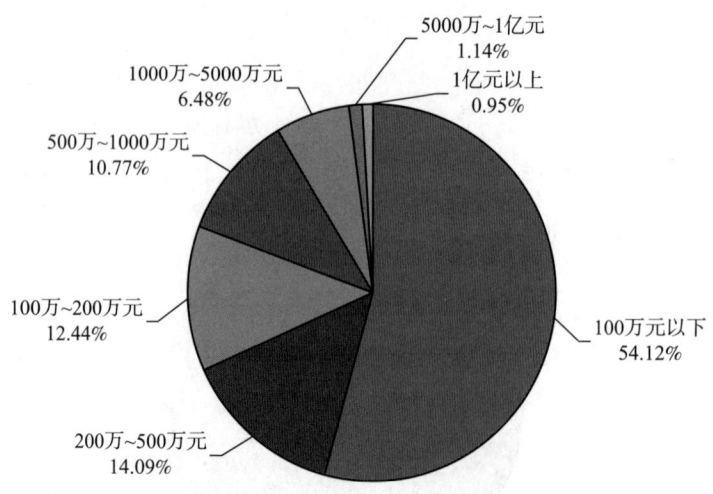

图 42　新材料业企业注册资本结构

2. 经营状况分析

从专利总量来看，航空航天业专利数量最多，达 23642 项，比智能网联新能源汽车业的 19434 项高出约 21.7%。新材料业专利数量相对较少，仅为 5952 项，约为航空航天业的 1/4，智能网联新能源汽车业的 1/3（见图 43）。这表明航空航天业领域的技术创新活跃度最高，而新材料业领域的专利创新相对较弱。

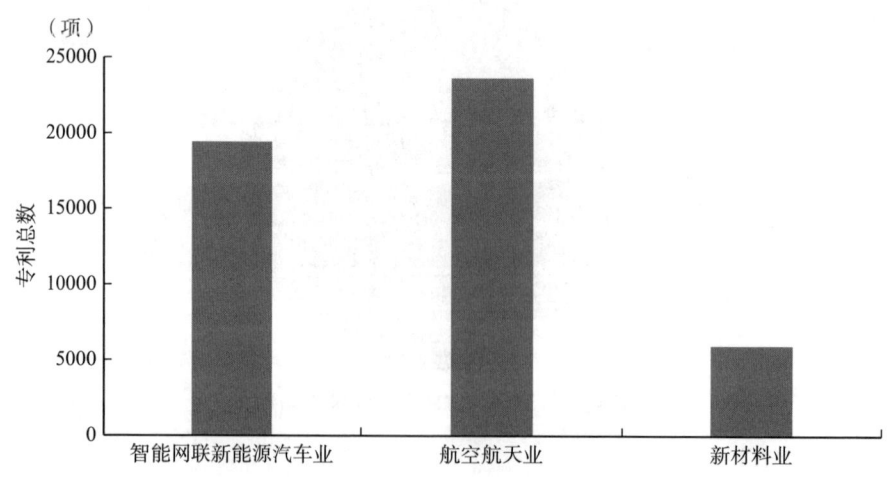

图 43　三大主导产业的专利总量对比

第二篇 成渝地区双城经济圈产业园区发展分析

从三大主导产业的营业收入分布来看，均呈现"金字塔"结构，以小微企业为主。如图44～图46所示，智能网联新能源汽车业中，年营业收入200万元以下企业占比85.79%，航空航天业占84.50%，新材料业占82.74%。

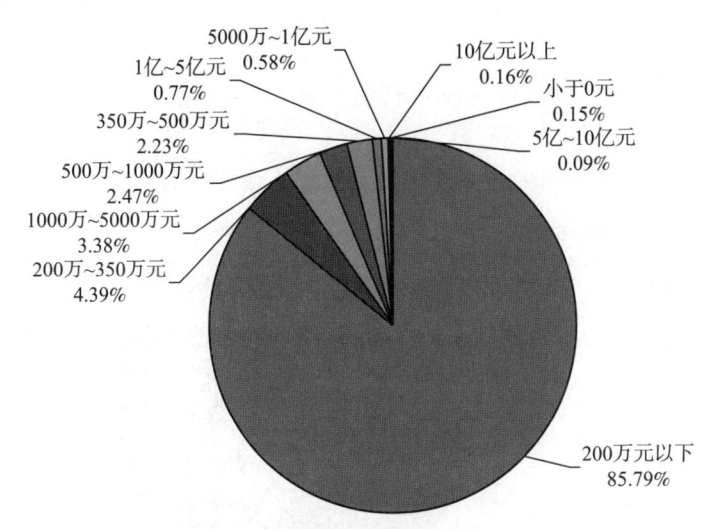

图44 智能网联新能源汽车业企业营业收入结构

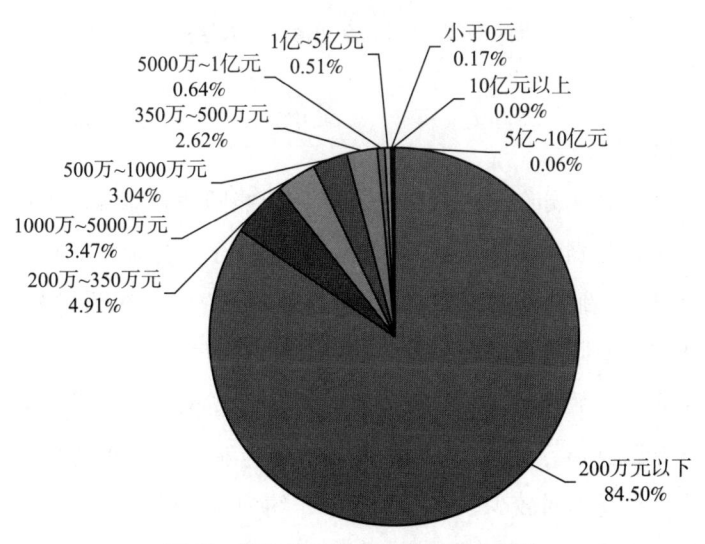

- 5000万~1亿元 0.58%
- 1亿~5亿元 0.77%
- 350万~500万元 2.23%
- 500万~1000万元 2.47%
- 1000万~5000万元 3.38%
- 200万~350万元 4.39%
- 10亿元以上 0.16%
- 小于0元 0.15%
- 5亿~10亿元 0.09%
- 200万元以下 85.79%

图45 航空航天业企业营业收入结构

- 5000万~1亿元 0.64%
- 1亿~5亿元 0.51%
- 350万~500万元 2.62%
- 500万~1000万元 3.04%
- 1000万~5000万元 3.47%
- 200万~350万元 4.91%
- 小于0元 0.17%
- 10亿元以上 0.09%
- 5亿~10亿元 0.06%
- 200万元以下 84.50%

年营业收入 200 万~5000 万元的企业数量位居第二，三个产业分别占比 12.47%、14.04% 和 14.90%。高营业收入企业占比较小，年营业收入 10 亿元以上的企业在智能网联新能源汽车业、航空航天业和新材料业中分别仅占 0.16%、0.09% 和 0.37%，体现出产业发展仍处于成长阶段。

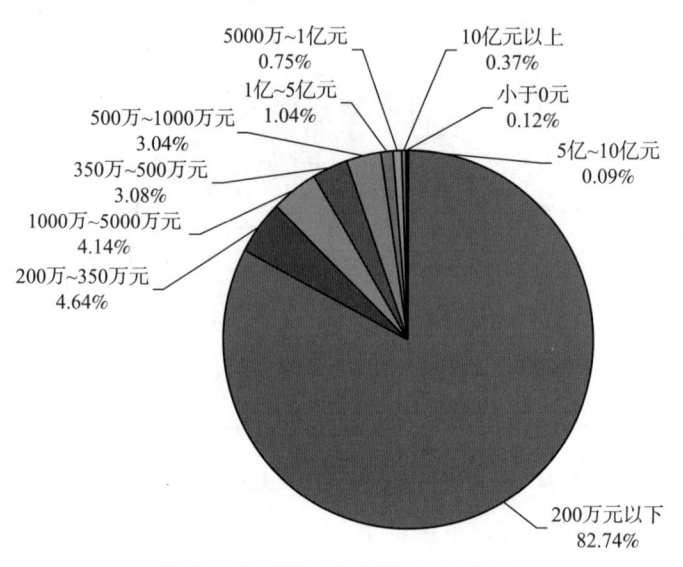

图 46　新材料业企业营业收入结构

3. 入驻企业分析

在专精特新企业分布中，航空航天业和智能网联新能源汽车业两个领域企业数量相近，分别为 207 家和 204 家，两者处于领先地位。相比之下，新材料业的专精特新企业数量明显偏少，仅有 37 家，约为航空航天业的 17.9%，体现出不同产业发展的显著差异（见图 47）。

从规上企业总数来看，航空航天业以 1255 家企业位居首位，智能网联新能源汽车业紧随其后，拥有 1021 家企业，约为航空航天业的 81.4%。新材料业规上企业数量相对较少，仅有 327 家，约为航空航天业的 26%，为智能网联新能源汽车业的 32%（见图 48）。这表明航空航天业具有较强的产业规模优势，而新材料业的规模化发展仍有较大提升空间。

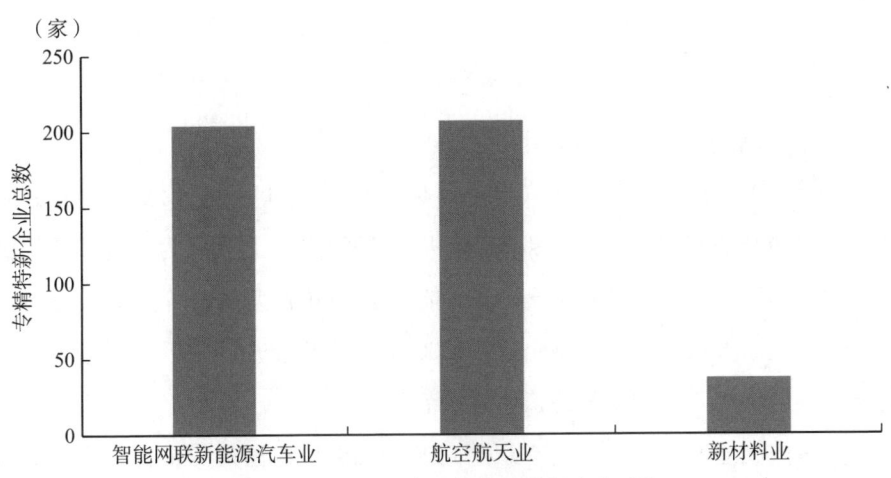

图47 三大主导产业的专精特新企业对比

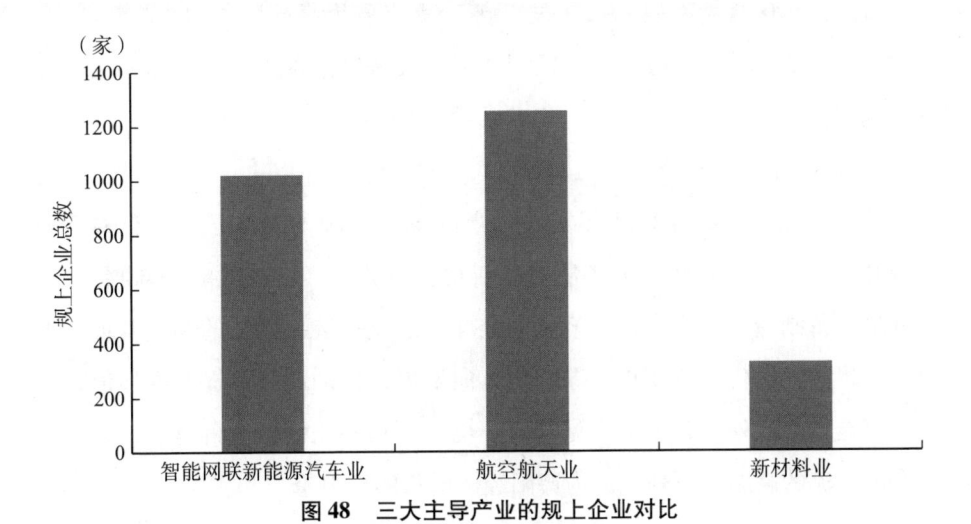

图48 三大主导产业的规上企业对比

五、德阳国家经济技术开发区

(一) 园区概况①

1. 基本概况

德阳国家经济技术开发区（以下简称"德阳经开区"）位于四川省德阳市，是成渝经济圈的重要组成部分，起步于 1992 年。最初名为"德阳旌湖经济技术开发区"，主要发展装备制造、能源装备和新型材料等产业，吸引了中国二重、东方汽轮机等大型企业。2006 年，德阳经开区升级为国家级经济技术开发区，成为区域重要的工业化示范区。

园区内交通网络完善，拥有京昆高速、成金快速通道等重要干道，并通过宝成铁路和达成铁路等铁路网络实现便捷交通。此外，成都天府大道北延线及环线高速的建设，进一步加强了德阳与成都的联系。

目前，园区规划面积 79.2 平方千米，重点发展高端装备制造、新能源、新材料等产业，致力于打造世界级清洁能源装备制造基地和国家新型工业化示范基地。

2. 发展目标

德阳经开区计划到 2025 年实现总产值突破 1000 亿元，进一步推动产业转型升级。园区将专注于装备制造、新材料、数字经济等战略性新兴产业，尤其是装备制造产业集群，力争成为全球清洁能源装备制造的领先基地。产业结构将向高端化、智能化、绿色化方向发展，推动制造业提升附加值，增强创新能力。此外，园区将优化营商环境，推动科技创新平台建设，力求进入全国一流的高新区行列，成为德阳经济增长的新引擎。

---

① 如未特别说明，本部分相关数据根据德阳国际经济技术开发区网站（https://jkq.deyang.gov.cn）整理。

3. 空间布局

德阳经开区的空间布局采用"一区多组团"的结构，主要包括齐家堰组团、八角组团、狮象组团、绵远河西岸组团等。园区重点发展装备制造、新材料、电子信息产业，并推进产城融合，提升区域发展质量。齐家堰组团：定位为"创智活力区"，发展先进装备制造和信息技术。八角组团：专注产业集群建设，推动装备制造与先进材料产业发展。狮象组团：重点发展装备制造、新材料产业。绵远河西岸组团：作为未来产业发展重点区域，重点布局清洁能源装备产业。园区通过科学的空间规划，建设起多功能、产城融合的现代化高新区。

4. 主导产业

德阳经开区的产业以装备制造为核心，涵盖清洁能源装备、石油装备、新材料、电子信息等多个领域。装备制造：包括水电、火电、核电、风电、天然气发电、太阳能发电等领域，园区已成为全国最大的石油装备制造基地，市场占有率超60%。能源装备：清洁能源装备是园区重点发展领域，涵盖燃气轮机、核能装备、油气钻采装备等，推动绿色能源发展。新型材料：园区发展锂电材料、复合材料、高性能纤维等，致力于打造新型材料产业基地。电子信息：园区正在建设智能传感器、电子元器件等产品的产业集群，推进智能制造与工业电子发展。这些产业集群的形成，增强了园区的产业协同效应，推动了经济的持续增长。

5. 发展成果

德阳经开区近年来经济持续增长，2023年规模以上工业总产值突破610亿元，同比增长9.8%。园区已经形成装备制造、能源装备、新材料、医药食品、电子信息等多元化产业体系。装备制造：园区已成为国内领先的石油装备制造基地，参与了国家重大能源装备项目。新能源：绿色能源装备，尤其是风电、光伏及核电设备制造方面，取得了显著进展。电子信息：传感器及智能传感技术推动了园区数字经济发展，成为西部最大的商用车基地。园区还不断优化产业结构，推动产业转型，计划到2025年实现总产值达到

1500亿元，并进一步提升产业链附加值。

6. 开放平台

德阳经开区在招商引资方面成绩显著，成功引进多个重点项目。中航锂电动力电池基地：总投资280亿元，推动清洁能源产业发展。BOE（京东方）8.6代TFT-LCD生产线：总投资630亿元，巩固了园区在电子信息领域的地位。华夏鲲鹏研发中心：为园区引入了高端芯片研发，提升了在数字经济中的竞争力。园区还依托中国（四川）自由贸易试验区德阳协同改革先行区和跨境电商综合试验区，促进外向型经济发展，并优化政策支持，提升招商引资吸引力。

7. 创新生态

德阳经开区非常重视创新驱动，建立了完善的人才体系，并取得显著成果。人才引进：柔性引进了24名两院院士，以及大量高级职称专家，形成了强大的创新人才储备。科技创新：园区在清洁能源装备、核电、智能制造等领域取得突破，推动了产业链的完整性和竞争力。创新平台：已建成多家国家级重点实验室、省级创新平台等，推动科技成果转化和技术创新。园区通过持续推进产学研合作与科技创新，强化创新生态建设，为高质量发展提供了坚实支撑。

（二）主导产业分析

1. 产业规模分析

（1）企业数量。

从企业数量分布来看，医药食品业企业数量最多，达6735家，约为智能装备行业的2.1倍，电子信息制造业的3.4倍。其次是智能装备业，有3205家企业。电子信息制造业企业数量相对较少，为1980家（见图49）。三大主导产业的企业规模差异明显，医药食品业展现出较强的发展优势。

（2）就业规模。

从各产业从业人员规模来看，智能装备业从业人员数量最多，达34043

人，领先其他两个行业。医药食品业从业人员数量为 30128 人，位居第二，约为智能装备业的 88.5%。电子信息制造业从业人员数量最少，为 17968 人，仅为智能装备业的 52.8%，显示出三大主导产业在人员规模上存在明显差异（见图 50）。

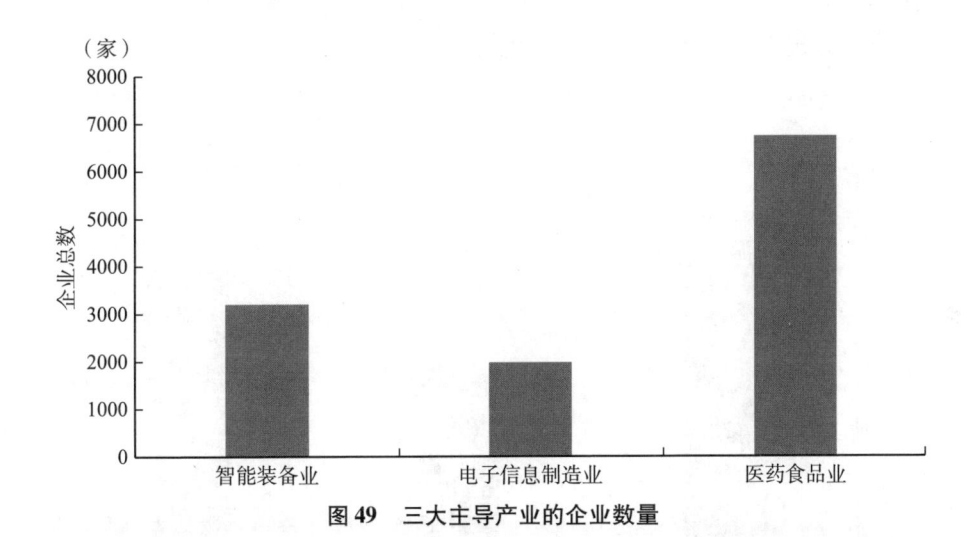

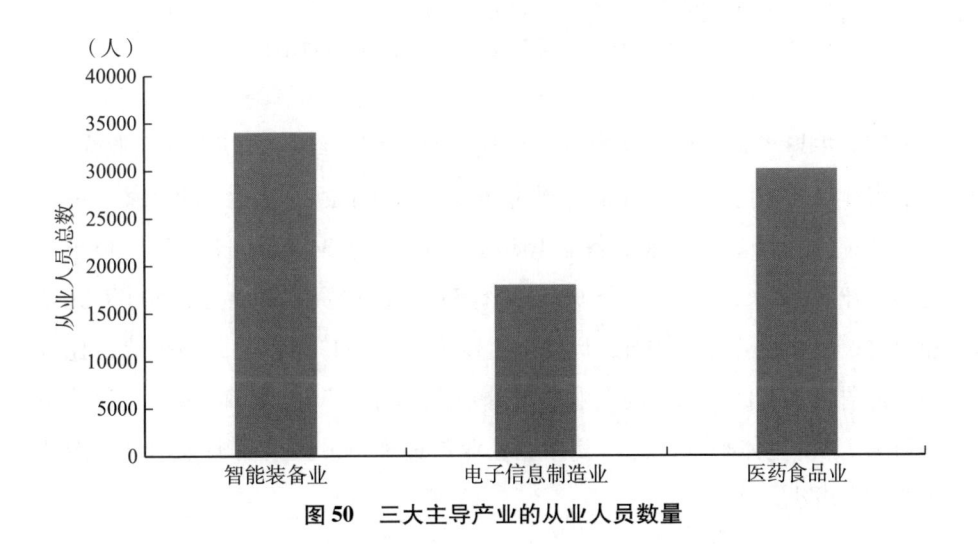

图 49 三大主导产业的企业数量

图 50 三大主导产业的从业人员数量

（3）注册资本。

从注册资本规模分析，智能装备业注册资本最高，达539.40亿元，占据主导地位。医药食品业紧随其后，注册资本为450.03亿元，比智能装备业低约16.6%。电子信息制造业注册资本为296.65亿元，规模相对较小，约为智能装备业的55%（见图51）。整体来看，三大主导产业注册资本呈现阶梯式分布，体现出智能装备业的资本优势。

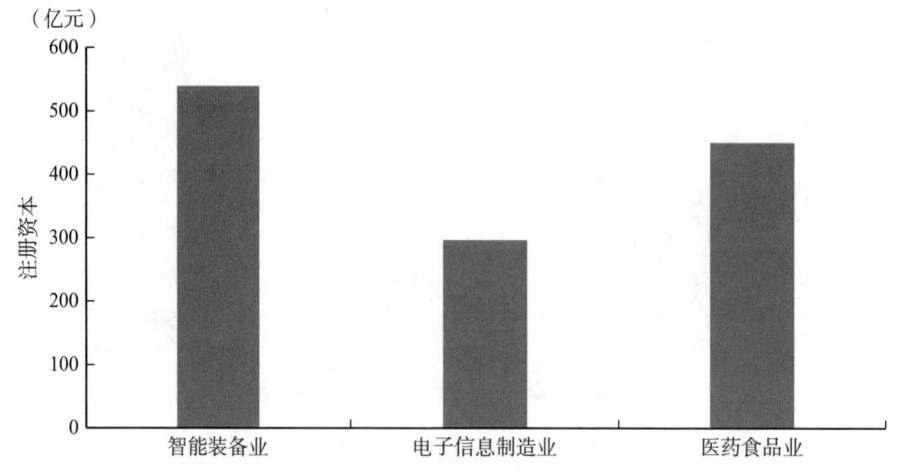

图51 三大主导产业的企业注册资本对比

三大主导产业的企业规模分布呈现"金字塔"结构，以小微企业为主。注册资本100万元以下的企业数量最多，医药食品业达3892家，占比63.39%（见图52）；智能装备业1680家，占比56.34%（见图53）；电子信息制造业1129家，占比60.15%（见图54）。注册资本200万~500万元企业次之，三个行业分别占比11.42%、13.01%和11.56%。大型企业占比较小，注册资本1亿元以上的企业数量分别为44家、35家和20家，占比均不超过1.2%。整体来看，医药食品业企业数量规模最大，而电子信息制造业规模相对较小。

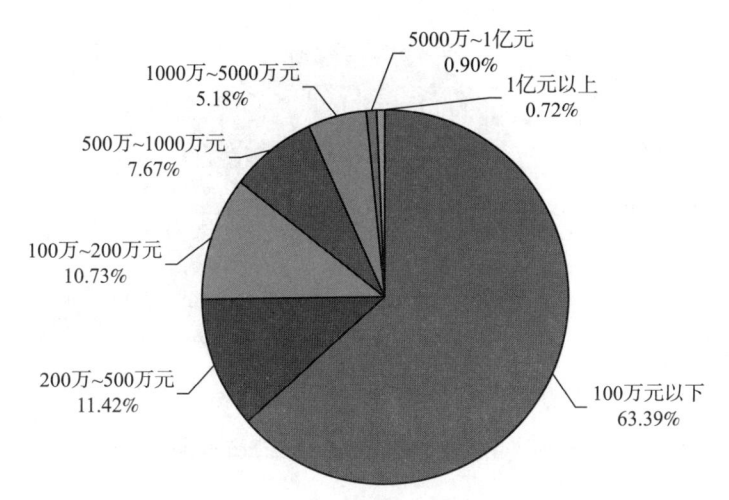

第二篇　成渝地区双城经济圈产业园区发展分析

图 52　医药食品业企业注册资本结构

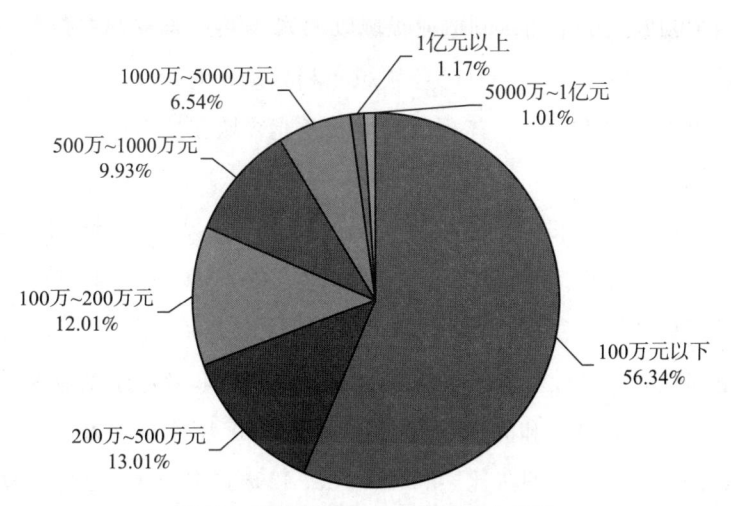

图 53　智能装备业企业注册资本结构

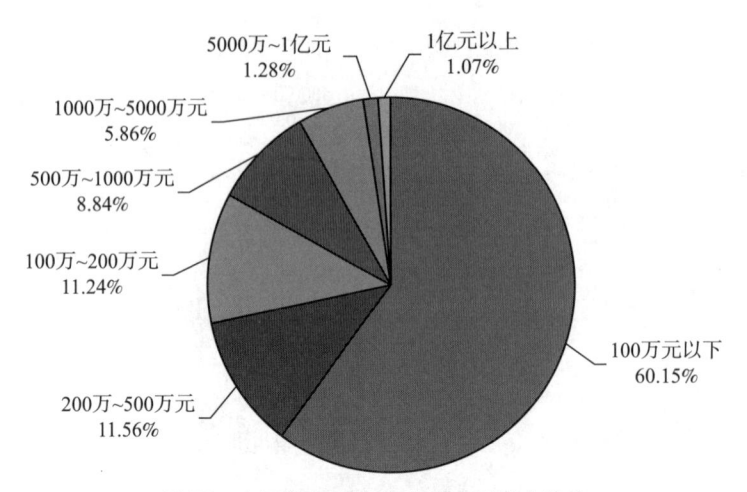

图 54　电子信息制造业企业注册资本结构

2. 经营状况分析

从专利总数分布来看，智能装备业领域以2838项专利位居首位，显著高于其他两个领域。电子信息制造业领域以1772项专利居于第二位，约占智能装备业领域的62.4%。医药食品业领域专利数量相对较少，为827项，仅为智能装备业领域的29.1%，体现出智能装备业领域在技术创新方面具有明显优势（见图55）。

从营业收入分布来看，三大主导产业均呈现"金字塔"结构，以小微企业为主。如图56~图58所示，其中医药食品业规模最大，共有3546家企业，智能装备业和电子信息制造业分别有1735家和1096家企业。营业收入200万元以下的企业数量最多，医药食品业、智能装备业和电子信息制造业分别占比83.76%、74.41%和79.38%。营业收入200万~5000万元的企业占据第二梯队，三个产业分别占比14.44%、22.42%和18.06%。营业收入5000万元以上的规模企业较少，三个产业的占比均不足5%，其中营业收入10亿元以上的大型企业更是寥寥可数。

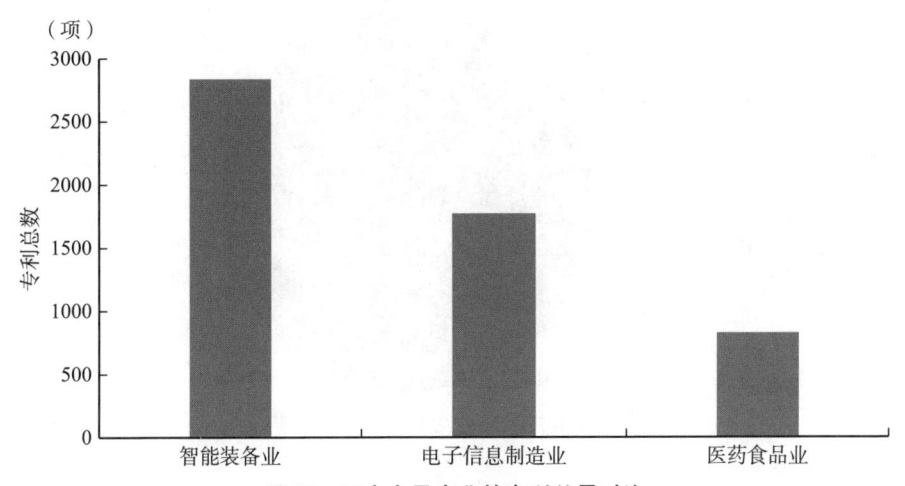

图55 三大主导产业的专利总量对比

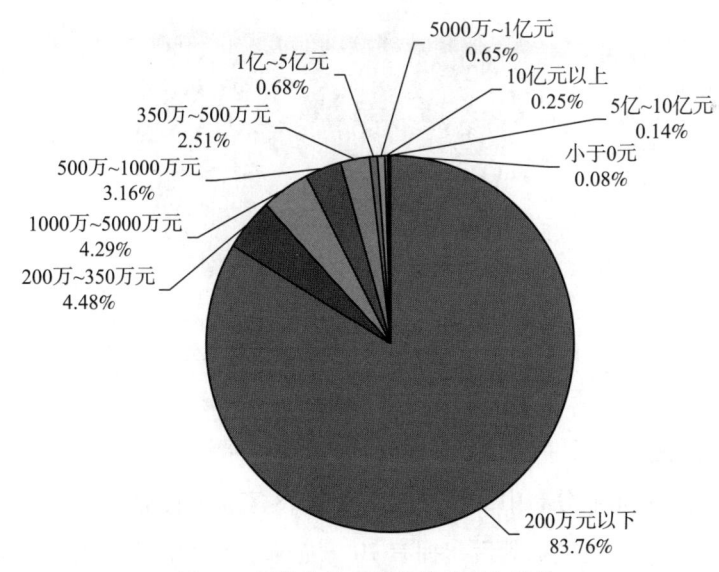

图56 医药食品业企业营业收入结构

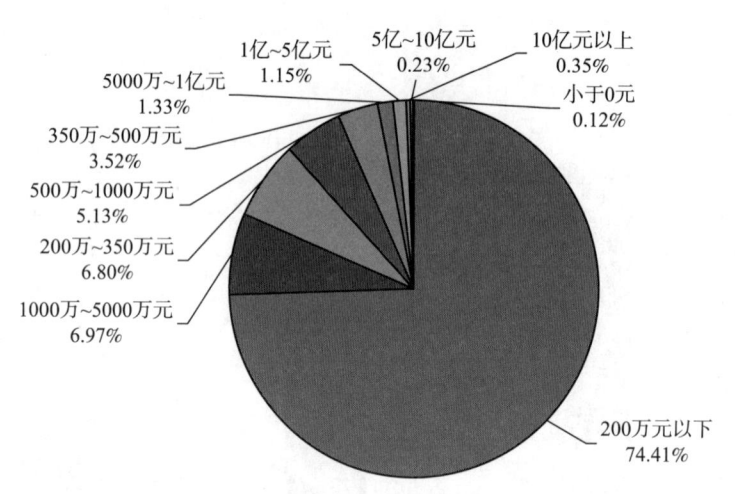

图57　智能装备业企业营业收入结构

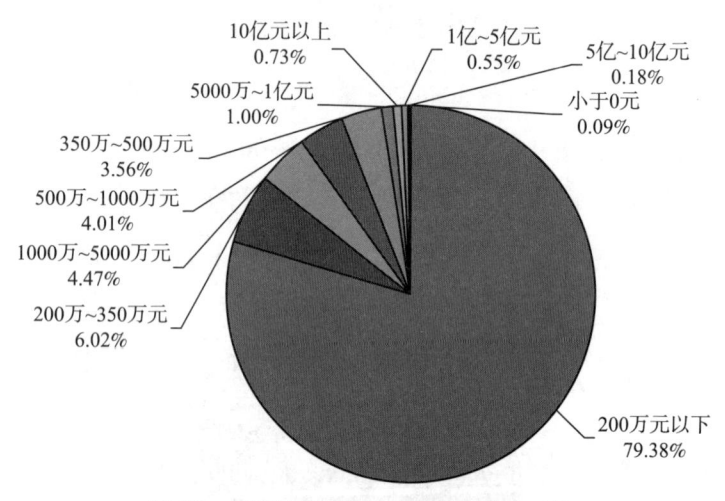

图58　电子信息制造业企业营业收入结构

3. 入驻企业分析

在专精特新企业分布中，智能装备业以18家企业位居首位，占据主导地位。电子信息制造业紧随其后，拥有10家企业，约为医药食品业的1.67倍（见图59）。医药食品业有6家企业，数量相对较少，显示该领域专精特新企业发展仍有较大提升空间。

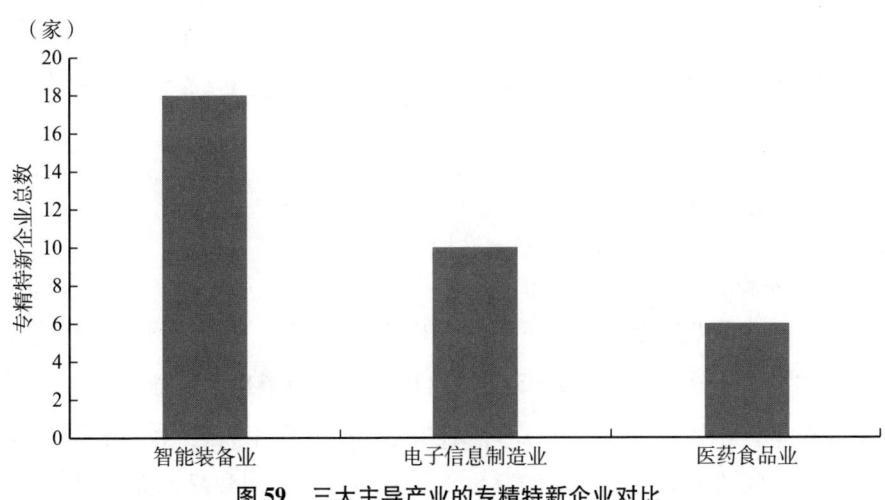

图59 三大主导产业的专精特新企业对比

从规上企业总数分布来看，医药食品业以203家企业位居首位，约为电子信息制造业的2.78倍，智能装备业的1.64倍，显示出医药食品业的规模优势明显。智能装备业以124家企业位列第二，高于电子信息制造业51家。电子信息制造业规上企业数量相对较少，为73家，表明该领域规模化企业发展仍有较大提升空间（见图60）。

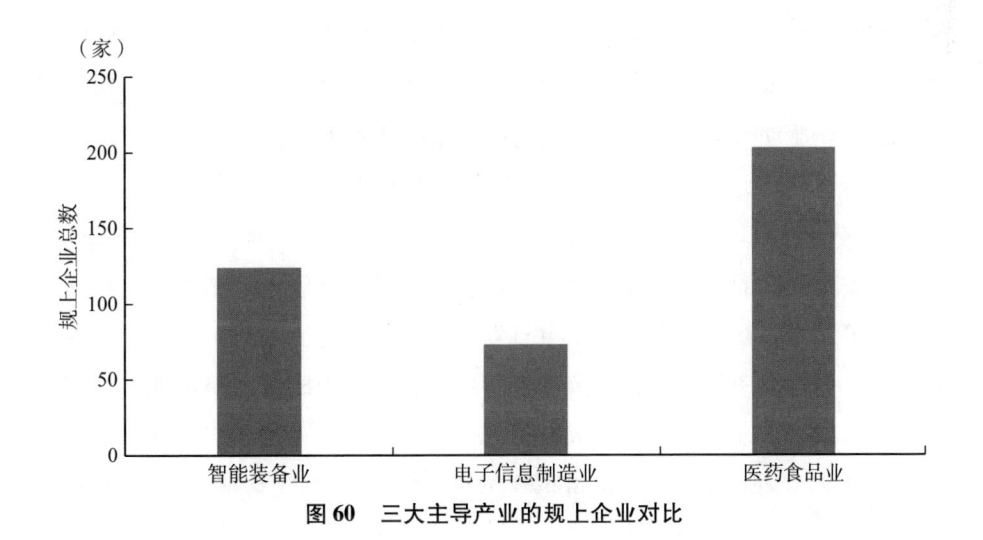

图60 三大主导产业的规上企业对比

六、广安经济技术开发区

（一）园区概况[①]

1. 基本概况

广安经济技术开发区（以下简称"广安经开区"）是成渝经济圈核心区域的关键组成部分。园区自1993年成立以来，经历了持续稳健的发展历程，特别是在2001年晋升为省级重点开发区，并在2010年后进入快速发展与转型阶段。园区的主要产业包括能源化工、高端装备制造和绿色建材等，成功吸引了中国二重、东方汽轮机等知名企业入驻。园区交通便利，通过沪蓉高速、包茂高速等重要干线，增强了区域物流效率。根据"十四五"规划，广安经开区计划到2035年实现经济总量倍增，重点发展绿色化工和新材料产业集群，力争建设成为现代化经济体系的核心区。

2. 发展目标

广安经开区将通过重点发展绿色化工、新材料、电子信息和高端装备制造产业，目标到2025年实现经济总量达到3000亿元，推动产值翻番。园区将聚焦智能化、绿色化发展方向，构建现代化产业集群，提升区域创新能力，并致力于将自身发展成西部地区的重要特色产业基地和产业转移合作示范基地。在创新驱动方面，园区将加快建设国家级和省级创新中心，力争到2025年跻身全省创新力第一方阵，并推动区域经济高质量发展。

3. 空间布局

广安经开区的空间布局采用"一区三园"模式，规划了多个特色功能园区，主要包括：新桥工业园区，重点发展新材料、能源和化工产业；奎阁临港园区，专注电子信息、新能源和新材料产业；枣山园区，聚焦现代物流和

[①] 如未特别说明，本部分相关数据根据广安经济技术开发区网站（https：//gajkq.guang-an.gov.cn）整理。

现代服务业；滨江商贸园，服务现代商业物流和服务业发展；五通桥临江园区，发展商业物流和高端装备制造产业。园区通过多个组团和功能区的联动，构建起具有产业集群优势和生态化的现代产业体系。

4. 主导产业

广安经开区已经形成了绿色化工、装备制造、电子信息、先进材料等多元化的产业体系。园区的主导产业包括：第一，绿色化工。天然气制甲醇、氢氰酸等产品，其中草铵膦和双甘膦等化学产品在全球市场具有竞争力。第二，装备制造。涵盖高端数控机床、通用机械等，依托比亚迪等公司发展新能源电池、电机及配套产业。第三，电子信息。塑料光纤、电子级玻璃纤维等新型产品，推动了电子信息产业的快速发展。第四，先进材料。涉及高性能纤维、特种橡胶等新型材料的研发生产。第五，医药食品。涵盖中成药、医疗器械、保健品等，力争打造西南地区重要医药产业基地。这些产业协同发展，为园区的经济增长提供了强大的动力。

5. 发展成果

广安经开区近年经济持续增长，2023年规模以上工业总产值同比增长16.5%。园区已聚集1416家企业，其中规模以上企业411家。重点企业如利尔化学的绿色植保项目投资118亿元，年产值可达166亿元，为园区的绿色化工产业注入了强劲动力。四川能投永立化工和和邦生物等企业的投资也在推动园区产业升级和高质量发展。园区的产业结构不断优化，绿色化工和高端装备制造产业发展迅速，已形成较为完整的产业链，推动了区域经济的持续增长。

6. 开放平台

广安经开区在招商引资方面取得显著成效，成功引入多个百亿级项目。重点项目包括：第一，和邦生物双甘膦项目。项目年产50万吨，总投资167亿元，预计年产值超过200亿元。第二，利尔化学绿色植保系列项目。总投资118亿元，计划年产值达到166亿元。第三，中国西部油气装备产业城项目。投资50亿元，推进油气装备产业发展。另外，园区还积极布局现代服务业和新能源产业，如四川爱众（广安）新能源智慧产业园项目和凯睿达智能装备制造项目，推动产业多元化发展。

7. 创新生态

广安经开区注重科技创新和人才引进，目前已柔性引进24名两院院士，并吸引了大量具有高级职称的专业人才。园区通过"小平故里英才计划"等政策，持续推动创新能力的提升。

园区在科技创新方面也取得显著进展，特别是在绿色化工和生物医药领域。园区已成功攻克酶法草铵膦等技术难题，建设了全球首条智能化池窑生产线，并与四川大学等高校合作，推动产业技术创新。数字化、智能制造、5G等新兴领域的创新也在加速发展。园区的创新生态建设为产业转型升级提供了强大动力，推动了绿色低碳经济的快速发展，进一步增强了区域经济竞争力。

（二）主导产业分析

1. 产业规模分析

（1）企业数量。

从各产业从业数量分布来看，电子信息制造业企业数量最多，达247家，占据主导地位。其次是智能装备业，拥有196家企业，约为电子信息制造业的79.4%。绿色化工业企业数量相对较少，仅有63家，分别是电子信息制造业的25.5%和智能装备业的32.1%，显示出该领域发展仍有较大提升空间（见图61）。

（2）就业规模。

从各产业从业人员规模来看，智能装备业从业人员最多，达5381人，占据主导地位。其次是电子信息制造业，拥有4609名从业人员，规模与智能装备业相近。相比之下，绿色化工行业从业人员数量明显偏少，约有1443人，约为智能装备业的27%，显示出较大的规模差距（见图62）。

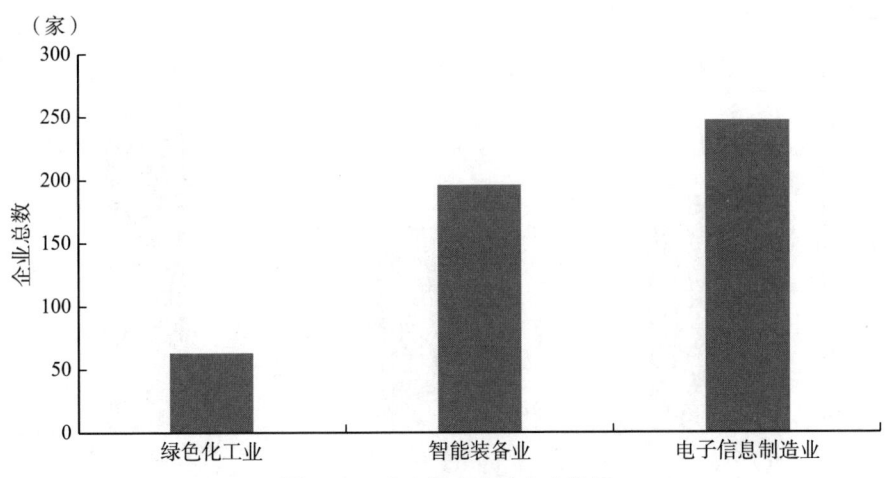

图 61　三大主导产业的企业数量

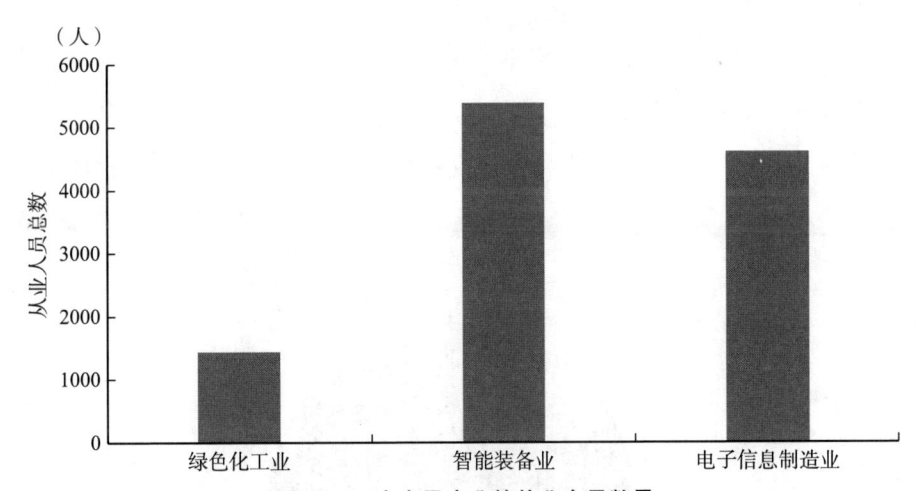

图 62　三大主导产业的从业人员数量

（3）注册资本。

从注册资本规模来看，电子信息制造业以 43.03 亿元位居首位，显著高于其他两个行业。绿色化工行业注册资本为 31.70 亿元，位居第二，较第一名相差约 11.33 亿元。智能装备业注册资本为 27.33 亿元，虽然排名第三，但与绿色化工业的差距相对较小，仅相差 4.37 亿元，表明三大主导产业的资本实力相对均衡（见图 63）。

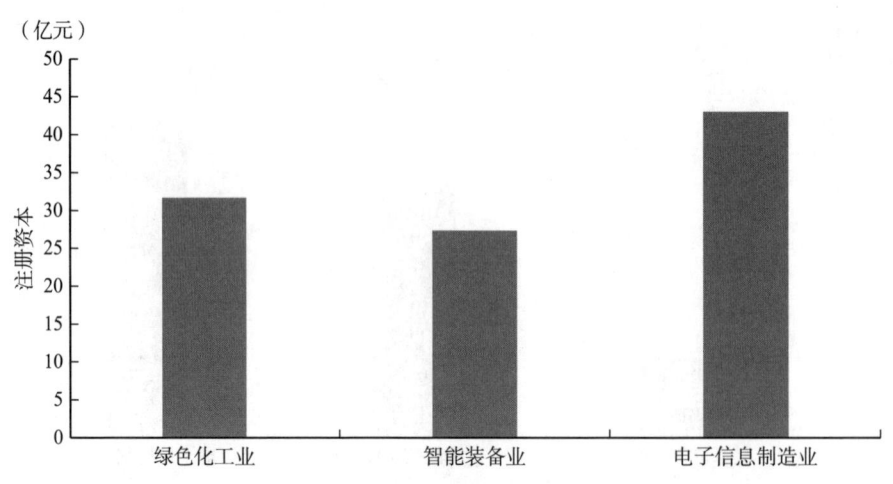

图 63 三大主导产业的企业注册资本对比

三大主导产业的企业注册资本均呈现"金字塔"结构，以小微企业为主。电子信息制造业规模最大，共有230家企业，其中注册资本100万元以下的企业占46.96%，1000万~5000万元占14.35%（见图64）。智能装备

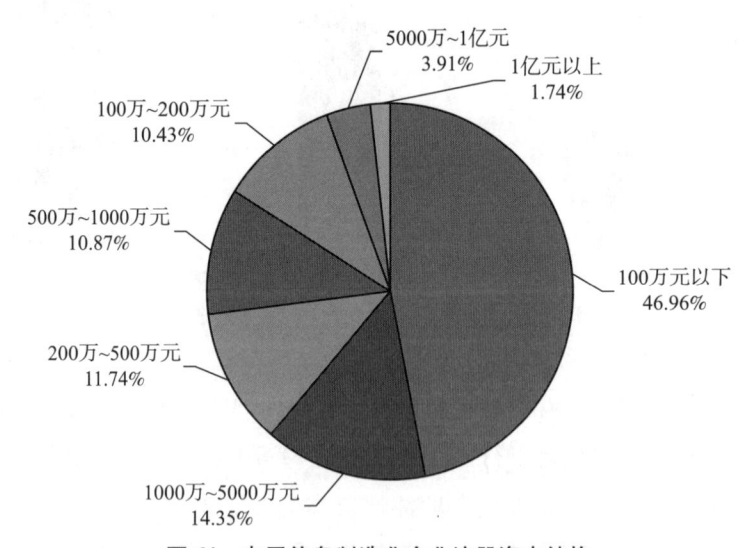

图 64 电子信息制造业企业注册资本结构

业次之，共170家企业，注册资本100万元以下占比42.35%，注册资本200万~500万元占15.29%（见图65）。绿色化工业规模相对较小，共62家企业，但大中型企业占比较高，注册资本5000万元以上企业占19.35%，高于其他两个产业（见图66）。整体来看，三大主导产业均以小微企业为主，同时保持一定比例的大中型企业。

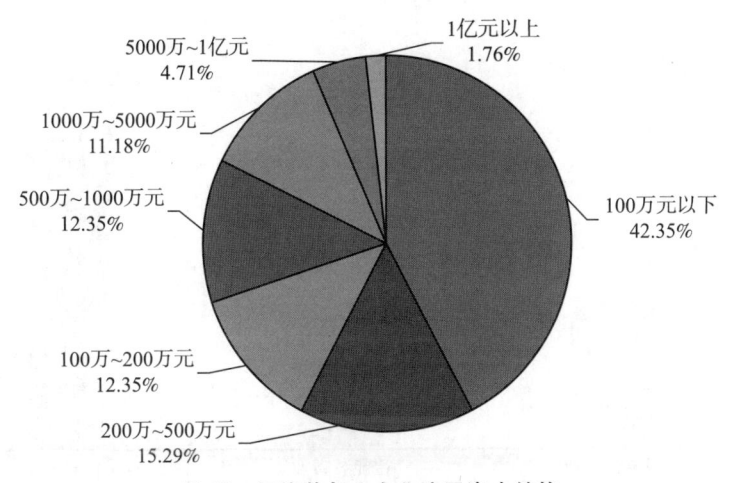

图65 智能装备业企业注册资本结构

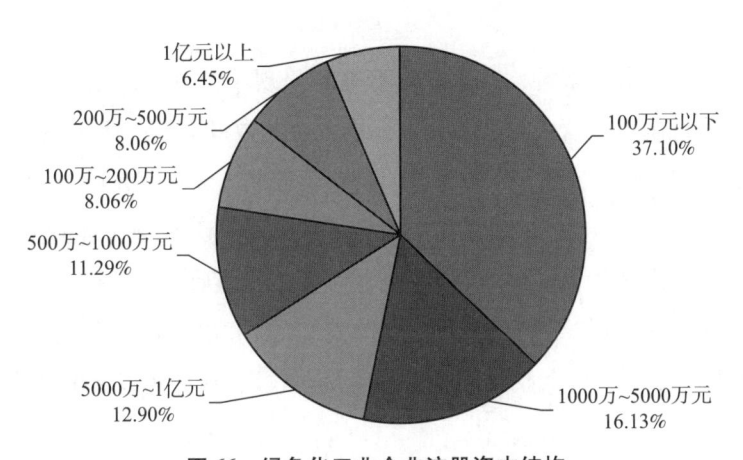

图66 绿色化工业企业注册资本结构

2. 经营状况分析

从专利总量分布来看，电子信息制造业以 26 项专利位居首位，是绿色化工行业 12 项专利数量的 2.17 倍，是智能装备业 7 项专利的 3.71 倍（见图 67）。电子信息制造业展现出较强的创新活力，而绿色化工业和智能装备业的专利数量相对较少，创新强度有待提升。

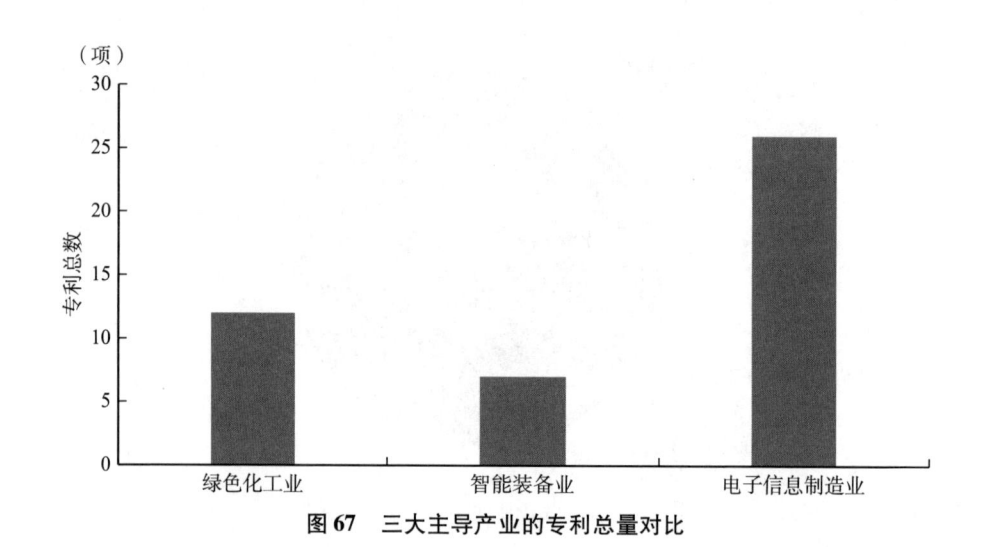

图 67　三大主导产业的专利总量对比

从营业收入分布来看，三大主导产业均呈现小微企业占主导的特征。其中，电子信息制造业营业收入 200 万元以下企业数量最多，达 91 家，占该产业总数的 89.22%（见图 68）；智能装备业营业收入 200 万元以下企业 67 家，占比 81.71%（见图 69）；绿色化工业营业收入 200 万元以下企业 25 家，占比 73.53%（见图 70）。在中等规模企业方面，营业收入 1000 万~5000 万元的企业数量较为接近，智能装备业、绿色化工业和电子信息制造业分别为 4 家、3 家和 3 家。大型企业数量较少，年营业收入 10 亿元以上的企业中三大主导产业均只有 1~2 家。

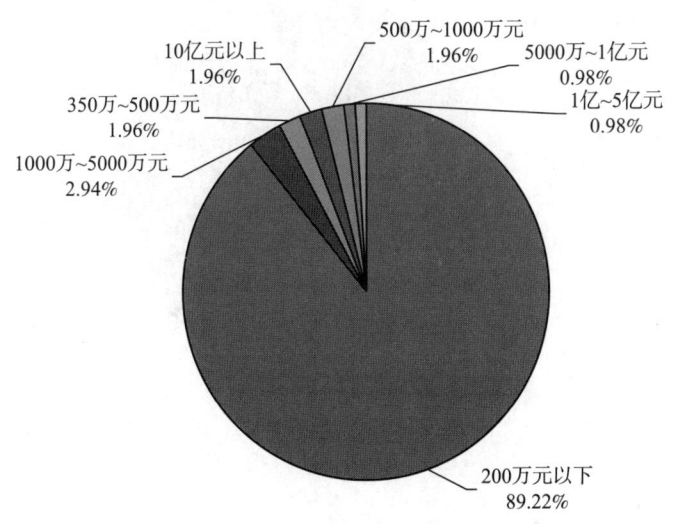

图 68　电子信息制造业企业营业收入结构

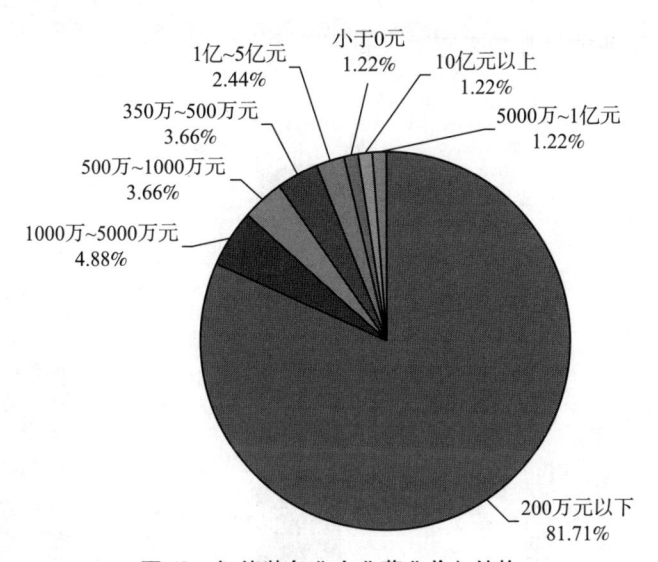

图 69　智能装备业企业营业收入结构

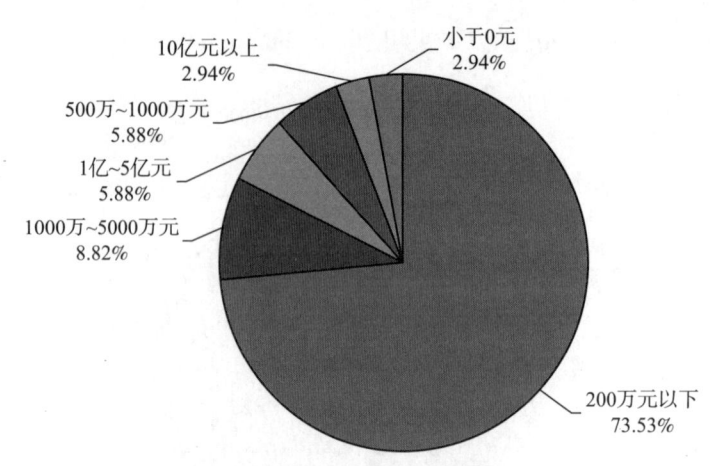

图70 绿色化工业企业营业收入结构

3. 入驻企业分析

在三大主导产业中，电子信息制造业有 1 家专精特新企业，绿色化工业和智能装备业专精特新企业数量分别为 1 家和 2 家，智能装备业在专业化、精细化、特色化和创新能力方面相对具有一定优势，但整体上三大主导产业的专精特新企业数量都较为有限（见图71）。

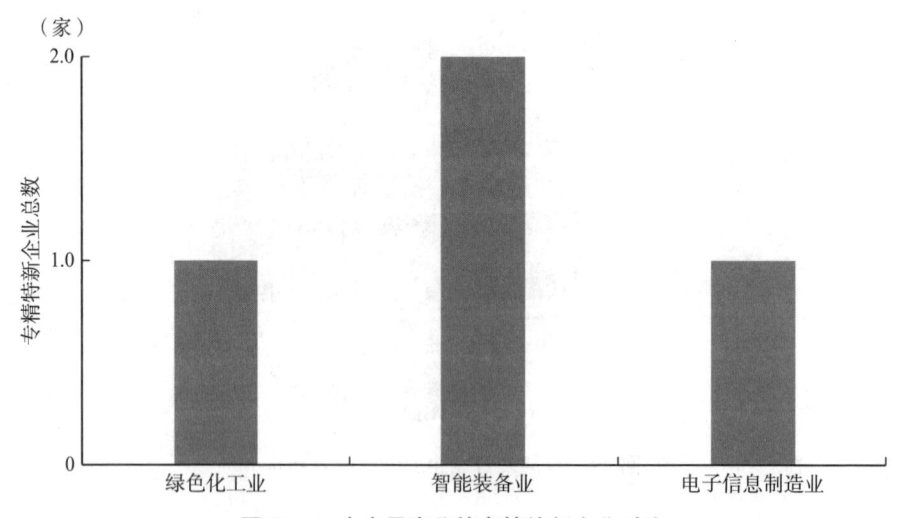

图71 三大主导产业的专精特新企业对比

从规上企业数量分布来看，智能装备业以 7 家企业位居首位，电子信息制造业和绿色化工业分别以 6 家和 5 家企业紧随其后（见图 72）。三大产业的规上企业数量差异相对较小，最多与最少之间仅相差 2 家。其中，智能装备业的规上企业数量是绿色化工业的 1.4 倍，显示出在规模化发展方面略具优势，但整体规模仍有较大提升空间。

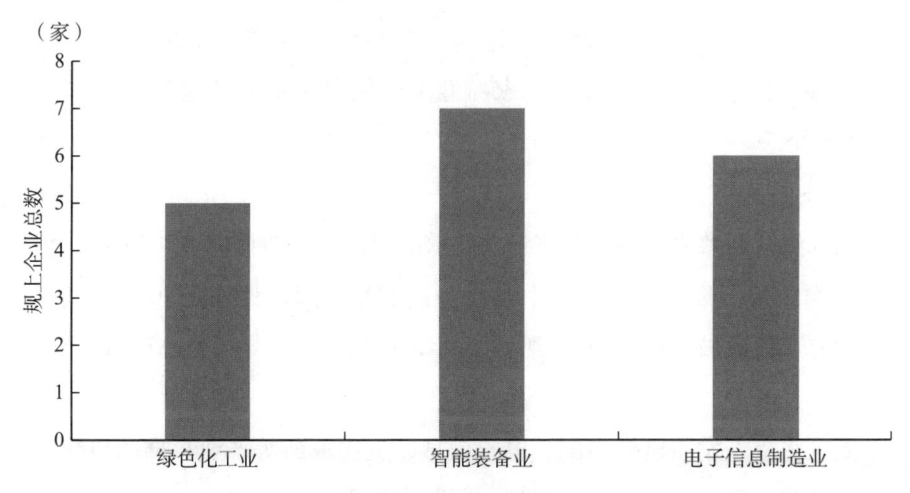

图 72 三大主导产业的规上企业对比

七、内江经济技术开发区

（一）园区概况[①]

1. 基本概况

内江经济技术开发区（以下简称"内江经开区"）成立于 1992 年，是四川省首批省级重点开发区之一。自 1998 年更名为"四川省内江经济技术开发

[①] 如未特别说明，本部分相关数据根据内江经济技术开发区网站（https：//kfq. neijiang. gov. cn）整理。

区"以来，园区逐步完善基础设施，并于2013年升级为国家级经济技术开发区，进入新发展阶段。园区重点布局电子信息、生物医药、机械汽配、食品饮料等产业，吸引了泰国天丝集团红牛饮料生产基地和四川富乐华功率半导体陶瓷基板等重大项目。

园区地处成渝经济区核心，交通便利，拥有成渝铁路、内昆铁路、成渝高速、成自宜高铁等交通设施。随着内大高速的建设，园区的交通网络将进一步完善。园区被誉为"现代制造业基地"和"产城融合示范区"，并荣获多个国家级荣誉，如"国家新型工业化产业示范基地"和"国家绿色示范园区"。

2. 发展目标

内江经开区致力于建设高质量发展示范园区。短期目标（2024年）为实现"川渝领先、西部示范、全国50强"高质量发展，计划在2030年实现规上工业总产值突破3000亿元。到2025年，计划实现主导产业总产值达到600亿元。

园区将重点发展机械汽配、电子信息、生物医药等产业，推动传统制造业向高端化、智能化、绿色化转型，同时加强创新能力建设，推动区域协同发展，促进产城融合和绿色低碳转型。

3. 空间布局

内江经开区采用"一区三园"空间布局模式，包含核心区和三个功能园区。核心区：位于白马园区，主要发展新一代信息技术、节能环保、新材料、现代物流等产业，目标是打造"川南硅谷"。高桥园区：作为科教园区，集中布局电子商务、科研机构、企业总部和高校等，目标是建设"川南中关村"。隆昌园区：位于隆昌经济开发区，专注机械汽配、食品生物医药、纺织服装等产业，打造"川渝合作示范区"。此外，园区还包括东兴区部分街道，形成了"产城融合"的多功能发展格局。

4. 主导产业

内江经开区已经形成了以电子信息、智能制造和数字经济为核心的现代产业体系，展现出强劲的增长态势。电子信息：2023年园区电子信息产业产值突破200亿元，已吸引150多家相关企业。智能制造：园区内代表性企业如内江金鸿曲轴有限公司年产240万件，四川富乐华半导体科技有限公司填补了国内功率半导体陶瓷基板领域的技术空白。生物医药：生物医药产业也表现突出，园区的四川汇宇制药等企业已建成自动化生产线，并为区域经济发展提供了强劲的动能。园区还积极布局未来产业，如人工智能、空间科技、氢能与储能等，预计到2030年，电子信息产业产值将达到400亿元以上。

5. 发展成果

内江经开区经济发展势头良好，2022年GDP达230.15亿元，显示出强大的经济增长动力。2024年，工业总产值达到44亿元，同比增长42.7%。园区产业结构持续优化，2023年主导产业产值248.1亿元，其中电子信息产业产值突破200亿元，占据重要地位。

园区通过引进重大项目、推动企业创新发展，持续增强产业竞争力。泰国天丝集团红牛饮料生产基地和四川富乐华功率半导体陶瓷基板等项目的引入，进一步提升了园区的产业吸引力。园区综合实力不断增强，已跻身全国百强经开区，并位列西部国家级经开区第8位，为内江的经济高质量发展提供了强有力的支持。

6. 开放平台

内江经开区通过优化招商引资策略和加强开放平台建设，取得显著成效。园区实施"全员、全域、全力"的招商机制，并创新引进"首席服务官"制度，极大提升了招商引资的效果。

2023年，园区签约项目209个，总投资超过1200亿元，其中包括新能源车联网制造、高端装备制造、人工智能等领域的重点项目。2024年上半年，园区延续良好招商态势，成功签约多个项目，涵盖食品饮料、新能源、新材料等产业，进一步推动区域产业升级。园区还通过与企业的深入合作，吸引了国内外知名企业落户，如恒力集团、华为等，为区域经济发展注入了新动力。

7. 创新生态

内江经开区注重创新驱动发展，致力于建设高效的科技创新生态系统。在人才引进方面，园区通过"甜城英才计划"等政策引进高端人才，目前已柔性引进30余名两院院士，并累计引进800余名高级职称的专业技术人才，为园区发展提供了强大的智力支持。在科技创新方面，园区设立了多个国家级和省级创新平台，推动科技成果转化，尤其在电子信息、新材料等领域取得了显著突破。在企业创新方面，园区已培养了多个行业领军企业，如中显智能和晶导微半导体，这些企业的创新突破为园区经济增添了新的活力。在未来发展方面，园区将继续推动数字化和智能化发展，利用大数据、人工智能等技术提升产业竞争力，推动绿色低碳转型，为未来的经济增长注入新动能。内江经开区以创新为核心，逐步构建了完整的科技创新生态体系，为园区的持续发展和产业升级奠定了坚实基础。

(二) 主导产业分析

1. 产业规模分析

(1) 企业数量。

从企业数量分布来看，生物医药业企业数量最多，达1285家，占比较大。机械汽配业紧随其后，有1127家企业，与生物医药业规模相当。电子信息制造业企业数量相对较少，仅有371家，约为生物医药业的28.9%，显示出较大的发展空间（见图73）。整体上呈现出生物医药业领先、机械汽配业紧随、电子信息制造业待发展的格局。

(2) 就业规模。

从各产业从业人员数量来看，机械汽配业从业人员最多，达7842人，略高于电子信息制造业的7823人，两者差距不大。生物医药业从业人员数量相对较少，为6967人，约为机械汽配业的89%（见图74）。整体上看，三大主导产业的从业人员规模较为接近，体现出相对均衡的人才分布特点。

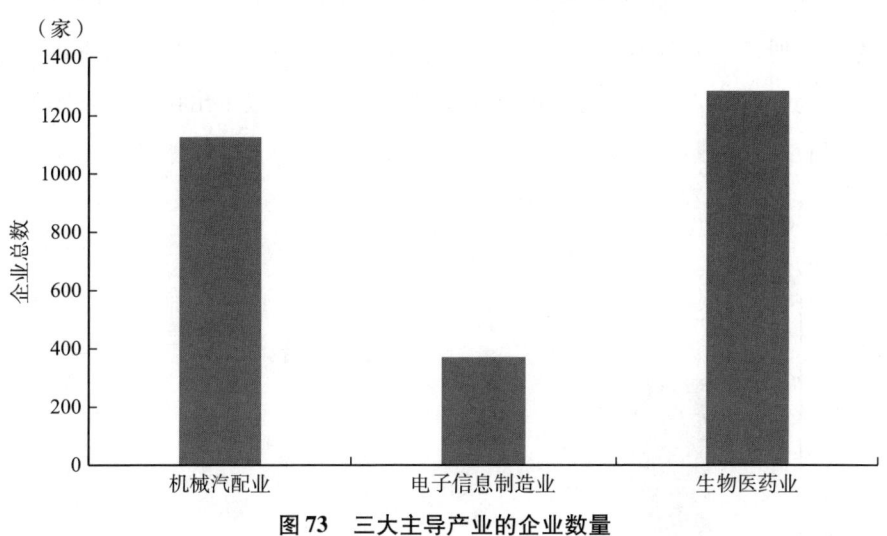

图73 三大主导产业的企业数量

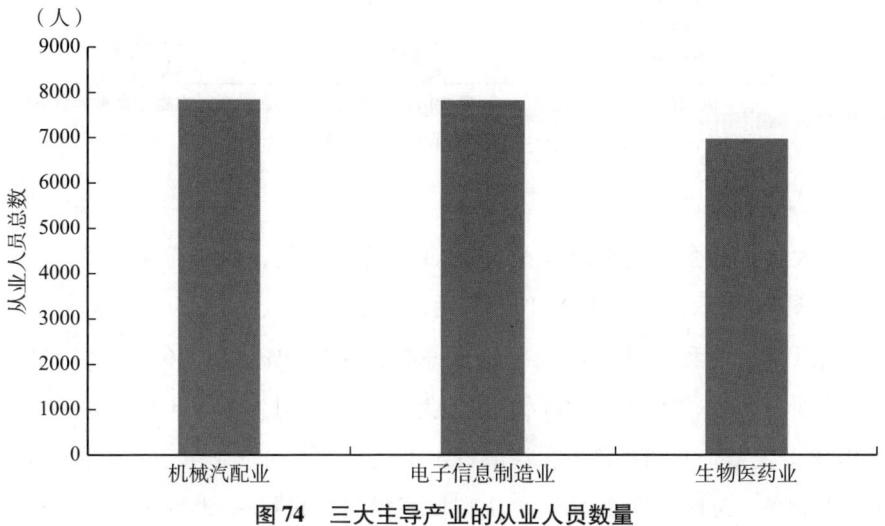

图74 三大主导产业的从业人员数量

（3）注册资本。

从注册资本规模来看，机械汽配行业以1990.95亿元的注册资本总额，远超其他行业。生物医药业注册资本为770.53亿元，位居第二，而电子信息制造业注册资本为560.99亿元，规模相对较小。机械汽配业的注册资本约为生物医药行业的2.5倍，电子信息制造业的3.5倍，显示出该行业资本密集度明显较高（见图75）。

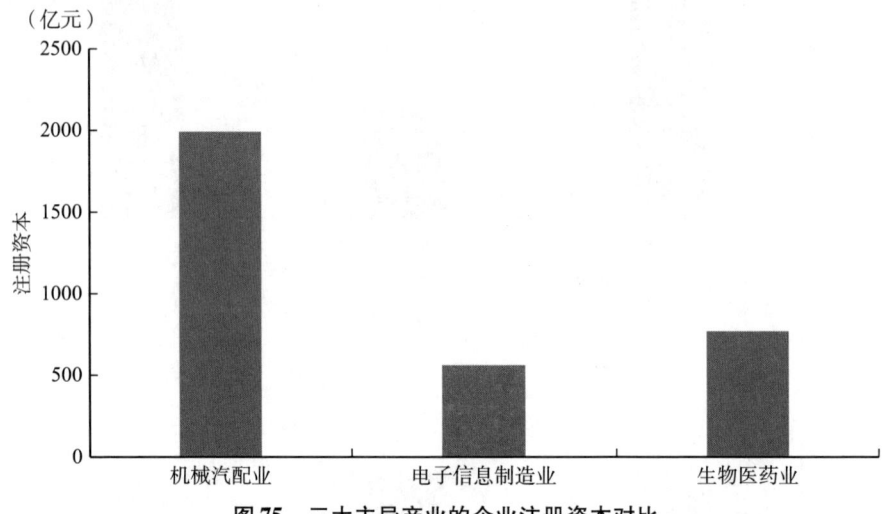

图75 三大主导产业的企业注册资本对比

三大产业的企业规模结构呈现"金字塔"结构，以小微企业为主。如图76~图78所示，注册资本100万元以下的企业数量最多，机械汽配业、电子信息制造业和生物医药业分别占总数的47.09%、51.46%和64.00%。其次注册资本是200万~500万元企业，占比分别为15.73%、13.74%和11.91%。大型企业相对较少，注册资本1亿元以上的企业在三个产业中分别仅占2.14%、3.80%和1.16%。从整体规模看，机械汽配业企业总量最大，为1030家；生物医药业次之，为1125家；电子信息制造业规模最小，为342家。

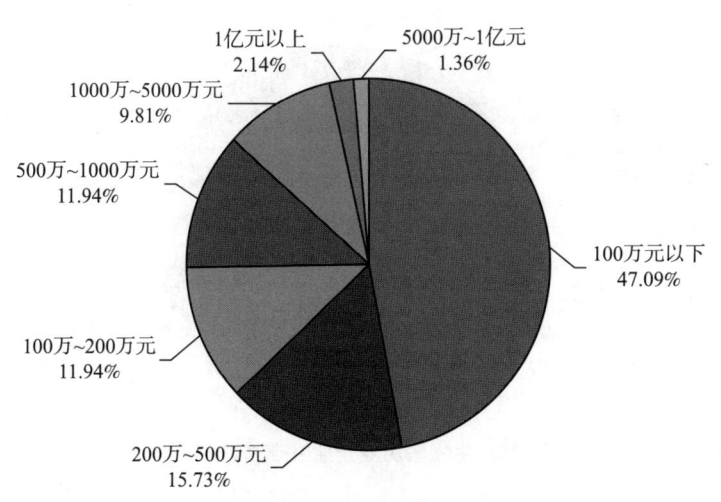

第二篇 成渝地区双城经济圈产业园区发展分析

图 76 机械汽配业企业注册资本结构

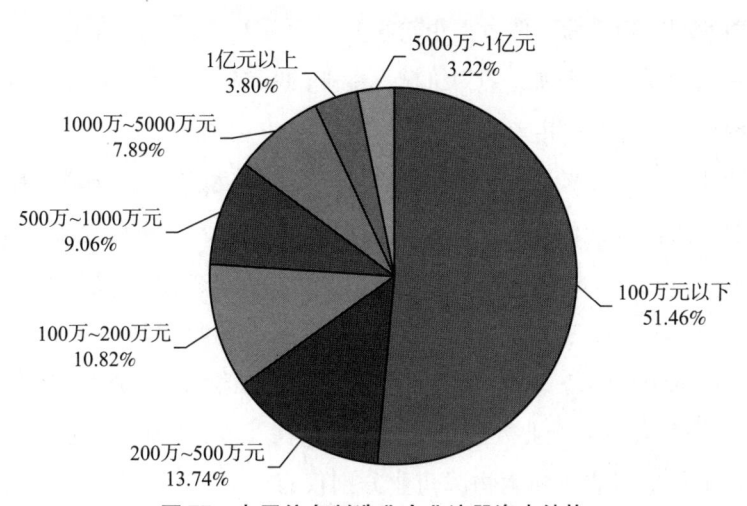

图 77 电子信息制造业企业注册资本结构

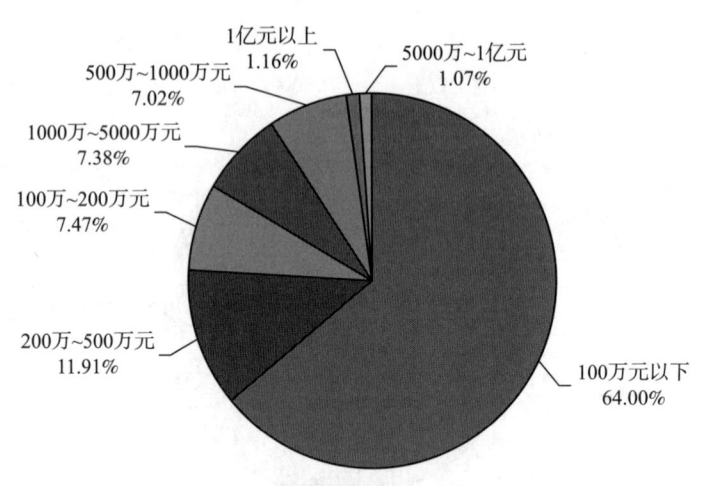

图 78　生物医药业企业注册资本结构

2. 经营状况分析

从专利总数分布来看，机械汽配业以459项专利位居首位，生物医药业以442项专利紧随其后，两者差距较小，仅相差17项。电子信息制造业专利数量相对较少，为285项，约为机械汽配业的62%，显示出在专利创新方面与其他两个行业存在一定差距（见图79）。

从营业收入分布来看，三大主导产业均呈现典型的"金字塔"结构，以小微企业为主。机械汽配业中，年营业收入200万元以下的企业数量最多，达534家，占比78.88%（见图80）；电子信息制造业中低营收企业占比77.72%（见图81）；生物医药业中该区间企业占比86.11%（见图82）。各产业营业收入1000万~5000万元的企业数量位居第二，分别为39家、10家和22家。高营业收入企业数量较少，年营业收入超过5亿元的企业在机械汽配业、电子信息制造业和生物医药业分别仅有3家、3家和3家，显示出较为明显的产业发展梯度。

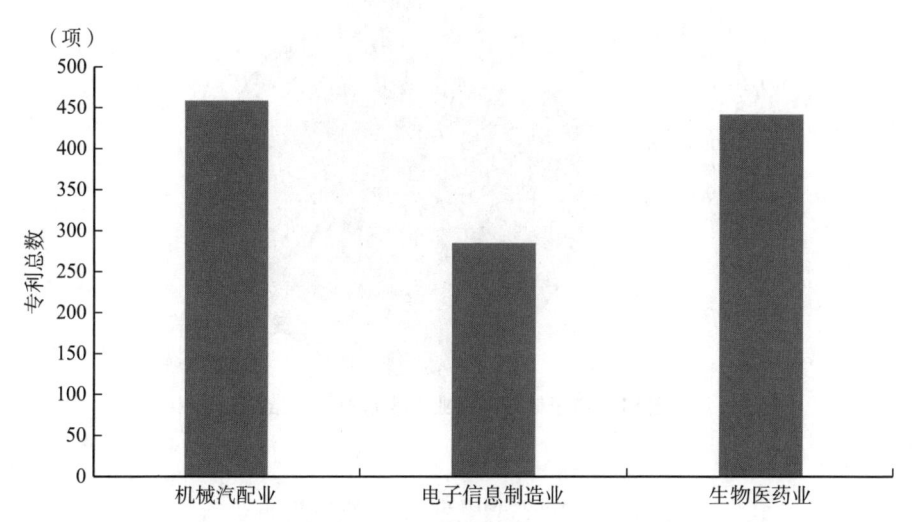

图 79　三大主导产业的专利总量对比

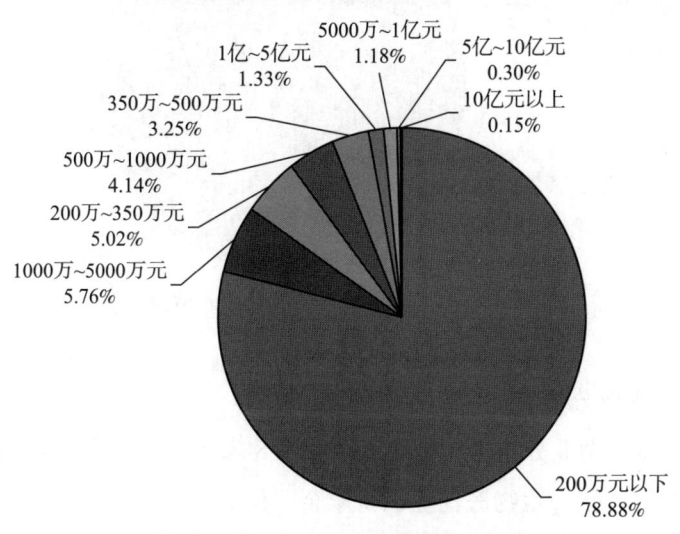

图 80　机械汽配业企业营业收入结构

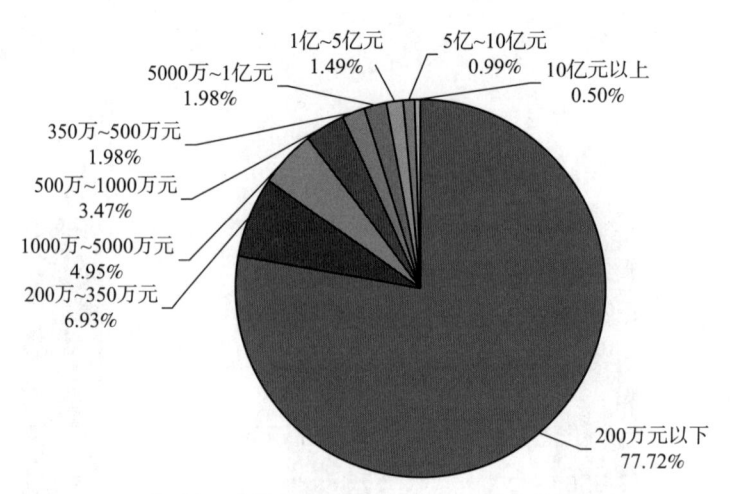

图 81　电子信息制造业企业营业收入结构

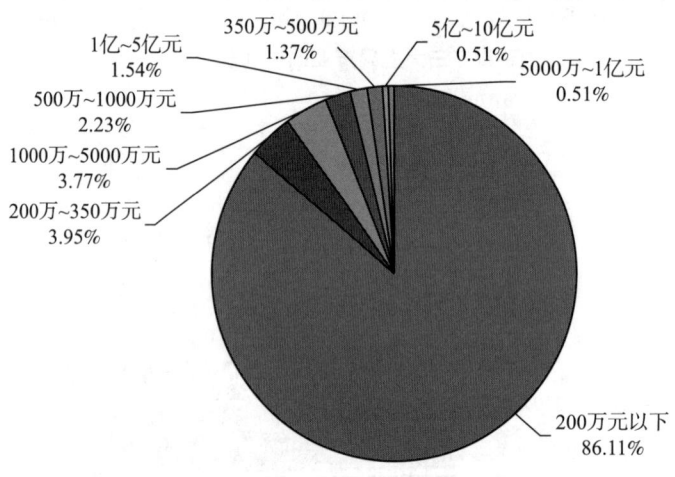

图 82　生物医药业企业营业收入结构

3. 入驻企业分析

在专精特新企业分布中，机械汽配业以 8 家企业位居首位，数量是电子信息制造业的 4 倍，生物医药业以 5 家企业位居第二，电子信息制造业仅有 2 家企业，显示出机械汽配业在专业化发展方面具有明显优势（见图 83）。

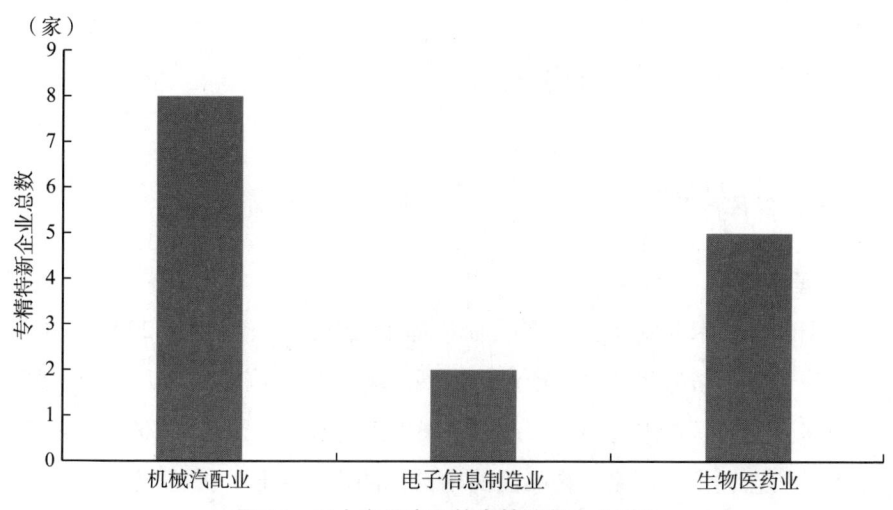

图 83　三大主导产业的专精特新企业对比

从规上企业数量分布来看，机械汽配业规上企业数量最多，达 44 家，占据主导地位。生物医药业紧随其后，有 34 家规上企业，规模仅次于机械汽配业。电子信息制造业规上企业数量相对较少，为 17 家，约为机械汽配业的 38.6%（见图 84）。这一分布格局反映出该地区机械汽配业基础较为扎实，而电子信息制造业发展相对滞后，仍有较大提升空间。

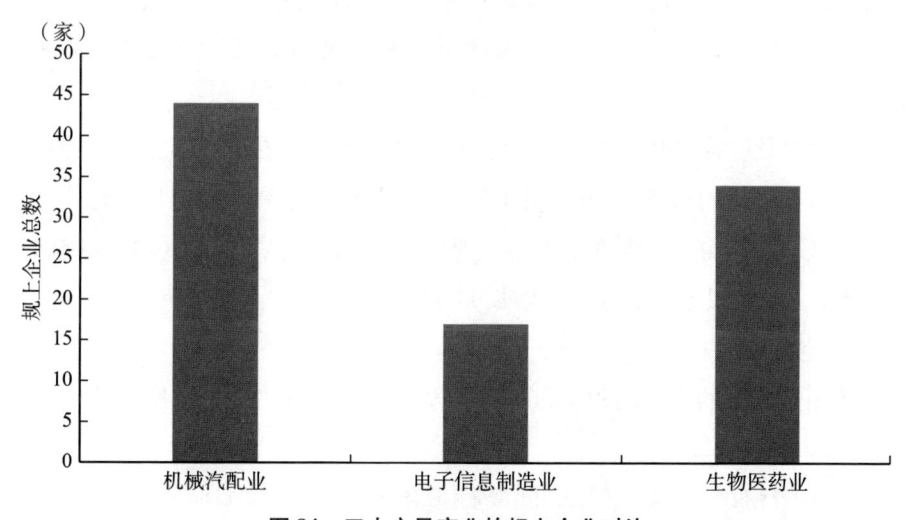

图 84　三大主导产业的规上企业对比

八、绵阳经济技术开发区

(一) 园区概况[①]

1. 基本概况

绵阳经济技术开发区（以下简称"绵阳经开区"）成立于2000年8月，最初专注于电子信息和新材料产业的发展。2012年，该区成功升格为国家级经济技术开发区，标志着绵阳市产业发展进入新阶段。园区从2013年起形成了以电子信息、化工环保、食品医药为支柱的产业集群，并通过引进泰国天丝集团红牛饮料生产基地等重大项目，提升了产业竞争力。

绵阳经开区位于成渝经济区核心，交通便利，拥有成绵高速、绵遂高速等多条高速公路，同时规划了轨道交通2号线。园区形成了现代化的交通体系，包括公路、铁路、航空和港口，为区域经济发展提供了有力支撑。

2. 发展目标

绵阳经开区致力于成为西部高质量发展的示范区，力争到2025年进入全国开发区前50名，并实现千亿园区目标。园区将重点发展智能终端、新型功能材料、智能装备等主导产业，推动传统制造业向现代高新技术产业转型升级。

通过优化营商环境、提升创新能力，园区将吸引更多高新技术企业和外资企业入驻。规划形成"一区两园三带七区"空间布局，打造现代化产城融合示范区。2024年，园区经济继续呈现强劲增长势头，预计2024年GDP增长9.6%，规模以上工业总产值增长11%。

3. 空间布局

绵阳经开区的规划面积为56.13平方千米，采用"一带两廊五片区"的

[①] 如未特别说明，本部分相关数据根据绵阳经济技术开发区网站（https：//jkq.my.gov.cn）整理。

总体布局。以南北向串联涪江的城市发展带为主轴，围绕西部木龙河生态绿廊和东部松垭河生态绿廊构建生态屏障。园区功能分区包括三江生活居住片区、东湖居住片区、塘汛老城服务片区、综合商贸服务片区和产城融合片区。该布局确保了生态环境保护的同时，也促进了产业与城市功能的深度融合，推动园区发展为现代化园区。

4. 主导产业

绵阳经开区已形成以智能终端、新型功能材料、智能装备为主导产业的现代化产业体系。智能终端产业：园区以长虹为龙头，已形成智能移动终端、平板显示、连接器及传感器等产品集群，尤其在连接器及传感器领域，华丰科技突破了国外技术垄断。新型功能材料：东材科技集团在特种树脂材料领域发展迅速，推动了新型功能材料产业的扩展。智能装备产业：园区着重发展智能制造装备和精密机械，不断优化产业布局，推动产业升级。

此外，园区还发展精细化工产业，以美丰、东材科技、利尔化学等企业为代表，重点发展化工新材料和环保化工产品。2024年上半年，园区GDP增长9.6%，规上工业总产值增长11%，固定资产投资增长14.1%，展现出强劲的经济活力。

5. 发展成果

绵阳经开区自成立以来，经历了从地方性到国家级的重要跨越，并在2012年成功升级为国家级经济技术开发区。园区发展迅速，2023年实现GDP 139.2亿元，同比增长9.8%。2024年上半年，继续保持强劲增长势头，GDP增长9.6%，固定资产投资增长14.1%，工业总产值增长11%。

产业发展方面，园区已经形成以电子信息、化工环保、食品医药为支柱产业的产业集群。电子信息产业突破200亿元，成为园区经济发展的核心驱动力。依托完善的交通条件，园区吸引了大量优质企业落户，如泰国天丝集团红牛饮料生产基地、四川富乐华功率半导体陶瓷基板等项目的引进，进一步增强了园区的产业竞争力。

6. 开放平台

绵阳经开区依托开放创新平台，打造了完善的产业发展生态。园区建有绵阳综合保税区和超算中心，推动跨境电商、智能制造等产业的创新发展。园区还积极推动多式联运物流体系建设，构建"互联网+"多式联运信息服务平台，为产业发展提供支持。

在招商引资方面，园区取得了显著成果。2023年园区签约了新能源、光学电子材料等项目，成功吸引了多个重要项目落地。全年签约47个重点项目，其中投资额超过5亿元的项目达22个，进一步推动了园区的智能终端、精细化工、智能装备等产业的发展。

7. 创新生态

绵阳经开区注重创新驱动发展，吸引了大量高端人才。园区通过实施"甜城英才计划"，成功引进了30余名两院院士以及800余名具有高级职称的专业人才。这些人才为园区的创新发展提供了有力支撑。

在科技创新方面，园区与西南科技大学、绵阳师范学院等高校合作，推动产学研合作。园区内的企业在智能终端、精细化工、智能装备等领域取得了显著突破，尤其是华丰科技成功突破国外技术垄断，推动了连接器产业集群的形成。园区还引进了新能源及光学电子材料等重大项目，推动产业链向高端化、智能化方向发展。这些创新成果为绵阳经开区的可持续发展奠定了坚实基础，为区域经济高质量发展注入了持续动力。

（二）主导产业分析

1. 产业规模分析

（1）企业数量。

从企业数量分布来看，智能装备业企业数量最多，达1383家，占据主导地位。新材料业企业数量居中，有904家，约为智能装备业的65.4%。智能终端业企业数量相对较少，仅有371家，约为智能装备行业的26.8%，为新材料行业的41%，显示出较大的发展空间（见图85）。

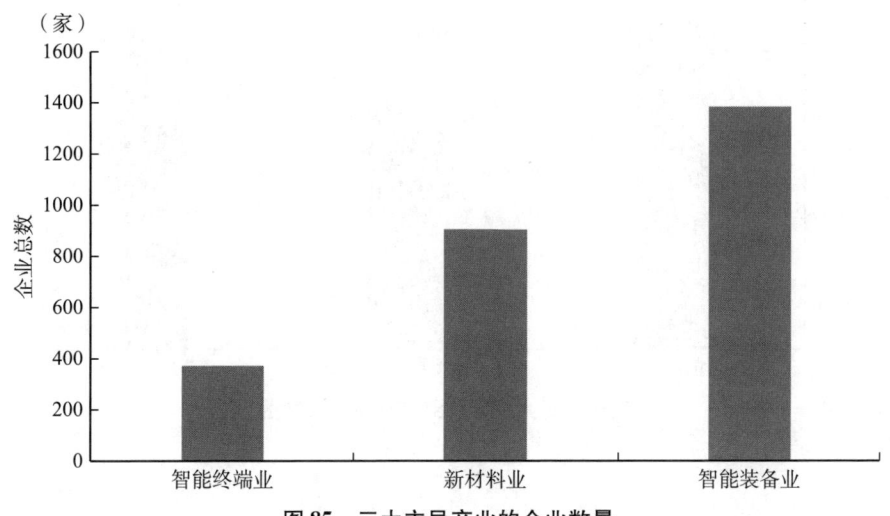

图85 三大主导产业的企业数量

（2）就业规模。

从各产业从业人员规模来看，智能终端业从业人员最多，达8542人，占据主导地位。智能装备业以7155人位居第二，比智能终端业少约16%。新材料业从业人员最少，为5357人，仅为智能终端业的63%左右（见图86）。三大主导产业的从业人员规模呈现明显的梯度分布特征。

（3）注册资本。

从注册资本规模来看，智能装备业规模最大，达158.94亿元，占据主导地位。新材料业紧随其后，注册资本为128.08亿元，与智能装备业的差距约为30.86亿元。智能终端业注册资本为81.16亿元，规模相对较小，约为智能装备业的51%，显示出较大的发展空间（见图87）。三大主导产业的资本实力呈现明显的梯度分布特征。

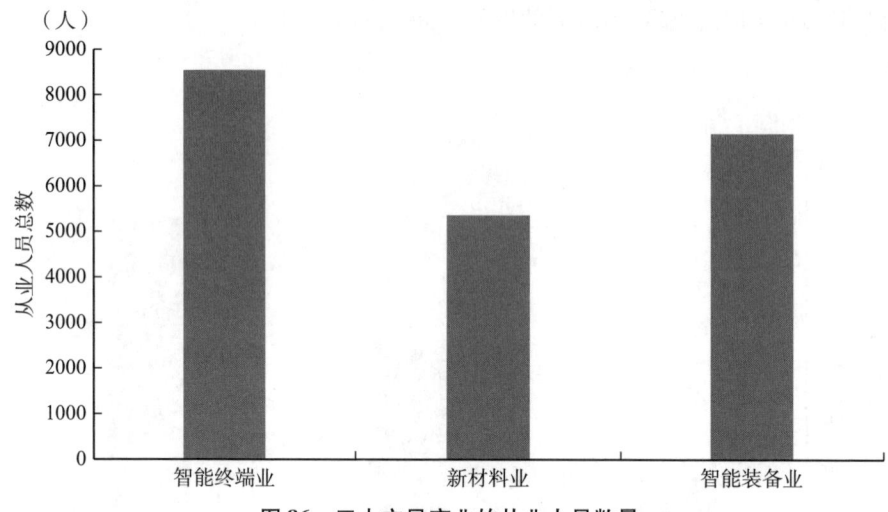

图 86　三大主导产业的从业人员数量

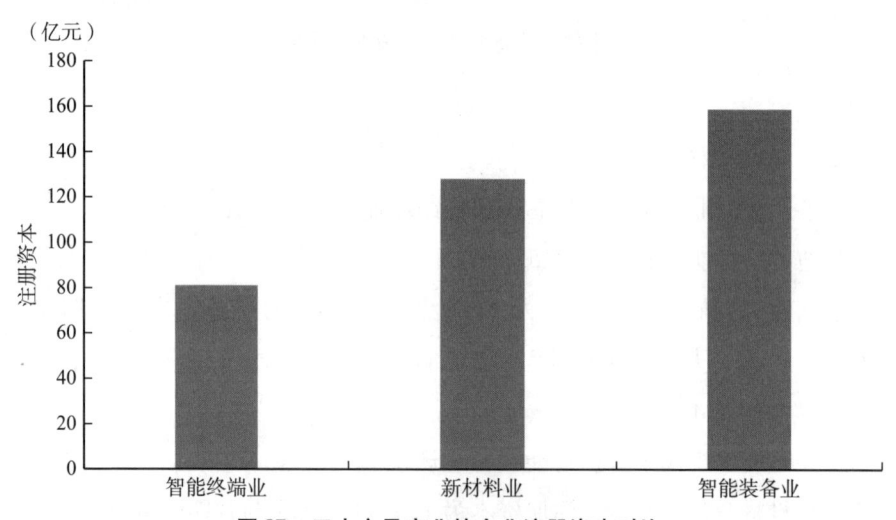

图 87　三大主导产业的企业注册资本对比

从三大主导产业的注册资本分布来看，均呈现"金字塔"结构，以小微企业为主。其中智能终端业中，注册资本 100 万元以下的企业占比 55.18%，新材料业占 48.98%，智能装备业占 54.12%（见图 88～图 90）。中型规模企业（注册资本 200 万～1000 万元）在各产业中占据第二梯队，智能终端业占

22.12%，新材料业占 26.81%，智能装备业占 25.45%。大型企业（注册资本 5000 万元以上）数量较少，三大主导产业分别占 3.64%、1.81% 和 2.09%，其中智能终端业拥有较多大规模企业，体现出资本密集型特征。

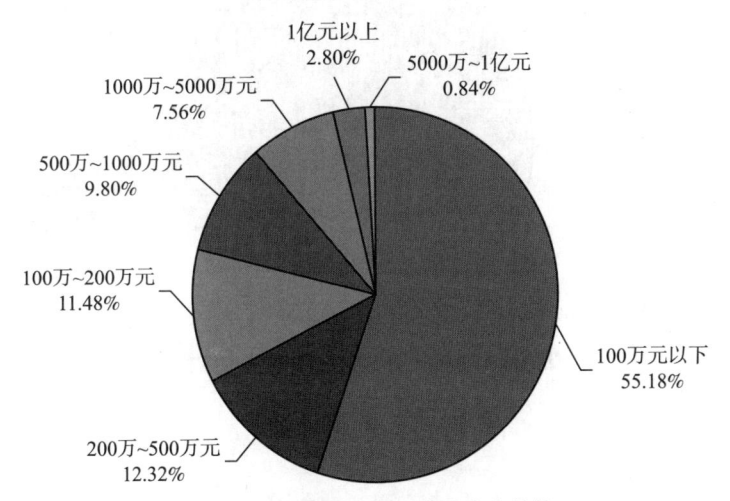

图 88　智能终端业企业注册资本结构

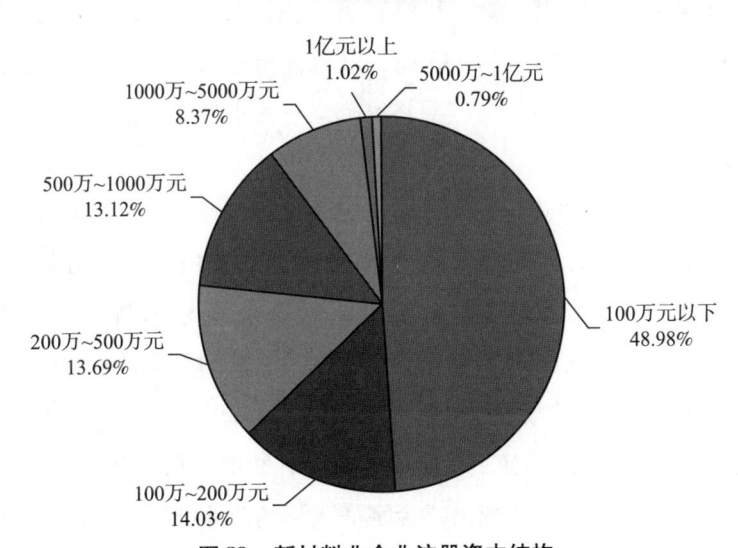

图 89　新材料业企业注册资本结构

图 90　智能装备业企业注册资本结构

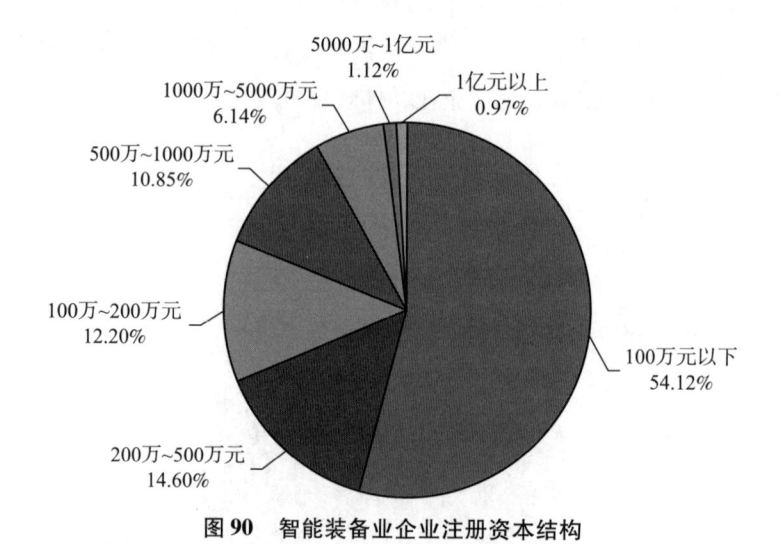

2. 经营状况分析

从专利总量分布来看，智能终端领域专利总数最多，达 1612 项，占据显著优势。新材料业以 1057 项专利位居第二，比智能终端业少了约 34.4%。智能装备业专利数量最少，为 845 项，仅为智能终端业的 52.4%，反映出该领域的技术创新活动相对较弱（见图 91）。三大主导产业的专利分布呈现明显的梯度差异。

从三大主导产业的营业收入分布情况来看，企业主要集中在 200 万元以下的低营业收入区间，智能终端业、新材料业和智能装备业分别占总数的 74.85%、79.31% 和 82.61%，呈现出小微企业主导的特征（见图 92～图 94）。中等营业收入区间（200 万～5000 万元）的企业数量次之，三个产业在该区间的占比分别为 21.55%、17.62% 和 15.90%。高营业收入企业相对较少，年收入 10 亿元以上的企业数量极少，智能终端业有 2 家，新材料业和智能装备业各有 1 家，体现出"金字塔"形的产业结构特点。

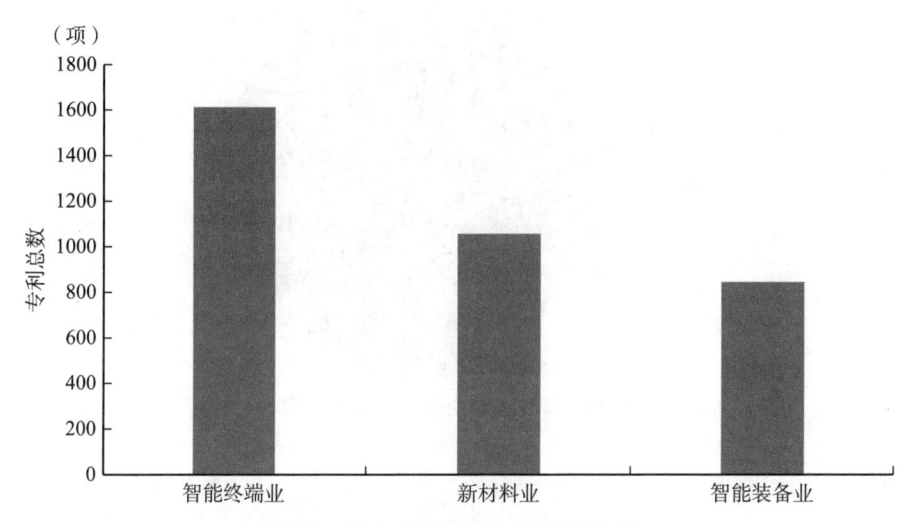

图91 三大主导产业的专利总量对比

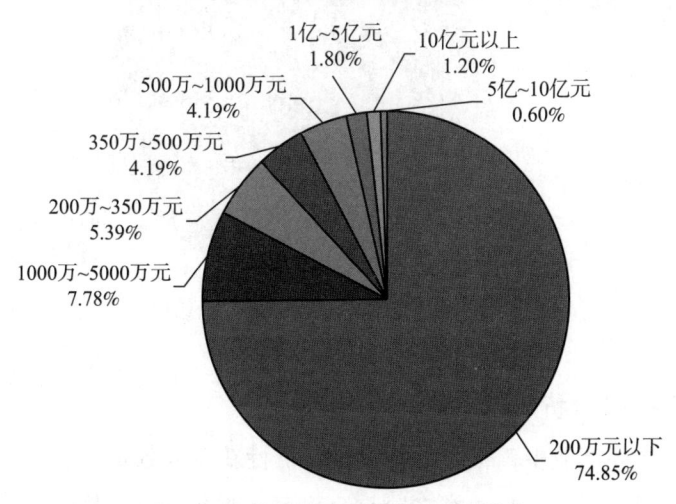

图92 智能终端业企业营业收入结构

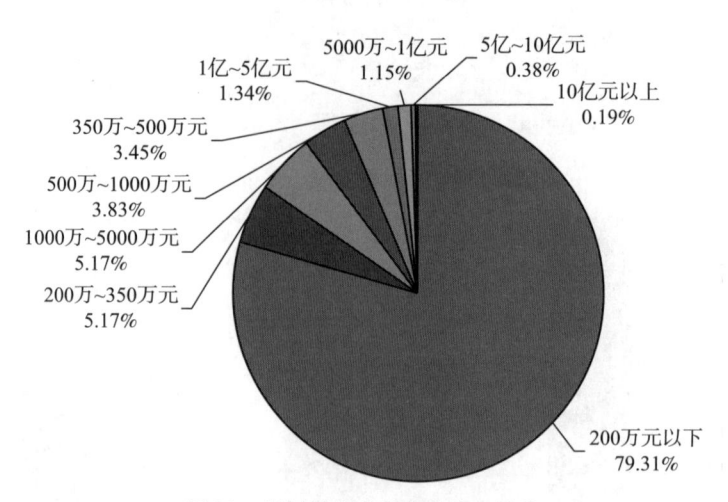

图93　新材料业企业营业收入结构

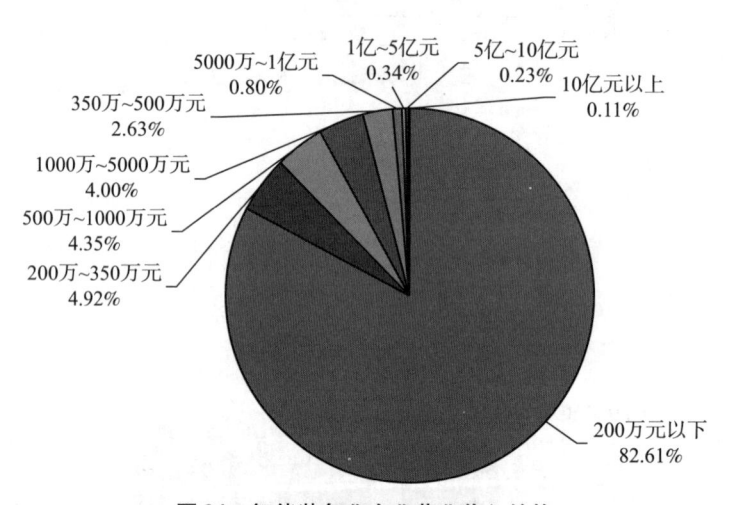

图94　智能装备业企业营业收入结构

3. 入驻企业分析

在三大主导产业中，智能装备业的专精特新企业数量最多，达到11家，略高于新材料业的9家和智能终端业的8家（见图95）。整体来看，三大主导产业的专精特新业数量差异相对较小，呈现出较为均衡的分布态势，最大差距仅为3家企业。

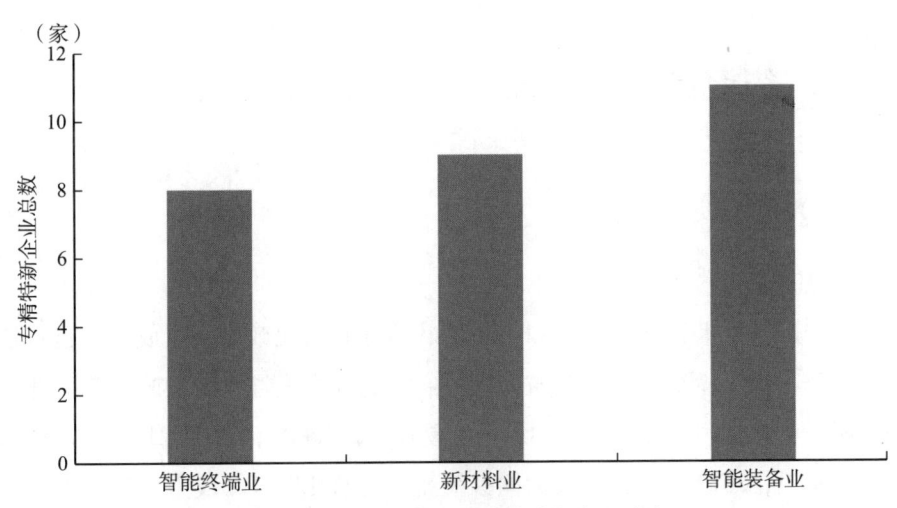

图 95　三大主导产业的专精特新企业对比

从规上企业总数分布来看，智能装备业规上企业数量最多，达到51家，占据主导地位。新材料业以38家规上企业位居第二，规模约为智能装备业的74.5%。智能终端业规上企业数量相对较少，仅有14家，约为智能装备业的27.5%，为三大主导产业中规模最小的领域（见图96）。这一分布格局反映出智能装备业具有较强的规模优势和产业基础。

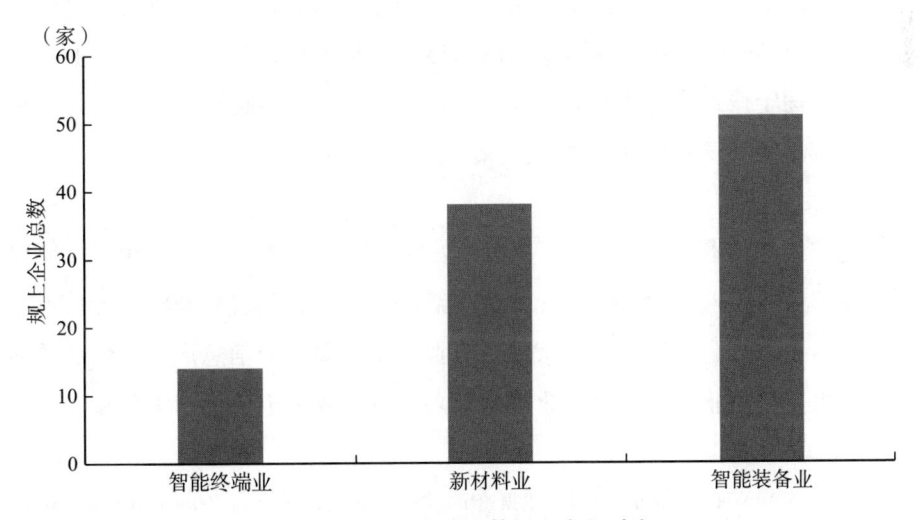

图 96　三大主导产业的规上企业对比

九、遂宁经济技术开发区

（一）园区概况[①]

1. 基本概况

遂宁经济技术开发区于1992年6月由遂宁市人民政府决定成立，起初是一个边陲小镇。1993年获四川省人民政府批准设立为省级开发区，并引进重庆石桥企业总公司投资兴建川中综合贸易市场。2000年12月21日正式挂牌并开始建设，2012年7月升级为国家级经济技术开发区，成为四川省第四个国家级经开区，规划面积134平方千米，建成区面积26平方千米，常住人口约30.5万。

自2013年后，园区进入全面创新发展阶段，重点培育电子信息、机械装备、生物医药和食品饮料四大支柱产业。2021年，GDP达208.18亿元，同比增长8.3%。园区以"现代产业城、魅力经开区"为愿景，目标2025年营业收入突破4000亿元。

遂宁经济技术开发区位于成渝经济区的重要节点，是区域性综合交通枢纽，已建成"1环9射"高速公路网络体系，总里程386千米，并设有遂宁公路港、遂宁铁路货运南站等物流设施，形成"一主四副"综合交通枢纽体系，为区域经济发展提供支撑。

2. 发展目标

遂宁经济技术开发区制定了阶段性发展目标，2022年力争GDP达280亿元，主营业务收入达1500亿元；2025年营业收入目标突破4000亿元。产业布局上，重点打造"2+1"现代绿色产业体系，即电子信息产业、食品饮料产业两大支柱产业和新能源产业这一新兴产业，致力于建设国家新型工业化

[①] 如未特别说明，本部分相关数据根据遂宁经济开发区网站（https://snjkq.suining.gov.cn）整理。

产业示范基地，成为西部领先的电子信息智造基地。

3. 空间布局

遂宁经济技术开发区空间布局合理、功能分区明确。西宁片区为核心区域，位于遂宁市区城北、城西和城南，呈带状分布。凤台组团与西宁片区构成主要区域，形成产业协同效应。安居区工业集中发展区聚焦电子信息和食品饮料产业，遂潼涪江创新产业园重点发展智能高端装备制造和电子设备制造产业。西部现代物流港涵盖多个功能区，打造现代物流和商贸服务体系。金桥片区主要发展商贸物流和电子信息加工产业。多片区组团式布局实现了产业发展的专业化分工，促进了功能区间的有机联系。

4. 主导产业

遂宁经济技术开发区已形成以电子信息、食品饮料、锂电新能源和油气化工为主导的现代产业体系。电子信息业成为西南地区重要基地，现有规上企业61家，2023年产值增速35.9%，印制电路板（PCB）产量居西部第一。食品饮料业2023年产值破百亿元，肉类罐头年产量占全省63%，军用罐头达70%以上。锂电新能源业2023年规上工业企业营收1665亿元，占全市工业总量超1/3，形成完整产业链。油气化工业整合82家规上企业，形成300亿元产业规模，构建绿色产业生态链。装备制造业领域企业处于国内领先地位，四川立泰电子科技有限公司开创了电子信息产业发展先河。

5. 发展成果

遂宁经济技术开发区经济发展成效显著，2021年GDP 208.18亿元，同比增长8.3%。2022年规上工业增加值同比增长10.3%。2023年保持9.6%较快增速。已培育一批龙头企业，例如：舍得酒业带动食品饮料产业快速发展；托璞勒公司在细分市场达到国内领先水平，建有西部地区规模最大的6英寸芯片生产基地。园区正按照"现代产业城、魅力经开区"愿景，构建"一区两片、产城一体"格局，计划2025年营业收入突破4000亿元。

6. 开放平台

遂宁经济技术开发区招商引资成效显著，聚焦重点产业，出台管理办法提升项目研判和决策效能，实施"企业满园"和低效闲置用地综合管理方案。2024年第一季度共集中签约6个项目，总投资33.1亿元。全年共签约亿元以上项目15个，其中2个国家级项目、13个省级项目。围绕电子信息产业链，重点发展半导体材料等领域，推动产业转型升级。锂电产业聚焦终端应用和电芯制造，计划2025年引进锂电企业100家。

7. 创新生态

遂宁经济技术开发区坚持人才引领创新发展战略，构建多层次人才体系，柔性引进5名国际国内院士，设立国际院士（遂宁）科技创新中心，引进390名硕士以上高层次人才，聚集近1.5万名硕博及副高级人才，引进226支创新人才团队。在科技创新发展方面，重点布局四大支柱产业，引进重大项目推动产业转型升级。2021年GDP同比增长8.3%，展现良好发展态势。未来将继续以创新驱动为核心，打造绿色生态园区和产城融合样板区。

（二）主导产业分析

1. 产业规模分析

（1）企业数量。

从企业数量分布来看，食品饮料行业企业数量最多，达2273家，是电子信息制造业企业数量的2.08倍。电子信息制造业企业数量为1090家，规模居中。锂电新能源行业企业数量最少，仅有450家，与其他两个行业相比差距明显，显示该领域企业集中度较高，仍有较大发展空间（见图97）。

（2）就业规模。

从各产业从业人员规模来看，电子信息制造业从业人员最多，达14411人，是食品饮料业的1.53倍。食品饮料业从业人员数量为9397人，规模居中。锂电新能源业从业人员数量相对较少，仅4550人，与其他两个行业相比差距明显，反映出该行业目前的发展规模较小（见图98）。

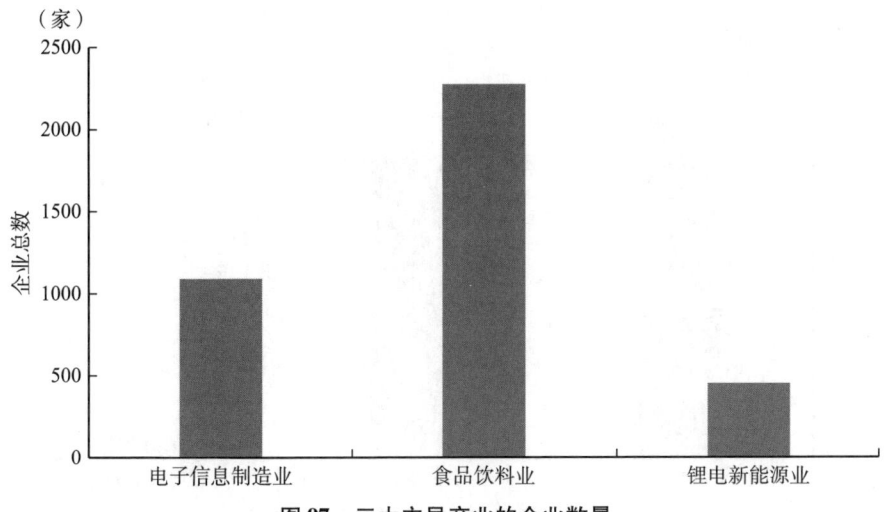

图97 三大主导产业的企业数量

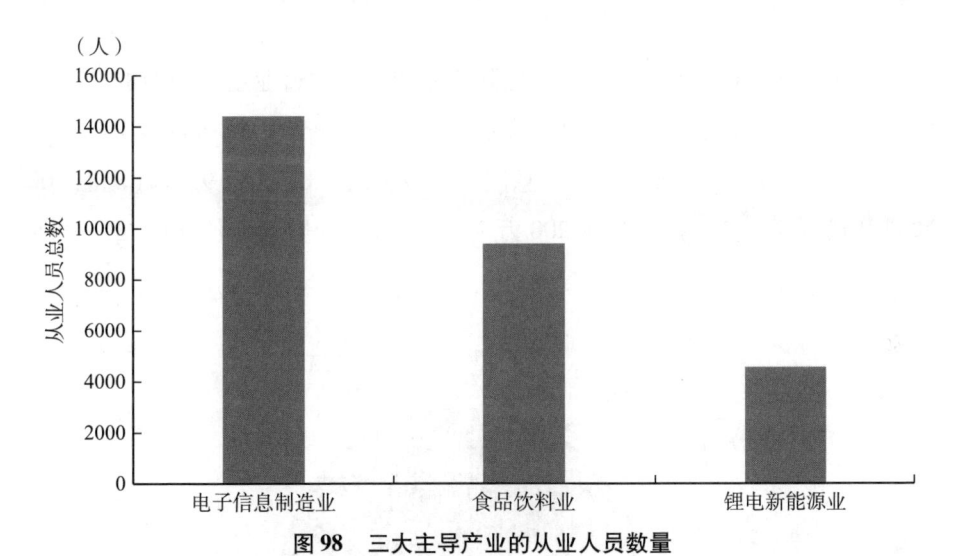

图98 三大主导产业的从业人员数量

（3）注册资本。

从注册资本规模来看，电子信息制造业以251.79亿元位居首位，食品饮料业紧随其后，达222.96亿元，两者规模相近，分别是锂电新能源业的11.69倍和10.35倍。锂电新能源业注册资本为21.53亿元，与前两大产业相比差距较大，显示该领域仍有较大发展空间（见图99）。

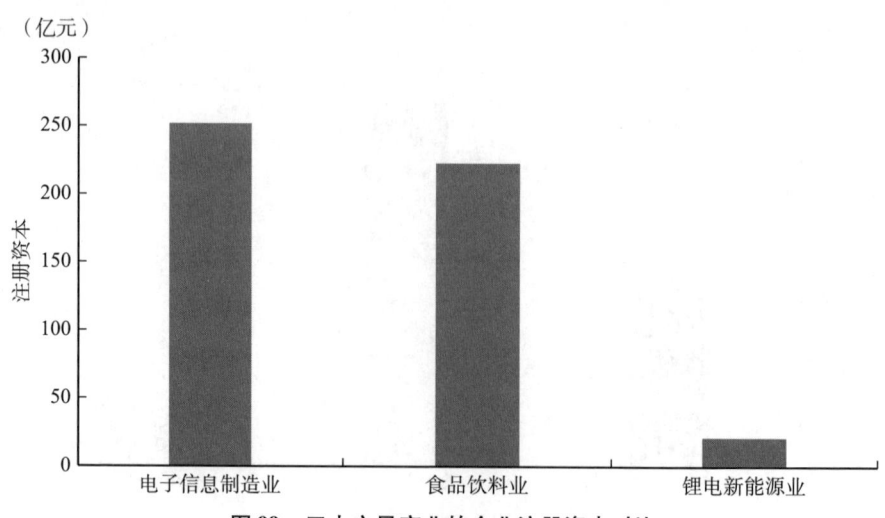

图99 三大主导产业的企业注册资本对比

从注册资本分布来看，电子信息制造业和食品饮料业呈现相似的"金字塔"结构，以小微企业为主。其中食品饮料业总量较大，注册资本100万元以下企业占比达64.88%，电子信息制造业该区间占比为47.93%（见图100和图101）。两个产业注册资本200万~500万元企业数量均位居第二，分别

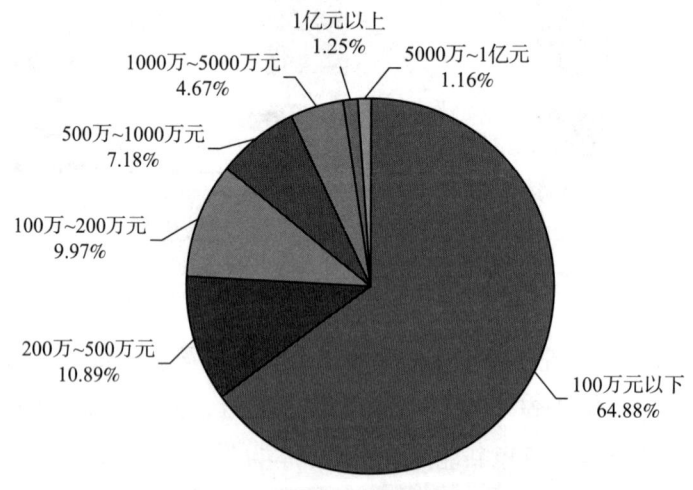

图100 食品饮料业企业注册资本结构

第二篇　成渝地区双城经济圈产业园区发展分析

占比 14.53% 和 10.89%。相比之下，锂电新能源业规模较小，仅有 7 家企业，呈现出较为分散的分布，其中注册资本 100 万元以下、1 亿元以上和 500 万~1000 万元各有 2 家企业，显示出该产业尚处于发展初期（见图 102）。

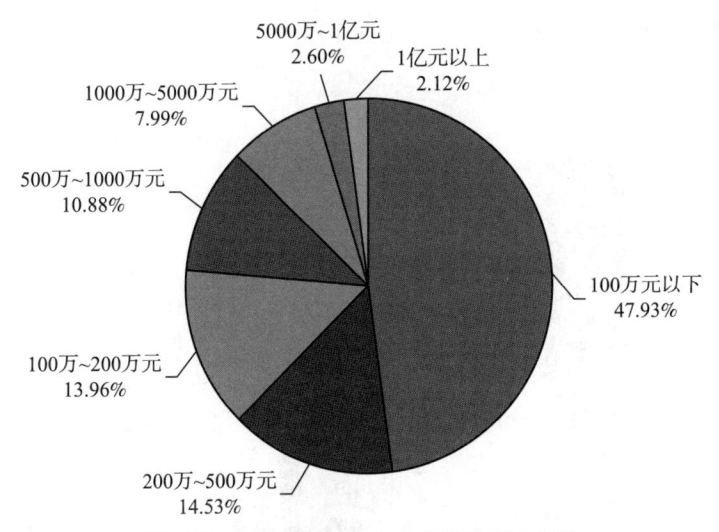

图 101　电子信息制造业企业注册资本结构

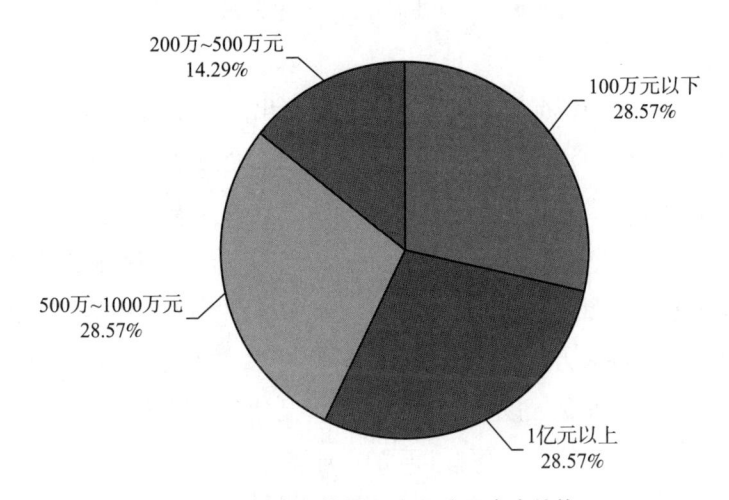

图 102　锂电新能源业企业注册资本结构

2. 经营状况分析

从专利总数分布来看，电子信息制造业以1142项专利居于首位，是食品饮料业专利数量的3.3倍。食品饮料业专利数量为347项，位居第二。锂电新能源业专利数量最少，仅有33项，约为电子信息制造业的2.9%，反映出该领域的技术创新活动相对较弱（见图103）。

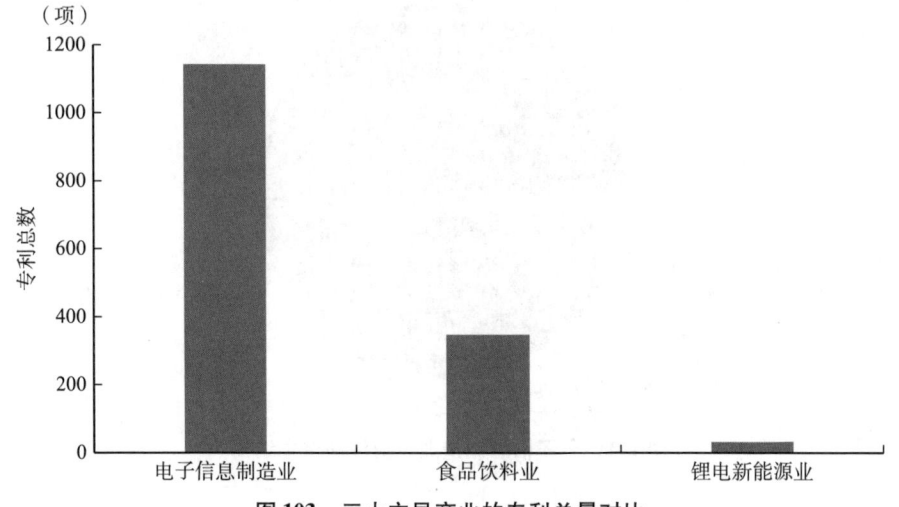

图103 三大主导产业的专利总量对比

从营业收入分布情况看，三大产业均呈现出"金字塔"形的企业规模结构。如图104～图106所示，其中食品饮料产业企业数量最多，共1241家，电子信息制造业次之，有619家，锂电新能源业仅5家。各产业均以小微企业为主，年营业收入200万元以下的企业占比最大，食品饮料业、电子信息制造业和锂电新能源业分别为85.74%、83.04%和60%。中等规模企业（营业收入200万~5000万元）占比次之，分别为11.76%、12.44%和40%。大型企业（营业收入5亿元以上）较少，仅食品饮料业有6家，电子信息制造业4家，体现出典型的中小企业主导的产业特征。

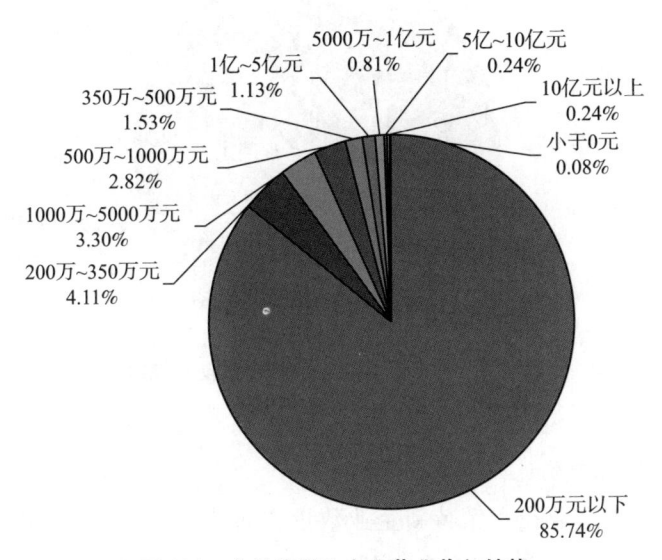

第二篇　成渝地区双城经济圈产业园区发展分析

图104　食品饮料业企业营业收入结构

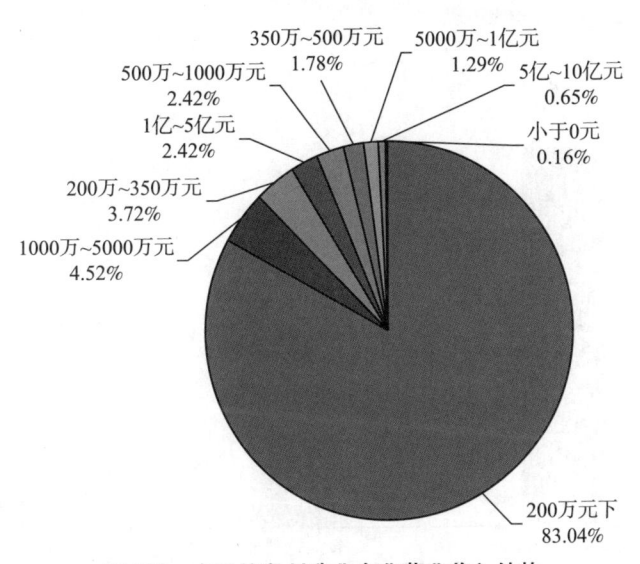

图105　电子信息制造业企业营业收入结构

305

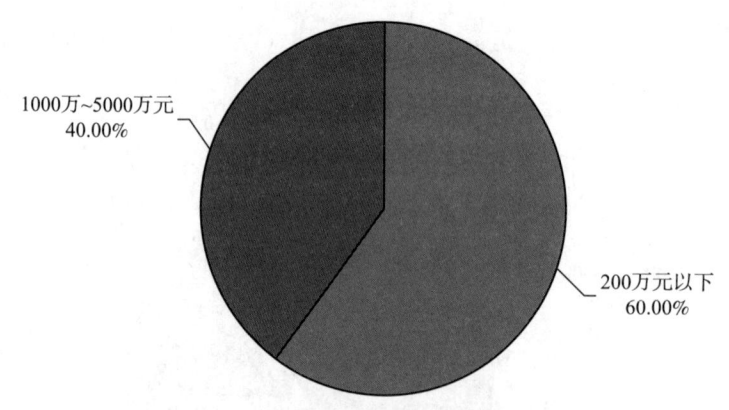

图 106　锂电新能源业企业营业收入结构

3. 入驻企业分析

电子信息制造业在专精特新企业数量方面处于领先地位，拥有 13 家企业，是食品饮料业 7 家企业的近 2 倍。锂电新能源业仅有 1 家专精特新企业，与其他两个行业相比差距明显，显示该领域的专业化发展仍有较大提升空间（见图 107）。

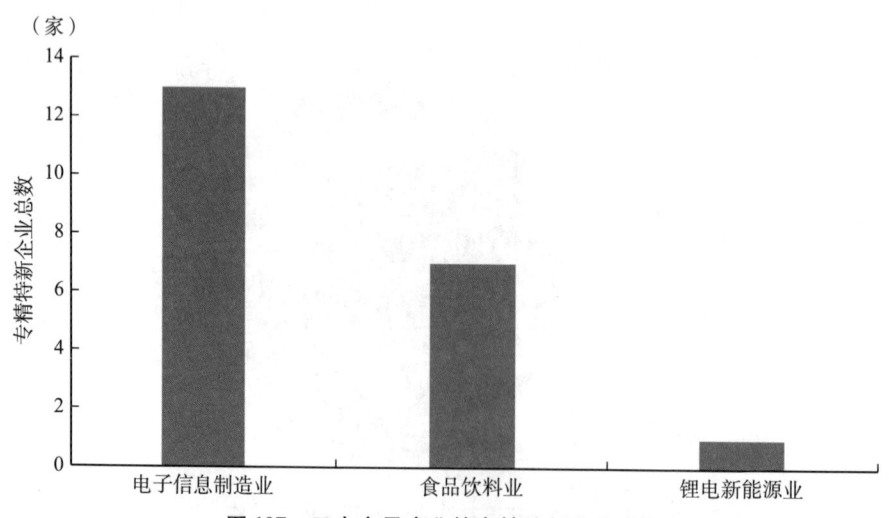

图 107　三大主导产业的专精特新企业对比

在规上企业分布方面，食品饮料业以 69 家企业位居首位，显示出较强的产业规模优势。电子信息制造业紧随其后，拥有 48 家规上企业，约占食品饮料业的 70%。锂电新能源业规上企业有 36 家，该产业未来仍有较大的成长空间和提升潜力（见图 108）。整体来看，传统的食品饮料业在规模企业数量上具有明显优势。

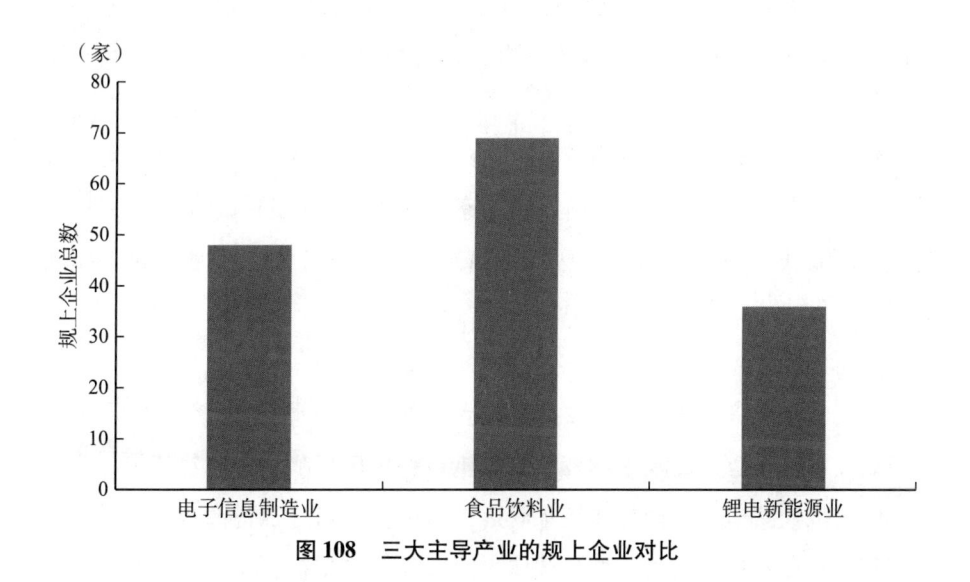

图 108　三大主导产业的规上企业对比

十、宜宾临港经济技术开发区

（一）园区概况①

1. 基本概况

宜宾临港经济技术开发区成立于 2009 年 12 月 18 日，2013 年 1 月 17 日被国务院正式批准为国家级经济技术开发区。临港开发区位于川、滇、

---

① 如未特别说明，本部分相关数据根据宜宾市人民政府门户网站（https://www.yibin.gov.cn）统计数据进行整理。

黔三省接合部，长江航运零公里处、宜宾中心城区东部，长江起点，是西部地区唯一以"临港"命名，依托港口而建，港、园、城联动发展的国家级经济技术开发区，行政规划区面积165平方千米，涵盖宜宾市沿江工业集中区和港口群。宜宾临港经济技术开发区在国家级经济技术开发区综合发展水平考核评价中连续两年保持西部第一，2024年GDP突破600亿元。开发区以数字经济和绿色新能源为核心，致力于打造"一蓝一绿"产业新赛道，重点发展智能终端、轨道交通、新能源汽车、新材料和现代服务业等产业。

交通方面，形成了"三横五纵"道路网络，包括宜泸高速公路、临港大道等；铁路有内昆铁路、成贵高速铁路等，并建有川南城际铁路临港高铁站。宜宾港进港铁路进一步完善了区域集疏运体系，为开发区发展提供了坚实保障。

2. 发展目标

宜宾临港经济技术开发区致力于打造西部一流的国家级经济技术开发区。以降低成本为核心，高水平运营好宜宾港、综保区、临港国际物流园，实体运行好进港铁路运营公司打造铁水联运枢纽中心，当好推进高水平对外开放的先行者；以科技创新体集群为载体，深入实施"揭榜挂帅""江源行动"，签约一批新型研发机构和专家团队，培育企业自主研发创新主体，扩大产教融合发展路径，促进"科技—产业—金融"良性循环，建设因地制宜发展新质生产力的示范区；以融入和服务成渝地区双城经济圈建设为牵引，推动成宜装备园满楼满园运营、国际物流园今年建成投运，高质量建设鱼复·三江成渝双圈产业合作示范园区，提速提质宜泸合作清单，争做区域开放和区域协调发展的推动者；以产业细分领域和新兴赛道为方向，积极创新招商引资模式，推出招商引资负面清单，深入实施"满楼满园"行动，勇当推动经济转型升级、服务构建新发展格局的生力军。

3. 空间布局

宜宾临港经济技术开发区位于宜宾市中心城区东部，长江航道零公里处，规划面积165平方千米。依托宜宾港优势，构建了"三横五纵"道路交通体系，与"一环十射四联"高速公路网络紧密衔接。

产业空间布局上，临港新能源汽车、智能终端、轨道交通、新材料四大主导产业及现代港航物流产业"4+1"产业园正集聚发展。宜宾港集装箱码头、滚装码头、重件和散货码头沿长江北岸一字排开；规划的铁路干线也一直延伸至码头，有效解决铁水联运"最后一公里"的衔接。

4. 主导产业

作为长江上游城市，宜宾坚定践行"共抓大保护、不搞大开发"，全力推动产业结构从"一黑一白"转向"一蓝一绿"。宜宾临港经开区瞄准绿色低碳新能源、数字经济等产业新赛道，以"无中生有"的胆识，创新产业链招商、基金招商等模式，积极培育壮大新兴产业，先后引进东部地区企业230余家，形成以研发、设计、生产于一体的智能终端产业生态，并在新一轮的"智改数转"中为数字经济激发全新活力。同时，通过延链补链，引进来自长三角、珠三角、京津冀等地区的动力电池配套企业120余家，迅速构建起了千亿级的动力电池全产业链生态圈。

5. 发展成果

宜宾临港经济技术开发区自成立以来实现跨越式发展。2013年升级为国家级开发区后，经济快速发展。2023年实现GDP 1165亿元，同比增长18%，在国家级经开区中排名第22位。在商务部2024年国家级经济技术开发区综合发展水平考核评价工作中，宜宾临港经济技术开发区在229家国家级经开区中排名第26位，在西部国家级经开区中连续两年保持排名第一。2023年，宜宾被中国轻工业联合会授予"中国动力电池之都"称号；2023年和2024年，宜宾动力电池产业产值连续两年迈过千亿大关。

6. 开放平台

宜宾临港经济技术开发区位于四川省宜宾市三江新区核心区，紧邻长江黄金水道、成贵高铁和高速公路网，是川南地区最重要的对外开放窗口。宜宾临港经济技术开发区坚持创新引领和开放发展战略，以"产业港、开放港、创新港"为定位,构建创新管理服务体系。建有综合保税区、国际物流枢纽等开放平台。设立宜宾综合保税区,提供保税物流、加工贸易、跨境电商等服务,企业可享受"免税、保税、退税"政策。依托宜宾港(国家临时开放口岸),开通至上海、重庆等国内航线及东南亚近洋国际航线。中欧班列(成渝号)延伸服务,连接共建"一带一路"国家。建设国家级新能源(锂电)产业创新示范区、智能终端产业园、数字经济与跨境电商试验区等产业合作载体。

7. 创新生态

宜宾临港经济技术开发区积极推动科教创新,已与中国人民大学、同济大学、哈尔滨工业大学等18所高校签署战略合作协议,建成四川大学研究生院宜宾分院、四川轻化工大学宜宾校区等高等教育机构,在校生规模达2.8万人。

科技创新方面,建成145个研发孵化平台和26个省级及以上创新平台,技术合同成交额突破10亿元。打造了大学科技园、大数据产业园等创新载体,采用"揭榜挂帅"和"首席专家"模式推动技术攻关。

(二)主导产业分析

1. 产业规模分析

(1)企业数量。

分析企业数量分布情况,智能网联新能源汽车业规模最大,拥有3011家企业,是智能终端业企业数量的9.2倍,轨道交通业企业数量的34.6倍。智能终端业以329家企业位居第二,而轨道交通业企业数量相对较少,仅有87家,体现出三大主导产业在企业规模上存在显著差异(见图109)。

(2)就业规模。

从各产业从业人员规模来看,智能网联新能源汽车业从业人员最多,达28484人,约为智能终端业的1.32倍。智能终端业从业人员为21587人,位居第二。轨道交通业从业人员规模相对较小,仅有7061人,约为智能网联新能源汽车业的24%（见图110）。三大主导产业中，智能网联新能源汽车业和智能终端业是吸纳就业的主要领域。

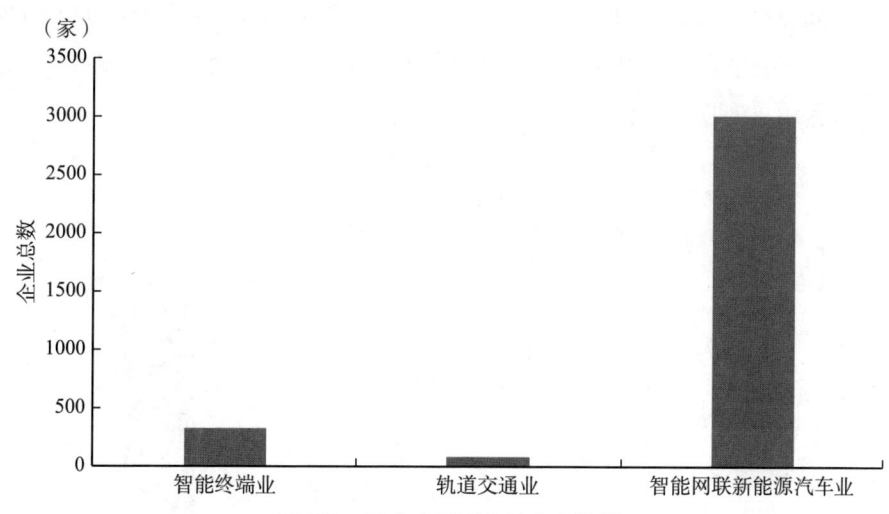

图109　三大主导产业的企业数量

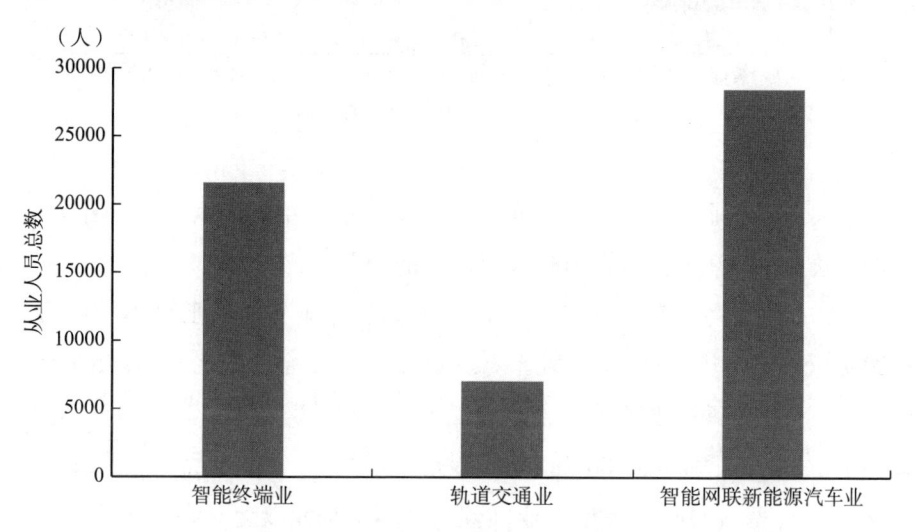

图110　三大主导产业的从业人员数量

（3）注册资本。

从注册资本规模来看，智能网联新能源汽车业规模最大，达343.05亿元，占据主导地位。其次是智能终端业，注册资本为126.46亿元，约为智能网联新能源汽车业的36.9%。轨道交通业规模相对较小，注册资本为19.68亿元，仅为智能网联新能源汽车业的5.7%，显示出三大主导产业在资本投入上存在明显的梯度差异（见图111）。

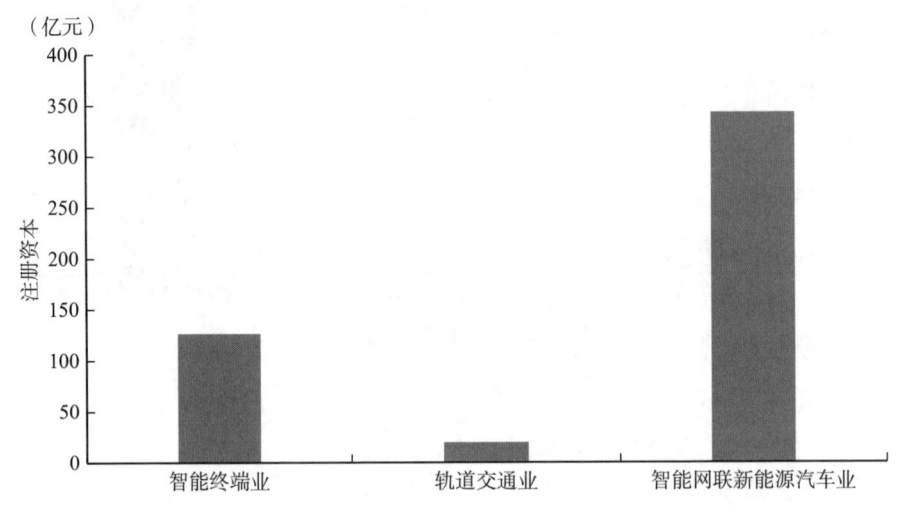

图111　三大主导产业的企业注册资本对比

三大主导产业的企业规模分布呈现"金字塔"结构，以小微企业为主。智能终端业中，注册资本在100万元以下的企业占比46.05%，其次是1000万~5000万元占15.79%（见图112）。轨道交通业中，注册资本500万~1000万元企业占比26.83%位居首位，100万元以下企业次之占21.95%（见图113）。智能网联新能源汽车业规模最大，以注册资本100万元以下小微企业为主，占比64.94%，200万~500万元和100万~200万元分别占12.34%和9.36%（见图114）。大型企业（注册资本1亿元以上）在三个产业中占比均较小，分别为2.63%、6.10%和1.06%。

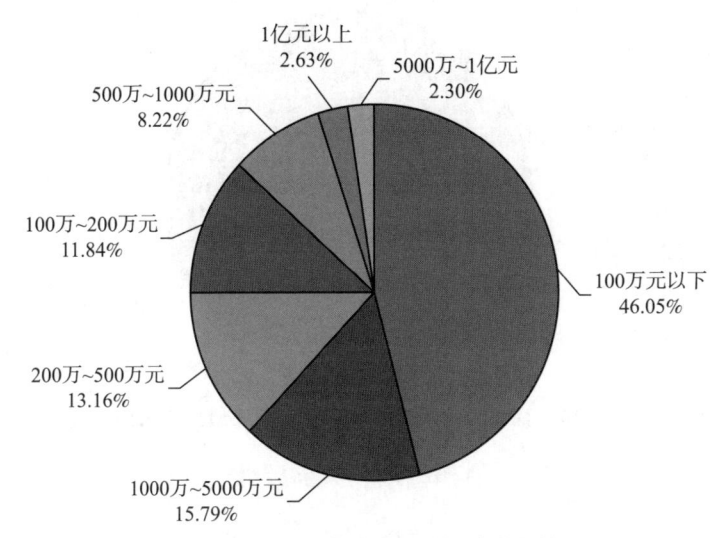

图112 智能终端业企业注册资本结构

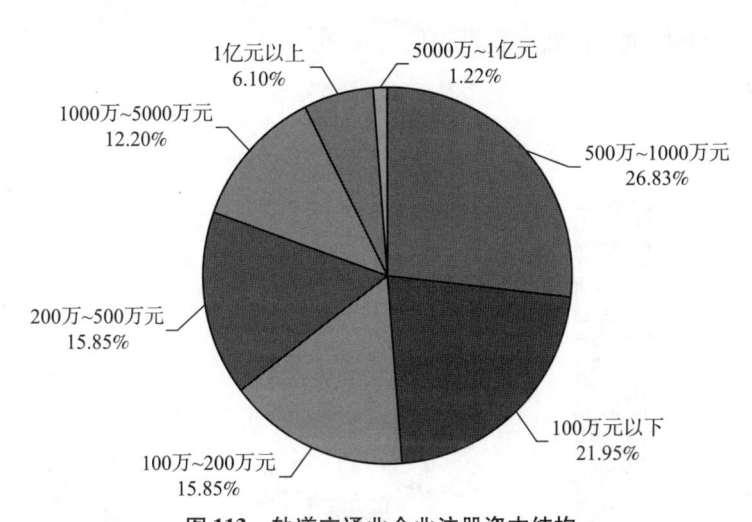

图113 轨道交通业企业注册资本结构

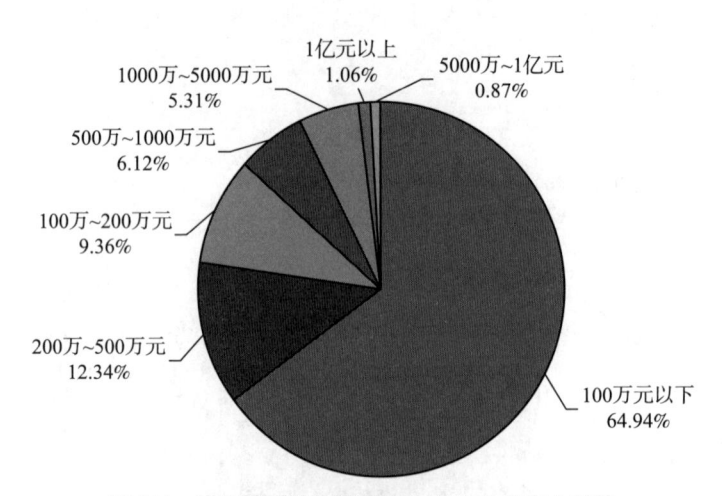

图114 智能网联新能源汽车业企业注册资本结构

2. 经营状况分析

从专利总量来看，智能终端业专利数量最多，达632项，是轨道交通业专利数量的5.2倍。智能网联新能源汽车业以284项专利位居第二，约为轨道交通业专利数的2.3倍。轨道交通业专利数量相对较少，仅为121项，在三大主导产业中创新活跃度相对较低（见图115）。

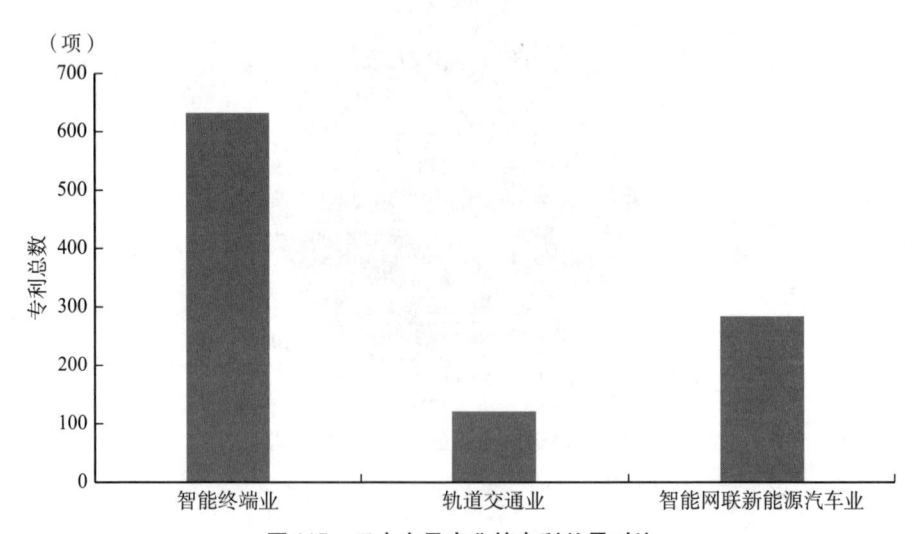

图115 三大主导产业的专利总量对比

第二篇 成渝地区双城经济圈产业园区发展分析

从营业收入分布来看，三大主导产业均呈现出"金字塔"结构，以小微企业为主。智能终端业中，年营业收入200万元以下企业占比69.80%，其次是1000万~5000万元企业占8.72%（见图116）。轨道交通业规模相对较小，年营业收入200万元以下企业占比80.36%，仅有1家企业年营业收入达到5亿~10亿元（见图117）。智能网联新能源汽车业中，年营业收入200万

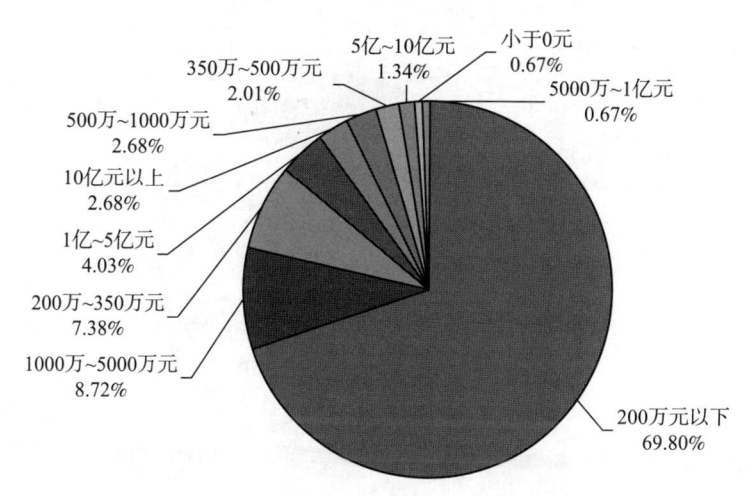

图116 智能终端业企业营业收入结构

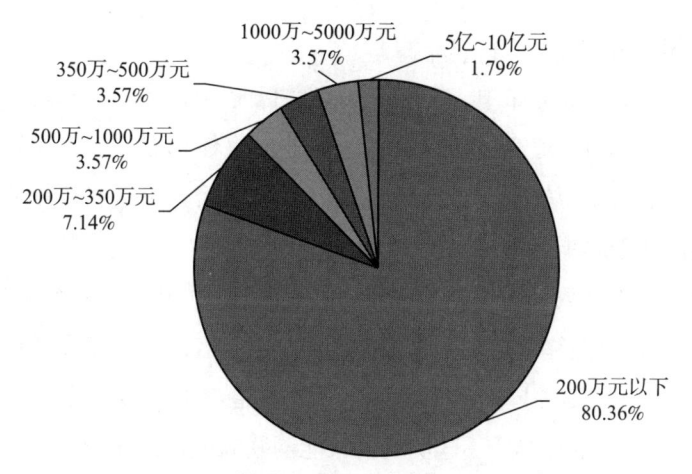

图117 轨道交通业企业营业收入结构

元以下企业占比 87.45% 最为突出，年营业收入 200 万～5000 万元企业占比 9.67%，年营业收入 10 亿元以上的龙头企业仅有 5 家，占比 0.36%（见图 118）。

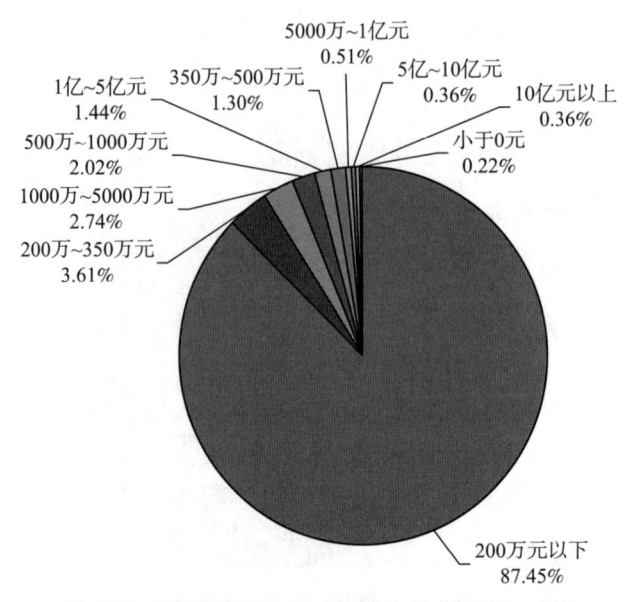

图 118　智能网联新能源汽车业企业营业收入结构

3. 入驻企业分析

在专精特新企业分布中，智能终端业和智能网联新能源汽车业并列领先，各有 2 家企业，而轨道交通业仅有 1 家企业。整体来看，三大主导产业的专精特新企业数量差距较小，总体规模较为有限，反映出这些领域的专精特新企业发展仍处于起步阶段（见图 119）。

从规上企业总数分布来看，智能网联新能源汽车业规上企业数量最多，达到 57 家，是智能终端业规上企业数量的 3.17 倍，是轨道交通业的 19 倍。智能终端业以 18 家规上企业位居第二，而轨道交通业规上企业数量相对较少，仅有 3 家（见图 120）。这反映出智能网联新能源汽车业在该地区具有较强的产业规模优势，而轨道交通业的规模体量相对较小。

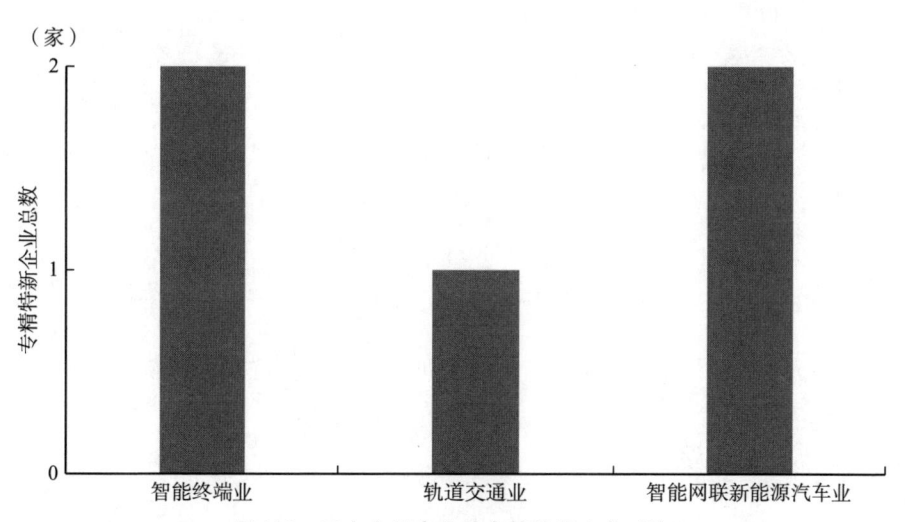

第二篇 成渝地区双城经济圈产业园区发展分析

图119 三大主导产业的专精特新企业对比

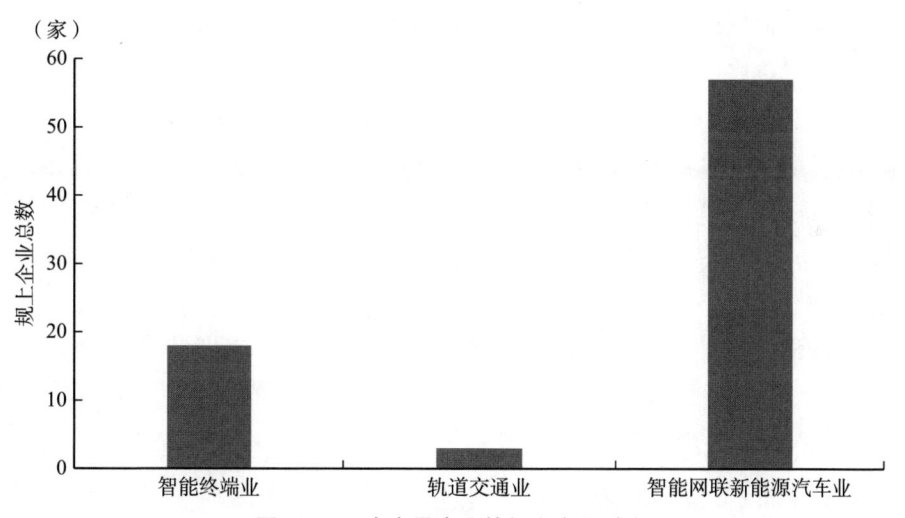

图120 三大主导产业的规上企业对比

317

第三篇
成渝地区双城经济圈专题研究

专题一　产业共同体：提速"同城融圈"的"杀手锏"

摘要：随着成渝地区双城经济圈建设的深入推进，广安实施了"同城融圈"的首位战略，推动广安从"区域边缘"迈向"双圈前沿"。然而，"同城融圈"还存在诸多瓶颈和短板。提速"同城融圈"，打造渝广共同体，重点、难点、堵点在于构建和发展产业共同体。产业共同体是提速"同城融圈"的"杀手锏"和"加速器"，从多维度打造渝广产业共同体，实现渝广双向奔赴，无疑是实现"同城融圈"的重中之重。

关键词：产业共同体；广安；双城经济圈；重庆都市圈；"同城融圈"

在成渝地区双城经济圈战略的背景下，川渝也联手"画"了一个圈。《重庆都市圈发展规划》将广安全域纳入，使其成为目前全国唯一一个全域纳入跨省域都市圈的地级市。[①]"同城融圈"首位战略实施以来，广安正从"区域边缘"迈向"双圈前沿"，从"川东一隅"变成"川渝纽带"。栩栩如生的蓝图正成为经济区与行政区适度分离的新气象。

毋庸讳言，"同城融圈"还存在行政壁垒、重复建设、不当竞争、基础设施不足、创新合作机制不完善，以及市场监管瓶颈等问题。因此，要使

---

① 中国改革报. 协同共兴　川东北经济区强势崛起［EB/OL］. http：//www.cfgw.netcn/2023-05/23/content_25045683.htm，2023－05－23.

"同城融圈"首位战略走深走实,亟待"蹚深水"和进一步提速。广安提速"同城融圈",必须深入贯彻落实党的二十届三中全会精神,树立渝广共同体意识,进一步全面深化改革,努力把渝广打造成基础设施共同体、科技创新共同体、产业发展共同体、生态环境保护共同体、民生项目共同体等。提速"同城融圈",打造渝广共同体,重点、难点、堵点在于构建和发展产业共同体。产业共同体是提速"同城融圈"的"杀手锏"和"加速器"。

一、以健全因地制宜发展新质生产力的体制机制推动渝广产业共同体建设

广安要聚焦传统、新兴和未来三大产业领域,因地制宜培育发展新质生产力,以链主系列铸链、以产业园区聚链、以产业链短板补链、以上下游和左右岸延链、以市场规模扩链、以科技新动能强链。以产业链做优做强为底层逻辑,加强产业协同共兴,建设渝广产业共同体。

(1) 传统产业要着力形成"转型做强"的渝广共同体。今天的传统产业曾经也是新兴产业,不能当成"低端产业"简单退出、一关了之。广安要与重庆相关区县协同,以新质生产力激发"传统产业焕新工程",推进数转智改,实现对辖区的机械加工配套等传统优势产业深度转型升级。"抛"粗放式发展模式,"弃"低端落后产能,"去"高能耗、高物耗和低价格竞争为主的传统发展路径。广安要抓紧、抓牢和抓实"新一轮大规模设备更新"的大周期节点,鼓励企业抢抓机遇,以新质生产力推进生产工艺和设备的改造升级、更新迭代,推动企业向产业链上下游、左右岸延伸扩张,向价值链高端迈进、向技术工艺高峰攀登。通过产业结构的转型升级,使传统优势产业的集中度更加合理;优化传统优势产业集群的科技创新资源分配及完善科技支撑体系,引导创新资源向重点企业、重点产品集聚[1];提升传统产业集群创

---

[1] 干勇,谢曼,廉海强,等. 先进制造业集群现代科技支撑体系建设研究 [J]. 中国工程科学, 2022, 24 (2): 22-28.

新的动力，使传统产业走出发展困境，"向质做强"。渝广产业共同体要以提高产业集中度为主线，巩固技术创新体系，依托链主企业，支持开展跨区域、跨所有制的兼并重组，进行创新资源的优化配置，围绕产品结构优化、绿色化工、食品轻纺制造工艺、智能制造技术调整等科技支撑体系。引导企业在战略、资源、研发、采购、销售、物流等方面充分发挥协同效应，加快产能布局统筹协调，避免重复投资和建设，促进产品结构优化。发挥企业资源整合之后的人才、技术、资本优势，加大研发投入，在绿色制造技术、智能制造技术等新技术研发上实现新突破，引领行业发展。

（2）新兴产业要着力形成"向优成群"的渝广产业共同体。新兴产业是渝广产业共同体形成新质生产力的主阵地，广安要在电子设备、汽车整车及零部件、材料、电气机械、新能源等产业发力，在新材料、新能源、新装备制造领域，推进聚企成链、聚链成群、集群成势，实现产业竞争力的整体提升。保持耐心和定力，瞄准细分领域做专做精，在靶向发力中加快打造特色制造业集聚区。渝广产业共同体要营造"链主企业牵引、中小企业集聚"的创新生态。聚焦产业链关键环节"卡脖子"技术，推动主机厂与配套企业协同创新。鼓励产业链链主企业向集群配套企业开放供应链，实施关键材料、关键器件、关键装备国产替代计划；以国家重点工程、重大装备的需求为牵引，提升材料与器件等上、中游产业链环节的自主可控水平，助推集群产业整体抢占全球产业链、价值链的制高点。广安要协同重庆有关区县，着力提升产业集群智能化水平，通过互相参股、有限联合的方式形成利益共同体，消除产能过剩、产能分散、产品同质化、低成本竞争等矛盾，降低企业兼并重组可能造成的风险。新兴产业集群要利用互联网、大数据技术建设联合生产运营一体化智能平台，形成产能的集约化运行管理功能，打造产能"联合体"。

（3）未来产业要着力形成"向新突破"渝广产业共同体。未来产业决定产业未来，今天的未来产业很可能就是明天的新兴产业。[①] 渝广产业共同体

---

① 中国经济周刊. 因地制宜"划重点"，各地绘制新质生产力"计划书"［EB/OL］. https://www.ceweekly.cn/cewsel/2024/0329/440233.html，2024－03－30.

要着眼未来前瞻布局，积极参与人工智能、航空航天、先进装备、生物制造、清洁能源、先进材料等领域的攻坚，力争在关键领域、关键环节率先取得突破，努力在产业周期循环中提前卡位、抢占高点，在新征程上厚积薄发。广安要瞄准四川省十二届五次全会确定的六个重大科技专项，积极参与打造人形机器人、无人机、智能农机、高端医疗器械、先进半导体、固态电池等一批拳头产品，利用中试基地项目打造新质生产力的重要策源地、转化地、加速器，建设新质生产力发展先行区。围绕发展新质生产力布局产业链，坚持以人工智能一号创新工程和绿氢全产业链发展为突破口，推动卫星网络、无人机、低空经济等新兴产业和量子科技、6G、脑机接口、元宇宙、人形机器人等未来产业取得新进展。发挥清洁能源优势，加速工业能源动力清洁化，推广应用绿色设计和绿色低碳技术，构建从原料、设备、工艺、产品到循环利用的全生命周期绿色制造体系，加速制造业全过程绿色化转型。由于未来产业处于萌芽期和成长期，形成产业集群尚需较长周期。渝广产业共同体应通过创新平台建设和中试产业链吸引科技人才在区域内集聚，加速成果转化、加强产业孵化；以应用场景示范和推广推动上、下游企业集聚，形成技术研发与技术示范应用良性互动的局面。围绕产业发展需求，支持高校、科研院所与有实力的企业在科技创新资源密集地区或者周边地区合作建设前沿技术创新平台；吸引创新资源集聚，推动前沿新兴技术成果转化，以高质量研发活动催生众多前沿技术产业链及产业集群。加强新技术的试验验证与示范应用，以应用促进未来产业集群建设。突出引领产业链升级、制造业转型升级的前沿技术应用研究，建立容错机制，为新技术提供应用场景，保障新产品应用落地。在重点领域实施产业化及应用示范工程，加速产品应用示范，以应用示范促进未来产业集群的高质量建设。

（4）构建和完善渝广产业共同体的"链长系列与链主系列+"的体制机制。理论和实践充分证明，以产业链逻辑制定的空间规划是渝广产业共同体的长期战略。[①] 产业链逻辑通过产业链的上下游、左右岸，做到你中有我、我中有你，相互依存。渝广产业链供应链的持续稳定和优化，在"卡脖子"技术上脱颖而出，在融入双循环新格局中增强渝广产业共同体高质量发展的增长极和新的动力源能级，更有助于渝广两地抱团更紧密，形成渝广团结一致，上下一心，同心同德的新态势和新格局。产业细分化则是产业链逻辑重要的前置条件。只有产业细分化，才能促进产业链环节的相互嵌入与相互依存，才能形成渝广"产业森林"现象，才能形成和稳定渝广"搭伙求财"的体制机制。这需要构建和完善"链长系列＋链主系列＋产业基金＋产业园区＋公共服务"的体制机制。"链长系列"由"总链长＋副总链长＋县级链长＋县级副链长"组成。总链长由广安、重庆有关区（县）主要领导担任，副总链长由分管或分工的广安市、重庆有关区（县）领导担任，负责协助总链长工作；县级链长和县级副链长分别由相应的领导担任，一级抓一级，层层抓落实。"链主系列"则由"链主企业领衔的协会总联盟"组成。链主原则上由龙头企业董事长（总经理）、产业协会和联盟负责人、科研院所专家、有经验的园区运营者担任（可根据产业链细分领域设置若干分链主）。负责组建工作专班，在关键领域率先建立行业标准，联合中小企业围绕产业链关键环节开展协同攻关；联动制定产业链工作计划[②]，抓好配套落实。

（5）以"数字变量"撬动制造业"最大增量"。渝广产业共同体要加快数实融合动能转换，推动科技创新大突破。通过资金、技术、人才、政策等支持推动数字经济发展，利用数字化平台整合资源，推动企业实现信息共享，促进企业开发智能化、数字化、智慧化的新产品，推动数字技术与实体经济的深度融合，坚持以"数字变量"撬动"最大增量"，为成渝地区打造成为

[①] 杨继瑞，周莉. 基于合作之竞争博弈的成渝双城经济圈良性关系重构 [J]. 社会科学研究，2021（4）：100－109.

[②] 南方日报. 双链式"链长制"将打造21条现代产业链 [EB/OL]. https：//economy. southcn. com/node_a76c9e9e6f/de12ddd7a8. shtml，2021－06－29.

发展新质生产力的重要阵地作出新的广安探索，实现创新主体在广安聚集"扎堆"。广安在靠数据促成制造业协同发展过程中，要着力解决在操作系统、工业软件、高端芯片、基础材料等领域，技术研发和工艺制造水平落后于国际先进水平的问题；着力解决部分中小企业数字化转型存在"不愿""不敢""不会"的困境。要进一步破解数据孤岛与共享难题。在技术层面，要着力开发和推广兼容性强的数据接口和标准协议，使不同系统之间能够实现数据互通。在机制层面，要建立跨行业的数据共享机制和平台，鼓励企业在合法合规的前提下共享数据。政府和行业协会可以发挥引导作用，制定相关政策和标准，推动数据共享生态的构建。采用先进的加密技术和安全协议，确保数据在传输和存储过程中的安全[①]；制定和遵守严格的数据保护法律法规，明确数据共享的权责，保护用户隐私。

二、以健全渝广"双飞地"园区的体制机制推动渝广产业共同体建设

"飞地经济"作为一种重要的跨区域经济合作模式，是推动生产要素在区域间高效流动，实现产业协同的重要举措。广安"双向飞地"的创新实践，为推动跨区域产业链、创新链"双链融合"提供了组织载体和重要抓手。作为落实省委"五区共兴"发展战略的生动实践，广安岳池县与成都共建的"双飞地"生物医药产业园，坚持错位联合、优势互补、产业共融思维，利用成都科创资源，遴选具有较好发展前景的创新项目进行孵化，孵化后导流回本地，实现飞出地资源、政策与飞入地技术、人才的有机契合。这一成功的创新实践完全可以复制和推广到渝广产业共同体建设之中。

"双向飞地"一般由跨行政区的两地签署双向协议，通过"产业飞地"和"科创飞地"的联动奔赴，形成异地研发、本地转化的产业跨区域闭环发

---

① 祁美珺. 浅谈人工智能时代管理会计的发展机遇与实施路径 [J]. 中国产经, 2024 (10)：95－97.

展模式。"双向飞地"具有独特优势，通过两地耦合联动，推动创新要素有序流动，优化产业链区域布局。从而有益于后发地区的转型升级，实现从"被动承接"到"主动选择"的转变。这无疑是推动渝广产业共同体建设的有效路径。

（1）"双向飞地"作为"嵌入式"的渝广产业共同体模式，打破了以土地使用权换项目的思维定式，根据产业链逻辑，逆向引流高端创新要素，主动"引凤入巢"，以土地发展权换取长期引智平台，通过异地创新要素的聚集、跃迁，有助于引领广安产业转型升级。

（2）"双向飞地"也有益于渝广产业共同体创新要素有效集聚，有助于广安借助重庆都市圈能级，实现制造业的"造血强本"。"引"是"飞地"的重要功能，"聚"才能形成"飞地"的内生优势。"双向飞地"正是在"引"的基础上提升"聚"的能力，通过集中梳理产业升级中的共性技术难题，以产业发展诉求为基点遴选有价值的项目，实现"点对点"转移转化，打通科创项目在重庆有关区县异地孵化、在广安产业化的链式通道。

（3）"双向飞地"还有益于重庆与广安"同频共振"，实现由"各自为战"向"双链融合"的转变，建优建强产业共同体。"科创飞地"重在集聚创新要素、技术研发孵化，构建创新链；"产业飞地"重在成果转化、项目产业化，形成产业链。[①] 许多地区虽然同时设立了"产业飞地"和"科创飞地"，但创新资源与产业结构未能形成精准对接和良好互补，产业链、创新链未能完整匹配。"双向飞地"正是基于"双链融合"的基本逻辑，激发两地对接互动的集聚效应，构建"研发—孵化—产业化"生态体系，为推动区域产业融合、形成"一盘棋"分工格局奠定良好基础。"科创飞地"与"产业飞地"相结合的"双向飞地"园区，为各地打破行政壁垒，推动要素跨区域有序自由流动，实现"双链融合"，形成建优建强产业共同体的"四梁八柱"。因此，广安要着力健全渝广"双飞地"园区的

---

① 杨亚琴，张鹏飞. 双向飞地模式：科技创新和产业联动跨区域合作的探索［J］. 发展研究，2022，39（5）：46-52.

体制机制。

首先，精选试点，夯实"双向飞地"的根基。作为广安"同城融圈"的科技创新和产业跨区域合作的创新实践，要精选试点、先行先试，探索可复制、可推广的经验。在建设渝广产业共同体的实践中，联动打造"双向飞地"发展重点示范园区，形成多层次、网络化的渝广产业共同体。

其次，深化改革，创新"双向飞地"的柔性环境。"双向飞地"不是将"科创飞地"和"产业飞地"人为"捆绑"，而是实现错位精准对接、双向互动、双链融合。因此，贯彻落实党的二十届三中全会精神，进一步全面深化改革，加强制度配套创新与柔性环境建设是关键。广安要加强与重庆有关区县的协同，采取"政府搭台"与"企业主导"模式。在园区发展前期，各级政府应明确给予"双向飞地"园区财政资金支持、税收返还优惠、金融信贷扶持，可派驻专门人员担任园区管委会主要负责人，主导园区合作平台建设、信息联通、政策对接工作，两地政府配合推动园区建设。"双向飞地"园区步入正轨之后，则可转为"政企分离、企业运作"的管理模式，由两地政府按照一定比例出资共建股份合作公司，实行"自主决策，独立运行"的市场化运作，负责"双向飞地"园区的规划开发、招商引资和经营管理工作。

最后，科学治理，完善各方利益分配。相对于普通飞地而言，"双向飞地"治理结构和参与主体更为错综复杂，协调多种主体间复杂的利益关系是飞地实践发展的关键问题。由于不同园区基础条件差异较大，飞地园区的利益协调机制不应强求完全统一的规范标准，可针对园区特点，对所涉及的财税分配、GDP核算、土地出让等深层次问题，提出基本利益分享原则，具体分配可由合作双方根据投入和贡献大小，事先制定分配方案，"一事一议""一区一策"差异化处理。其中税收分配方案，两地协商一致后可联合向重庆市和四川省有关部门提出申请，有关部门按程序进行年终结算办理调整事宜；GDP等指标统计工作执行现行国家统计制度规定，由属地负责统计，分享比例由双方根据投入和贡献大小协商确定，分别或同时纳入双方所在地统计用于渝广相关区县（园区）年度考核。

三、以跨省域行政主体的同向奔赴体制机制推动渝广产业共同体建设

2024年7月29日和31日,《关于川渝高竹新区行政管理有关事项的决定》先后在四川、重庆两省市召开的人大常委会会议上表决通过,这意味着全国首个跨省域共建新区依法取得行政主体资格和相应行政管理权限。[①] 这是川渝贯彻落实党的二十届三中全会关于构建跨行政区合作发展新机制的硬举措,在成渝地区双城经济圈建设中具有里程碑意义。

在建设渝广产业共同体的过程中,广安与重庆相关区县要借鉴和复制川渝高竹新区行政管理的经验成果,构建跨省域行政主体同向奔赴的体制机制,发挥有为政府赋能有效市场的作用,因势利导地发挥市场在渝广产业共同体资源配置中的决定性作用。在成渝地区双城经济圈建设过程中,广安应将统筹区域协调发展的要求落到实处,加强渝广产业共同体建设,打破自家"一亩三分地"思维固化模式[②],实现产业错位竞争、差异发展,建圈强链,形成渝广"产业森林"。

要使渝广良性竞合关系恒久,跨省域行政主体必须要树立错位竞争、差异发展、共同拥抱的产业共同体意识。这是区域间的特色优势发展的机理所致。渝广要根据当地特点和优势,避开其他先发展地区相同的发展模式,开辟以重视打牢基础、发挥特色优势、突出开放创新、实现民生幸福为主要亮点的错位发展之路,规避趋同的恶性竞争,建设好渝广产业共同体。

在渝广产业共同体的建设过程中,往往会涉及若干重大项目是落地于广安行政区划内还是落地于重庆某个区县行政区划内的讨论与磋商。除按照比

[①] 四川日报. 全国首个跨省域共建新区获行政主体资格 [EB/OL]. http://epaper.scjjrb.com/Article/index/aid/8450970.html, 2024-08-01.

[②] 杨继瑞,周莉. 基于合作之竞争博弈的成渝双城经济圈良性关系重构 [J]. 社会科学研究, 2021 (4): 100-109.

较优势规律外,广安和重庆某个区县的党政还要构建相对均衡的项目布局及其制度安排,统筹兼顾。这就需要以健全跨省域行政主体资格的体制机制推动渝广产业共同体建设,发挥"有为政府"的助力作用。

以跨省域行政主体的同向奔赴体制机制推动渝广产业共同体建设,要遵循区域经济规律指向。区域间的关系必定以合作为基础,辅之以必要的错位竞争。也就是说,如果在广安行政区划内主要布局 A 项目,那么就应该在重庆行政区划内主要布局 B 项目。一旦空间内 AB 错位的生产力布局议定,渝广各级党政就要依法严格遵守,加强协调,同向奔赴,决不能破坏共同制定的"游戏规则"。渝广各级党政要优化"经济圈"协同环境,协同制定建设渝广产业共同体的地方性法规。以法治思维保障渝广产业共同体的良性竞争秩序。

第一,在"同城融圈"过程中,可使用人工智能、大数据进行跨省域行政主体建设渝广产业共同体政策取向一致性的评估,提升政策制定的科学性和前瞻性,定期进行政策效果评估,及时调整不一致或相互冲突的政策措施。

第二,在"同城融圈"过程中,设立专门机构或者协调小组,通过政策协调组织确保渝广各区县及相关部门在制定政策时能够相互沟通、协调行动,发挥好评估、把关、协调的作用,通过细分领域的政策实现互相支撑,合力建设渝广产业共同体。

第三,在"同城融圈"过程中,增强政策透明度和预测性,通过公报、新闻发布会等方式及时、准确公开政策信息,发布政策指南和路线图,为市场主体提供明确的政策方向和预期,提高政策透明度,增强市场主体的预期管理能力。

第四,在"同城融圈"过程中,通过收集市场主体和公众的反馈意见,渝广各级政府及时调整政策,以更好地适应国内外市场变化和企业需求。

第五,在"同城融圈"过程中,建立健全政策执行监督机制,防止政策实施过程中的相互掣肘。渝广各级政府及相关部门在考虑出台渝广产业共同体政策的过程中,要坚持大局意识,慎重出台有可能导致需求收缩或抑制效应的政策，多安排有利于需求扩张，有利于稳预期、稳增长、稳就业的政策，还要注重经济政策与非经济政策取向上的一致性，避免"合成谬误"。

（执笔人：杨继瑞，西南财经大学成渝经济区发展研究院院长、成都市社科联名誉主席，二级教授，博士生导师；汪锐，西南财经大学成渝经济区发展研究院兼职研究员；邓舒耀，西南民族大学博士生。）

专题二　成渝地区双城经济圈区域统一市场建设：突出问题与思路对策[*]

摘要：坚持分层次有序推进的建设路径，推动区域统一市场建设，是全国统一大市场建设的起点和突破口。推进成渝地区双城经济圈区域统一市场建设，将为构建高标准市场体系、实现区域协调发展提供坚强支撑。当前成渝地区双城经济圈商品市场一体化进程较快而要素市场一体化进程相对缓慢，在区域统一市场建设过程中存在着一些突出问题：在宏观上，城市的接续性较差且市场规模相对较小、要素统一市场尚未有效建立；在中观上，城市间产业同质化竞争严重、产业链供应链协同规划滞后；在微观上，龙头企业与专精特新企业有待培育、企业创新能力弱。要破解这些问题，在宏观层面，要构建大中小城市协调发展格局，推进要素市场化改革；在中观层面，要推进产业高水平协同发展，实现基于市场和技术逻辑的良性产业分工；在微观层面，要提升企业市场竞争力，提高企业生产效率和创新能力。

关键词：区域统一市场；市场规模；产业协同；企业创新

---

[*] 基金项目：重庆市教委人文社科项目"国有企业驱动国内统一大市场建设的机制与路径研究"（23SKGH190）；重庆市社会科学规划项目"成渝地区双城经济圈建设区域统一市场的主要问题与推进路径研究"（2023NDQN19）；重庆工商大学高层次人才科研启动项目"成渝地区双城经济圈市场一体化建设研究"（2355007）。

一、引言

全国统一大市场建设是构建新发展格局的基础支撑和内在要求，党的二十大报告强调要构建全国统一大市场，建设高标准市场体系，党的二十届三中全会通过的《中共中央关于进一步全面深化改革、推进中国式现代化的决定》再次指出构建全国统一大市场是构建高水平社会主义市场经济体制的重要内容。但建设全国统一大市场非一时一日之功，坚持分层次有序推进的建设路径，在各区域内开展区域统一市场建设，将成为建设全国统一大市场的起点和突破口。2011年以来，成渝地区一体化进程经历了"成渝经济区→成渝城市群→成渝地区双城经济圈"三个阶段，在不同阶段区域市场一体化均展现出不同需求和特点。到2023年，川渝两地政府联合发布《推动成渝地区双城经济圈市场一体化建设行动方案》，明确提出要推动成渝地区双城经济圈（以下简称"成渝双圈"）市场一体化建设，加快融入高效规范、公平竞争、充分开放的全国统一大市场建设。推进成渝双圈区域统一市场建设，对实现成渝双圈协调发展，缩小我国东西经济发展差距具有重要意义，也是建设全国统一大市场、畅通国内大循环的重要基础。

二、文献综述

对于中国统一市场的研究发轫于对地区间市场分割的探讨[1]，在研究初期，囿于数据的可得性及问题的严峻程度，研究主要集中于商品市场，通过考察地区间产业结构趋同水平和贸易量的变化，部分学者认为我国商品市场分割较为严重且呈加剧态势。[2] 但也有学者通过将相对价格法应用于我国省

---

[1] Young A. The Razor's Edge: Distortions and Incremental Reform in the People's Republic of China [J]. The Quarterly Journal of Economics, 2000, 115 (4): 1091–1135.

[2] Poncet S. Measuring Chinese Domestic and International Integration [J]. China Economic Review, 2003, 14 (1): 1–21.

际、城际商品市场分割的测算后，认为我国商品市场分割程度有所下降。[1][2] 随着商品市场的不断完善，要素市场一体化已成为更为紧迫的问题。[3] 在劳动力市场方面，通过以工人收入和教育回报、职工平均收入指数、劳动生产率等多种指标进行测度后，结果均表明我国劳动力市场一体化程度较低，且存在城乡间和城市间的双重分割。[4][5][6] 在资本市场方面，无论是相对价格法或是测度地区间资本要素价格差异，如利率差异、资本收益率差异等，研究结果均表明我国资本市场一体化水平逐步提高。[7][8][9]

随着全国统一大市场概念的提出，众多学者基于不同视角和侧重点的讨论取得了一些共识，认为全国统一大市场应当具备：第一，统一性。实现要素的自由流动和市场基础制度规则的统一。[10] 第二，开放性。加强对内开放，对民营企业的开放。[11] 第三，竞争性。规范不当市场竞争与垄断行为，以功

---

[1] 陆铭，陈钊，严冀. 收益递增、发展战略与区域经济的分割［J］. 经济研究，2004（1）：54–63.

[2] 吕冰洋，贺颖. 迈向统一市场：基于城市数据对中国商品市场分割的测算与分析［J］. 经济理论与经济管理，2020（4）：13–25.

[3] 刘志彪，孔令池. 从分割走向整合：推进国内统一大市场建设的阻力与对策［J］. 中国工业经济，2021（8）：20–36.

[4] 杨涛，盛柳刚. 中国城市劳动力市场的一体化进程［J］. 经济学（季刊），2007（3）：817–840.

[5] 赵奇伟，熊性美. 中国三大市场分割程度的比较分析：时间走势与区域差异［J］. 世界经济，2009（6）：41–53.

[6] 赵慧卿，周国富. 中国劳动市场一体化测度与利益评估［J］. 经济经纬，2012（4）：136–140.

[7] 吴华强，才国伟，何婧. 新发展格局下的全国统一大市场建设［J］. 南方经济，2022（7）：54–68.

[8] 姚亚伟，刘江会. 长三角区域资本市场一体化程度评价、测度及未来发展建议［J］. 苏州大学学报（哲学社会科学版），2021，42（3）：18–31.

[9] 王宋涛，温思美，朱腾腾. 市场分割、资源错配与劳动收入份额［J］. 经济评论，2016（1）：13–25，79.

[10] 苏剑，邵宇佳. 全国统一大市场建设的内涵、现状与政策建议［J］. 新疆师范大学学报（哲学社会科学版），2022，43（6）：98–109.

[11] 刘瑞明，杨冰岩. 全国统一大市场构建的突出问题与破解思路［J］. 社会科学辑刊，2022（6）：119–127.

能性产业政策取代选择性产业政策。①② 第四,有序性。厘清政府行政边界,营造公平有序的营商环境。③

在全国统一大市场建设过程中存在的问题包括:第一,市场规模有限。地方保护主义抑制了企业的跨区域扩张,限制了市场边界。④ 第二,要素流动受限。地方政府为维护自身经济利益而限制要素流动。⑤ 第三,产业同质化竞争。选择性的地区主导性产业政策存在过度追求高精尖产业和产业同质化竞争严重现象。第四,政府直接干预过多。地方政府有强烈动机干预企业的投融资和日常经营活动。⑥

综上所述,已有研究较为全面,是本文研究的重要基础,但也存在一些不足:首先,对商品市场的研究较为丰富,而对要素市场尤其是城市群要素市场的研究有待完善;其次,对东部发达地区的研究较为丰富,对成渝双圈的研究尚有待补充;最后,在维护国内统一大市场的前提下,如何建设各区域统一市场,又不至于陷入区域间的市场分割,仍有待进一步思考。

因此,本文首先从城市层面通过相对价格法对成渝双圈商品和要素市场一体化进行测度和分析;其次,而后扩展到统一市场建设方面,对成渝双圈统一市场建设过程中的突出问题进行总结;最后,提出相应建设路径和举措。

---

① 袁靖波,周志民,周南. 产品市场竞争、市场分割与企业违规行为 [J]. 管理工程学报,2021,35 (4):81-92.

② 戚聿东,郝越. 以公平竞争审查制度促进全国统一大市场建设 [J]. 南方经济,2022 (8):10-21.

③ 马祎明,许光建. 加快建设国内统一大市场的策略与途径 [J]. 价格理论与实践,2022 (9):26-30,109.

④ 宋渊洋,黄礼伟. 为什么中国企业难以国内跨地区经营? [J]. 管理世界,2014 (12):115-133.

⑤ 周黎安. 晋升博弈中政府官员的激励与合作:兼论我国地方保护主义和重复建设问题长期存在的原因 [J]. 经济研究,2004 (6):33-40.

⑥ 刘志彪. 为高质量发展而竞争:地方政府竞争问题的新解析 [J]. 河海大学学报(哲学社会科学版),2018,20 (2):1-6,89.

三、成渝双圈市场一体化水平测度与分析

1. 测度方法与数据来源

本文采用相对价格法对成渝双圈商品和劳动力市场一体化程度进行测度，对资本市场的测度由于各城市固定资产投资价格分类指数的缺失，无法采用相对价格法进行测度，因此以城市间资本要素边际产出的离差为基础，对资本市场一体化指数进行测度。

商品和劳动力市场的原始数据为各城市居民消费价格分类指数和 19 个行业就业人员平均工资。在资本市场一体化指数测度中，需对资本要素的边际产出弹性进行估计，在估计过程中，产出 Y 为各城市实际 GDP，劳动要素 L 为全社会就业人员总数，资本要素 K 为各城市资本存量，计算方法采用永续盘存法进行计算。[①] 相关数据主要来自各省及各城市历年统计年鉴与统计公报，部分缺失数据采用线性插值法补充。研究的时间序列为 2001 ~ 2021 年，鉴于 2003 年后我国国民经济行业的分类发生了较大调整，且 2019 年后四川各城市不再公布各行业就业人员平均工资，因此劳动力市场一体化指数的时间序列为 2004 ~ 2019 年。

2. 测度结果分析

本文对成渝双圈各城市商品和要素市场一体化水平进行了测度，以所有城市市场一体化指数均值表示成渝双圈整体水平，测度结果如图 1 所示。

与要素市场相比，商品市场一体化指数长期处于较高水平，商品市场一体化均值约为劳动力市场的 6.6 倍，表明成渝双圈商品市场一体化进程显著快于要素市场。从各市场的一体化整体发展趋势来看，商品市场一体化水平整体呈波动上升趋势，市场一体化指数从 44.901 提升至 106.686，特别是从 2011 年起，市场一体化指数年均增速达 7.48%，其原因主要在于从 2011 年

[①] 张军，吴桂英，张吉鹏. 中国省际物质资本存量估算：1952—2000 [J]. 经济研究，2004 (10)：35 - 44.

的《成渝经济区区域规划》出台后成渝地区建设上升至国家战略高度，地区间市场一体化体系建设得到快速推进。劳动力市场一体化进展较为缓慢，从2013年起才得以快速推进，市场一体化指数从2013年的7.779提升至2017年的14.843，主要推动力在于党的十八大即2013年以来，党中央、国务院作出了一系列与成渝双圈发展密切相关的决策部署，包括"一带一路"倡议、长江经济带战略、成渝城市群发展规划等，有力地推动了成渝双圈一体化发展。但也应注意到劳动力市场一体化进程自2018年起出现"翘尾现象"，其主要原因在于国家税收体制改革的影响，各地区社保缴费基数、缴费比例以及政策实施时间的差异导致地区间工资价格差异有所扩大。资本市场一体化呈先降后升趋势，2001~2008年出现缓慢下降，2008年后从4.735逐步提升至2021年的9.650。作为西部地区重要的增长极，成渝两地自2007年起被批准设立全国统筹城乡综合配套改革试验区，中央转移支付和预算内资金向成渝双圈倾斜，大量资本开始进入成渝双圈，从而推动成渝双圈资本市场一体化快速推进。

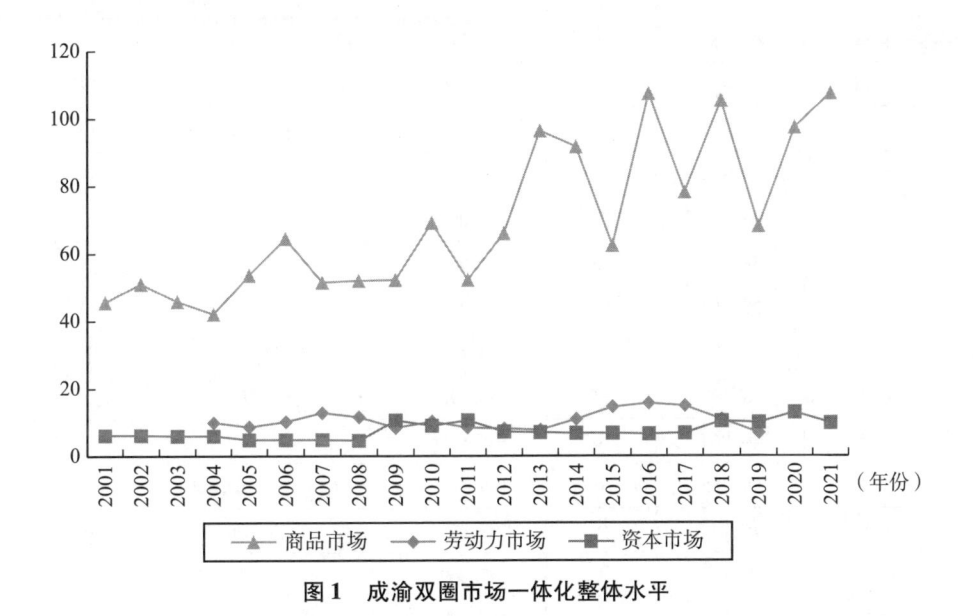

图1 成渝双圈市场一体化整体水平

从城市个体层面来看，成渝双圈内部各城市市场一体化进程存在较大差异（见表1和表2）。首先在商品市场一体化方面，各城市商品市场一体化水平普遍呈波动上升趋势，一体化指数均有所提升，其中作为核心城市的重庆市和成都市一体化指数快速提升，增速分别为5.32%和4.00%，对成渝双圈整体商品市场一体化的带动作用较为突出。此外，成都都市圈内各城市一体化指数也出现了快速增长。例如，德阳市一体化指数年均增速达5.33%，眉山市年均增速达5.81%，资阳市年均增速达5.59%；作为成都平原区域中心城市的乐山市商品市场一体化水平提升最为突出，排名由第16位上升至第1位，年均增速达7.57%。

表1　　　　　　　　各城市商品市场一体化指数

城市	2001年 指数	2001年 排序	2021年 指数	2021年 排序	均值 指数	均值 排序
重庆	43.808	11	123.612	2	69.516	9
成都	47.194	7	103.330	11	69.068	11
自贡	47.087	8	102.502	12	69.950	8
泸州	49.483	3	65.306	16	67.006	14
德阳	35.861	15	101.238	13	58.458	16
绵阳	48.252	6	93.645	14	71.789	4
遂宁	48.700	5	117.000	5	73.776	1
内江	38.657	13	111.030	7	71.669	5
乐山	28.858	16	124.213	1	68.227	12
南充	52.508	2	112.763	6	70.541	7
眉山	38.198	14	118.292	3	73.065	2
宜宾	46.064	10	108.838	8	72.432	3
广安	58.725	1	106.363	10	69.506	10
达州	46.148	9	107.824	9	70.742	6
雅安	49.229	4	93.249	15	63.121	15
资阳	39.658	12	117.770	4	67.513	13

表 2　　各城市要素市场一体化指数

类别	城市	2004 年 指数	2004 年 排序	2019 年 指数	2019 年 排序	均值
劳动力市场	重庆	11.548	3	5.965	13	11.151
	成都	10.341	6	7.218	7	10.290
	自贡	11.034	4	6.476	12	10.350
	泸州	10.789	5	7.560	3	11.446
	德阳	9.017	13	7.447	5	10.675
	绵阳	9.569	10	5.374	15	11.373
	遂宁	9.880	7	5.538	14	9.097
	内江	11.672	2	6.759	11	11.132
	乐山	8.641	14	7.494	4	10.340
	南充	6.545	16	7.763	2	10.128
	眉山	9.703	9	4.530	16	9.448
	宜宾	11.925	1	7.444	6	11.352
	广安	7.424	15	7.160	8	10.245
	达州	9.457	12	7.926	1	11.363
	雅安	9.729	8	6.987	10	10.355
	资阳	9.561	11	7.057	9	9.468

类别	城市	2001 年 指数	2001 年 排序	2021 年 指数	2021 年 排序	均值
资本市场	重庆	3.433	13	8.077	4	7.930
	成都	3.980	8	7.135	6	7.699
	自贡	2.802	15	5.588	11	3.555
	泸州	3.820	10	5.398	14	7.940
	德阳	3.511	11	7.086	7	5.362
	绵阳	7.056	4	4.570	16	5.411
	遂宁	5.526	5	5.665	10	5.113
	内江	4.234	7	5.560	12	4.334

续表

类别	城市	2001 年 指数	2001 年 排序	2021 年 指数	2021 年 排序	均值
资本市场	乐山	3.890	9	12.381	3	14.104
	南充	5.034	6	5.447	13	4.973
	眉山	15.372	2	7.995	5	6.113
	宜宾	8.269	3	21.687	2	15.952
	广安	19.577	1	5.747	9	7.922
	达州	3.410	14	5.311	15	5.365
	雅安	3.464	12	40.112	1	7.356
	资阳	2.779	16	6.641	8	9.032

劳动力市场方面，首先，成渝双圈多数城市2019年市场一体化指数与2004年相比有所下降，但这只是受国家税收体制改革政策的短期影响。其次，从均值来看，排名后三位的城市则分别为资阳、眉山和遂宁，在地理位置上主要位于重庆和成都之间，一定程度上反映了成渝两大城市间在过去空间发展战略缺乏充分对接、高端发展平台建设竞争大于合作、产业分工协作不够充分等问题。最后，从城市排名波动情况来看，重庆市和成都市排名不升反降，表明两城市在成渝双圈劳动力市场一体化进程中的辐射带动作用不够突出，而德阳市、乐山市和南充市排名提升较大，是成渝双圈劳动力市场一体化的主要推动力量。

资本市场方面，大部分城市市场一体化水平呈上升趋势，其中重庆和成都一体化指数年均增速分别为4.37%和2.96%，两大城市的资本市场一体化水平较高，地区间资本流动较为便捷。增长速度最快的城市为雅安市，从2001年的3.464增长至2021年的40.112，年均增速为13.03%，对成渝双圈整体劳动力市场一体化水平提升具有突出贡献。但也应看到广安市、眉山市和绵阳市的一体化指数出现了下降，表明这些城市资本市场一体化进程缓慢，与其他城市间的差距不断拉大。

四、突出问题

市场一体化是区域统一市场建设的重要组成部分，但区域统一市场相比市场一体化的内涵更为丰富，不仅包括要素的自由流动，也要求扩大市场规模，实现产业协同发展，从而进一步扩大内需，建设高标准市场经济体系。而当前成渝双圈区域统一市场建设仍有待完善，在宏、中、微观方面存在许多问题亟待解决。

（一）宏观层面

1. 城市的接续性较差且市场规模相对较小

经济发展差距是抑制区域统一市场建设的重要因素。成渝双圈长期存在的一个问题就是城市间经济发展差距较大，城市的接续性较差。2021年成都与重庆GDP分别为1.99万亿元与2.79万亿元，占成渝双圈经济总量的26.22%与36.72%，其余14个城市经济总量占比仅为37.06%，GDP在3000亿元以上的城市仅有绵阳与宜宾，城市的接续性和梯度性较差。此外，城市间经济发展差距较大也意味着区域市场规模有限，图2显示，2021年成渝双圈社会消费品零售总额分别为3.46万亿元，仅为粤港澳大湾区的91.08%、长三角城市群的37.46%，人均GDP为7.32万元/人，仅为粤港澳大湾区的78.85%、京津冀城市群的77.84%、长三角城市群的56.07%。市场规模相对较小使得成渝双圈的企业面临着较小的市场需求，限制了企业的生产规模，规模经济效应难以发挥，企业的异地扩张受限，城市间商品和要素流动缓慢，不利于区域统一市场建设的快速推进。

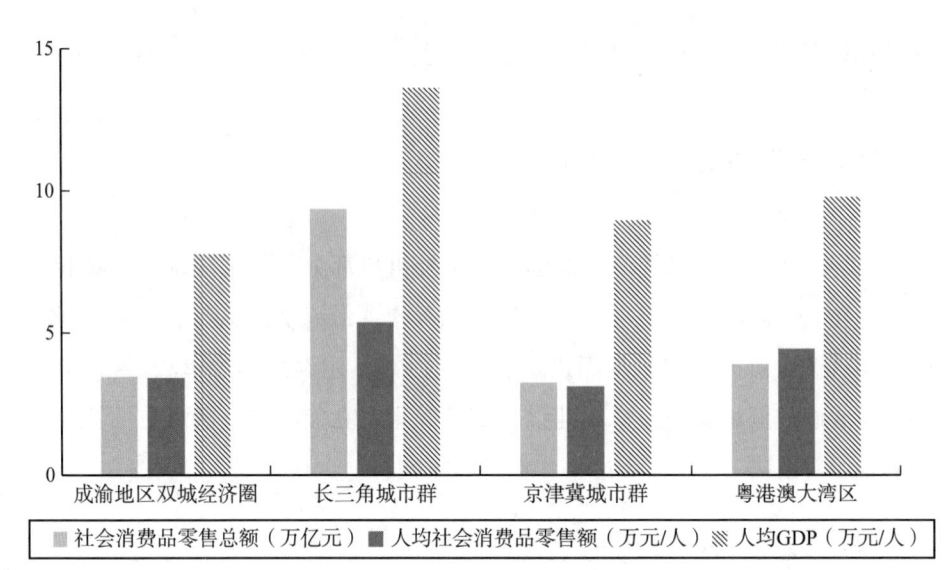

图2　2021年各城市群市场规模比较

2. 要素统一市场尚未有效建立

通过前文对成渝双圈商品和要素市场一体化水平的测度可知，成渝双圈要素市场一体化进程相对滞后，要素统一市场尚未有效建立。在劳动力要素方面，劳动力流动仍受到诸如户籍制度、社会保障跨区域转移障碍等方面的限制，劳动力市场一体化水平提升缓慢，此外，多数城市劳动力还处于净流出水平，2021年成渝双圈净流出人口（户籍人口－常住人口）为626.64万人，除成都外其余城市均处于人口净流出状态（见图3），人才流失现象严重。在资本要素方面，金融基础设施供应不足，缺乏在全国范围内具有影响力的金融基础设施，缺乏统一的证券、资金、商品等金融交易平台，金融要素市场配置能力不足。在数据要素方面，成渝双圈统一数据要素市场尚未有效建立，数字经济发展水平相对较低，2021年成渝双圈数字经济占GDP的比重为33.05%，同期长三角城市群和粤港澳大湾区的数据分别为41.60%和76.95%。[①] 各城市在数字化能力和水平上存在明显差距，成都与重庆数字经

---

① 中国信通院《中国城市数字经济指数蓝皮书（2021年）》。

济规模分别为 9811 亿元与 8801 亿元，但其余 14 个城市中仅有绵阳市数字经济规模超千亿元，为 1262 亿元。

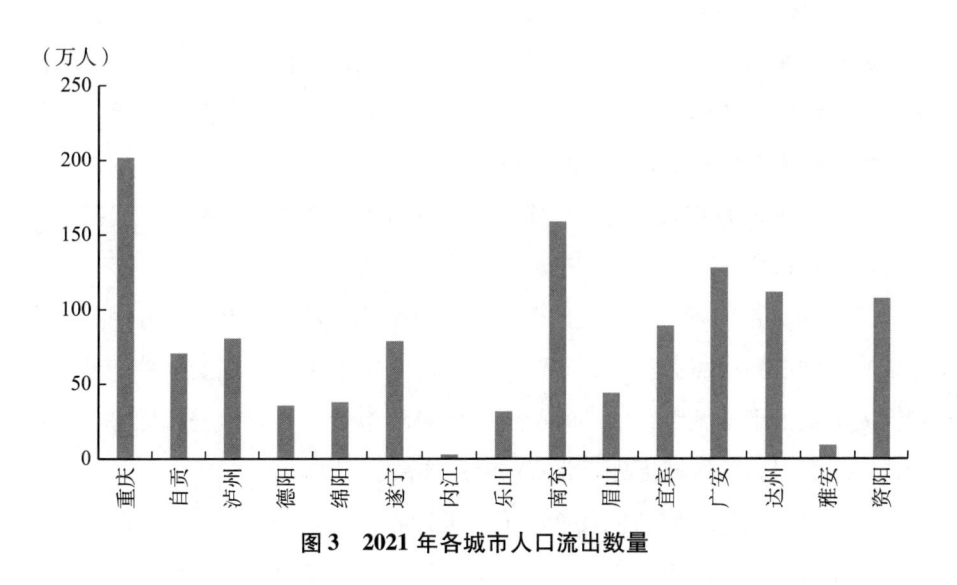

图 3　2021 年各城市人口流出数量

（二）中观层面

1. 产业同质化竞争严重

产业同质化竞争严重更多体现了地区产业发展战略的相似，落后地区为实现对发达地区的追赶，倾向于对本地区高科技高附加值的企业进行保护，实现在产业链分工上的提升，但这一选择往往忽视自身比较优势，造成盲目布局和投资。从成渝双圈各城市"十四五"规划所反映的地方产业政策的重点方向来看。在第一产业方面，各城市主要目标为发展现代农业和特色农业。在第二产业方面，酒、饮料和精制茶制造业，以及能源化工业、食品制造加工业、装备制造业、医药制造业、电子信息业、新材料业等被超过半数的城市列为优先发展产业。在第三产业方面，各城市都提出要建设现代服务业，金融业、现代物流业、医疗康养业、文旅产业几乎被所有城市写入各自"十四五"规划中。各城市产业发展战略目标存在较大重合，极易导致地区间产业结构趋同，带来重复建设、产能过剩、地方政府债务高企等一系列问题，也为后期成渝双圈产业整合与产业链供应链协同发展增加了难度。

2. 产业链供应链协同规划滞后

成渝双圈的发展目标之一是形成具有鲜明特色、相对完整、安全可靠的区域产业链供应链体系，大幅提升协作效率。但当前成渝双圈产业链供应链协同规划较为滞后，主要存在的问题包括：

（1）产业间合作模式有待创新。当前各城市间产业合作模式多局限于要素合作和项目合作。

（2）各城市间各自为战现象严重。各城市在产业规划上的重合一定程度上带来了城市间招商引资方面的竞争，使得各城市倾向于将上下游产品配套和供应链集中于本城市，城市间产业链优势环节合作难以推进，优势产业集群式发展受阻，跨区域优势产业链供应链体系有待形成。

（3）产业链供应链协同发展的顶层设计有待健全。尽管各城市间签署了若干合作协议，但产业一体化成效尚不明显，尤其是成渝两城市间的产业链供应链协同发展机制仍有待健全。

（三）微观层面

1. 龙头企业与专精特新企业有待培育

地方政府实施市场分割的一个重要原因在于本地区企业市场竞争力相对较低，需通过构建市场进入壁垒以保护其发展，因此企业市场竞争力是决定区域统一市场建设能否快速推进的核心因素。当前成渝双圈内部企业市场竞争力相对较低，集中表现为龙头企业与专精特新企业有待培育：

（1）本土龙头企业数量偏少，2022年成渝双圈上市公司总计为233家，总市值为3.87万亿元，仅占全国上市公司总市值的4.9%，其中中国500强企业仅27家，同期北京与广东的中国500强企业数量分别为88家与59家，在数量上存在不小差距。

（2）专精特新企业作为产业转型升级的主力军，也是衡量地区经济活跃程度的重要指标，截至 2022 年成渝双圈共有国家级专精特新"小巨人"企业 594 家，仅占全国专精特新"小巨人"企业总数的 6.60%，专精特新企业相对较少，难以充分发挥带动中小企业发展的引领作用。

2. 企业创新能力弱

当前成渝双圈企业的创新能力较弱，这是阻碍企业竞争力提升的重要原因。

（1）从创新投入来看，成渝双圈 2021 年研究与试验发展（R&D）经费投入为 1781.18 亿元，R&D 经费投入强度（R&D 经费与 GDP 之比）仅为 2.35%，远低于京津冀城市群的 4.1% 和长三角城市群的 3.05%。在各城市中，R&D 经费投入强度低于 1% 的城市有 5 个，介于 1%~2% 的城市有 7 个，仅有 4 个城市高于 2%，由此可见，成渝双圈企业创新投入较少，投入强度有待提升。

（2）从创新成果来看，2021 年成渝双圈规模以上工业企业专利申请数为 6.75 万项，其中发明专利占比 36.07%，同期京津冀城市群专利申请数为 7.73 万项，其中发明专利占比为 39.25%，可见成渝双圈企业专利数量和质量仍有待提升。

五、推进路径

（一）推进市场规模持续扩张

1. 构建以双核为中心的大中小城市协调发展格局

针对成渝双圈城市接续性和梯度性较差的问题，应积极培育次中心城市，构建以双核为中心的大中小城市协调发展格局，各区域中心城市中绵阳市应积极发挥科技城的产业和创新集聚优势，依托中国西部科学城打造成渝绵"创新金三角"。乐山需进一步提升城市能级，积极发展文化旅游产业和现代特色农业，提升城市核心竞争力；南充和达州要进一步增强产业、人口、要素集聚能力，打造成南达万沿线经济走廊，加强川东北城市间的协同互动；宜宾和泸州应积极推进宜泸沿江协同发展，推动川南渝西融合发展试验区建设，做强宜宾-泸州组团。

2. 协同推进要素市场化改革

（1）要加快劳动力市场一体化进程。一方面，要健全劳动力流动过程中社会保障权力衔接机制，推动各城市间住房公积金、医保社保等信息共享和互认互贷；另一方面，要推进各城市间人才职业技能等级、职称互认，实现人才的共育共享。

（2）要建设多层次金融基础设施体系。首先，以国家支持西部金融中心建设为契机，吸引支持各金融机构在成渝双圈建立亚太总部或中国内陆总部。其次，建立金融交易统一平台，推进重庆联合产权交易所与西南联合产权交易所建立川渝共同产权市场。

（3）要建立健全统一数字要素市场体系。首先，要加快数字化基础设施建设，重点提升成渝以外城市新型基础设施服务能级。其次，建立数据流通共享机制。对于公共数据要实现数据分类分级确权授权使用和流通，对于企业数据要建立数据持有权制度，培育数据交易市场。

（二）推进产业高水平协同发展

1. 实现从选择性产业政策向功能性产业政策转变

要将地方选择性的产业政策转变为功能性产业政策，将政府政策目标聚焦于改善市场环境、提升发展效率和降低社会交易成本。功能性的产业政策应当以推动产业链强链补链延链和实现地区间优势互补与合理分工为主。首先，产业政策应当通过培育产业链"链主"企业和专精特新企业，提升产业链核心基础零部件、关键基础材料、工业基础软件、先进基础工艺和产业技术基础等"五基"产业，进一步强链补链延链；其次，营造公平竞争的市场环境，推动基础企业根据市场需求开展技术研发与产品开发，减少政府对市场的直接干预，通过地区间产业的公平竞争实现产业转移与分工。

2. 创新产业协同合作机制

要解决成渝双圈所面临的产业链分工协同程度不高、同质化竞争激烈等突出问题,重点在于构建地区间产业协同合作机制,实现城市间优势产业重点环节分工协作,创新城市间产业协同合作机制,实现对现代产业体系的协同构建。首先,应建立规划协调与政策协同机制。做好顶层设计,建立统一编制、联合报批、共同实施的产业规划,强化各城市在产业准入、财税支持、要素保障、企业开办等方面的政策协同。其次,要创新城市间利益分享机制。对于产业转移项目和产业合作项目所涉及城市,要在GDP统计、税收等方面建立分成共享机制,在毗邻地区,要以合作共建区域产业发展功能平台为试点,探索新设企业税收增量属地方收入部分的跨城市分享机制。

(三)提升企业市场竞争力

1. 积极培育龙头企业和专精特新企业

首先,应构建区域产业链联盟,借助工业互联网平台,带动产业链上下游企业"上云",实现上下游企业链接共生、原料互供、资源共享,对上下游企业进行整合,重点扶持各产业集群领军性企业或重点龙头企业持续发展壮大;其次,应进一步推广"链长制",对各重点产业链建立重点培育企业库、供应链物流保障专班、部门间沟通协调机制和专家服务团队;最后,要完善对龙头企业和专精特新企业的支持政策体系,在试点项目落地、产业投资、科技金融、技术研发、产业链对接等方面为企业排忧解难。

2. 提升企业创新效能

针对成渝双圈企业创新能力较弱的现状,一方面,要提高企业创新要素配置效率,建立覆盖川渝两地的"产学研用投"协同创新机制,推进创新人才和创新资金的市场一体化进程,通过城市间人才的交流合作和资金的共同投入,共建创新研发平台,采取"一城多园"模式,合作共建西部科学城等重大创新平台载体,实现创新要素资源在区域内的优化高效配置。另一方面,要加强对企业创新的政策支持,尤其是针对创新投入不足的资阳、广安等城市，要加大创新资金投入力度，对具有重大战略和经济价值的技术研发，要通过专项资金的形式给予资金支持与保障，持续推出面向创新型企业的特色信贷产品，拓宽企业融资渠道。

（执笔人：刘昊，重庆工商大学经济学院讲师；黎朝红，重庆师范大学初等教育学院助理研究员；祝志勇，西南大学经济管理学院教授、博士生导师。）

专题三 创新巴蜀文化旅游走廊文旅传播研究[*]

摘要：巴蜀文旅走廊建设是成渝地区双城经济圈建设的重要组成部分，是未来推动川渝地区经济发展的重要引擎，拥有国家政策大力支持、川渝两地行政协同和政策协同成效显著、传播人才充足、旅游资源丰富的明显优势，但在传播中却面临文旅宣传思维方式的开放程度偏低、两地合作传播的创新力度不足、文旅传播与现代文明对接不够、文旅传播与社会治理的协调性相对较弱等问题，亟须走出一条创新传播之路，提升其国内外知名度、美誉度和影响力。就此提出四点建议，认为应当转变传播观念，促进文旅传播制度改革，推动人民群众大传播；应创新两地文旅传播合作机制，借力文化传播企业、旅游集团、传播人才、外语人才及广大群众，创新传播内容、拓宽传播途径，合力做好国内国际文旅传播；应推动文化旅游与现代文明传播对接，创新发展现代科技文化旅游；应通过高效的社会治理推动文旅形象传播。

关键词：巴蜀文旅走廊；文旅传播；现代文明；旅游消费

在成渝地区双城经济圈建设中，巴蜀文旅走廊建设的重要性愈发凸显。2020年1月中央财经委员会第六次会议提出推动成渝地区双城经济圈建设、

---

[*] 基金项目：重庆市社会科学规划项目"抗战时期南方局国际传播历史经验和现实启示研究"（2022NDYB22）。

打造高质量发展重要增长极的重大战略决策。2021年10月中共中央、国务院印发《成渝地区双城经济圈建设规划纲要》，提出川渝两地共建巴蜀文旅走廊、"营造高品质消费空间"①、"激发市场消费活力，不断增强巴蜀消费知名度、美誉度、影响力"②的任务要求。2022年5月文化和旅游部、国家发展改革委和川渝两地政府联合出台《巴蜀文化旅游走廊建设规划》，进一步提出巴蜀文化旅游走廊发展的2025年近期目标和2035年远期目标，意在打造全国文化旅游新增长极。在文化旅游产业地位愈发重要之际，要实现以文旅产业拉动地方经济增长，需要进一步扩大巴蜀文化旅游的吸引力、影响力，让游客愿意来、不想走。目前，巴蜀文旅走廊建设虽已初见成效，但是要进一步推动川渝协同发展旅游业，在旅游产业中彰显其文化价值、提升其经济价值，川渝地区亟须走出一条以创新文旅传播带动文旅产业发展之路。

一、相关研究述评

目前，专门研究巴蜀文旅走廊传播问题的成果较少，要研究清楚巴蜀文旅走廊的文旅传播发展方向，首先须厘清文化、旅游、经济之间的关系。迄今为止，国内外已有许多学者就这一话题展开大量研究。

20世纪六七十年代国外有少数学者前瞻性地提出旅游业发展与形象相关的观点，为日后国外学术界把文化、经济与旅游作进一步关联之时，将这三者统一于旅游地外显形象和游客心理意象的研究范式设下铺垫。这个时期更多学者主要是挖掘旅游业的文化和经济价值，提出文化与旅游地的魅力密切相关，旅游是推动经济发展的重要因素等等。这一时期，相较于文化与旅游的话题，旅游与经济研究更受学者重视。20世纪八九十年代，国外学术界对

---

①② 成渝地区双城经济圈建设规划纲要［EB/OL］. https：//www.gov.cn/zhengce/2021-10/21/content_5643875.htm, 2021－10－21.

文化旅游的概念进行了广泛讨论，学者们基于旅游过程的"半产业化"[①]性质和旅游要素的系统性，逐渐把文化、旅游、经济研究统一起来，将文化视为旅游资源之一。首先，通过博物馆、艺术馆、历史主题公园、文化节等形式赋予旅游以地域特色；其次，为游客提供真实体验，让其以文化商品化的方式，推动经济发展。进入21世纪后，国外学者对"文化消费、文化动机、遗产保护、文化旅游经济学、人类学及旅游与创新经济的关系"[②]等研究萌生了更大兴趣，"文化-旅游-经济"研究发生了"人化"转向——旅游者研究、旅游地居民研究以及对二者之间的互动研究显著增多。有学者认为"地方旅游从重视空间独特性走向了为消费者生产独特的旅游体验"[③]；有学者研究了游客难忘的文化旅游体验，认为其受真实性、参与性、文化交流、服务质量等诸种因素的影响；也有学者指出以人为本的文化旅游可能获得可持续性发展。

国内对文化、旅游、经济的研究始于20世纪80年代。这一时期，学界提出了旅游具有经济和文化两重属性，认为旅游活动是"主要用来满足人们发展和享乐需要的生活消费活动"[④]，是"娱乐性的文化活动"[⑤]，是满足人们求知欲、丰富人们精神生活的活动，因此"社会文化是重要的旅游资源"[⑥]。90年代，学界开始关注文化旅游。在理论研究层面，有学者提出文化旅游的本质是"旅游产品"[⑦]，也有学者认为富含地方特色文化的旅游是"文

[①] Leiper H. The Framework of Tourism: Towards a Definition of Tourism, Tourist, and the Tourist Industry [J]. Annals of Tourism Research, 1979, 6 (4): 390 – 407.

[②] Richards G. Cultural Tourism: A Review of Recent Research and Trends [J]. Journal of Hospitality and Tourism Management, 2018, 36: 12 – 21.

[③] Richards G, Wilson J. Developing Creativity in Tourist Experiences: A Solution to the Serial Reproduction of Culture? [J]. Tourism Management, 2006, 27 (6): 1209 – 1223.

[④] 宋维真. 旅游消费对现代劳动力再生产的作用 [J]. 浙江学刊, 1983 (4): 63 – 66.

[⑤] 俞慈韵. 论旅游文化 [J]. 东疆学刊, 1986 (2): 109 – 112.

[⑥] 陆立德, 郑本法. 社会文化是重要的旅游资源 [J]. 社会科学, 1985 (6): 39 – 44.

[⑦] 黄克, 苏长高. 试论开展广西及少数民族区域的文化旅游 [J]. 广西民族研究, 1991 (4): 14 – 19, 51.

化市场的一部分"①，还有学者主张文化旅游是旅游经营设计者和旅游者的"观念意识反映"②。学者们在探讨文化旅游概念的同时，首次提出了文化旅游产业概念，认为文化旅游产业是基于"进入旅游市场的物质和精神遗产"③的产业。这一时期学者们关于文化旅游的理论探讨成为推动国内学界相关理论发展的重要力量。在实践层面，有学者建议旅游部门"重新确立文化在旅游中的地位"④，依托博物馆、历史建筑、文化街道、名人纪念馆等重要文化资源，发展民族文化旅游、宗教文化旅游、古文化遗址旅游、名人文化旅游等深具地方特色的旅游业。进入21世纪后，学者们在理论研究方面逐步厘清了文化旅游、文化旅游产业的概念，认为文化旅游"侧重点在'旅游'上"⑤，"是一种旅游类型"⑥；文化旅游产业是"以文化为内容，以旅游为依托的综合性产业"⑦，是"文化产业与旅游产业相融合的产物"⑧。在实践探索方面，学界主要从文化旅游模式开发、文化旅游资源的保护与利用、文化创意激发、文化品牌建设、数字技术利用、文旅产业政策等视角展开了对文化旅游的研究，指出融合化、生态化、创意化、集群化、信息化将成为文旅产业的发展趋势。

总体来说，国内外学者对文化－旅游－经济的研究大多落脚于推动经济进步上，不同的是，国内学界提出了发展文化旅游产业，而国外学界的主流观点是文化旅游是旅游产业的组成部分。因此，国内学者更倾向于大文化与大旅游的文旅融合发展观，国外学者更注重对旅游过程中人的研究。几十年

---

① 余斌. 文化旅游与文化市场建设 [J]. 云南学术探索，1994（5）：42－44.
② 郭丽华. 略论"文化旅游" [J]. 北京第二外国语学院学报，1999（4）：42－45.
③ 徐群. 文化旅游产业的定位与开发 [J]. 北方经贸，1999（6）：128－129.
④ 焦雪岱. 旅游文化与文化旅游 [J]. 实践，1999（11）：38－40.
⑤ 徐菊凤. 旅游文化与文化旅游：理论与实践的若干问题 [J]. 旅游学刊，2005（4）：67－72.
⑥ 任冠文. 文化旅游相关概念辨析 [J]. 旅游论坛，2009，2（2）：159－162.
⑦ 邵金萍. 再论文化旅游产业的特征、作用及发展对策 [J]. 福建论坛（人文社会科学版），2011（8）：29－32.
⑧ 马勇，王宏坤. 基于全产业链的我国文化旅游发展模式研究 [J]. 世界地理研究，2011，20（4）：143－148.

来，国内外学者通过不断努力，形成了大量有关文化旅游的研究成果，推动了相关学科发展，也促进了文化旅游产业的发展。然而，现今仍有三个方面的问题值得引起学界注意：一是对跨省城市群协同推动文化旅游国际国内传播的研究不多；二是对"文化"的理解尚未超脱历史范畴，因而导致旅游与现代文明的联结不足；三是关于旅游地对旅游消费者群体的安全需求、社会情感需求等社会性需求的满足可促进旅游地文旅传播的研究欠缺。总体地看，这三个方面的问题都与传播存在紧密关联，既涉及跨区域协作的、面向国际国内旅游消费市场的政府传播和社会大传播，也涉及现代化企业面向特定游客群体的小传播。这三个方面的不足也集中体现在巴蜀文旅走廊的文旅传播实践中。基于激发文化旅游市场消费活力的目的，探索巴蜀文旅走廊的文旅传播观念革新、文旅传播制度机制创新、传播策略优化等问题，既可有益于西部文旅产业发展，也可有助于全国文化旅游业壮大。

二、巴蜀文旅走廊的传播优势

巴蜀文旅走廊传播的最大优势来自党和国家对川渝文化旅游业发展的有力支持。巴蜀文旅走廊建设属于成渝地区双城经济圈建设的重要组成部分，习近平总书记多次表达了对川渝旅游产业的高度关切。在党和国家的大力支持下，川渝行政协同和政策协同的努力取得了可喜成绩，两地共促文化旅游协同发展的体制机制不断完善。

川渝两地行政协同和政策协同改变了两地过去的无序竞争局面，大大推进了川渝两地旅游公共服务高质量协同发展。两地水陆空交通加快建设，围绕长江、涪江、嘉陵江、乌江等水域进行的水运交通建设已初步成形，渝昆高铁即将于2025年通车，成渝中线高铁、成达万高铁正在紧锣密鼓的建设中，成渝世界级机场群加快形成，两地联合打造的旅游线路魅力持续升温，百万职工游巴蜀活动顺利开展，成渝文旅一卡通服务正在加紧推广之中。

川渝地区有充足的传播人才和外语人才，形成了国际国内传播的人力资源优势。除两地文旅部门、国际传播中心的传播人才外，两地高校每年可培养许多传播类和外语类人才，同时，大量传媒企业的创立和入驻也吸引了不少传播人才的加入。国内知名的短视频生产制作企业如洋葱集团、来画公司、瘾食文化传媒等纷纷落户成都，重庆也坐拥如麦芽传媒、飞煌文化传媒、谷鹿应物文化传播等既年轻又有活力的文化传播企业。这为促进两地文旅产业发展提供了可靠的人才保障。

历史悠久的工业文化和蓬勃发展的现代高科技文化为川渝地区增添了旅游资源优势。除了旖旎的自然风光和饱含人文气息的历史古迹，川渝两地还留存有广布于长江、岷江、嘉陵江、乌江等江河沿岸的多处工业遗产，并拥有不少现代化高科技生产企业，这为游客在旅游中探知历史和现代的科技文化，以及科技文化如何影响和改变同时代的经济社会提供了大量资源，为游客进一步了解人类科技文明发展史提供了真实、鲜活、丰富的材料。国外已有不少吸引普通旅游者参观现代化工厂的案例。例如，20世纪60年代美国环球影城在发展初期为游客开设了电影工作室之旅，为该公司迅速打开了发展局面，证明了"电影工作室旅游已成为大型电影公司可持续利用的要素之一"。[1] 国内也有组织游客到现代化工厂旅游的案例，但几乎都是学校课外教育行为，且这种课外教育方式并不多见。实际上，发展工业旅游可推动人们在旅游中了解与生活息息相关的工业发展史，能让人们真切接触现代高科技生产，有助于现有高科技企业拓展经营模式、提升知名度和影响力，有利于游客打开科技视野、树立科技思维、培养科技兴趣，有益于人们在感知和理解中国经济社会发展史的同时，更加珍惜今天的幸福生活。

三、巴蜀文化旅游走廊文旅传播面临的问题

川渝地区文化旅游传播已经做出了不少成绩，推出了许多传播精品，吸

---

[1] Blackwood G. Dream Factory Tours：The Universal Pictures Movie Tour Attraction in the 1960s [J]. Historical Journal of Film Radio & Television，2017，38（3）：516–535.

引了大量游客，但文化旅游收入对 GDP 贡献有限，与成为新的经济增长极的目标相比仍有一段距离。总的说来，川渝文旅传播面临的具体问题大致有四点。

（1）宣传思维方式的开放程度偏低。之所以用"宣传"二字，是因为目前两地部分地区的文旅传播工作主要由文旅部门承担和领导，这便使得有些地区文旅传播行为稍显"官气"。有"官气"的文旅传播可能会忽略群众的审美和需求，易使得传播形式和传播内容公式化、表面化，很难抵达人心。眼下全国多地文旅部门推出网红文旅局长或主任就是为了克服这种"官气"而塑造亲民形象，以吸引更多潜在游客。但把一域的文旅传播寄望于领导的各种走秀式竞争，以图出圈，实在是不可持续的做法。

（2）两地合作传播的创新力度不足。目前两地文旅传播合作主要采用互为平台、相互推介，共同开设文旅宣传频道、联合发布两地文旅信息，共同制作文化旅游宣传视频、影视节目等方式。也就是说，川渝两地文旅传播合作主要体现在有限的形式创新上，但在传播者、传播内容、传播渠道、传播方式等方面的合作创新却稍显不足，国际传播合作则更是如此。

（3）两地文化旅游传播与现代文明对接不够。文化旅游传播不仅需要教育人民群众传承中华优秀传统文化，弘扬革命文化，更重要的是要落脚在发展社会主义先进文化上。要建设中华民族现代文明，只是将旅游与博物馆、纪念馆、文化遗址等相联系还不够，因为我们还需要激发人们思考如何将祖先留给我们的灿烂文化创新转化成现代文化，如何推动社会主义文化进一步发展，如何激励人们积极投身于中国式现代化建设事业之中。文化旅游应该起到串联古今的作用，这个"今"应当不止于用今天的科技手段来保护和再现传统文化，如何在文化旅游传播中更充分地体现"今"，这是值得深思的问题。

（4）文旅传播与社会治理的协调性相对较弱。在数字信息时代，某地的文化旅游形象不仅靠文旅传播来塑造，还与当地政府、企业、社会组织和居民共同担负的社会治理责任履行情况息息相关。地方社会治理的负面信息极可能在网络传播中被互联网和民众心理无限放大，从而损害地方形象，威胁当地文化旅游产业，例如，2022年唐山某烧烤店打人案因未能得到及时公正处理，事件在网络迅速发酵，对当地文旅业造成极大伤害①；2024年江西某地房东因"提灯定损"事件未能及时得到当地村委会妥善解决，快速蔓延的网络舆论直接打击了当地旅游民宿市场，严重影响了该地区"五一"期间的旅游经济②。可见，文旅传播是一个立体的系统化的工程，它的背后涉及地方社会治理，关涉到游客的财产安全感、人身安全感等实际问题。因之文旅传播绝非仅仅拍摄和传递一域美景美人美物美食那般简单。

四、以文旅传播创新提升巴蜀文旅走廊影响力

要扩大巴蜀文旅走廊的知名度，提升其对国内外旅游市场的感召力、影响力，除了须搞好硬件设施建设外，还需要做好软件工程，以"软硬兼施"的方式共促文旅融合、促进两地旅游消费。

（1）要转变传播观念，促进文旅传播制度改革，化以政府为主的宣传为以群众为主体的传播。例如，2023年贵州省榕江县文旅传播的成功乃是建立在五次失败的尝试基础之上。③ 这五次传播无一例外都是由当地政府部门"主唱"，第六次政府部门改变了做法，在政府主导的前提下，将传播权交予当地群众，激发了群众的创新热情，群策群力把榕江县的"村超"推向了全国和世界，掀起了一股榕江"村超热"。从这个案例来看，川渝两地文旅部门需要化政府宣传为群众传播，要使人民群众成为文旅传播的主体。2022年8月重庆爆发山火，重庆的人民群众除了积极协助消防队员扑灭山火之外，还有很多人自觉成为这场行动的传播者，他们将自己受到的感动在微博、抖

---

① 孙晓乐. 自媒体背景下突发公共事件的网络舆情治理研究［D］. 长春：吉林大学，2023.
② 陈世华，颜叶婷. "提灯定损"事件中的城镇形象危机与公关策略［J］. 国际公关，2024（11）：63－64.
③ 李丰. 村超姓"村"，让游客"这趟没白来"［N］. 工人日报，2023－11－12（2）.

音、朋友圈等平台迅速传递。① 从某种意义而言，人民群众作为亲历者来讲述自己的故事，甚至比政府传播更有说服力和感染力。因此，要推动川渝地区文旅传播制度朝着坚持以政府为主导，以群众为主体的方向改革。要在广泛发动群众智慧中推广巴蜀文化旅游，实现政府搭台、群众唱戏：可组织"爱我家乡""巴山蜀水好风光""共话巴蜀情"等内容丰富、形式多元的全民传播活动；可向全国乃至国际社会广泛征集、广泛评选三峡、三星堆、大足石刻等的代表性文创产品设计；可在全国乃至世界范围内面向人民群众发起巴蜀旅游视频日记大赛；可鼓励在海外留学的川渝学子、在国外的川渝华侨通过人际传播、网络传播等拓展国际传播渠道，扩大川渝文旅影响；可与新加坡、越南、巴基斯坦等友好国家的人民群众通过互联网平台共同举行区域旅游互赞互推等趣味比赛推广巴蜀旅游。

（2）创新两地文旅传播的合作机制。两地文旅传播既要坚持府际合作，又要广泛深入地发动两地人民群众联合起来进行传播。首先，可推动两地知名文化传播企业之间的合作，鼓励其与旅游集团共同直播特色川渝游，引导文化传播企业联合推出寓川渝山水人情于其中的网络短剧、短视频佳作精品。其次，可根据国内外网友的共同兴趣，将之与文旅业相结合，再进行传播。例如，可基于国际国内许多网友喜爱萌宠的共性，在川渝地区广泛征集和评选萌宠明星，跨域联合推动"××（萌宠）带你游×地"的系列节目制作；也可以鼓励川渝地区在青川、通江、城口、巫溪、酉阳等地联合举办较大规模的野外宠物大赛，使宠物赛事与文旅风光、当地风土人情相结合，并将宠物赛事制作成精品视频、现场搞笑花絮等放置于国内外传播平台；可跨区域举办如马拉松、篮球、足球、钓鱼等深受群众喜爱的大型体育赛事，同时将之与群众性的艺术活动例如摄影、文学创作以及充满民俗色彩的群众文艺表演等有机结合，使群众性文艺活动紧紧围绕体育+文旅进行。最后，可在川渝地区选拔组织外语人才、外国留学生等助力文旅国际传播。可跨区域组织

---

① 汤天甜，齐东，丁钟，等. 新时期重大突发事件的融合传播——以"重庆北碚缙云山山火"事件为例［J］. 中国广播电视学刊，2024（8）：131-135.

相关人才使用多种语言通过国际传播平台联合进行巴蜀游直播，尤其要向国际社会推介青川、通江、城口等有丰富自然人文旅游资源，却少有游客的地区；可在保障安全的条件下组织国内外探险爱好者在川北、渝东北、渝东南等地拍摄野外旅游的真人秀外语节目，向国际社会展示巴蜀山川的魅力。

（3）使文化旅游与现代文明传播对接，推动现代科技文化旅游。两地要联合推出川渝智慧旅游 App，将融川渝美食美景购物为一体的旅游电子地图、交通住宿实时信息、旅游沿途天气情况、各地区举办的节日庆典活动等纳入其中；且此 App 能根据游客需求灵活制定和改变旅游套餐。两地文旅部门应会同两地工商部门、科技部门、现代化企业、旅游集团等，共同开发两地现代化企业的厂区游、基地游，在旅游中传播现代文明，同时也可扩大企业影响力、提振当地经济。首先，可开辟新能源汽车生产厂旅游、机器人生产企业旅游等，通过厂区旅游传播企业美名和人工智能科技文化。成渝地区双城经济圈布局了许多新能源汽车生产厂家和机器人制造厂，有条件的厂家可以针对潜在客户、科技爱好者、汽车爱好者、学生等提供高科技生产企业旅游服务。在确保企业技术秘密保护周全的前提下，让游客有机会更进一步接近现代科技，既可提高生产企业的销售量，拉动周边游，又可对学生产生潜移默化的影响，培养其对现代化科技产业和创新研发人工智能的兴趣爱好。其次，可针对老年群体、中小学生群体开设现代化医药康养之旅和研学之旅，通过药材基地文旅传播，人们获得保健知识、药材知识，并强化生态保护理念。川渝两地有大量现代化制药企业和药材种植基地，如太极集团中药材种植基地在川渝两地都有分布，经济相对欠发达地区如巴中市、城口县、巫溪县等都有大面积中药材种植基地。把"旅游+绿色康养或生态研学"联系起来进行文旅传播，对扩大经济欠发达地区的知名度、促进地方中药材市场发展、增进游客身心健康、树牢生态文明理念都极为有益。最后，还可针对性推出现代酿酒厂旅游、现代垂直植物工厂旅游、现代食品加工厂旅游、3D 打印工厂旅游等等，使旅游能与人民群众的现代生活文化发生更为紧密的联系。

（4）通过高效的社会治理推动文旅形象传播。现代人在旅游过程中所追寻的到底是什么？2023年山东淄博因其烧烤爆火，一年内该市共接待游客6114.9万人次，旅游收入高达630亿元[①]；哈尔滨冰雪大世界旅游在2024年元旦假期接待游客304.79万人次，实现旅游总收入59.14亿元。[②] 这些数字的背后是追求办事效率和社会效益并举的社会治理，以及高效社会治理下人人能共同体会到的安全感与社会温情。实际上，带火淄博烧烤的是一群曾在2022年新冠疫情期间在淄博进行隔离的大学生。疫情结束时，他们为对这座城市的赤诚与善意表示感谢，约定来年春天再回来看望这座城市。2023年2月底3月初，学子们果然履约，并以心换心地带火了当地烧烤。淄博市政府旋即于同年3月10日在新闻发布会上明确表示，要抓住契机扩大淄博烧烤的影响力。为方便游客，淄博市政府特意新增数条烧烤公交专线、加强治安巡查、加大对食品安全的保障力度。2024年当地政府建立了分级安保制度，强化了游客对商户的监督权和商户之间的相互监督。这促使淄博保持了诚信、质朴、热情的良好形象、留住了旅游热度。因此，要做好川渝地区的文旅传播，树立其良好形象，需要以旅游者为中心，通过高效的社会治理给予其足够的安全感和温暖感：一是要深入研究游客反映的主要问题，及时拿出切实解决方案；二是要通过宣传教育、奖惩机制等方式加强商户以游客为中心的理念；三是要通过每年定期评选消费者最放心的宾馆、民宿、饭店、购物店等，滚动推出旅游消费白名单商户；四是要加强治安管理和市场监管，力求做到反馈要及时、事事有回应；五是要做到真情服务、暖心服务，在游客与商户的友好互动中见诚信和友善，在政府的主动服务中见公正与法治。有效的文旅传播便蕴含于用心的社会治理实践和其良好效果之中。

（执笔人：黄河，中共重庆市委党校文史教研部副主任，副教授。）

[①] 《2023年淄博市国民经济和社会发展统计公报》。
[②] 哈尔滨市文化广电和旅游局统计数据。

专题四　三螺旋结构理论视角下成渝地区双城经济圈三大产业协同创新体系建设

摘要： 创新是引领发展的第一动力，协同创新是引领区域经济高质量发展的重要动力。成渝地区双城经济圈（文中简称"成渝双圈"）是我国经济的第四增长极，在中国式现代化建设中具有重要的战略地位。但目前该区域协同创新体系还未成形，协同创新水平不高。本文以成渝双圈为研究对象，以服务三大产业为目标，从三螺旋结构理论出发，探讨了其在成渝双圈协同创新体系构建中的应用。研究发现，政府、企业、高校三者协同配合有助于完善川渝现代化产业体系，推动新质生产力的发展。研究结果为构建高效可行、符合实际的协同创新体系提供相应政策建议。

关键词： 成渝双圈；协同创新体系；三大产业；三螺旋结构理论

一、引言

我国经济发展逐渐从"要素驱动"转向"创新驱动"。[1] 传统产业、新兴

---

[1] 王一鸣. 百年大变局、高质量发展与构建新发展格局[J]. 管理世界，2020，36 (12)：1–13.

产业和未来产业既是新质生产力发展的载体,也是构建现代化产业体系的关键。成渝地区双城经济圈(以下简称"成渝双圈")是新时代引领西部地区发展的重要支撑地,是培育发展新质生产力、建设新时代国家战略腹地核心承载区的重要第四增长极[1],推动产业共建共兴是成渝双圈建设的重点任务。构建成渝双圈区域协同创新体系对提高三大产业的科技创新应用效率和质量具有重要的理论与实践意义。

三螺旋结构是将科技创新与产业发展相连接的重要工具,被广泛应用于技术转移、创新生态系统、区域协同创新的研究中。三螺旋系统中定义的结构适应需要与区域产业发展的形成良好适配[2],以形成符合本地比较优势的产业发展模式,进而健全因地制宜发展新质生产力体制机制。因此,本文将科技创新与产业发展相连接[3],以成渝双圈三大产业为研究对象,具体探讨了三螺旋结构在三大产业协同创新体系构建中的应用,为成渝双圈构建高效可行、符合实际的三大产业协同创新体系提出建议。

二、文献综述与理论基础

(一)三大产业的内涵界定

传统意义上的三大产业是基于产业的"横向"发展来定义的,具体包括第一产业(农业)、第二产业(工业)与第三产业(服务业)。但"横向"视角下的三大产业难以全面理解一个产业整体从萌芽到成熟的纵向发展全过程。因此,本文从"纵向"视角出发,认为三大产业是指传统产业、新兴产

---

[1] 姚树洁,房景. 发展新质生产力推进成渝地区双城经济圈国家战略腹地建设[J/OL]. 重庆大学学报(社会科学版),2024(4):1-20.

[2] Fernandes C, Farinha L, Ferreira J J, et al. Regional Innovation Systems: What Can We Learn from 25 Years of Scientific Achievements? [J]. Regional Studies, 2021, 55(3): 377-389.

[3] Lopes J, Ferreira J J, Farinha L. Innovation Strategies for Smart Specialisation (RIS3): Past, Present and Future Research [J]. Growth and Change, 2019, 50(1): 38-68.

业和未来产业这三种处于不同发展阶段上的产业。传统产业是新兴产业和未来产业的基础，也是在经济中占比最高的部分；新兴产业是在国民经济中具有战略地位、对经济社会发展和国家安全具有重大的和长远影响的部分；未来产业是处于萌芽阶段的高技术产业，可能形成战略性新兴产业。为实现产业转型升级，需要结合三大产业特点改革。①

从"纵向"发展视角来看，三大产业与新质生产力具有相互促进的作用。产业作为一种组织形式，将技术与劳动者、劳动资料和劳动对象相融合，通过变革生产方式和生产关系来推动生产力发展。② 反之，新质生产力通过释放传统产业能量、培育新兴产业和未来产业助推协同创新体系完整化，赋能现代化产业体系建设。③

（二）区域协同创新的三螺旋理论

区域协同创新是指企业、政府、科研机构、中介机构和用户等主体为实现重大科技创新而开展的大跨度整合的创新组织模式④。三螺旋模型代表着政府监管、知识生产和财富创造等功能之间的协同作用。政府、大学和产业这三种类型的机构在知识经济的创新过程中发挥着重要作用。⑤

1. 政府在区域协同创新中的统筹引导作用

一方面，政府通过制定政策引导产业发展。面对不确定性强的新兴产业，

---

① 缴翼飞，林润. 发展新质生产力要针对传统产业、新兴产业与未来产业分类施策 [N]. 21世纪经济报道，2024 - 07 - 23（003）.

② 焦方义，张东超. 发展战略性新兴产业与未来产业加快形成新质生产力的机理研究 [J]. 湖南科技大学学报（社会科学版），2024，27（1）：110 - 116.

③ 王飞，韩晓媛，陈瑞华. 新质生产力赋能现代化产业体系：内在逻辑与实现路径 [J]. 当代经济管理，2024，46（6）：12 - 19.

④ 陈劲，阳银娟. 协同创新的理论基础与内涵 [J]. 科学学研究，2012，30（2）：161 - 164.

⑤ Leydesdorff L. The Triple Helix, Quadruple Helix, …, and An N-Tuple of Helices: Explanatory Models for Analyzing the Knowledge-Based Economy? [J]. Journal of the Knowledge Economy, 2012, 3: 25 - 35.

政府通过敏捷治理引导和规范企业创新①;但过度的政府支持会导致私人部门研发活动产生"挤出"效应。② 另一方面,政府通过营造创新环境来推动区域协同创新。③

2. 高校及科研机构在区域协同创新中的人才支撑作用

一方面,高校和科研机构为社会各界持续输送研究型人才和技术型人才,有助于实现企业自主创新。④ 另一方面,高校和科研机构对接产业需求,借助人才、设备等科研优势进行关键技术创新,进而实现科研成果转化,推动生产力发展。⑤

3. 企业在区域协同创新中发挥纽带和连接作用

一方面,企业是市场的直接参与者,能够快速获取市场信息,并在政策反馈与需求交互的过程中不断巩固政企合作关系。⑥ 企业的优势在于快速商业化、但劣势在于缺少基础性原理知识和科技人力资源⑦。另一方面,企业为高校及科研机构提供创新资源,获取创新成果,将研究成果转化为应用技术和专有产品,塑造核心竞争力。⑧ 企业能否有效利用大学、科研机构、政府等提供的资源,获取、转化和应用外部新知识,决定了协同创新系统的创

---

① 薛澜,赵静.走向敏捷治理:新兴产业发展与监管模式探究[J].中国行政管理,2019(8):28-34.
② 邵汉华,钟琪.研发要素空间流动与区域协同创新效率[J].软科学,2018,32(11):120-123,129.
③ 穆荣平,吴柳洁.地方政府合作对区域协同创新的影响:以长三角城市经济协调会为例[J/OL].科技进步与对策,2024:1-12.
④ 吴卫红,陈高翔,张爱美."政产学研用资"多元主体协同创新三三螺旋模式及机理[J].中国科技论坛,2018(5):1-10.
⑤ 唐开翼,欧阳娟,甄杰,等.区域创新生态系统如何驱动创新绩效?:基于31个省市的模糊集定性比较分析[J].科学学与科学技术管理,2021,42(7):53-72.
⑥ 吴菲菲,童奕铭,黄鲁成.中国高技术产业创新生态系统有机性评价——创新四螺旋视角[J].科技进步与对策,2020,37(5):67-76.
⑦ 何郁冰.产学研协同创新的理论模式[J].科学学研究,2012,30(2):165-174.
⑧ 张秀萍,卢小君,黄晓颖.基于三螺旋理论的区域协同创新机制研究[J].管理现代化,2015,35(3):28-30.

新效率。①

总之，现有文献为三螺旋结构在区域协同创新中的运用提供了经验和理论基础。但以上研究并未回答如何通过构建区域协同创新体系，推动三大产业螺旋式上升以促进新质生产力的发展。为此，本文遵循"因地制宜、分类施策"原则，提出按三大产业分别构建协同创新体系、提高产业竞争力、促进区域协调可持续发展。三螺旋结构下三大产业的升级路径如图1所示。

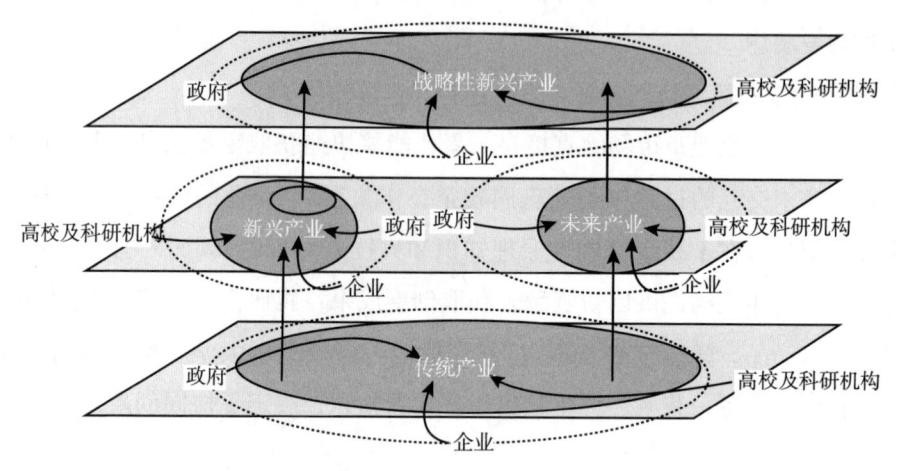

图1 三螺旋结构下三大产业的升级路径

三、成渝双圈协同创新三因素分析

（一）政策环境

发挥政府在资金分配上的统筹引领作用和在制度环境上建设保障的作用，实现重点领域投入集中化、政府资金投入适度化、创新资本来源多元化。

---

① 庄涛，吴洪，胡春. 高技术产业产学研合作创新效率及其影响因素研究：基于三螺旋视角[J]. 财贸研究，2015，26（1）：55–60.

1. 对创新资本投入的引领作用

（1）做好战略部署，决定"投什么"。《四川省产业新赛道重点领域指南（2024年版）》聚焦原创性、颠覆性、前沿性、迭代性产业技术创新，提出25条产业新赛道。同样，重庆市召开推动制造业高质量发展大会，提出要着力打造"33618"现代制造业集群体系，包括打造智能网联新能源汽车、新一代电子信息制造业、先进材料三大万亿级主导产业集群，从而全力打造国家重要先进制造业中心。

（2）做好顶层规划，决定"投多少"。川渝研发投入情况如表1所示。2022年，成渝地区占西部研发经费近40%[①]，保持了资源投入的适度性。但研发投入水平两地差距较大。2022年四川省基本与全国平均水平一致，且近三年均保持在2%以上，但重庆市研发投入常年不到2%，有提升空间。

表1　　　　　　　　川渝研发投入情况

区域	年份	投入金额（亿元）	GDP占比（%）
四川	2022	1215.01	2.14
	2021	1214.52	2.26
	2020	1055.28	2.18
	2019	870.95	1.88
	2018	737.08	1.72
重庆	2022	349.83	1.20
	2021	603.84	2.16
	2020	526.79	1.89
	2019	469.57	1.99
	2018	—	—

资料来源：《四川统计年鉴》《重庆统计年鉴》。

① 《2022年全国科技经费投入统计公报》。

（3）鼓励多元化投资，解决"投不够"。

为布局未来产业的发展，成都市动员区县共同形成天使母基金群，建立利益共享制度，激发地方的投资热情；同时精准设置揭榜条件，吸引全球创投机构和投资人，打造子基金遴选组建"快车道"。

2. 对创新环境搭建的保障作用

（1）扩大对外开放，融入国际市场。得益于自由贸易试验区、跨境电商综合试验区等的建设和发展，成渝双圈对外贸易规模连年上升，2022年四川省外贸进出口总额10076.73亿元[1]，重庆市外贸进出口总额8158.35亿元[2]。

（2）国际人才引入，推出保障政策。四川省推出《关于进一步加强"一带一路"共建国家外籍科技人才服务的若干措施》。重庆市推出"鸿雁计划"引入海内外英才，构建了一系列激励和保障制度。

（3）形成综合交通体系，畅通要素流动。成渝双圈推动公路、铁路、机场、港口等基础设施的联通、规划运营、布局安排一体化，构建立体畅通开放格局，进一步打开创新要素流入通道，节约时间成本，充分利用国际市场。

（4）制定人才需求目录，引导人才供需匹配。《成渝地区人才需求目录》为人才供求矛盾的解决提供了思路。2024年该目录聚焦四川域内六大优势产业，全面了解了人才供需和流动现状，其中专业技术人才和技能人才需求的占比分别超过95%，普遍需求农业科学研究、医学研究等专业人才。为高校学科建设提供了方向指引，有利于人力资源的供需匹配，缓解人才培养滞后于产业发展的问题。

（二）高校科研

1. 高校集聚，人才资源丰富

成渝双圈的高校在校生人数多、研究生占比高、研发人才充沛，2018~2022年川渝高校与研发成果数据如表2所示。

---

[1] 四川省商务厅《四川外贸新业态日报》（2022年第11期）。
[2] 重庆市人民政府网站。

表2　　　　　　　　2018~2022年川渝高校和研发成果情况

区域	年份	高校人数（万人）		研发人员全时当量（人/年）	专利授权量（项）	技术合同成交总额（亿元）
		普通高校	研究生			
四川	2022	109.1431	15.9262	227141	64953	1649.77
	2021	192.0825	14.6476	197143	146937	1396.74
	2020	182.8778	13.3906	189828	108386	1248.78
	2019	168.662	12.151	170777	82066	1216.20
	2018	156.471	12.8271	158847	87372	1004.18
重庆	2022	139.3942	10.5474	123446	66467	630.49
	2021	110.0122	9.7402	123446	76206	310.85
	2020	99.865	8.3094	105712	55377	0.02
	2019	90.7426	7.2562	97602	34780	150.36
	2018	82.7945	6.5134	—	45688	266.17

资料来源：《四川统计年鉴》《重庆统计年鉴》。

2. 产研匹配，供求协同度高

优势产业如电子信息、医药健康，与高校的优势学科和科技机构的专门领域相匹配，研究机构能够最大程度支持相关产业的发展。

（三）企业活动

1. 企业集聚度高，形成协同优势

高技术企业聚集，形成充分比较优势。成都市上千家新经济企业形成梯度发展形态，打造完整产业链，突出经济发展稳健性。重庆市形成8个市级战略性新兴产业集群，带动区域内相关产业链条协同发展，形成产业协同效应。

2. 企业投入主导，创新动能释放

2022年，川渝两地研发经费资金中（见图2），企业投入分别占总投入的62.59%、80.85%，两地充分调动企业主体参与创新的积极性。既提高了科研经费，又强化了产学研的匹配度，提高了科技转化效率。

（a）四川

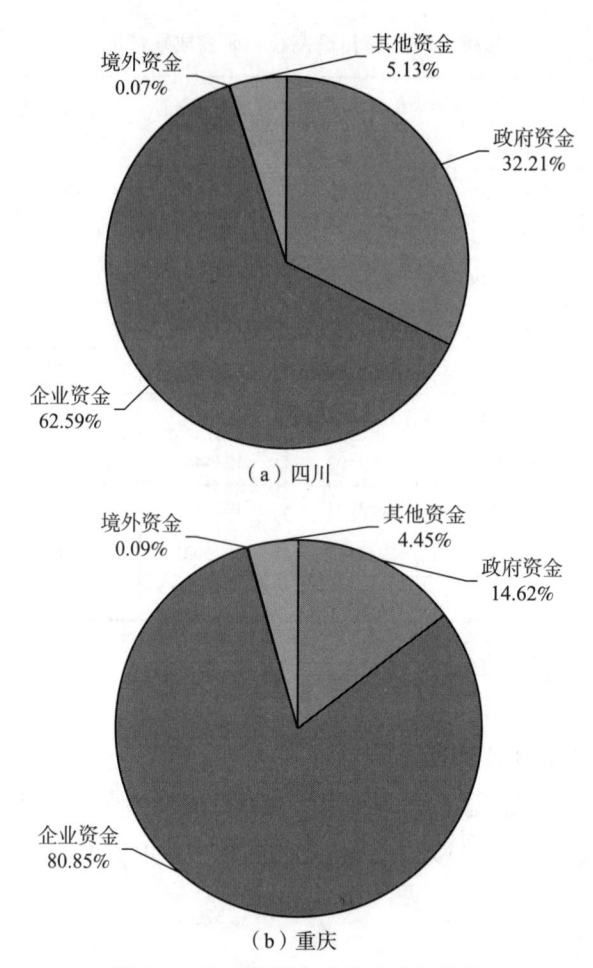

（b）重庆

图2　2022年研发经费资金来源结构

资料来源：《四川统计年鉴（2023）》《重庆统计年鉴（2023）》。

四、成渝双圈三大产业发展现状

聚焦成渝双圈的传统产业，新兴产业和未来产业分析其产业发展现状。

（一）传统产业：基础雄厚与转型缓慢

1. 产业基础雄厚，资源保障充分

近年来，成渝地区打造了较为完整和细化的产业链，上下游产业协同创新更加紧密，汽车、电子信息、装备制造等世界级产业集群雏形显现，形成了较强的竞争优势。随着打造川渝天然气千亿方产能基地计划的推进，煤、油、气、新能源、可再生能源等将形成多元化能源供应体系，为三大产业提供重要能源保障，并促使成渝地区成为西部新能源科技创新中心。

2. 产业同质化程度高，分工合作不充分

四川和重庆受区位条件和历史因素影响，产业尤其是优势产业重合度高，各自确认的六大优势产业中有四项相同，重合度高于60%，易形成竞争关系，促成地方保护主义，川渝优势产业对比如表3所示。

表3　　　　　　　　　　川渝优势产业对比

区域	相同优势产业	不同优势产业
四川	电子信息、装备制造、先进材料、医药健康	食品轻纺、能源化工
重庆		智能网联新能源汽车、卫星互联网

资料来源：四川省、重庆市人民政府。

3. 区域发展不平衡，协同发展向心力弱

2022年，成都市GDP占四川省总量的37%，研究机构数占全省的62.29%；重庆市主城都市区GDP占全市的77%。[①] 一方面，区域科技水平发展不均衡的现象突出，非核心城市难以为核心城市产业提供配套服务，区域协同创新能力弱。另一方面，科技落差带来经济落差，经济的不平衡导致非核心区域购买力弱，市场消费潜力没有完全激发，进而无法为科研提供更多经费，形成"经济差—科研弱—经济差"的恶性循环。

(二) 新兴产业：优先发展与资源受限

1. 传统领域提档升级，重点领域蓬勃发展

成渝双圈新兴产业发展聚焦优势，彰显地域特色，在传统产业基础上实

---

① 《四川统计年鉴（2023）》《重庆统计年鉴（2023）》。

现重点技术突破。四川形成一批具有产业链主导力的"链主"企业、行业隐形冠军和特色优势产业集群，在电子信息、装备制造等已有产业基础上重点发展人工智能、无人机、新能源和智能网联汽车等新兴产业，形成产业协同优势。

2. 资源限制性高，经费和人才存在缺口

目前成渝双圈金融体系较为老化，高端人才供给存在巨大缺口，自主创新能力不足。因此，必须创新投资方式、缓解人才供给与需求的不均衡，释放地区创新能量。

3. 治理制度滞后，监管模式亟待创新

新兴产业在技术发展和商业模式上具有高度的不确定性，政府部门对可能存在的安全风险缺少体系化评估。过于严格的管制会导致创新成本升高，限制企业创新；而过于宽松的监管可能会加剧新兴产业所具有的自然垄断特点，新兴市场开拓困难。

（三）未来产业：提前布局与创新困难

1. 政府明确发展方向，发展具有阶段性

政府指引对成渝双圈的发展方向具有重要作用，通过分阶段、分梯次培育未来产业的可行性较高。

2. 自主创新能力不足，成果转化难度大

未来产业技术创新不是渐进式微创新，而是前瞻性、颠覆性重大创新[①]。从传统产业"跟跑"、新兴产业"并跑"到未来产业"领跑"，技术创新门槛变高，技术突破愈发困难。

一方面，自主创新所需人才层次变高、培养周期长，高端人才供给不足，"人才链"阻滞导致"创新链"不畅。另一方面，主要资源向应用技术倾斜，基础理论研究成果与产业结合不够密切，难以将研究成果转化为

---

① 邵云飞，吴言波. 突破性技术创新的动力因素及其协同效应：以智能汽车为例 [J]. 电子科技大学学报（社科版），2017，19（1）：1-7.

未来产业优势。

3. 区域协同程度低，各自为政难以集聚

成渝两地目前未来产业处于萌芽状态，要素资源有限、支持机制尚不完善，虽然能发挥地方积极性、快速探索未来产业的"爆点"细分方向，但未来产业存在高不确定性、长周期性特点，结合地方技术保护主义凸显，不利于区域发挥集中力量办大事的优势。

五、成渝双圈创新因素协同与三大产业协同发展

（一）构建以"强化优势"为导向的传统产业协同创新体系

东部地区制造业发展水平高，成渝地区承接东部地区优质产业有助于提升区域经济实力、引进技术技能人才，能与本地区的产业发展产生协同作用，构建以"强化优势"为导向的传统产业协同创新体系（见图3）。

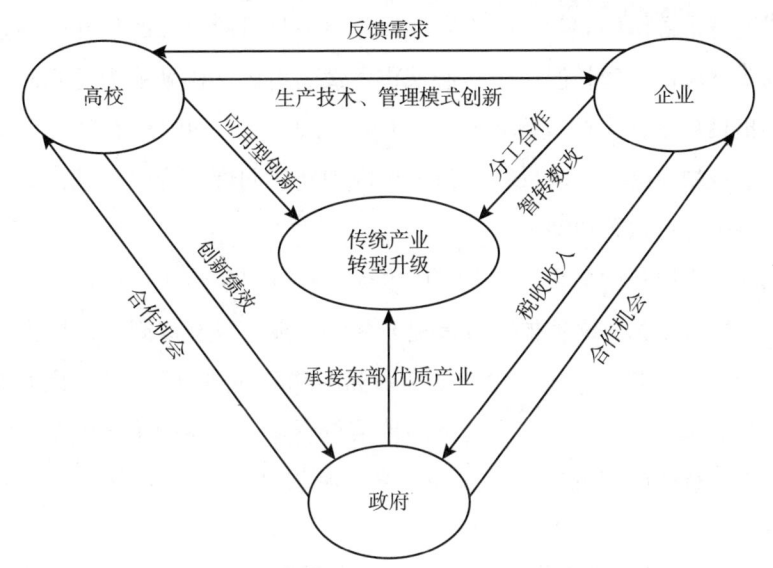

图3 以"强化优势"为导向的传统产业协同创新体系

1. 政府：推动跨区域合作，培育产业转移承接平台

第一，健全与东部政府的协商合作机制，加强沟通对话，完善利益分配机制，制定产业承接步骤，分阶段分批次推进产业转移。第二，创新对接平台，支持东部企业在本地区设置分支机构；整合现有产业园区的资源，加快科技成果转化并应用到转移产业中。第三，做好产业转移调研，补齐产业转移短板，引导商会等社会力量建立跨区域合作组织，为产业转移和创新投资提供咨询服务，为制造业改造升级培育优质土壤，防止产业转移"水土不服"。

2. 高校：重塑培养模式，满足企业人才需求

生产方式上，针对产学研协同度低的问题，高校以市场应用为导向，通过与科技园区合作设立研究生、博士后工作站进行人才培养，建立与产业、行业有广泛联系和交流的教师队伍，科技企业入股高技术企业以提供长期技术服务等方式，加强应用型创新；管理模式上，增强理论与实践能力，通过调研活动发现管理环节痛点和堵点，为革新企业僵化的组织管理模式提供建议。

3. 企业：加速"智改数转"，培育先进产能

成渝城市群协同创新效率不高，部分原因是目前多数的创新联系是在核心区的节点城市之间，但由于核心城市承载力有限，创新能力受到阻碍。产业协同集聚能提高生产效率且具有空间溢出效应[1]，加强核心区节点城市与边缘区节点城市的创新联系，提高区域内创新协同度，为中小城镇经济发展提供更持久、更强劲的动力。

党的二十届三中全会提出，以国家标准提升引领传统产业优化升级，支持企业用数智技术、绿色技术改造提升传统产业。成渝双圈坚持以推动传统产业高端化、智能化、绿色化转型为目标的"智转数改"。高端化方面，提升传统产业服务管理水平，提高商品价值量、降低营运和生产成本；智能化方面，学习智能应用成功企业（如小米、海尔），推动产业从生产制造单环

---

[1] 汤长安，邱佳炜，张丽家，等. 要素流动、产业协同集聚对区域经济增长影响的空间计量分析：以制造业与生产性服务业为例 [J]. 经济地理，2021，41（7）：146 – 154.

节向全流程、全链条、全周期渗透①；绿色化方面，实施传统产业焕新工程，实现全过程清洁生产。

（二）培育以"安全高效"为导向的新兴产业协同创新体系

成渝双圈发展新兴产业的核心思想就是全力为优势产业提供政策支持和要素保障，培育以"安全高效"为导向的新兴产业协同创新体系（见图4）。

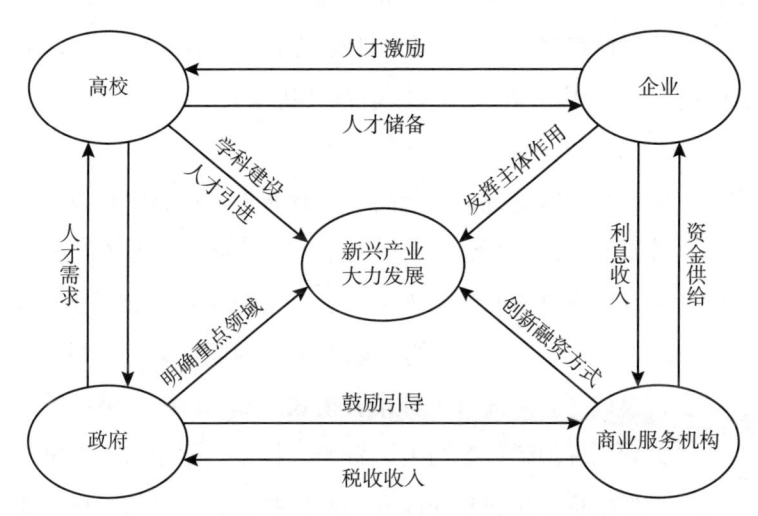

图4 以"安全高效"为导向的新兴产业协同创新体系

1. 政府：完善区域产业协同人才培养计划

（1）强化产业联动，打造区域合作平台。成渝两地就化工新材料、电子信息等部分产业达成创新合作，但在集成电路、汽车制造等细分领域存在同质化竞争和资源错配现象，尚未形成跨区域产业联动协同发展模式。

（2）着眼区域整体，推动人才共育共享。在《成渝地区人才需求目录》制定上成渝两地应协同调查、提高人才培养计划协同度。为充分利用创新型

---

① 胡啟斌，刘西诺. 新质生产力赋能传统产业转型升级的机制与路径研究［J］. 决策与信息，2024（7）：5－14.

人才资源，可以设立专门的专业人才市场服务机构，提高人才流动性。

（3）优化营商环境，鼓励民企参与创新。一方面，政府要充分简政放权，完善公平竞争制度，鼓励民营企业参与科技创新，吸引更多企业加入协同创新中心。另一方面，针对新兴产业发展的特性，产业治理需要重新考虑法律假设、风险研判和利益平衡等三个维度问题，并实行敏捷治理、沙盒监管。

（4）做好设施保障，降低企业创新门槛。构建系统完备、高效实用的新型基础设施体系，建设工业互联网与高性能算力基础设施、升级通信网络基础设施、夯实智慧城市物联感知设施，为创新活动提供良好硬件支持。

2. 高校：完善"内育外引"人才培养机制

（1）调整学科设置，培养和引进国际人才。

一方面，要在区域内发力，优化高等教育布局，调整学科设置和人才培养模式。一是着重培养发展所需的新型人才，与成渝双圈新兴产业需求对接，设立交叉学科和专门学科研究生培养模式。二是超常布局急需学科专业，下好新兴产业发展"先手棋"。三是构建职普融通的职业教育体系，促进高职院校产教融合，尝试"订单式"人才培养模式。

另一方面，利用好国际教育与人才资源，推动高水平教育开放，鼓励国外高水平理工大学来华办学或与国内高校共同打造合作项目，吸收国外先进技术和创新模式。建立引进、培养、留用等方面的服务保障体系，完善创新人才考核、评价、激励制度，提高创新人才与新兴产业发展的耦合水平。

（2）设置专门机构，建设更多校企合作平台。

政府推动建设高新技术产业研究院、孵化器、科技园区等中介机构，整合高校和企业的研发、运营等创新资源，打造高质量、深层次、专业化的高校技术转移综合服务平台，促使创新成果实现全周期孵化。

3. 企业：拓展国际合作，提高"创新生命力"

战略性新兴产业投资规模大、周期长，国有经济更有能力、有责任成为创新主体。成渝地区国有企业共同出资成立战略性新兴产业技术创新基金，自觉承担战略性新兴领域研究任务，运用国有资本产出创新成果。

中小企业信息敏锐、利润驱动力强，可以在一般竞争领域发挥创新主体作用，依靠市场力量提高创新效率。通过用股权、期权、分红等奖励和科技人员兼职兼薪、离岗创业等政策，充分调动科技人员创新和创业的积极性。新兴技术企业要积极设立海外创新机构，加强与创新大国和关键小国的重点领域合作[1]，与国际技术前沿接轨。

4. 商业服务机构：优化产业经费来源结构

近年来，成渝双圈研发经费来源结构从政企平衡型向企业主导型转变，表明企业研发投入的力度加大，主动性更强。商业服务机构应发挥资金融通作用，积极吸收不同渠道的资金，为研发提供低成本的资金支持。

境外资金方面，外商投资主要集中于劳动密集型的传统产业中，而对具有高附加值的新兴产业投资少，需要借助"一带一路"展示发展潜力，打造高水平创新形象，商业服务机构要做好财务预测等配套服务。

（三）构建以"技术突破"为导向的新兴产业协同创新体系

成渝双圈未来产业的发展更需要科学有效的创新环境的支持，有效发挥政府、高校、企业之间的联动作用，发展以"技术突破"为导向的新兴产业协同创新体系（见图5）。

1. 政府：提高组织服务创新水平，优化营商环境

根据赫兹伯格的双因素理论，创新环境也分为激励和保障两种因素。

（1）激励因素，主要表现为资金激励。未来产业的不确定性导致了高风险和高投入，应加快建立完善的金融服务体系。目前我国的创新驱动与金融支持的区域协同发展程度较低[2]，主要原因是科技创新提高的速度慢于金融资本的供应速度。因此，应加快金融新业态发展，建设多层次资本市场，为技术创新提供多样化直接融资渠道。

---

[1] 周文，许凌云. 论新质生产力：内涵特征与重要着力点 [J]. 改革，2023（10）：1-13.
[2] 祝佳. 创新驱动与金融支持的区域协同发展研究：基于产业结构差异视角 [J]. 中国软科学，2015（9）：106-116.

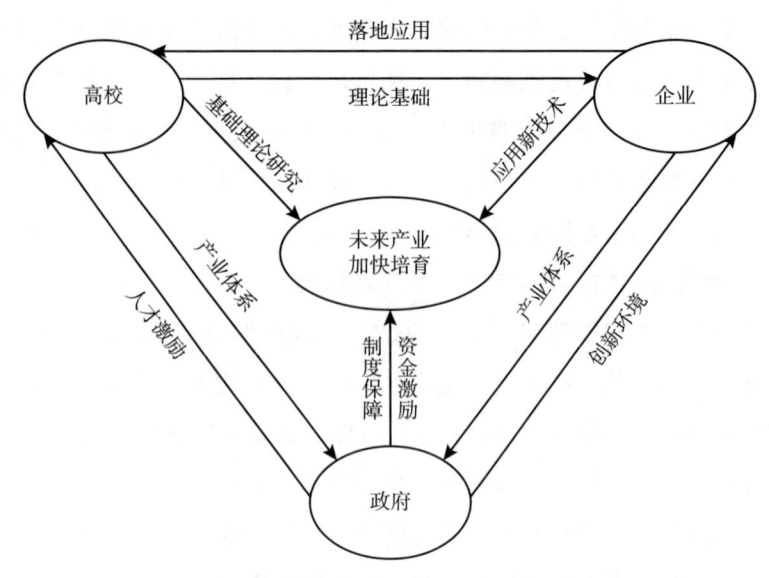

图 5　以"技术突破"为导向的未来产业协同创新体系

（2）保障因素，主要表现为制度的保障。首先，坚持区县探索"爆点"，主要扶持"重点"的未来产业培育路径；其次，政府应加强新领域新赛道制度供给，做好未来产业发展规划引领、构建完善关键支撑机制。健全未来产业相关的法律制度体系、简化技术作价入股成立新公司的手续[①]，促进未来产业链企业成长[②]。

2. 高校：重视跨学科创新，加强基础理论研究

基础理论研究是新技术研发和应用的根基[③]，高校作为创新的主要生力军要发挥理论创新策源地作用。2022 年四川科研成果中（见表4），大专院校在基础理论方面占比达72%，起到支撑作用。一方面，增加基础理论研究

---

① 韩小腾. 三螺旋理论视域下高校技术转移转化体系建设刍议 [J]. 科技管理研究，2021，41 (16)：116 - 122.
② 余澳，柯遵义. 未来产业牵引实现高质量发展的机理与路径研究 [J]. 重庆工商大学学报（社会科学版），2024：1 - 13.
③ 胡拥军. 前瞻布局未来产业：优势条件、实践探索与政策取向 [J]. 改革，2023 (9)：1 - 10.

的研发投入，支持重点学科、新兴学科、冷门学科和薄弱学科发展；另一方面，面对未来产业的巨大发展潜力和研究机会，企业要提高基础研究领域参与度，加快实现关键共性技术以解决"卡脖子"问题。

表 4　　　　　　　　　　2022 年四川科研成果统计

项目	合计	科研机构	大专院校	企业	其他
成果类别	2754	259	958	1208	329
基础理论	554	52	397	23	82
应用技术	2164	200	546	1184	234
软科学	36	7	15	1	13

资料来源：《四川统计年鉴（2023）》。

3. 企业：发挥高端生产性服务业辅助作用

成渝双圈具有超大市场容量，未来产业发展要将超大城市转型发展作为最大应用场景，通过推动特定领域先行先试积累发展经验。例如，重庆工商大学成渝双圈建设研究院与撼地数智（重庆）科技有限公司联合打造"成渝双圈产业云图"，为产业发展提供多元可视的数据支持。

高端生产性服务业由于成熟度较低、知识导向强，适合专业化集聚。打造信息产业园、研发中心、金融创新城等集聚性平台有利于共享创新资源、发挥协同创新作用，从而提高服务供给质量。

六、总结

本文从三大产业视角对协同创新体系的构建作出了设想。政府、企业、高校形成相互促进、持续性强的协同创新体系：政府立足优势资源明确发展目标，通过政策协同解决利益共享问题；高校促使学科建设与产业发展紧密结合，促进基础理论和应用型研究共同发展；企业寻求产业链上更细化的分工合作，培养新人才、运用新技术提升生产效率。三者协同配合有助于完善川渝现代化产业体系，推动新质生产力的发展。

（执笔人：邵云飞，电子科技大学经济与管理学院，教授、博士生导师；王娅雯，西南财经大学会计学院，学生；东志纯，电子科技大学经济与管理学院，博士研究生。）

专题五　成渝地区双城经济圈优质生态产品供给能力研究

摘要：探讨成渝地区双城经济圈（简称"成渝双圈"）优质生态产品供给能力，可以助力人民美好生活的实现，同时有助于推动成渝双圈建设走深走实。运用因子分析法对成渝双圈内16个城市2013~2020年的优质生态产品供给能力水平进行测度，并通过构建多主体仿真模型以识别影响优质生态产品供给能力的关键因素，最后将识别出的关键因素进行组合来构成不同的"协同政策情景"。研究表明：成渝双圈内优质生态产品供给能力总体呈上升趋势，然而各城市的优质生态产品供给能力梯度差异较大。农业面源污染、生态空间、修复或提升耗时三个因素能显著提升优质生态产品供给能力，此外，上述三个因素的组合对提升优质生态产品供给能力具有突出作用。因此，提出了协同治理农业面源污染、协同增加生态空间数量、协同加快修复或提升的政策建议。

关键词：优质生态产品供给；影响因素；协同提升对策

一、研究背景及意义

2021年10月，中共中央、国务院印发了《成渝地区双城经济圈建设规划纲要》，提出生态共建共保，污染跨界协同治理。根据党中央决策部署，要突出重庆和成都两个中心城市的协同带动，走出一条生态优先、绿色发展的新路子。[1] 2024 年 7 月，党的二十届三中全会也指出，要"推动成渝地区双城经济圈建设走深走实"，"健全生态产品价值实现机制"。在此背景下，对成渝双圈优质生态产品供给能力进行研究，具有重要的理论和现实意义。

生态产品本质上不是人为生产，其供给方是自然生态系统。[2] 人为经济活动不当或过度对生态系统的负向冲击，包括各种污染和废弃物的增加超过了自然环境的承载能力，需人为修复受损的生态系统，主动开展增加生态资源存量的活动。[3] 从影响优质生态产品供给能力提升的关键因素着手，提出协同提升供给能力的对策，可以促进成渝双圈优质生态产品供给总量和效能的提升。此外，我国陆地生态圈的巨大碳汇主要是由于我国林区，尤其是西南林区的固碳贡献。[4] 因此，对成渝双圈优质生态产品供给能力进行协同提升，将有效促进双碳目标的实现。特别是在全国性碳交易市场已经启动的背景下，增加优质生态产品的供给，可以显著促进成渝双圈将生态产品转化为经济优势，实现"富""绿"协调发展。

然而，成渝两地在某些发展领域存在同质化问题并缺乏有效的协同机制，导致两地存在一定程度的地方保护和市场分割[5]，从而制约了优质生态产品供给能力的协同发展。基于收集到的文献，有关优质生态产品供给能力评估的相关研究成果较少，对成渝双圈内城市的优质生态产品供给能力评价的研究更是亟须填充。因此，对成渝双圈的优质生态产品供给能力的关键影响因素进行识别，并设计协同提升对策，有利于增加成渝双圈优质

---

[1] 李东晋，林楠. 推动成渝地区双城经济圈建设具有全国影响力重要经济中心［J］. 宏观经济管理，2022，468（10）：55 - 60，69.

[2] 靳诚，陆玉麒. 我国生态产品价值实现研究的回顾与展望［J］. 经济地理，2021，41（10）：207 - 213.

[3] 宋蕾. 生态产品价值实现的共生系统与协同治理［J］. 理论视野，2022，269（7）：61 - 67.

[4] 蔡伟祥，徐丽，李明旭，等. 2010—2060 年中国森林生态系统固碳速率省际不平衡性及调控策略［J］. 地理学报，2022，77（7）：1808 - 1820.

[5] 罗吉，王亚华，赵础昊. 双城关联度测度：以成渝地区双城经济圈为例［J］. 经济体制改革，2022，236（5）：75 - 82.

生态产品供给、促进优质生态产品转化为经济优势，最终形成高质量发展的重要增长极。

二、研究数据与方法

（一）数据来源

在优质生态产品供给能力评价指标方面，空气优良天数数据主要是"爬取"空气质量实时监测网站的历史数据，然后筛选优良天数相加计算。"森林覆盖率""水土流失治理面积""专利授权数"等数据缺失比较严重，尤其是四川辖区的城市。重庆由于是直辖市，统计中属于省级数据，因此数据比较完善。本文深度挖掘了其他 15 个市每年的"市统计年鉴"和"四川省统计年鉴"，以及官方网站公开数据和中国宏观数据库后，采取多重插补法对缺失数据进行拟合填充，之后对全部数据取对数。在备选因素方面，"第二产业增加值占同期 GDP 比例""单位 GDP 能耗""化肥施用量""城市绿地面积"数据来自统计年鉴；生态保护力度采用政府每年颁布的与生态保护相关的政策文件数量来衡量，数据从各市政府的政府公开信息中查询获取；生态补偿数据来源于各市政府一般公共预算支出决算表，对于部分缺失值采用插值法填补。

（二）变量选取与说明

1. 评价指标体系构建

基于理论和文献分析提炼优质生态产品供给能力评价的"备选指标"，设计封闭式题目访谈表（Likert 五点法赋分），对专家进行访谈（经济学和生态学领域的科研人员构成合计 50 名），将备选指标量化，用 SAS 软件进行因子分析，根据特征值大小确定评价体系的一级指标，根据因子载荷值大小确定二级评价指标，指标权重由累计方差贡献比和特征值综合确定，最终完成评价指标体系设计，并运用熵值法有效地确定各个指标的权重。① 本文构建的成渝双圈优质生态产品供给能力评价指标体系见表1。

表1　　　　　优质生态产品供给能力评价指标体系及权重

类别	指标	2013年	2014年	2015年	2016年	2017年	2018年	2019年	2020年
供给数量	用水普及率	0.072	0.099	0.057	0.060	0.057	0.087	0.105	0.098
	空气优良天数	0.090	0.171	0.079	0.097	0.115	0.079	0.114	0.073
	森林覆盖率	0.093	0.101	0.111	0.126	0.098	0.094	0.113	0.103
	建成区绿化覆盖率	0.132	0.074	0.069	0.081	0.076	0.106	0.123	0.091
	5A级景区数量	0.778	0.778	0.816	0.781	0.955	0.955	0.955	0.914
社会组织参与能力	公共管理社会保障和社会组织业就业人员	0.470	0.501	0.567	0.573	0.512	0.507	0.508	0.503
	一般公共服务支出	0.437	0.795	0.738	0.718	0.665	0.656	0.554	0.599
政府支持程度	节能环保支出	0.887	0.843	0.785	0.743	0.685	0.613	0.695	0.771
	城市维护建设税收入	0.787	0.842	0.853	0.843	0.814	0.788	0.753	0.773
	研发经费内部支出	0.736	0.725	0.728	0.732	0.739	0.737	0.719	0.718
修复能力	污水处理率	0.047	0.063	0.049	0.040	0.041	0.082	0.046	0.130
	生活垃圾处理率	0.045	0.07	0.084	0.039	0.039	0.028	0.045	0.016
	清扫保洁面积	0.602	0.669	0.684	0.697	0.719	0.660	0.706	0.690
	造林面积	0.919	1.004	0.989	0.686	0.625	0.758	0.941	0.913
	人均公园绿地面积	0.270	0.310	0.158	0.134	0.144	0.182	0.129	0.357
	无害化处理能力	0.748	0.642	0.657	0.603	0.595	0.709	0.602	0.690
技术创新能力	研发人员数	0.692	0.712	0.763	0.725	0.763	0.758	0.717	0.687
	研发机构数	0.989	1.027	1.046	1.062	1.075	1.135	1.177	1.046
	经费收入总额	1.155	1.108	1.134	1.200	1.110	1.085	1.151	1.392
	专利授权量	0.941	0.900	0.952	0.935	0.875	0.866	0.814	0.747

---

① 郝辑，张少杰.基于熵值法的我国省际生态数据评价研究［J］.情报科学，2021，39（1）：157－162.

续表

类别	指标	2013 年	2014 年	2015 年	2016 年	2017 年	2018 年	2019 年	2020 年
供需比例	水资源供需比	0.183	0.320	0.280	0.273	0.198	0.179	0.778	0.138
	优质空气供需比率	0.181	0.155	0.144	0.141	0.132	0.135	0.129	0.134
	优质土壤供需比例	0.115	0.105	0.094	0.097	0.088	0.083	0.079	0.077
	旅游资源供需比率	0.109	0.099	0.097	0.106	0.099	0.096	0.112	0.099
投入能力	资金投入能力	0.812	0.775	0.854	0.753	0.681	0.627	0.641	0.666
	劳动力投入能力	0.060	0.067	0.082	0.091	0.126	0.134	0.122	0.061

需要说明的是，本文中的优质生态产品不包括具有准公共产品特征的生态产品（碳排放权）以及具有明确产权的经营性生态产品。本文的研究对象是生态产品的一部分类型，不是对生态产品的重新定义，只是明确了研究的对象。从根源上而言，优质生态产品是由自然生态系统供给的，但是由于人为的干扰、污染影响了自然生态系统的政策功能，需要修复和保护，因此奠定了政府作为具有公共产品特征的这类优质生态产品的供给主体[①]，在供给能力的评价指标体系中就必然需要涵盖这方面的内容。

2. 影响因素指标选取

备选因素的来源包括两个部分。

（1）课题组的实地调研。课题组在成都、重庆等地进行了实地调研，特别是对重庆的部分河流的生态修复和保护工程进行了实地调研，访谈了周围的群体，启发了课题组从生态补偿、生态保护和修复等方面设计备选因素。（2）既有的研究成果。主要是从已经公开发表的文献中，借鉴了其他学者的研究成果，如产业结构等。具体的备选指标包括：产业结构、生态补偿、生态保护政策、能源消费占比、农业面源污染、生态空间、修复或提升耗时

---

① 陈少强，覃凤琴. 财政生态补偿：一个理论逻辑［J］. 中央财经大学学报，2022，423（11）：17-25.

（共7个）。其中，生态空间选取城市绿地面积来衡量。[①] 生态保护力度采用政府每年颁布的与生态保护相关的政策文件数量来衡量。产业结构采用"第二产业增加值占同期 GDP 比例"表示、能源消费占比采用"单位 GDP 能耗"表示、农业面源污染采用"化肥施用量"表示。关于生态补偿，选取各市政府财政支出中污染防治、自然生态保护、天然林保护、退耕还林、风沙荒漠治理和污染减排6项数据加总得出生态补偿金额。[②][③]

（三）仿真模型构建

基于复杂适应系统的多主体模型，以成渝双圈为系统边界进行结构解剖，设定圈内主体，对影响其优质生态产品供给能力因素的系统性、多主体交互的复杂性特征进行分析。

1. 编写程序

在通过有效性检验之后，将获取的数据输入程序，确定数学模型和参数，并在仿真平台上运行。

2. 识别关键因子

模型通过有效性评估后，运用自动模拟、参量调整和结构变动等方法明确系统各组成部分之间的相互关系。从规制的变化、主体与环境"交互"方式的变化、主体间博弈的变化这三个方面观察各个主体的优质生态产品供给能力变化，同时引入扰动因子，变动系统中的相关变量以及影响这些变量的因素，初步筛选出显著的影响因素。随后，锁定这些因素，进行敏感性分析，以优质生态产品供给能力提高为目标，辅以周期长短、提升数量和路径分叉强弱为主要评价标准，以最终识别出关键影响因素。

[①] 王甫园，王开泳，陈田，等. 城市生态空间研究进展与展望［J］. 地理科学进展，2017，36（2）：207－218.

[②] 杨谨夫. 我国生态补偿的财政政策研究［D］. 北京：财政部财政科学研究所，2015.

[③] 舒旻. 论生态补偿资金的来源与构成［J］. 南京工业大学学报（社会科学版），2015，14（1）：54－63.

3. 仿真情景设计

各个备选因素的初始值是圈内各个城市2020年的平均值作为初始仿真情景S0，同时，还设计了多个仿真情景，以30年为仿真周期进行动态仿真。

在备选因素初始值的基础上，正向影响因素在初始情景的基础上增加20%，如生态补偿。负向影响因素减少20%，如农业面源污染。构成不同的仿真情景，在动态的仿真中发现关键影响因素。其中，等级调控变量"修复或提升耗时"除外，这个正向影响因素的值在情景S7中缩短为2年（见表2）。

表2　　　　　　　　　　　仿真情景

指标	S0	S1	S2	S3	S4	S5	S6	S7
产业结构特征	47.15	37.72	37.72	47.15	47.15	47.15	47.15	47.15
生态补偿	39.32	39.32	47.18	39.32	39.32	39.32	39.32	39.32
生态保护政策	2.93	2.93	2.93	3.52	2.93	2.93	2.93	2.93
能源消费占比	0.55	0.55	0.55	0.55	0.44	0.55	0.55	0.55
农业面源污染	16.55	16.55	16.55	16.55	16.55	13.24	16.55	16.55
生态空间	66.83	66.83	66.83	66.83	66.83	66.83	80.2	66.83
修复或提升耗时	5	5	5	5	5	5	5	2

三、研究结果与分析

1. 供给能力评价

运用上述方法对成渝双圈16个城市2013~2020年的优质生态产品供给能力进行评估，最终结果如表3所示。总体上看，成渝双圈内的16个城市的优质生态产品供给能力之间存在"断崖式"的差距。重庆市的优质生态产品供给能力显著优于其他各市，存在的原因可能是由于四川省内各城市的"森林覆盖率""水土流失治理面积""专利授权数"等数据缺失比较严重，甚至是完全没有相关数据，而重庆市为直辖市数据比较完善，并且其规模和体量较四川省内其他城市而言具有很大优势，而在计算得分时通常使用的是总量指标，因此重庆市得分也就比较高，甚至与四川省各城市之间出现了断崖式的差距。

表3　　　　　　　　优质生态产品供给能力评价结果

城市	2013年	2014年	2015年	2016年	2017年	2018年	2019年	2020年	综合得分
重庆市	91.853	88.950	100	94.008	84.303	92.069	87.009	80.318	89.810
成都市	48.615	56.991	51.377	48.667	54.740	48.863	54.670	63.005	53.370
自贡市	4.516	5.100	4.375	4.051	3.866	4.081	4.021	4.289	4.290
泸州市	4.955	4.958	5.201	5.088	5.116	5.023	5.480	5.448	5.160
德阳市	6.548	6.646	6.108	5.843	5.734	5.755	6.288	5.756	6.080
绵阳市	11.471	10.449	9.891	10.323	10.775	10.526	10.535	9.731	10.460
遂宁市	4.062	4.477	3.924	3.983	4.321	4.023	4.463	3.925	4.150
内江市	3.371	3.857	3.295	3.417	3.261	3.527	4.147	4.073	3.620
乐山市	7.284	7.553	6.846	6.776	7.400	7.251	8.112	6.636	7.230
南充市	6.784	7.449	7.012	7.519	5.744	5.602	5.880	6.024	6.500
眉山市	3.800	4.561	3.997	4.351	4.079	3.932	4.827	4.488	4.250
宜宾市	5.969	7.136	6.799	6.020	6.131	6.559	6.809	8.124	6.690
广安市	6.289	6.602	5.561	5.200	5.367	5.404	5.788	5.357	5.700
达州市	4.279	4.982	4.563	4.623	4.244	4.350	4.466	3.867	4.420
雅安市	4.027	4.594	4.174	4.268	3.719	3.776	4.897	5.647	4.390
资阳市	3.500	3.661	3.349	2.939	2.823	2.867	8.340	3.028	3.810

具体来看，重庆市在所有城市中排名第一位，且大幅度领先其他城市，表明重庆市具有良好的优质生态产品供给能力。究其原因，重庆市不仅拥有良好的工业基础，而且重庆市依靠处于长江中上游经济带和"一带一路"关键节点的良好地理位置，GDP总量在成渝双圈中最高。[①] 良好的经济基础可以为优质生态产品供给能力的提升发挥重要推动作用，例如，在公共服务支

[①] 郭源园，李莉. 西部内陆省区区域经济差异影响因素：以重庆为例[J]. 地理研究，2017，36（5）：926-944.

出、节能环保支出、研发机构数和资金投入能力等方面起到积极作用，加之重庆市在水资源和森林资源等自然资源禀赋方面拥有一定优势[1]，与此同时，重庆市还进一步加强工业大气污染防治，大力推进海绵城市建设，加大环境监督考察力度。[2] 因此，重庆市优质生态产品供给能力水平相对较高。

成都市排名第二位，但与重庆市之间存在较大差距。原因在于成都市是国家新一线城市、西部国家中心城市，经济发展速度较快。此外，近年来成都大力发展服务业和高新技术产业，使得产业结构相对合理。成都市还拥有众多优质高等学府，科研创新能力较强[3]，近年来一直加大公园城市的建设力度[4]，这些方面均有助于成都市优质生态产品供给能力的提升。与此同时，成都市自然资源禀赋虽然比较丰沛，但由于区域内人口密度较大，对资源和环境的需求量也处于较高水平。此外，随着成都市城镇化和工业化的快速推进，雾霾频发、河流污染等问题也使生态环境受到严重挑战。[5] 因此，成都市在经济发展、科研创新等方面的优势促进其优质生态产品供给能力的提升，但其在资源消耗和环境保护方面的压力也制约着优质生态产品供给能力的增强。

此外，排名第三位的城市为绵阳市，绵阳市虽然评分不高且与成渝两市之间存在较大差距，但其在科研创新方面的努力使其位于成都市和重庆市之后。绵阳市是目前为止我国唯一的官方承认并支持建设的科技城，这里有着众多的科技企业和研究机构，它们在推动科技发展中发挥着重要作用。[6] 此

---

[1] 吕兵，王大力，吴映梅. 丝绸之路经济带资源环境基础研究［J］. 经济问题探索，2020，453 (4)：98-108.
[2] 王文静，秦维，孟圆华，等. 面向城市治理提升的转型探索：重庆城市体检总结与思考［J］. 城市规划，2021，45（11）：15-27.
[3] 王建永，张亚星，蒋祺炜. 在蓉本科高校服务地方经济社会发展的成效评价及建议策略［J］. 四川师范大学学报（社会科学版），2022，49（5）：140-153.
[4] 曾九利，唐鹏，彭耕，等. 成都规划建设公园城市的探索与实践［J］. 城市规划，2020，44 (8)：112-119.
[5] 蒲灵，马又琳，毕朝文，等. 成都平原经济区固体废物产生量与经济增长的关系及驱动因素分析［J］. 环境污染与防治，2021，43（2）：266-270.
[6] 李银昭，任毅，李洋，等. 绵阳：一座科技之城的新求索［N］. 四川经济日报，2022-11-16（001）.

外，绵阳市还先后荣获全国文明城市、国家森林城市、国家园林城市、国家环保模范城市、国家节水型城市等殊荣①，表明绵阳市在城市生态文明建设及绿色发展方面取得了一定的成绩。

其他城市的平均得分相差不大且皆未超过10分。原因在于成都市的"虹吸效应"加上受到自然条件和交通条件等方面的限制，使得四川省内其他城市的经济总量较低且发展速度较慢②，从而无法为优质生态产品的供给能力的提升创造重要的经济基础，此外，这些城市高新产业的发展不足，产业结构仍需优化。③虽然一些城市已经意识到了环境污染问题并加大了生态环保方面的工作力度，但是长期以来重工业发展所带来的环境污染问题的完全解决不可能一蹴而就。这些城市还在人才吸引、市场化和信息化程度等方面存在弱势④，这些因素严重制约了四川省内除成都之外的众多城市优质生态产品供给能力的提升。

从历年综合得分来看，各城市的优质生态产品供给能力呈现小幅度波动变化，且相互之间存在区域异质性，区域内各城市的优质生态产品供给能力差异较大，主要是由于成渝双圈内的各城市在经济发展水平、资源禀赋、环境承载力和政府支持力度等方面存在显著差异。

2. 仿真结果分析

根据仿真情景进行仿真实验，输出的结果以仿真持续时间为横坐标（30年），以各等级优质生态产品供给能力（高、中、低）的城市数量为纵坐标进行画图，从而得到各备选因素调整后，各等级优质生态产品供给能力的城市数量的变化趋势。其中，"S0 低""S0 中""S0 高"，分别代表各备选因素

---

① 杨梦晗. 绵阳：海绵城市建设助力中国科技城崛起和腾飞［N］. 中国建设报，2023 - 02 - 22（004）.

② 吴传清，孟晓倩. 虹吸还是溢出？："强省会"战略的经济增长极效应分析［J］. 安徽大学学报（哲学社会科学版），2022，46（1）：124 - 136.

③ 惠调艳，郭筱. 西部地区经济 - 资源 - 环境协调发展水平测度［J］. 统计与决策，2019，35（11）：124 - 128.

④ 王兴华. 西南地区发展生态产品存在的问题与对策研究［J］. 生态经济，2014，30（4）：110 - 114.

在初始仿真情境下的低、中、高三类优质生态产品供给能力的城市数量，"Sn 低""Sn 中""Sn 高"，分别表示对某一备选因素进行调整、仿真后的低、中、高优质生态产品供给能力的城市数量（$n=1, \cdots, 7$）。结果显示，产业结构特征、生态补偿、生态保护政策以及能源消费占比 4 个影响因素在促进优质生态产品供给能力提升方面的作用有限。受限于篇幅，本文仅对仿真结果中的显著关键影响因素进行描述与分析（共 3 组）。

由图 1 可知，化肥施用量减少时，"S5 高"前期高于"S5 中"，中期二者间的差距相差不大，而到了后期二者则趋于发散，其中，"S5 高"呈现上升趋势而"S5 中"则呈现下降趋势。分别来看，在仿真持续时间的后期，化肥施用量的减少使得"S5 高"高于初始状态下的"S0 高"，而"S5 中"则被"S0 中"反超，表明农业面源污染的降低使得具有较高优质生态产品供给能力的城市数量增加，而因为城市总数是固定的，相应地使得处于中等供给能力的城市数量减少，因此农业面源污染可视为促进优质生态产品供给能力提升的关键因素之一。究其原因，农业本身作为生态系统的重要组成部分具有绿色属性，是优质生态产品的重要供给渠道，更是生态保护的重要屏障[①]，因此在生产环节，减少施化肥成为破解农业面源污染治理难题从而改善生态环境的关键所在。

由图 2 可以看出，城市生态空间增加后，"S6 高"在中前期总体上高于"S6 中"，只有到了后期二者间的差距才逐渐缩小并趋于收敛。分别来看，"S6 中"几乎一直低于"S0 中"，而到了中后期，"S6 中"才逐渐超过了"S0 中"，而在第 30 年"S6 中"又被"S0 中"赶上，即在第 30 年具有中等优质生态产品供给能力的城市数量与未增加生态空间的初始状态没有差别。此外，"S6 高"相较于"S0 高"处于优势地位的状况几乎一直从前期持续到了后期，仅在第 29 年处"S0 高"才稍高于"S6 高"，表明生态空间的增加在一定程度上增加了具有较高优质生态产品供给能力的城市数量，因此生态空间可有效促进优质生态产品供给能力提升。究其原因，城市绿地的建设作

---

① 李翠霞，许佳彬. 中国农业绿色转型的理论阐释与实践路径［J］. 中州学刊，2022，309（9）：40-48.

为生态空间治理的重要手段，在城乡规划、基础设施建设、自然生态保护、污染治理等领域扮演了关键角色，尤其是在塑造生态系统结构、调节生态服务功能、促进受损生态系统修复等方面发挥了强大作用。[①]

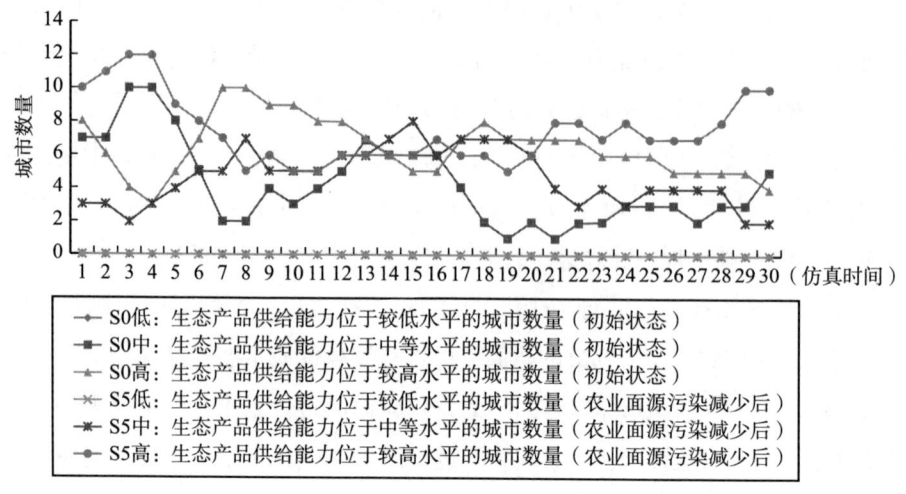

图1 农业面源污染减少后优质生态产品供给能力变化趋势

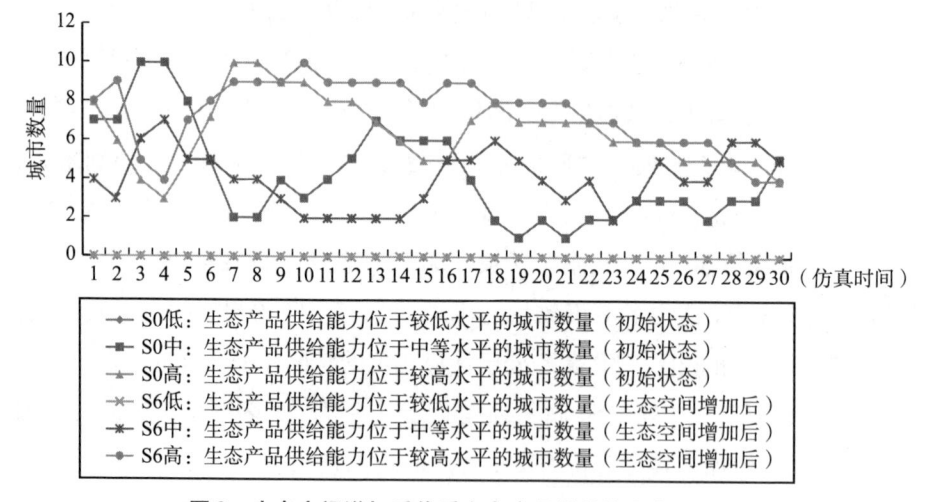

图2 生态空间增加后优质生态产品供给能力变化趋势

---

① 王夏晖，朱振肖，牟雪洁，等．区域景观规划：增强优质生态产品供给能力的重要途径［J］．环境保护，2021，49（13）：54－57．

根据图3可知，修复或提升耗时缩短2年后，"S7高"前期高于"S7中"，中期"S7高"则被"S7中"反超，后期"S7高"再反超"S7中"，并且二者间的走势是趋于发散的。具体来看，修复或提升耗时缩短2年后，在仿真持续时间后期，"S0中"逐渐缩小与"S7中"的差距并在第30年赶上"S7中"，而"S7高"在后期则超过"S0高"并逐渐扩大与其的差距，表明修复或提升耗时的缩短扩大了成渝双圈内城市间的优质生态产品供给能力，使得具有高等优质生态产品供给能力的城市数量不断增加，而因此修复或提升耗时是促进优质生态产品供给能力提升的关键因素之一。生态环境修复或提升需要各级政府统筹制定各项规划，多学科领域的专业技术人员共同参与，绿色低碳的生态保护和修复技术被广泛应用，环境资源等多部门协同合作齐发力，在这一过程中，社会组织参与能力、政府支持程度和科研创新能力等社会治理能力不断提高[1]，因此，生态环境的修复或提升一方面可以直接促进生态环境水平的恢复或提升，另一方面还可以推动生态环境治理能力的提高，从而显著提升优质生态产品的供给能力。

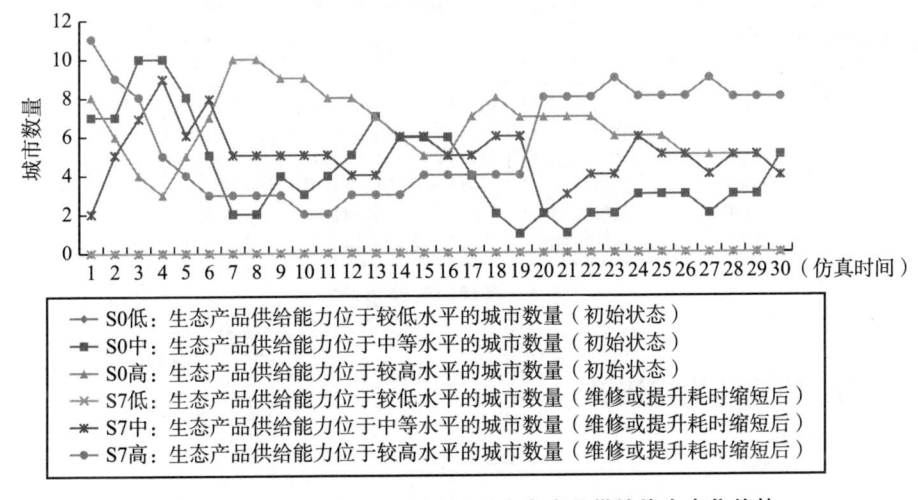

图3 修复或提升耗时缩短后优质生态产品供给能力变化趋势

---

[1] 王夏晖，何军，牟雪洁，等.中国生态保护修复20年：回顾与展望[J].中国环境管理，2021，13（5）：85-92.

最后，将识别出的关键因素进行组合，构成不同的"协同政策情景"，在仿真平台（NetLogo）上运行，在确定所设计协同政策组合的"强壮性"和"有效性"的基础上，以成渝双圈优质生态产品供给能力提高为标准，筛选最优的协同政策组合。根据仿真实验的结果，识别出了3个关键因素，分别是农业面源污染、生态空间、修复或提升耗时。然后，将这3个因素进行组合，进行仿真实验，结果如图4所示。与初始情景相比较，将3个关键因素进行组合后的仿真结果中，具有高水平供给能力的城市数量明显多于初始情景，表明识别出的关键因素对提升优质生态产品供给能力有突出作用。因此，协同政策的设计应该从这些关键因素着手。

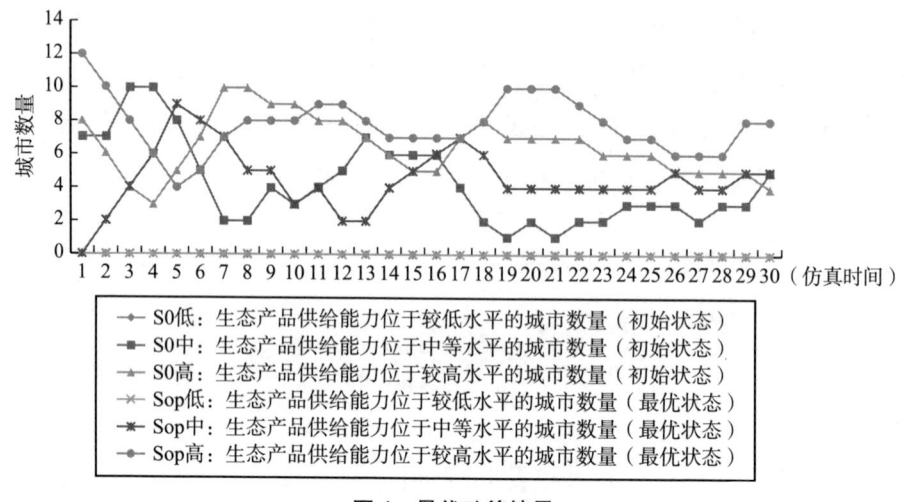

图4　最优政策情景

四、研究结论与建议

（一）研究结论

（1）基于理论和文献分析构建了优质生态产品供给能力的评价指标体系，共包含供给数量、社会组织参与能力、政府支持程度、修复能力、技术创新能力、供需比例与投入能力7个一级指标以及26个二级指标。测度结果显示，成渝双圈内16个城市的优质生态产品供给能力之间存在"断崖式"的差距，重庆市的优质生态产品供给能力显著优于圈内各市，成都市优质生态产品供给能力显著优于省内各市。

（2）构建多主体仿真模型，搜寻备选因素，包含产业结构特征、生态补偿、生态保护政策、能源消费占比、农业面源污染、生态空间、修复或提升耗时共7个指标，将指标数据代入仿真情景设计中，以探究优质生态产品供给能力的关键影响因素。结果显示，农业面源污染、生态空间、修复或提升耗时3个备选指标能够有效提升成渝双圈优质生态产品供给能力。

（3）将识别出的农业面源污染、生态空间、修复或提升耗时3个关键影响因素进行组合，构成不同的"协同政策情景"，并进行仿真实验，结果表明上述3个关键因素对提升优质生态产品供给能力具有突出作用，在此基础上，分别从协同治理农业面源污染、增加生态空间数量和加快修复或提升效率3个方面提出了相应的政策建议。

（二）对策建议

优质生态产品供给能力的提升需要从多方面入手，单一的治理措施很难发挥其应有的作用与效果，为此需要政府、企业、组织和个人的多主体参与，需要圈内各城市在治理农业面源污染、增加生态空间数量、加快修复或提升效率、优化调整产业结构、提高生态补偿效果、增强生态保护力度和降低能源消费占比的多方面协同治理。

为提高优质生态产品供给能力，需要协同治理农业面源污染。农业是人类生产生活中不可或缺的一环，但农业生产中的不当行为也会带来大量的污染物排放，如化肥、农药等过量施用，这些化学物质对生态环境的影响很大。因此，应该采取一系列的措施进行治理，如落实土壤的污染防治责任、推广农业可持续生产模式和完善农业生态补偿机制等方面。成渝双圈内各城市应依托成渝双圈平台，探索多元化、协同性的模式，既要整合资源形成合力，各城市又要根据自身特点和优势发挥更大作用。

　　增加城市生态空间数量也是提高优质生态产品供给能力的重要途径之一。城市作为人类活动的主要场所，但在现代城市化进程中，一些不合理的规划和建设行为对城市生态环境的健康发展造成了很大的影响。因此，应该采取多方面治理手段加快城市生态空间的建设和保护，如加强对城市生态系统的保护与建设、支持城郊农业生态化发展和推动生态旅游及生态餐饮业的发展。成渝双圈内推动城市生态空间数量的增加，需要在协同合作、区域差异化等方面下功夫，只有这样，才能真正利用好城市的生态资源，同时实现城市生态空间的增加，为区域可持续发展作出积极贡献。

　　生态修复和提升效率也是提高优质生态产品供给能力的关键措施。需要摒弃把发展建立在对自然资源的过度开发和污染基础上的模式，对受损的生态系统应该加大生态修复力度，恢复和重建一些原本的生态系统，以保持生态系统的健康。为此，采取的措施包括前期调查与规划、用好技术手段、加大投入经费、优化资源配置等多个方面。成渝双圈内各城市应协同合作，互相学习和借鉴各城市特色治理经验，总结成功做法和经验，形成标准化的生态修复和提升管理方法和技术，通过协同作用提高资源配置和生态修复的效率，提高生态建设的整体质量，促进各城市协调共赢。

（执笔人：刘勇，四川大学经济学院教授，四川大学经济学院低碳经济研究所所长，博士生导师；张雅宁，四川大学经济学院博士研究生。）

专题六 成渝地区双城经济圈城市功能分工研究

摘要： 本文对成渝地区双城经济圈内各城市的空间功能和产业功能进行了测度。研究发现，从空间功能看，成渝地区双城经济圈呈现出"哑铃"型向"双扇"型演变的空间分工格局，即以成渝地区为中心，逐步向两翼延伸；连接两个中心城市的中部城镇带逐步崛起，成为区域最为重要的战略腹地。从产业功能来看，成渝两中心城市的研发、管理和营销功能较为突出，但整体分工不够精细，产业雷同现象严重。中心城市与外围城市之间具有较强的功能互补性，但与都市圈外城市的功能互补性普遍较弱。研究认为，应推动成渝地区双城经济圈各城市之间的政策协调，推进产业布局与规划的统一；要突出中心城市的引导功能，优化成渝都市圈的新质生产力布局，发挥中部城市的战略备份功能，推进行政区和经济区的适度分离，实现跨区域多形式的合作，强化产业聚合功能。

关键词： 城市功能分工；空间功能；产业功能

2021年10月，中共中央、国务院印发的《成渝地区双城经济圈建设规划纲要》明确指出，成渝地区要牢固树立一盘棋思想和一体化发展理念，健全合作机制，打造区域协作的高水平样板。2022年10月，党的二十大报告指出，以城市群、都市圈为依托构建大中小城市协调发展格局。合理有序的空间功能分工是区域资源要素空间配置优化和经济高质量协同发展的重要载体与核心内容之一。[①] 因此，成渝地区双城经济圈作为我国区域协调战略的重要环节之一，如何通过区域内各个城市之间的合理功能分工，推进区域协调发展，成为当前亟须解决的问题之一。

一、概念内涵与理论基础

（一）城市群功能分工内涵

区域经济学者认为，城市群空间功能分工的深化有助于根据不同城市的比较优势来选择产业链的不同环节。这种产业链不同环节在城市群内不同城市间的精细化分配，不仅有助于城市群内产业结构的完整性，而且还能突破城市之间的局域化分工模式，强化城市之间的链锁关系，使得城市群的经济增长方式从单一聚集为主向多元聚集与分散相结合为主转变，最终形成错位发展、互利共赢的城市利益共同体，加快实现区域协调发展。

城市群功能分工可以从两个角度来理解：第一，城市群的空间功能。即城市群是一个系统，各个城市在城市群中占据了不同的位置，从而扮演不同的空间角色，承担不同的职能如政治中心、文化中心、科技中心等，这种城市间不同职能的分工就是城市在城市群中的空间功能；第二，城市群的产业功能。学者们大多从城市在产业链不同环节承担的功能来界定城市群功能分工。即城市群功能分工是在产业链分工基础上发展起来的一种区域分工，是城市群内部各城市充分利用各自的资源禀赋和比较优势，为实现城市群内部价值最大化而专注于产业链的不同环节，在长期合作过程中形成的城市专业化过程。

本文认为，城市群功能分工应包含空间功能和产业功能，二者是相辅相

---

① 丁如曦，乔莹莹. 成渝地区双城经济圈空间功能分工及其对经济协同发展的影响. [J] 中共南京市委党校学报，2024（2）：85 – 96.

成，辩证统一的。当一个城市确定了在城市群的空间功能，则确定了其选择的产业以及在整个产业链中所侧重发展的产业环节；反之，当一个城市确定了在区域产业链中所擅长的产业环节，则为明确其在区域城市群空间中所承担的功能奠定基础。因此，在测度城市群功能分工时，必须涵盖以上两个方面的内容。

(二) 文献综述

1. 城市群分工的概念和内涵

随着城市群的崛起，国内外学者开始对城市之间的专业分工现象进行了大量的研究。

日本学者藤田等（Fujita et al., 1999）在研究中发现，随着日本经济结构从工业主导向服务业为主导转变，劳动密集型制造业逐步从东京向其周边城市转移，与此同时，越来越多的金融、科技等生产性服务业不断地聚集在东京。这种现象被称为城市群内部的功能分工。[1] 后来学者们的研究都证实了这种城市群内部的分工现象，即城市群的中心城市聚集了大量的生产性服务业，承担了更多的区域产业的管理职能；而城市群的外围城市则聚集了更多的生产制造业，承担了更多的生产职能。

国内学者对城市群功能分工的研究主要集中在城市产业间分工与城市功能专业化等角度。中国学者魏后凯（2007）认为，城市群功能分工指的是城市在产业链上的不同分工，是一种新型产业分工。[2] 魏丽华（2016）认为城市群功能分工是随着产业集群的不同环节在城市群内各个城市之间进行不断专业化分工和集聚的过程，是一种产业空间演化形式。[3] 马燕坤（2016）认为城市群功能分工是以城市群这一区域尺度来研究产业链分工，是城市间产

---

[1] Fujita M, Krugman P, Mori T. On the Evolution of Hierarchical Urban Systems [J]. European Economic Review, 1999, 43 (2): 209-251.

[2] 魏后凯. 大都市区新兴产业分工与冲突管理：基于产业链分工的视角 [J]. 中国工业经济, 2007 (2): 28-34.

[3] 魏丽华. 京津冀产业协同发展的困境分析 [J]. 开发研究, 2016 (2): 117-121.

业分工的高级阶段。①

总之，国内外学者对城市群功能分工主要是从产业链角度界定与论述的，是产业演化过程中的自发过程。但城市和城市群的形成，也会受到政府的政策倾斜和城市群整体生产力发展布局的主动选择影响。

2. 城市群功能分工的测度

区域分工和专业化测度是学术界普遍认可的城市群功能分工的测度方法。学者克鲁格曼（Krugman，1991）首次引入空间基尼系数作为专业化测度指标。② 随后大量学者在此基础上，对当地经济活动和产业地理集中情况进行了测度，研究发现地方专业化程度与经济活动和制造业的地理集中程度具有高度关联性。如学者埃利森和格莱泽（Ellison and Glaeser，1997）提出了E-G 指数来测量产业集聚程度。③ E-G 指数的出现很快便受到了学术界的认可，随后学者们基于各自的研究对 E-G 指数进行修正，使 E-G 指数的测度指标进一步完善。例如，拜德等（Bade et al.，2004）认为，可以用白领人员和蓝领人员的比值与全国白领人员和蓝领人员比值的差异来测度城市管理职能或生产职能的分工情况；④ 而学者杜兰顿和普加（Duranton and Puga，2008）提出了用城市中管理人员与生产人员的比值与全国平均水平的差值来测度城市服务业和生产业的功能分工的专业化程度。随后，以管理人员和生产人员的比率差作为城市群分工专业化测度的方法得到了学术界的普遍认可和广泛应用。⑤

---

① 马燕坤. 城市群功能空间分工形成的演化模型与实证分析 [J]. 经济管理，2016，38（12）：31 – 46.

② Krugman P. Increasing Return and Economic Geography [J]. Journal of Political Economy，1991，99（3）：483 – 499.

③ Ellison G，Glaser E L. Geographic Concentration in US Manufacturing Industries：A Dartboard Approach [J]. Journal of Political Economy，1997，105（5）.

④ Bade F J，Laaser C，F，Soltwedel R. Urban Specialization in the Internet Age-empirical Findings for Germany [R]. Kiel Working Paper，2004.

⑤ Duranton G，Overman H G. Exploring the Detailed Location Patterns of UK Manufacturing Industries Using Micro Geographic Data [J]. Journal of Regional Science，2008，48（1）：213 – 243.

(三) 城市群功能分工的经济效应相关研究

功能分工是产业集聚的原动力,产业集聚则是推动城市形成与经济发展的原动力。因此,学者们针对城市功能分工对城市经济的影响进行了大量研究。

美国学者杜兰顿和普加(Duranton and Puga,2008)的研究发现,产业集聚所产生的规模效应能够有效提升城市的劳动生产力,从而促进城市经济效率的提升[1]。他们在研究城市群内部产业空间布局时发现,以管理为主要职能的服务业主要集聚在城市群的中心城市,而以生产为主的制造业主要在外围城市集聚,进而提出了著名的"中心-外围"城市群分工模型。随后,学者们基于城市群的"中心-外围"模型对城市群内部的生产效率进行了实证研究。例如,伯恩(Brown,2013)发现城市群内部各级城市的功能分工能够为城市带来资源共享、优势互补和技术创新等有利条件,显著提升各个城市的生产效率。[2]

但是一些学者发现,城市群内部分工对城市经济发展也具有负面影响,尤其是对城市群内部的中小城市而言。例如,中国学者倪鹏飞在研究中发现,过度优先发展大城市会导致资源过度集中,从而产生对中小城市的资源虹吸现象,导致"马太效应"。因而,需要"建立多层嵌套的新城市体系"。[3] 如中国学者王福涛(2021)指出,虹吸效应虽然可以提升城市能级,但是"会使城市周边区域因生产要素流失而陷入发展困境"。[4]

总的来说,学者们对城市群功能分工大多是从城市群内各个城市的不同产业分工来界定的,忽略了城市在空间内的非产业分工,即空间功能分工。

---

[1] Duranton G, Overman H G. Exploring the Detailed Location Patterns of UK Manufacturing Industries Using Micro Geographic Data [J]. Journal of Regional Science, 2008, 48 (1): 213-243.

[2] Brown W M, Rigby D L. Urban Productivity: Who Benefitsfrom Agglomeration Economies? [M]. Ottawa: Statistics Canada Economic Analysis Division, 2013.

[3] 倪鹏飞. 防止"马太效应"导致城市在聚集过程中剧烈分化 应布局多层嵌套的城市体系 [N]. 华夏时报, 202-10-26.

[4] 王福祥. 促进城市群发展需妥善应对"虹吸效应" [J]. 国家治理, 2021 (22): 32-37.

二、研究设计

(一) 研究方法

1. 研究对象

本文的研究对象为成渝地区双城经济圈，其位于"一带一路"和长江经济带交会处，是西部陆海新通道的起点，具有连接西南西北、沟通东亚与东南亚、南亚的独特优势。

2. 研究范围

成渝地区双城经济圈的范围包括重庆市的中心城区及万州、涪陵、綦江、大足、黔江、长寿、江津、合川、永川、南川、璧山、铜梁、潼南、荣昌、梁平、丰都、垫江、忠县等27个区（县）以及开州、云阳的部分地区，四川省的成都、自贡、泸州、德阳、绵阳（除平武县、北川县）、遂宁、内江、乐山、南充、眉山、宜宾、广安、达州（除万源市）、雅安（除天全县、宝兴县）、资阳等15个市，总面积18.5万平方千米。[①] 2023年成渝地区双城经济圈的GDP达到了81986.7亿元，占全国的比重为6.5%，占西部地区的比重约为30.4%；常住人口近9900万人，包括了成渝两座超过2000万人的超大城市。

3. 数据来源

本文的数据均来源于各地政府官方公布的统计数据和智库机构公开发布的数据。

(二) 城市功能分工测度

本文认为深入探索成渝地区双城经济圈城市功能分工，需要从两个方面

[①] 由于县区数据可获得性较差，故在实际测算时，在重庆数据部分主要采用了重庆整体数据。

进行探析，即城市在城市群中的空间功能和产业功能。而这两个方面的内容各自具有自身特色的复杂系统，无法采用统一的系统性指标进行测量，故本研究采用分领域测量，最后再综合剖析研究进行整体描述。

1. 城市的空间功能

城市群是一个整体系统，每一个城市在这一系统中根据自身的资源禀赋和比较优势占据特定的生态地位，本研究认为这是城市的空间功能。

城市的空间功能由其在城市群内的影响力决定，当其对周围城市具有较为强大的集聚或扩散能力时，则其成为区域中心，其他城市则成为其外围城市或卫星城市。城市群内城市之间的空间联系决定了其对区域内其他城市的影响能力。当一个城市与区域内其他城市之间的空间联系较为紧密时，则其影响力较大，在城市群内会获得更多资源，在产业链分工中也将占据更有价值的生态位。当一个城市具有较为强大的竞争力时，就会集聚更多的优质资源要素，从而促进城市功能的合理化；当一个城市具有较强的辐射能力时，其影响力就会不断提升，被其吸引的城市就会越来越多，其在区域中的竞争力也就越来越强。

学者们通常用引力模型来测度城市间的相互影响力，即：

$$R_{ij} = \frac{\sqrt{P_i G_i \times P_j G_j}}{D_{ij}^2} \qquad (1)$$

（1）式中，R_{ij}为相互影响力，P_i、P_j为两城市的非农人口数；G_i、G_j为两城市的GDP；D_{ij}为两城市之间的最短距离。

通过公式（1）可以计算出每个城市与其他城市之间的影响力总量，即：

$$I_i = \sum_{j=1}^{n} R_{ij}, \, (i \neq j) \qquad (2)$$

其中，I_i表示i城市对外影响力总量，n表示所有城市数目。

再根据城市之间的影响力大小进行排序分组，就可以发现区域城市空间功能分工格局。

2. 城市的产业功能

近年来，中国交通设施建设和信息设施建设持续升级，降低了产业在城市之间的迁移和交流成本，使得城市之间的分工日益由类别分工向功能分工转变，逐步形成了生产性服务业聚集中心城市，生产制造业向外围城市扩散的空间分工格局。在高度信息化、经济全球化和国内大循环的新格局下，经济活动不断进行空间重构，城市之间的要素流动更加频繁，功能联系更加紧密。在当前，成渝地区双城经济圈内各个城市之间的产业分工协作、物流畅通和配合，是促进区域协同发展的重要内容。

随着产业结构不断升级，产业分工也就越细致，城市间的产业分工越互补，则区域之间的经济也就越协调，经济交流也就更为频繁，交易成本也就越低，经济效率也就越高。参照学者们的通常做法，本研究采用区域分工指数，来测度成渝地区双城经济圈内各城市之间的产业功能，即：

$$D_{jk} = \sum_{i=1}^{n} \left| \frac{q_{ij}}{q_j} - \frac{q_{ik}}{q_k} \right| \tag{3}$$

公式（3）中，D_{jk} 表示 j 地区和 k 地区的产业分工指数，q_{ij} 和 q_{ik} 表示 j、k 地区 i 产业的从业人数，q_j 和 q_k 分别表示 j、k 地区的总从业人数，Djk 越接近1，则表明两地区的产业差异越大，产业分工越明显，两地之间的产业互补性越强；反之，越接近于0，表明两地之间产业差异越小，两地区的产业越雷同，则形成了更多的竞争关系，而不是区域合作关系。

三、实证研究

（一）整体空间分工格局

从各城市间的空间联系量可以分析出成渝地区双城经济圈的空间分工格局特征：呈"哑铃"型向"双扇"型演变。

从城市间空间联系量来看，成渝地区双城经济圈整体呈"哑铃"型格局向"双扇"型格局演变。作为区域内的两个极核城市，成渝对周围城市的影响从聚集逐步向扩散演变。成渝两极核城市对圈内各市的影响较大，且成都影响力大于重庆，但重庆影响范围广于成都。从空间联系量来看，成都对其他城市的空间联系总量为 2599 次，重庆为 2352 次，无疑成都对其余城市的影响力更强；但从影响范围来看，成都的影响局限于成渝都市圈和成都平原经济带内，对川南、川中和川东城市影响较小。成渝两市在与其余 14 个城市的互动影响中，成都对 6 个城市的影响较大，排在了这 6 个城市互动影响的首位；重庆对 8 个城市的影响较大，排在了互动影响的首位（见表1）。从影响深度来看，成都对 6 个市的空间联系总量达到了 2100 次，而重庆对 8 个市的空间联系总量为 1594 次。尤其是成都对德阳的空间联系量达到了 601 次，排在前三的均为成都都市圈城市。这表明，成都深耕于成都都市圈内各个城市之间互动与合作，且合作质量较高，但对除都市圈外其余城市的影响较小。虽然跨行政区，城市之间的互动或多或少受到了制度壁垒的制约，但重庆对泸州的空间联系量达到了 508 次，这表明，重庆影响力已经扩散出了重庆都市圈，逐步向圈外城市辐射。因此，从整体上来说，成渝地区双城经济圈的空间格局由成渝双核独大的"哑铃"型格局，逐渐演变出了以双核为引领的都市圈"双扇"型格局。

表 1　　　　　　　　14 个城市与成渝空间联系　　　　　　　单位：次

区域	序号	城市连接	空间联系
成都	1	成都—德阳	601
	2	成都—眉山	354
	3	成都—绵阳	324
	4	成都—乐山	153
	5	成都—资阳	139
	6	成都—雅安	78
	合计	成都	2100
重庆	1	重庆—泸州	508
	2	重庆—广安	254
	3	重庆—南充	198

续表

区域	序号	城市连接	空间联系
重庆	4	重庆—遂宁	156
	5	重庆—内江	143
	6	重庆—达州	135
	7	重庆—宜宾	108
	8	重庆—自贡	92
合计		重庆	1594

资料来源：笔者根据各城市统计年鉴和统计公报等公开数据整理计算。

（二）中部城镇带逐步崛起

学者们认为，成渝地区双城经济圈属于典型的"头部－腹地"型城市群。成渝两市是"头部极核"，而中部城镇带则是"腹地"，均衡发展的关键在于中部城镇带的崛起。中部腹地紧密聚合着广安、南充、遂宁、内江、自贡、泸州、宜宾7市和资阳市安岳县，重庆的合川、永川、大足、潼南、荣昌、铜梁6个区，共计14个城市，其人口占成渝地区双城经济圈比重为32.8%；GDP占比为26.6%（见表2）。这14个城市间平均距离65千米，空间上紧密联系、互联互通，形成"中部城镇带"，是联系两个"头部"城市的关键腹地。①

表2　　　　2023年成渝地区双城经济圈中部城镇带部分数据

区域	序号	城市	常住人口（万人）	GDP（亿元）
重庆	1	合川区	123.4	1023
	2	永川区	114.7	1281.4
	3	大足区	106.3	870.1

---

① 杨猛. 做强做大成渝"中部城镇带"推动双城经济圈腰腹发力［EB/OL］. http://www.siurc.com/public/cms/front/content_show/id/3893.

续表

区域	序号	城市	常住人口（万人）	GDP（亿元）
重庆	4	潼南区	67.9	597
	5	荣昌区	66	870.1
	6	铜梁区	68.9	780.4
	合计	—	547.2	
成都	1	自贡市	242.9	1750.47
	2	泸州市	426.7	2725.9
	3	遂宁市	274.8	1715
	4	内江市	314	1807.1
	5	南充市	551.1	2734.8
	6	宜宾市	462.8	3806.6
	7	广安市	322.6	1512.5
	8	安岳县	92.9	335.9
	合计	—	2687.8	16388.3
中部城镇带			3235（32.8%）	21810.3（26.6%）

注：中部城镇带中（ ）内为常住人口和GDP占比。
资料来源：笔者根据各市县统计公报整理计算。

学者们认为，城市群的演变通常需要经历单中心、多中心和网络型三个阶段。成渝地区双城经济圈能否从"哑铃"型结构演变成网络型结构，取决于中部城镇带的崛起。从中部7市[①]的空间联系量来看，中部以泸州、内江和南充的影响力提升而日趋崛起，尤其是泸州，其空间联系量达到740。这表明泸州与经济圈内其余城市之间的互动较为频繁，在区域内的影响力日益增强。宜宾尽管是区域内唯一的GDP进入3000亿元俱乐部的城市，但由于其城市区位相对较偏，而阻碍了其对其他城市的影响。

从成渝两极核城市对于中部城市的空间影响力来看，重庆对中部城镇带

---

① 限于数据可获得性的影响，本研究将重庆市作为一个整体进行分析研究。

的辐射与影响超过了成都（见表3），尤其是泸州，其与重庆之间的空间联系量为508次，大大超越了其与成都的联系量（54次）。尽管在行政区划和资源配置上，中部7个市更多受到成都的影响，但经济互动与要素流动更多地受到了重庆的影响。这一现象表明在成渝地区双城经济圈空间发展过程中，成都对区域内城市的互动不足，腹地拓展不够，资源更多倾斜在成都都市圈内。

表3　　　　　中部城镇带与成渝两市空间联系重点比较　　　　　单位：次

序号	成都 城市	成都 空间联系	比较	重庆 城市	重庆 空间联系
1	遂宁—成都	85	<	遂宁—重庆	156
2	南充—成都	83	<	南充—重庆	198
3	内江—成都	77	<	内江—重庆	143
4	宜宾—成都	77	<	宜宾—重庆	108
5	自贡—成都	62	<	自贡—重庆	97
6	泸州—成都	54	<	泸州—重庆	508
7	广安—成都	22	<	广安—重庆	254

（三）城市产业功能分工

城市群空间分工的深化有助于发挥不同城市的比较优势，增强城市之间的链锁关系，形成错位发展、互利共赢的城市利益共同体。根据前文对区域产业分工合作的测量方法，本研究对成渝地区双城经济圈内城市之间的产业分工合作进行了测度（见表4）。

表4　　　　成渝地区双城经济圈内主要城市区域分工指数

区域分工指数	重庆	成都
成都	0.11	
自贡	0.06	0.17

续表

区域分工指数	重庆	成都
泸州	0.21	0.32
德阳	0.29	0.18
绵阳	0.04	0.07
遂宁	0.03	0.13
内江	0.04	0.15
乐山	0.02	0.09
南充	0.11	0.22
眉山	0.06	0.17
宜宾	0.10	0.01
广安	0.10	0.21
达州	0.17	0.28
雅安	0.06	0.16
资阳	0.16	0.27

成渝地区双城经济圈的外围城市与中心城市之间的产业分工指数普遍较小，最大的仅为成都—泸州（0.32）。这表明产业较为雷同，分工不够精细，竞争性较强，彼此之间的合作协作能力有待进一步提升。但相对而言，成都与外围城市之间的分工程度优于重庆，尤其是与成都都市圈内城市之间的分工系数较高。这表明成都与都市圈内城市形成了更优的分工协作关系，建圈强链政策效果凸显。但成都与绵阳之间的分工指数仅为0.07，大于成都与重庆之间的分工指数（0.11）。说明两城市之间产业差异较小，形成了较强的竞争关系，需要通过进一步的协作，形成彼此互补和协同的关系。从中部城镇带分工系数来看，除了宜宾外，成都与其余6个市之间的分工系数均优于重庆，尤其是与泸州之间的分工系数达到了0.32。说明重庆的产业与中部城市之间存在着明显的竞争关系，而成都与这些城市之间体现了一定的互补关系。

四、研究结论与政策启示

（一）研究结论

总体而言，成渝中心城市的研发、管理和营销功能专业化水平相对较高，中心城市间与都市圈内的外围城市间存在较强的功能互补性，但对都市圈外的外围城市间的功能互补性普遍较弱。进一步考察成渝地区双城经济圈功能专业化与要素禀赋优势结构的匹配发现，成渝地区双城经济圈各城市的功能专业化与要素禀赋结构均存在不同程度的错配，功能分工格局仍存在较大的优化潜力。

（二）政策启示

构建分工合理、协同发展的成渝地区双城经济圈功能分工新格局是有效推动成渝地区双城经济圈区域高质量发展和区域协调发展的重要抓手。政府应综合考虑各城市的禀赋优势以及当前的产业结构，明确当前的城市功能定位，将政府政策制定与各个城市的功能定位紧密结合。

1. 推动跨行政区政策合作，推进产业规划统一

川渝两地加大政策合作，推进产业规划统一性与联合性，分类制定和协调各个城市的功能分工和产业空间布局政策。对成渝地区双城经济圈内各个城市的资源禀赋和比较优势进行研究分析，在此基础上各自发展相对擅长的产业或产业链环节。区域内的各城市的产业分工尤其需要注意发挥错位优势，强链补链延链，避免产业雷同，形成区域内的竞争关系。

2. 强化成渝中心城市引导性功能，布局新质生产力

成渝两中心城市，应积极布局和推动新质生产力的发展壮大。加大高端人才、优质资本和先进资源要素的引进与发展，积极对接国内外先进城市，构建优质资源要素和产品服务的信息链、创新链、生产链、物流链和市场链，

奠定在全球城市网络中的枢纽城市地位。与此同时，推动成渝中心城市的引导功能和辐射作用，强化其在城市空间功能中的中心性和引导性，减少其对周边城市的马太效应和虹吸效应。

3. 推进成渝都市圈城市产业升级，布局高端制造业

成渝都市圈城市，应积极发挥接受中心城市辐射力较强的优势，积极发展高技术含量的高端制造业，提高区域内制造业的整体附加值，进而提升制造业企业的盈利能力，鼓励企业投入更多的盈余用于先进技术的开发以及高端营销渠道的开拓，以此逐步摆脱因从事低端加工贸易而导致的全球价值链低端锁定困境。

4. 推动中部城镇带城市崛起，发挥战略备份功能

积极推动中部城镇带的崛起，川渝两地政府应积极出台促进各类资源要素聚集和布局中部城镇带的倾斜、引导和鼓励政策。中部城镇带各城市应采取两手抓战略，一手抓传统加工制造业的大力发展，成为中心城市的生产腹地；一手抓优质生产力在中部城市的布局，发展具有地域特色和根植本土的战略性新兴产业。贯彻实施成渝建设战略大后方战略，积极推进战略备份功能。

5. 推动行政区与经济区的适度分离，强化产业聚合功能

推动功能雷同城市间的行政区与经济区的适度分离，强化产业链分工的空间联系与毗邻地区的产业共建共享。尤其是处于相同产业链相同环节的不同城市间的合作，应强化推动共建共享战略，共同推动产业规模的扩大，产业范围的延伸和产业链的延长。积极推动与毗邻地区的产业合作，强化产业聚合功能。

（执笔人：冉敏，四川省社科院区域经济研究所助理研究员，管理学博士。）

专题七 数字经济赋能成渝地区双城经济圈协同发展的理论基础、动力机制与路径选择

摘要： 建设成渝地区双城经济圈是促进西部地区高质量发展的重要一环，也是应对新时期区域间发展不平衡、不充分问题的有力举措。当前，成渝地区双城经济圈在经济发展步伐、基础设施建设、产业发展基础及科技创新实力等方面成果突出。但跨级协调不畅、市场竞争壁垒、产业同质发展与生态治理投机等现实难题仍是制约其纵深发展的关键阻碍。数字经济以其规模性、虚拟性与创新性的独特优势为深入推进川渝地区协同发展提供新思路。以数字经济赋能成渝地区双城经济圈政务、市场、产业与生态一体化发展，有利于探索建立跨区域合作机制、加快要素自由流动、培育地区产业特色并落实协同治理职责。进而为加快川渝两地一体化进程，形成高质量发展的合力提供基础支撑。

关键词： 成渝地区双城经济圈；数字经济；区域协同发展

一、引言

党的二十届三中全会提到，高质量发展是全面建设社会主义现代化国家的首要任务。深入推进中国式现代化，需要有效的政府治理、高水平的

社会主义市场经济体制、协同的产业政策与健全的生态环境治理体系。西部地区是西部大开发、长江经济带的重要节点，也是承接发达地区产业转移、提供资源供给的战略腹地①，还在保障生态安全中扮演重要角色。但自然资源禀赋、地形差异导致西部较东部发展劣势明显，政策差别也阻碍着西部内部城市协调发展。建设成渝地区双城经济圈（简称"成渝双圈"），彰显了党中央统筹西部高质量发展与其内部共享发展成果的重大战略考量，是实现中国式现代化的有力支撑。一方面，成渝双圈以"双城引领"调动核心城市积极性，是促进西部经济发展的重要增长极；另一方面，成渝双圈以"双圈互动""两翼协同"带动渝东北、川东北等多地融合发展，形成"中心-外围"一体化发展格局，是解决区域间发展不平衡、不充分的关键举措。

近年来，成渝地区紧扣"一极一源、两中心两地"的目标定位，建设成果颇丰。但跨级协调不畅、市场竞争壁垒、产业发展同质、生态治理投机等问题，严重制约成渝双圈纵深发展。数字经济是促进区域融合，形成优势互补经济格局的重要途径。数字经济以数据资源为关键生产要素、以现代信息网络为重要载体、以信息通信技术为有效工具，能够为效率提升和经济结构优化赋能。②"健全促进实体经济和数字经济深度融合机制"以"塑造发展新动能"，也是党的二十届三中全会的重要目标导向。以数字经济赋能成渝双圈建设，有利于推进两地政务、市场、产业、治理一体化，为西部地区整体发展、人民福祉提升创造有利条件。

数字经济赋能成渝地区双城经济圈的基本框架，如图1所示。

---

① 龚勤林，宋明蔚. 成渝地区双城经济圈国家战略腹地建设的内在逻辑、现实基础与路径选择[J]. 重庆大学学报（社会科学版），2024，30（4）：21-36.
② 《数字经济及其核心产业统计分类（2021）》。

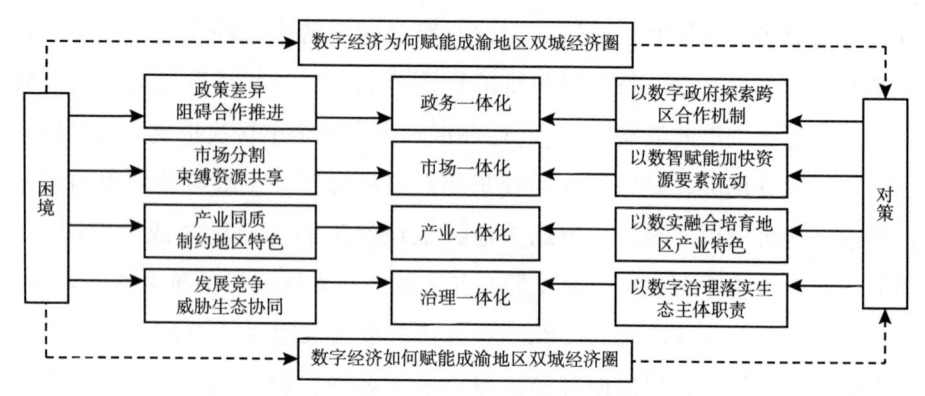

图 1　数字经济赋能成渝地区双城经济圈的基本框架

二、问题引入：成渝地区双城经济圈的发展现状

（一）成渝地区双城经济圈的发展成效

1. 经济加快发展为西部增长极打下坚实物质基础

成渝双圈对西部地区的经济引领作用不断增强，地区影响力持续提升。2023年成渝双圈经济总量已突破8万亿元。其中，重庆市都市圈经济总量占重庆市比重超过76%，成都都市圈经济总量约占全省比重的46%。[①] 随着双核城市联动发展加快，成渝双圈与国内三大经济区的差距也在不断缩小。2023年，成渝双圈经济总量分别占京津冀、大湾区（不含港澳）、长三角的78.5%、74.4%、26.9%，较上年分别提高1.1%、0.3%、0.3%。

2. 基础设施升级为区域一体化推进保驾护航

成渝两地交通一体化进程持续加深，双核时空距离不断缩小。截至2024年，两地已建成铁路通道6条、高铁通道4条，在建与建成高速公路21条；水运方面，两地大力发展跨区航运，共建长江上游航运中心以优化干支直达航线；航空领域，以天府机场、江北机场为核心，绵阳、万州等机场为骨干

---

① 重庆市统计局.2023年成渝地区双城经济圈经济发展监测分析，2024年3月6日。

的世界级机场群正逐步形成,两地基础设施互联互通步伐加快。

3. 产业结构优化为经济良性循环提供坚实支撑

成渝地区双城经济圈内产业发展稳步提升,产业结构日趋合理。2023年,成渝双圈内农业、工业与服务业产业增加值分别增长3.8%、5.6%、6.8%,制造业增加值增长5.7%。与2022年相比,2023年成渝双圈内农业、工业占比分别下降0.4%、0.6%,服务业占比提升1%。[①] 产业发展对经济增长的支撑作用不断增强。

4. 科技创新提质增效为发展自立自强注入核心动力

川渝两地合力打造科技创新中心,共建具有全国影响力的西部金融中心,推进西部高水平科技自立自强。创新环境上,截至2024年3月,两地全国重点实验室数量已达27个,重大科技平台319个,新建国家科技创新基地22个,建成国家级创新平台316个;创新主体上,两地汇聚两院院士89位,高层次人才超1500名,科技型企业数量超7万家。[②] 2022年,两地以人工智能、集成电路、自动驾驶为代表的联合重点研发项目达29个。

(二) 成渝地区双城经济圈的现实困境

成渝地区双城经济圈发展成效及现实困境,如图2所示。

1. 政策差异阻碍合作推进

在中国特色的"省、市、县、乡"四级行政区划管理体制下,作为直辖市的重庆市行政级别略高于省会成都市,这为成渝双圈的跨级协调带来阻碍。特别是涉及两地合办的诸多事宜中,城市之间对接不畅极大限制了两地企业、相关部门开展合作。例如:在跨区基础设施建设的实施标准、进度安排与监管要求方面,两地难以达成一致;在用地审批、土地收储和出让方面,两地

[①] 重庆市统计局. 2023年成渝地区双城经济圈经济发展监测分析, 2024年3月6日。
[②] 重庆市人民政府. 成渝地区双城经济圈:迈向高质量发展重要增长极, 2024年5月7日。

政策差异明显。① 而缺乏明晰的法律依据、明确行政管理权限也常成为跨区项目成本分担、利益共享的障碍。更为常见的是，城市根据国家政策自主制定适宜自身发展的战略。基于宏观导向衍生的政策分化，是影响成渝双圈深入合作的重要因素。此外，缺乏合作共识也容易导致城市发展同质化倾向。例如，两地数字经济发展都侧重数字基础设施建设，但对利用数字经济赋能区域优势产业，发挥地方特色仍处于探索阶段。相似的发展路径既导致川渝资源重复、低效利用，又使成渝双圈建设难以形成合力。

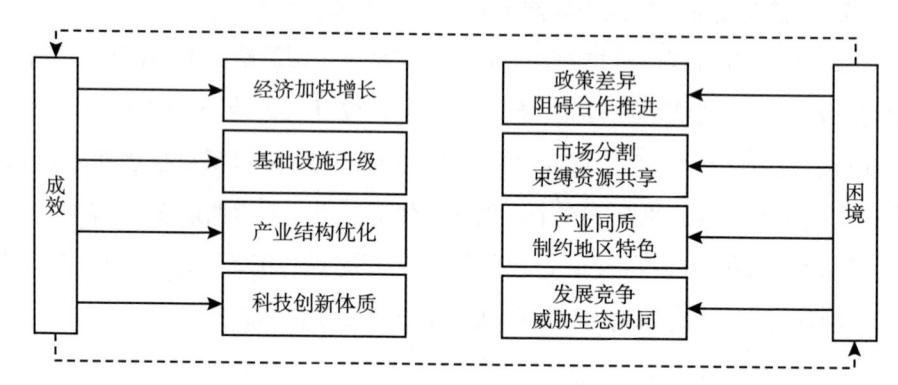

图2 成渝地区双城经济圈发展成效及现实困境

2. 市场分割束缚资源共享

财政分权背景下，地方政府之间围绕经济增长目标长期处于竞争状态。由行政竞争推动的辖区经济竞争，改变了政府对地区重要生产要素的态度，进而影响资源配置与流向。② 在成渝双圈建设中，由企业、生产要素流动引发的税收问题最具代表性。例如，电子信息、汽车制造都是川渝重点发展的产业，两地在招商引资中天然存在竞争关系；而作为创新活动最活跃、最积极的因素，吸引高层次的人才同样也是两地经济发展的重要关注点。政绩考

---

① 重庆社会科学院与四川省社会科学院联合课题组. 深化成渝地区双城经济圈市场化改革研究［J］. 重庆社会科学，2023（10）：6－27.

② 周黎安. 中国地方官员的晋升锦标赛模式研究［J］. 经济研究，2007（7）：36－50.

核层面的对立既是形成行政壁垒的诱因,也是限制川渝资源互动、要素共享,形成统一市场的桎梏。尽管成渝双圈建设强调"川渝一盘棋"的思想,但缺乏有效的利益平衡机制使其难以突破竞争实现深度合作。例如,针对数据要素两地分别建立了开放规则与交易场所。数据在本地范围内开放共享,但在地区之间却形成"数据孤岛"。同样,在跨地经济纠纷处理中,司法"主客场"的存在也为地方保护主义提供契机。出于利益损失风险与安全考量,两地企业在资源、技术与数据的共享中持谨慎态度,跨区经营合作意愿不足。

3. 产业同质制约地区特色

成渝地区内部四川省和重庆市地理位置临近,资源禀赋相当,这为形成以电子信息、装备制造为主导的相似工业体系提供客观条件。而地方发展各自为政、城市定位不清与发展中的"保护主义"则是两地产业同质的主观因素。[①] 在2020年规模以上工业企业中,营业收入位居两地前15位的产业有13个产业重叠;在集成电路、智能终端与汽车制造等细分领域也存在大量同质竞争。产业分工不足导致成渝双圈难以形成特色突出的现代产业体系,造成资源错配与低效发展,限制两地产业互补联动。例如,成都市在信息服务业方面、绵阳市在先进制造业方面、重庆市在数字贸易方面均处于国内领先地位。但由于跨区域、法律化的产业协调机制缺失,两地尚未能达成全方位、多层次、有效益的合作,不利于地区整体产业水平的提升。

4. 发展竞争威胁生态协同

在区域一体化进程中,地方政府在科技创新领域合作较多,但在协同治理中易出现"搭便车"行为。特别是面临负外部性较强的公共问题,产权界定困难导致成本分摊与责任落实不够明确。出于自利动机,地方政府倾向于"各扫门前雪",陷入集体行动困境并丧失合作动力。[②] 成渝双圈的生态协同治理是一大难题。以碳减排为例,空气质量具有公共物品属性,积极落实减

[①] 臧跃茹. 关于打破地方市场分割问题的研究 [J]. 改革, 2000 (6): 5-15.
[②] 杨毅, 许晨杨. 成渝地区双城经济圈区域协调发展的理论逻辑、实践创新与优化路径 [J]. 西南大学学报(社会科学版), 2024, 50 (3): 41-52.

排会对邻近地区产生正外部性，但减排成本（如工厂减少开工的经济损失）却由本地独自承担。加之区域协同治理要求集体行动，地区内部的信息不对称使城市"努力"与"懒惰"难以观察。① 这促使两地在面对水污染、长江上游乃至西部生态防护工作时天然存在责任承担难题。主动肩负生态责任的地区不仅要承担环境治理成本，还要面临政绩考核下经济发展劣势的风险。当前，两地区域环境治理多依靠地方性法规推动，缺少统一的环境治理权威机构使协同治理难以实现公平、公正。即便对具有正外部性的公共物品供给亦是如此。川渝内部公共服务、教育、医疗卫生资源发展向好，一旦涉及区域协同的公共资源供给就面临效率不高、分布不均等问题。

三、理论基础：数字经济为何赋能成渝地区双城经济圈建设

数字经济赋能成渝地区双城经济圈的理论基础，如图3所示。

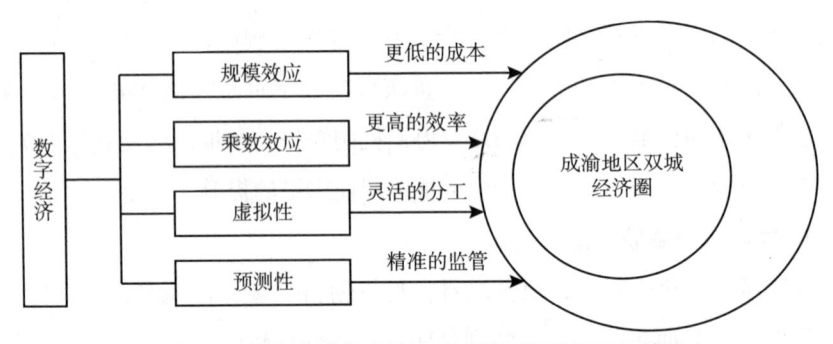

图3　数字经济赋能成渝地区双城经济圈的理论基础

（一）更低的成本：数字经济的规模效应

相较于传统经济，数字经济具有虚拟性，且边际成本接近于零。当数据

---

① 刘华军，雷名雨. 中国雾霾污染区域协同治理困境及其破解思路 [J]. 中国人口·资源与环境，2018，28（10）：88 - 95.

汇聚到一定规模时能够形成规模经济，实现产出价值的爆发增长。利用数字经济，能够有效降低成渝双圈的发展成本。川渝两地依托互联网公开政务及发展政策，降低了信息获取成本；由数字经济发展催生的大量线上平台能够突破地理空间限制，便利经济主体沟通交流、跨区协作；随着知识、技术以数据形态储存，并借助网络自由流动，成渝双圈内的落后城市能分享数字经济的溢出成果，以更低的学习成本获取发展经验、寻求合作机会，进而加快经济增长步伐。

（二）更高的效率：数字经济的乘数效应

数字经济以数据要素为支撑，具有协同优化、复用增效、融合创新的乘数效应。这一特征使数字经济能够为成渝双圈的发展提质增效。将数字技术应用于生产端，不仅能加快数据要素对传统要素的替代，优化资源配置，还能使数据要素赋能传统要素，增加产出并提升效率；将数字经济应用于需求端，能够及时感知市场需求及变化动态，实现以需求反馈促进生产改进，提高供需匹配效率；将大数据应用于企业内部治理，能够支撑更大规模的个体与组织管理，提高治理效率。

（三）更灵活的分工：数字经济的虚拟性

数字经济的发展创造了虚拟空间，推动物理世界向数字空间延伸。在数据信息的支持下，传统社会分工能突破地理限制，扩大生产范围，使成渝双圈发展具备更加灵活的形态。数字共享平台的开放性、无边界性，拓宽了川渝劳动者、企业参与社会分工的选择范围的广度，加速人才、资本、技术等要素在社会再生产环节中的流动，提升分工协作的科学性。此外，数字经济与实体经济深度融合，也会催生大量新业态、新模式，如数字医疗、移动支付、智慧物流等，创造成渝双圈社会分工新形式。

（四）更精准的监管：数字经济的预测性

以数字技术为工具应用于社会治理，能弥补传统治理缺陷，提升治理效能。在城市疏导、风险预警及生态治理中应用数字经济，能够提升成渝双圈治理的科学性。基于大数据、人工智能等新型数字技术的监管，不仅能精准识别环境问题，还能通过数据分析提供风险防控方案的可行性对比，促进决策科学性；利用物联传感技术对农业产区、自然灾区进行数据采集，能够实现大范围的实时监测；数字空间的发展推动着传统单一治理主体向政府、企业、公众等多元治理参与转化，使成渝双圈形成实时开放、公开互动的新型治理模式成为可能。

四、动力机制：数字经济如何赋能成渝地区双城经济圈建设

（一）数字经济赋能政务协调

成渝地区双城经济圈的跨级协调是地区制度差异的产物。现实中，城市的行政级别、经济管理权限与战略地位差异较大。辖区内部统一管理容易实现高效的政务服务，但跨区对接易受地区政策差异影响，带来审批流程、管理权限等方面的协调难题。[1] 以数字经济赋能区域协调发展，能够有效推进成渝双圈政务共建共享。一方面，政务服务数字化提升了协调对接效率。依托数字技术搭建高效安全的信息渠道，减轻了政府互动成本，提高了沟通效率。地区平台系统与数据信息的结合，实现了"线上线下"政务服务有机融合，增强部门协作效率。另一方面，政务数字化有助于改进服务质量。数字平台的网络属性便于川渝各级政府部门实时互联，增强"一网通办"能力。利用数字智能技术统一服务标准，规范服务流程，有利于缩小地区间政务服务水平的差距，推进区域政务服务一体化。

---

[1] 孙伟增，张柳钦，万广华，等. 政务服务一体化对资本流动的影响研究：兼论政府在全国统一大市场建设中的作用［J］. 管理世界，2024，40（7）：46–68.

（二）数字经济赋能市场整合

成渝地区双城经济圈的市场竞争壁垒实质是地方政府围绕政绩形成的"晋升锦标赛"。在考核体系稳定且行政配置资源有效的现实下，地方政府必然优先关注自己辖区的发展，采取行政或激励措施完成考核目标。当辖区经济发展要求与成渝双圈推进存在冲突时，采取非合作倾向更符合自身利益要求。以数字经济破除行政阻隔，便于川渝资源互动、要素共享。一方面，数字技术能够增强川渝两地市场辐射范围。商务数字化发展推动本地市场向跨区方向延伸，异地市场的开拓模糊了由行政区划定义的要素流动边界，进而提高行政干预资源配置的成本[1]。另一方面，数字基础设施建设减轻了成渝双圈内地理距离对企业合作的约束。以大数据为代表的数字技术应用帮助企业汇聚更远距离的合作者信息，减轻合作的交易成本与监督成本[2]，推动企业跨区域合作与市场一体化发展。

（三）数字经济赋能产业分工

成渝地区双城经济圈产业同质化发展是专业化分工协作不足的结果。较低的经济融合度会导致产业重复性发展，不利于自然分工的形成。以数字经济赋能区域产业梯次发展，能够突出川渝产业特色，实现错位发展。一方面，企业数字化转型加快了川渝之间的产业承接。依托数字技术，核心城市产业向高端化、智能化、绿色化方向发展，推动传统产业向低梯度的外围城市转移。进而带动欠发达地区发展，提升经济圈整体水平。另一方面，产业数字化也改变了川渝生产组织形式。得益于数字平台与大数据，产业跨区合作信息不对称大大降低，企业能够从全产业链生产转向专注优势环节生产，充分

---

[1] 郭峰，熊云军，石庆玲，等. 数字经济与行政边界地区经济发展再考察——来自卫星灯光数据的证据[J]. 管理世界，2023，39（4）：16－33.

[2] 李万利，刘虎春，龙志能，等. 企业数字化转型与供应链地理分布[J]. 数量经济技术经济研究，2023，40（8）：90－110.

发挥比较优势。[1] 这有助于成渝双圈内产业链跨界协同与功能互补，实现产业一体化。

（四）数字经济赋能生态治理

成渝地区双城经济圈的生态协同治理难题源于地方政府间面对污染排放与治理的"囚徒困境"博弈。在信息不对称且缺乏有力的外部约束条件下，单方面采取环境保护措施将承担经济增长与环境成本损失。反而，投机策略既不必担心生态后果，又能兼顾经济发展，符合利益最大化目标。[2] 以数字经济创新生态治理模式，能够有效推进川渝生态共建共保、环境共治。一方面，数字化监管有效降低川渝两地生态治理过程的信息不对称。通过精准识别污染来源，科学界定污染责任，持续追踪生态治理完成进度，最大限度降低治理"懒惰"的"搭便车"收益。另一方面，数字基础设施的发展拓宽了社会媒体、公众参与环境治理的监督渠道。由社会关注形成的外部监督提升了政府治理"懒惰"的成本，有效减轻成渝双圈生态治理的投机心理，推动区域生态治理一体化。

数字经济赋能成渝地区双城经济圈的动力机制，如图4所示。

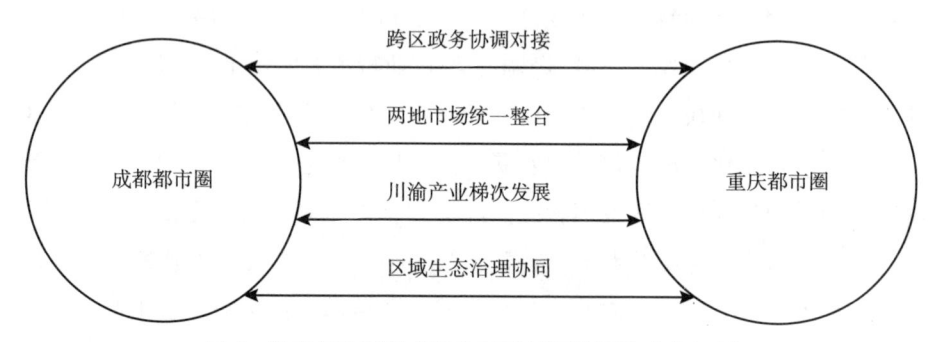

图4 数字经济赋能成渝地区双城经济圈的动力机制

---

[1] 陈国亮，唐根年. 基于互联网视角的二三产业空间非一体化研究：来自长三角城市群的经验证据[J]. 中国工业经济，2016（8）：76-92.

[2] 余典范，龙睿，王超. 数字经济与边界地区污染治理[J]. 经济研究，2023，58（11）：172-189.

五、路径选择：以数字经济推动成渝地区双城经济圈发展的现实路径

（一）政务一体化：以数字政府探索跨区合作机制

针对成渝地区双城经济圈建设的跨级协调困境，应积极探索经济区与行政区适度分离。在不改变现有城市行政级别前提下，让渡部分经济社会管理权限，便利川渝两地开展跨区合作。再利用经济区优势，以数字技术推动"数字政府"建设。一是要建设政务服务一体化平台，促进跨区事项高效沟通对接、通办合作。通过加快推进成渝双圈内5G、千兆光网建设，为数字平台运行夯实底座。二是要推动川渝两地政务数据共享，丰富跨区域合作内容。如持续推进"川渝通办"，强化两地在交通、社保、就医、教育、养老保险等领域的跨区共享互认，实现多项事务异地办理。三是要构建"线上线下"协同服务体系，提高政务服务效率。如依托政务服务平台，提供线上政务服务统一办理入口。并在线下设立专窗办理点，通过网络受理系统将办件材料、有关信息发送至事项所属地完成审批与办理。四是在具体执行层面成立专门机构统筹推进政务服务一体化。例如，制定统一的平台建设标准、确定数据共享规范与准则。进而有效平衡数据安全与数据共享，打破川渝两地"数据孤岛"。

（二）市场一体化：以数智赋能加快资源要素流动

对于成渝地区双城经济圈建设的市场竞争壁垒，应从设施、要素、规则与监管四方面入手。设施联通方面，以数字技术促进川渝两地公路、铁路等设施信息互联，路况、物流信息共享，优化基础设施运营效率；要素共享方面，促进人才、资本、土地要素数据化，构建跨区数字化交易平台推动要素自由流动；规则制度方面，落实两地市场准入异地同标。并利用人工智能、

大数据分析建立公平竞争审查监管系统，定期开展跨区域公平竞争协作评估。积极探索跨区合作财政协同投入机制、财税利益分享机制，并推动项目投资、税收分配数据公开透明；监管协同方面，着力推进川渝两地税收征管数字化，税费标准同规同标，税收执法规范一致。

（三）产业一体化：以数实融合培育地区特色产业

为深化成渝地区双城经济圈产业链合作，首先，应利用数字经济推动传统产业转型，实现两地产业差异化发展。如重庆可依托航运枢纽优势组建港口集群，推进物流与供应链管理数字化。通过发展跨区域电商带动邻近地区农产品、手工业制品销售。成都应侧重发展高新技术产业，打造科技园区，加快创新与技术转移，辐射带动周边城市发展。其次，应大力支持川渝产业"抱团取暖"，提升区域整体竞争力。推进电子信息、消费品、汽车与装备制造产业集群化发展，共建全国制造业基地。打造巴蜀文化标签，利用数字媒体宣传历史文化、美食美景，推动智慧旅游、智慧交通一体化建设，提升成渝双圈影响力。此外，持续提升全产业链的数智化水平，加快产业数字化。使上游企业借助市场数据科学生产，以避免生产过剩，下游企业依托数字化平台创新营销、宣传模式以扩展产品市场范围。

（四）治理一体化：以数字治理落实生态主体职责

在成渝地区双城经济圈生态协同治理问题中，应设立统一的环境治理责任机构；实行川渝两地一张负面清单，建立生态环境硬约束；积极探索大数据、遥感等数字技术在环境监测中的应用，实现污染排放精准溯源，以清晰界定环境责任主体。搭建生态治理一体化信息平台，落实对重点生态区域实时监测，以提高对自然灾害风险预警、快速响应、科学应对的能力；推进监测数据公开共享，并引入社会监督机制，畅通公众举报反馈渠道，形成多元治理格局；持续推进川渝环境污染联防联治工作，开展大气、水污染治理等联合执法行动，筑牢长江上游生态屏障；最后，利用数字基础设施完善数字公共服务。发展在线教育和远程医疗，支持电子商务和物流发展，切实以数字治理推进成渝双圈的可持续发展。

（执笔人：杨艳，四川大学经济学院教授、博士生导师；鲁世宇，四川大学经济学院研究生。）

专题八　新质生产力驱动成渝中部产业能级提升的逻辑与路径探究

摘要： 当前，新质生产力已经成为经济高质量发展的重要引擎，加快培育和发展新质生产力是实现产业能级提升的关键。本文从发展新质生产力的视角出发，以成渝中部地区为研究对象，产业能级提升为研究目标。从内在逻辑、现实挑战等方面对新质生产力赋能产业能级提升进行深入剖析，最后结合成渝中部地区发展实际，探讨新质生产力赋能产业能级提升的实践路径。

关键词： 新质生产力；成渝中部地区；产业能级提升

自成渝地区双城经济圈建设这一国家重大战略提出以来，中央及地方层面都高度重视，精心谋划，紧抓落实。2024年7月，党的二十届三中全会进一步指出："推动成渝地区双城经济圈建设走深走实。"而成渝中部塌陷一直以来是成渝地区发展的难点、痛点，要推动成渝地区双城经济圈走深走实，关键是要推动成渝中部地区崛起，路径是要发展新质生产力。因此，当前成渝中部地区必须铆足定力，推动科技创新，培育新动能、新优势，发展新兴产业、未来产业，加快形成新质生产力，推动产业能级提升，为成渝中部地区打造省域副中心城市提供助力。

一、新质生产力驱动产业能级提升的内在逻辑

(一) 新质生产力是产业能级提升的核心动力

新质生产力是对生产力理论的创新发展。传统生产力将劳动力、资本、土地称之为生产三要素，在设定技术不变的情况下，以三要素投入数量的增减形成生产函数，要素投入和扩大规模是经济增长的主要驱动模式。因此，在传统生产力推动下，虽然我国产业齐全，但质量不高，主要是实现"量"的增长，且一些核心技术受制于人，处于微笑曲线底端，产业能级提升较为缓慢。[①] 而新质生产力更加强调创新驱动，科技创新会促进生产要素、生产力与生产关系都发生全方位变革，从而形成新的生产函数。与旧的生产函数相比，新的生产函数所体现的是产业发展呈指数型增长，产业能级实现"质"的提升，全要素生产率不断提高，经济社会发展实现"质"的飞跃，具有高科技、高效能、高质量特征。换言之，新质生产力的主要特征就是加强科技创新，以技术创新、生产要素配置创新、制度创新等途径实现产业能级升级。因此，以科技创新为主要特征的新质生产力是推动产业能级提升的核心动力，产业能级跃迁升级是新质生产力作用于经济发展的具体体现，二者互为表里。这既符合新质生产力这一重要理论的深刻内涵，也符合经济发展的一般规律。

(二) 培育新质生产力是产业能级提升的行动路径

生产力是推动经济社会发展、生产结构调整、人类历史进步乃至社会形态更换的决定性力量。人类发展进程中的每一次变革，从根本上讲就是生产力新质化的结果，其本质就是技术的迭代升级，其结果是发展能级的提升。就如"达沃斯之父"克劳斯·施瓦布所讲："变革伴随着人类历史的始终，

---

① 张志鑫，郑晓明，钱晨."四链"融合赋能新质生产力：内在逻辑和实践路径 [J]. 山东大学学报（哲学社会科学版），2024（4）：105–116.

每每出现新技术，出现看待世界的新视角，人类的经济体制和社会结构便会发生深刻变革。"纵观人类发展进程中的三次工业革命，从瓦特改造蒸汽机到 19 世纪末的电气化革命，再到 20 世纪 50 年代的计算机革命，每一次技术革新都推动了生产力水平的大幅提升。无论是蒸汽机、电力、计算机还是互联网技术的培育和发展，都是产业能级实现跃迁升级最为重要的技术支撑和行动路径，也是推动人类生产、生活方式的转变，促使人类改造自然的能力提升的重要支撑。当前，大数据、人工智能、物联网、AR/VR、纳米技术、生物技术、材料科学、能源储存等突破性技术迅速发展。这些新兴技术与生产资料、劳动对象、资本等要素的重新高效组合形成的新质生产力，实现了整个生产力系统的质态跃升，是新时代实现产业能级跃迁升级的重要支撑和行动路径。[1]

（三）"四新"经济是提升产业能级的实践载体

提升产业能级需要有载体作为依托。换言之，任何行业的任何一次转型升级、结构调整都需要依托于技术迭代、动能转换或新的产业形态。以新技术、新产业、新业态、新模式为基础的"四新"经济，既是新质生产力的具体表现形式[2]，又是产业能级提升的重要依托与实践载体。新技术作用于传统产业，促进传统产业释放新优势，从而实现转型升级，提升传统产业能级。新产业是指电子信息、生物医药，以及新材料、新能源、新技术所催生的新兴产业。从根本上讲，新产业本身就是一种全新且更为先进的产业能级。新业态作为一种新的组织形态，本质是通过对产业链、供应链的内外部环节进行重新分解、组合，进而衍生新环节，促进产业链、供应链向高附加值攀升，实现能级提升的过程。新模式则以需求为导向，创新价值链，推动各项生产要素创新性重组，实现质量和效率的提高，推动产业能级提升。显然，"四新"经济发展的结果是产业能级的提升，产业能级提升需要依托于新技术、

---

[1] 贺俊. 新质生产力的经济学本质与核心命题［J］. 人民论坛，2024（6）：11-13.
[2] 姜长云. 新质生产力的内涵要义、发展要求和发展重点［J］. 西部论坛，2024，34（2）：9-21.

新产业、新业态、新模式。因此,"四新"经济是提升产业能级的实践载体。

二、成渝中部地区新质生产力发展的现实挑战

(一)新产业、新业态规模不足,集聚效应尚不明显

近年来,成渝中部地区虽加速在新能源汽车、电子信息、装备制造、新材料、生物医药等领域谋篇布局,但整体规模较小,且呈点状空间结构,尚未形成较为完善的产业集群,集聚效应不够明显。从体量来看,中部地区各中小城市虽然在战略性新兴产业、高技术产业等方面都加大了投入,但年产值占比仍旧不高。永川、江津、合川等渝西八区2022年战略性新兴产业产值占比均不足40%。四川宜宾,近年来大力发展锂电池、新能源汽车等产业,2019年引入"宁德时代"更是为宜宾新兴产业的发展提供了助力,但是2022年"四川时代"年产值也只有560亿元。资阳的"中国牙谷"是我国最大的口腔产业聚集地,但其年产值也只有30多亿元。从数量来看,成渝中部地区引领新质生产力发展的企业数量较重庆、成都两大核心城市存在差距。以高新技术企业为例,根据企知道数据,截至2023年7~8月份,成渝中部地区各中小城市高新技术企业数量如表1所示。

表1 成渝中部地区各中小城市拥有高新技术企业数量情况

区域	统计情况								
重庆渝西八区高新技术	地区	璧山	江津	永川	铜梁	大足	荣昌	合川	潼南	合计
	数量(家)	417	355	230	178	172	150	145	86	1733
四川宜宾等八市高新技术	地区	宜宾	遂宁	达州	泸州	自贡	内江	广安	资阳	合计
	数量(家)	306	209	191	182	144	133	100	76	1341

资料来源:各地区政府工作报告、科技局统计数据和人民政府网站。

成渝中部地区高新技术企业总量为3074家。而2023年，重庆、成都高新技术企业总量分别为7565家、1.3万家，中部地区高新技术企业总量仅占重庆、成都两核心城市的14.9%。特别是资阳、潼南、广安、内江、合川等地，高新技术企业均不足150家，很显然，成渝中部地区高新技术企业数量还有待进一步扩充和发展。① 因此，无论是从体量还是从数量来看，成渝中部地区代表新质生产力的企业规模较小，规模效应和集聚效应不明显。

（二）传统产业上"新"力度有限，转型升级略显乏力

当前，成渝中部地区产业结构仍旧以传统产业为主，传统产业是成渝中部地区现代化产业体系的重要基础。因此，以大数据、物联网、AR/VR、生物医药等高新技术赋能传统产业，是成渝中部地区提升产业能级，构建现代化产业体系的重要途径。但由于要素重置成本高、机构改革难度大、创新研发周期长、创新资源难对接、转型收益难估量等因素，成渝中部地区传统行业在培育和发展新质生产力方面进度缓慢，传统产业转型升级略显乏力。以永川区制造业数字化转型为例，近年来，永川区大力推进制造业数字化转型，在成渝中部地区中具有代表性。然而，据笔者对永川区制造业数字化转型的调研结果显示，截至2024年3月，在规上工业企业中，永川区仅有20%左右的企业完成了数字化转型。其中，具有行业代表性的数字化转型标杆企业更少，很难发挥技术溢出效应和网络协同效应，产业能级提升较为缓慢。由此可见，以新质生产力赋能传统产业发展任重而道远。如何加快以新质生产力赋能传统产业，是当前成渝中部地区各中小城市所面临现实挑战。

（三）科技创新能力不强，提"质"赋能缺乏内驱力

要形成和发展新质生产力，必须具备科技创新能力。研发投入规模和研发投入强度是衡量地区科技创新水平的重要指标。近年来，成渝中部地区虽

---

① 璧山、江津、永川、铜梁、大足、荣昌、合川、潼南、宜宾、遂宁、达州、泸州、自贡、内江、广安、资阳等城市政府工作报告、科技局统计数据。

然在科技研发方面加大了投入，但相较于重庆、成都差距仍旧较大。重庆、成都与成渝中部地区2022年研发经费投入情况如表2所示。

表2　　　　2022年重庆、四川科技经费投入情况

地区	研发经费（亿元）	研发经费投入强度（%）	地区	研发经费（亿元）	研发经费投入强度（%）
成都	733.3	3.52	重庆	686.6	2.36
自贡	15.7	0.96	江津	28.0	2.11
泸州	29.6	1.14	合川	5.9	0.59
遂宁	12.4	0.77	永川	24.6	2.04
内江	13.6	0.82	大足	19.8	2.43
宜宾	42.5	1.24	璧山	26.0	2.82
广安	5.6	0.39	铜梁	17.5	2.39
达州	10.5	0.42	潼南	8.4	1.50
资阳	2.8	0.30	荣昌	17.9	2.19

资料来源：《重庆市2022年科技经费投入统计公报》《四川省2022年科技经费投入统计公报》。

2022年，自贡、泸州等8市研发经费投入总量仅为成都的18%。渝西8区研发经费投入总量虽高于自贡、泸州等8市，但也仅占重庆研发经费投入的21.6%，研发投入力度不够。根据经济合作与发展组织（OECD）标准，研发经费投入强度高于4%，表示创新能力强。在1%～4%之间，表示创新能力中等。低于1%，表示创新能力较低。2022年，在成渝中部地区的中小城市中，自贡、遂宁、内江、广安、达州、资阳、合川7个地区研发经费投入强度均低于1%，创新能力较低。除此之外，成渝中部地区拥有的本科高等院校、国家级工程技术研究中心、科研机构等创新平台较少，且科研成果转化率较低。因此，成渝中部地区科技创新能力还有待提升，发展新质生产力内驱力不强。

（四）高素质人才储备不足，向"新"而行缺少原动力

创新之道，关键在人。高素质人才是新质生产力发展的原动力。近年来，

成渝中部地区中小城市相继出台积极的人才政策，吸引和培育高素质人才，人力资源质量不断上升。但相较于重庆、成都两核心城市，还需进一步在人才引、育方面发力。人力资源是新质生产力中最积极、最活跃的生产要素[①]，人才资源总量是反映一个地区人力资源质量的重要指标之一，人才资源总量越高，说明该地区创造性越强，经济发展潜力越大，成渝中部地区各中小城市2022年人才资源总量分布，如表3所示。

表3　　　成渝中部地区各中小城市2022年人才资源总量情况

区域	项目	统计情况							
重庆渝西8区	地区	璧山	江津	永川	铜梁	大足	荣昌	合川	潼南
	总量（万人）	12.9	23	19.23	16.7	19.1	11.4	17.1	14.2
四川宜宾等8市	地区	宜宾	遂宁	达州	泸州	自贡	内江	广安	资阳
	总量（万人）	58	49.5	55.3	71.17	58.23	51.4	45.64	23

注：其中大足区、宜宾市的数据通过地区专业技术人才、高技能人才、党政企业管理人才等数据相加所得。

资料来源：各地区《政府工作报告》、人民政府网站。

根据重庆市人民政府网、成都市人民政府网数据显示，重庆人才资源总量超630万人，成都人才资源总量622.32万人。而重庆渝西8区人才资源总量合计仅133.63万人，占重庆的21.2%，四川宜宾等8个市人才资源总量合计412.24万人，8个市人才资源总量总和比成都少210.08万人。[②] 以上数据表明，成渝中部地区能够从事具有创造性工作的人才数量偏低，培育和发展新质生产力缺少原动力。

---

① 张志鑫，郑晓明，钱晨．"四链"融合赋能新质生产力：内在逻辑和实践路径［J］．山东大学学报（哲学社会科学版），2024（4）：105－116．

② 璧山、江津、永川、铜梁、大足、荣昌、合川、潼南、宜宾、遂宁、达州、泸州、自贡、内江、广安、资阳等城市政府工作报告、科技局统计数据。

三、流通壁垒仍旧存在，资源要素自由集聚受阻

加快释放和发展新质生产力，只靠某单一领域或者某单一区域不行，需要各行业、各领域、各地区共同发力，形成合力。成渝中部塌陷问题一直以来都是成渝地区发展的难题，中部塌陷问题之所以既明显存在又不易解决，有两个主要原因。第一，这些城市分别多属于成都、重庆外围地区，根据弗里德曼的"核心—边缘"理论可知，外围地区相较于中心区发展而言，经济效益低，发展处于较被动地区，生产要素会流向中心区域。第二，省域间利益平衡依旧受职责边界的限制。首先，各行政主体价值取向有所差异，区域与区域之间，不同行政主体之间存在利益博弈，虽然推动成渝中部崛起是成渝中部地区各中小城市的共同目标，在制定政策时可以在一定程度上形成联动，但是仍然存在协调成本、管理成本等方面的利益冲突。其次，各行政主体间具有不同的职责边界，不同职责边界与共同推动成渝中部崛起的目标有所冲突。成渝中部地区各中小城市工作职责和目标的制定分别依据四川省和重庆市的发展规划。因此，对于成渝中部地区不同省域间的城市，其发展目标是存在差异的，发展目标的差异就决定了省域间各城市的信息要素、技术要素等资源要素流通受阻。总之，由于"核心－边缘"理论、由于区域间主要职责差异的存在，成渝中部地区的各中小城市间资源要素流通不畅，进而阻碍了成渝中部地区新质生产力的释放和发展。因此，打通要素流通壁垒也是加快发展和释放新质生产力的应有之义，是区域间产业能级提升的必然要求。

四、新质生产力驱动成渝中部地区产业能级提升的实践路径

（一）加快培育新产业、新业态，为产业能级提升注入新活力

（1）要加快培育新兴产业。成渝中部地区要立足于新能源汽车、锂电池

等已初具规模且有较大影响力的新兴产业，持续发力，以打造"成渝最优"甚至是以挤入"国家队"为目标，打造一批具有核心竞争力的战略性新兴产业。

（2）要加快完善产业链条。要瞄准自身优势，聚焦特色产业链，力争培育打造一批链主企业。鼓励支持企业深度嵌入重庆、成都乃至国际产业链供应链体系。从全产业链视角出发，完善上下游产业链，并根据区域优势合理布局，增强区域协同，打造产业集群。

（3）要加快布局未来产业。立足成渝中部地区资源禀赋，聚焦算力网络、生物育种、量子信息等细分领域，制定相关支持政策措施，鼓励企业积极参与未来产业发展，推动成渝中部地区成为未来产业先导区。推动成渝中部地区在新领域、新赛道实现逆袭领跑。

（二）加大传统产业上"新"力度，为产业能级提升释放新动能

（1）推动传统产业数字化转型。成渝中部地区要立足于区位特征及各产业的差异化需求，利用数字化技术推动传统产业全方位、全角度、全链条转型升级，加快推动新旧动能转换，不断提升全要素生产率，特别是加快推动制造业向智能化、高端化、绿色化发展，加快培育一批专精特新中小企业和制造业单项冠军企业。此外，成渝中部地区还要加快推动农业数字化转型，让农业插上数字化的翅膀。

（2）推动生产要素创新性重组。以创新驱动为基础，以实现"帕累托最优"为导向，推动生产要素创新性配置，让生产关系与新质生产力加快适配。如建立"数据+"资源管理体系，让报表上云、让台账上云，提高工作效率。

（3）走好"先立后破"的转型道路。要在原有产业优势的基础上，循序渐进地推动改革升级，将大数据、人工智能等新型生产要素与传统优势产业深度融合，逐渐释放新质生产力，从而平稳而高效地推动产业实现由"旧"到"新"的转变。

(三) 加强科技创新能力建设，为产业能级提升增强内驱力

（1）要加大研发投入力度。成渝中部地区要实现科技破冰，必须加大研发力度，特别是自贡、遂宁、内江、广安等地，要加大研发经费投入，完善创新制度，以优化扶持方式鼓励企业创业创新，设置科技创新、战略性新兴产业专项资金，进一步强化科技创新的引擎作用。

（2）鼓励创新主体协同发展。高校、科研机构、研发中心以及各类企业是科技创新的主体，但其擅长的领域和研究侧重点各有不同。成渝中部地区应整合各类科创平台，推动各类主体实现协同创新。

（3）强化技术攻关与成果转化。支持企业与高校等科研机构深度合作，实行关键核心技术"共同攻关"机制，以"揭榜挂帅""赛马比拼"等制度攻坚克难。将高校等科研机构的成果及时送往企业、送进工厂，加速科研成果落地进度。

(四) 加速引育高素质人才，为产业能级提升激发原动力

（1）用心引进高素质人才。在充分了解成渝中部地区现有人才储备情况基础上，围绕成渝中部地区有优势、发展潜力较大领域，制定和完善人才招引机制，以更加合理、积极、灵活的引才政策，不断吸引汇聚高素质人才与创新团队，为成渝中部地区加快形成新质生产力提供智力支撑。

（2）悉心培育高素质人才。制定多形式、多维度的人才培育体系。一方面，以需求为导向，构建"学校+科研平台+企业""理论+实践"的定向培育模式，为企业培养"又博又专"的高水平、高素质人才。另一方面，通过开展技术技能培训，帮助现有劳动者提升数字化、智能化、绿色化技能。推动成渝中部地区人才结构更加适应新质生产力的发展要求。

（3）精心用好高素质人才。因此，一方面，要深化人才体制改革，根据人才专业特长合理分配岗位，做到人尽其才。另一方面，创新人才评价机制，建立健全人才奖惩机制。实现能者居之、能者多得、能者多奖、能者多享，

充分激发人才的积极性、主动性和创造性。

（五）打破要素流通壁垒，为产业能级提升疏通新经脉

（1）加强顶层联动。推动成渝中部地区在投资、交易、运营等方面加强一体化建设，为市场主体提供一个统一理念、统一标准的大市场。在统一标准市场下，成渝中部各中小城市结合自身优势产业，协同发力，不断推动成渝中部地区产业协同发展。例如，永川、璧山、宜宾等地有相对较好的现代制造业发展的基础，特别是在电池、汽车制造等领域，在产业布局时，应当注重这些产业配套产业的发展。

（2）突破体制机制障碍。党的二十届三中全会指出："完善要素市场制度和规则，推动生产要素畅通流动、各类资源高效配置、市场潜力充分释放"。[1] 这为成渝中部地区打通要素壁垒指明了方向。成渝中部地区要实现资源要素自由流动，首要任务就是要打破横跨在各行政主体间的体制机制障碍，建立相应的合作联动机制，推动成渝中部地区各中小城市在核心目标与边缘目标上的融合发展。

（3）打破数据壁垒。[2] 成渝中部地区应规范共享数据的标准，通过规范数据格式、授权条件、共享范围等，使各中小城市的数据可以高效流通。当然，与此同时，要加强数据在产生、流动以及使用的监督工作，确保数据的安全性，提高企业、居民的认可度。

总之，加快释放和发展新质生产力，推动成渝中部地区产业能级提升。实现成渝中部地区崛起，不是一朝一夕之功，更不是单靠某一项措施驱动，而是要各项措施共同推动形成合力。因此，以新质生产力推动成渝中部产业能级提升，就必须在产业发展、技术创新、人才供给、政策联动上共同发力。

---

[1] 党的二十届三中全会审议通过的《中共中央关于进一步全面深化改革、推进中国式现代化的决定》。

[2] 张夏恒，马妍. 因地制宜发展新质生产力的必要性、科学性及着力点［J］. 北京工业大学学报（社会科学版），2024，24（4）：118-130.

只有这样，才能真正推动成渝中部地区加快发展和释放新质生产力，从而推动成渝中部地区产业能级实现跃迁升级；只有这样，成渝中部崛起才能是一个不仅仅停留在口头上的口号，而是一项可以落实落地的具体行动；也只有这样，成渝地区双城经济圈建设才能往深处走、往实处走！

（执笔人：彭渊红，中共重庆市永川区委党校讲师。）

专题九　新质生产力赋能成渝主轴中部城市快速崛起的实践路径研究[*]

摘要：党的二十届三中全会吹响了进一步全面深化改革、推进中国式现代化的时代号角，对健全因地制宜发展新质生产力体制机制作出了一系列决策部署。成渝主轴中部城市是成渝"双核"的经济腹地，更是成渝地区双城经济圈建设高质量发展的重要支撑。本文深入学习贯彻党的二十届三中全会精神，分析研究成渝主轴中部城市现状，立足区域高质量发展现实需要，以因地制宜发展新质生产力为重要着力点，为壮大成渝主干、挺起中部脊梁，助力成渝地区双城经济圈高质量发展强基赋能。

关键词：新质生产力；成渝中部崛起；成渝地区双城经济圈

推动成渝地区双城经济圈建设是习近平总书记亲自谋划、亲自部署、亲自推动的重大战略决策。近年来，成渝地区双城经济圈区域创新能力逐渐提升，城市间联系日趋紧密，作为国家发展战略腹地的承载能力不断增强。2023年，成渝地区双城经济圈经济总量约为8.2万亿元，同比增长6.1%，以全国2%的土地面积贡献了6.5%的经济体量，在西部经济总量

---

[*] 基金项目：国家社会科学基金青年项目"数智技术赋能人大全过程预算监督机制研究"（23CZZ037），四川省社会科学基金青年项目"重构四川政府产业基金引导体系的实现机制研究"（SCJJ23ND432）。

中占比30.4%。① 目前，成渝地区双城经济圈建设已经进入全面提速、积厚成势的新阶段，成渝地区正处于高质量发展的重要时期，但成渝主轴中部城市不仅面临双重"辐射"②，更面临双重"虹吸"，区域发展不平衡不充分的问题较为突出，呈现出明显的"中部塌陷"特征。解决成渝中部塌陷问题成为推动成渝地区双城经济圈建设高质量发展道路上的必答题。发展新质生产力作为高质量发展的内在要求和重要着力点，为助力成渝主轴中部城市崛起提供了新动力。

一、新质生产力赋能成渝主轴中部城市加速崛起的重要意义

新质生产力的特点是创新，关键在质优，本质是先进生产力，是推动高质量发展的内在要求，也是构建新发展格局的重要抓手。通过优化新质生产力布局，能够促进成渝地区双城经济圈内部区域经济协调发展，是推动成渝主轴中部城市实现快速崛起的重要引擎。

（一）有利于贯彻落实习近平总书记关于发展新质生产力的重要论述，增强高质量发展内生动力

社会主义的根本任务是解放生产力、发展生产力。生产力是人类改造自然和征服自然的能力，是社会发展的根本动力和最终决定力量，其发展水平标志着人类社会的发展程度。生产力在螺旋上升中曲折发展，处于"旧质"逐渐瓦解和"新质"不断形成的过程中。党的十八大以来，我国生产力实现了总体跃升和整体改善，逐步形成了生产力的新质态。习近平总书记站在高质量发展战略全局高度，创造性提出了一系列关于发展新质生产力的重要论

---

① 《2023年重庆市国民经济和社会发展统计公报》和《2023年四川省国民经济和社会发展统计公报》。
② 成渝主轴中部城市包括重庆的合川、永川、大足、璧山、铜梁、潼南、荣昌和四川的自贡、内江、遂宁、资阳。

述，不仅在理论上对马克思主义生产力理论进行了重大创新，丰富拓展了习近平经济思想的科学内涵，在实践上也为新时代新征程发展新质生产力、推进高质量发展，从而推进强国建设、民族复兴伟业提供了科学指引和实践指南。正确认识和把握习近平总书记关于新质生产力的重要论述，加快发展新质生产力是推动成渝主轴中部城市高质量发展的必由之路，意义重大。

（二）有利于抢抓新一轮科技革命和产业革命历史机遇，加快推动成渝地区双城经济圈战略走深走实

成渝主轴中部城市面积约为3.1万平方千米，占成渝地区双城经济圈的17%，常住人口数量达到1683.1万人，占成渝地区双城经济圈的18%，GDP达到11908.7亿元，约占成渝地区双城经济圈的15%。[①] 2023年6月，重庆四川党政联席会议第七次会议明确将成渝地区中部崛起作为推动成渝地区双城经济圈建设走深走实的重要突破口，强调要壮大成渝主轴、挺起中部脊梁。成渝主轴中部城市要抢抓战略机遇，以因地制宜发展新质生产力扎实推动高质量发展，不断实现技术革命性突破、生产要素创新性配置、产业深度转型升级，塑造高质量发展的新技术、新产业、新业态、新模式，在新一轮科技革命和产业变革中形成的经济社会发展新动力，使成渝地区成为具有全国影响力的重要经济中心、科技创新中心、改革开放新高地、高品质生活宜居地，在西部形成高质量发展的重要增长极。

（三）有利于构建支持全面创新体制机制，促进区域协同发展向纵深推进

中共中央政治局会议要求，"成渝地区要牢固树立一盘棋思想和一体化发展理念，健全合作机制，打造区域协作的高水平样板"。成渝主轴中部城市是成渝地区双城经济圈互动协作的主战场，重庆把渝西地区一体化高质量发展作为成渝中部崛起的重要支撑，推动重庆西扩动能更加强劲，2023年5

[①] 合川、永川、大足、璧山、铜梁、潼南、荣昌、自贡、内江、遂宁、资阳等城市2022~2023年国民经济和社会发展统计公报、统计年鉴以及政府工作报告。

月 14 日四川省委、省政府印发《中共四川省委四川省人民政府关于支持川中丘陵地区四市打造产业发展新高地加快成渝地区中部崛起的意见》支持成渝中部四市加快崛起。成渝主轴中部城市将持续深化科技体制机制改革，汇聚更多发展新质生产力的关键要素，在技术协同攻关、科创成果共享、创新开放合作等方面持续发力，为构建科技创新互促、基础设施互联、产业体系互融、民生服务互通的区域协作新格局带来新机遇。

二、新质生产力赋能成渝主轴中部城市加速崛起的现实挑战

近年来，在创新驱动发展战略引领下，成渝主轴中部城市在科技创新、平台搭建、人才引育、产业发展等方面取得了一定成绩，高质量发展的要素条件不断集聚增多，也为加快形成和发展新质生产力提供了坚实基础。但成渝主轴中部城市面临的经济塌陷、人口塌陷、产业塌陷、财政塌陷等局面还未得到根本性扭转，新质生产力赋能中部城市崛起还存在一些困难挑战。

（一）科技创新支撑不足

支撑成渝主轴中部城市在发展新质生产力的劳动力数量、人才储备、科创资源等方面与"双核"相比还存在较大差距。

（1）劳动力流失。人是最活跃的生产力要素，没有人力资本的积累和跃升，没有一支与现代科技进步、现代产业发展相适应的高素质劳动者队伍，就无法形成和发展新质生产力。与人口持续增长的成都和重庆形成鲜明对比的是成渝主轴中部城市普遍进入人口负增长阶段。受到生育率下滑和外出务工人数增多的影响，自贡、内江、遂宁、资阳 4 个市的常住人口 2018~2023 年连续出现负增长。其中，自贡从 2018 年的 257.6 万人减少至 2023 年的 242.9 万人，下降 5.8%；内江从 2018 年的 325.6 万人减少至 2023 年的 308.8 万人，下降 5.2%；遂宁从 2018 年的 289.4 万人减少至 2023 年的 274.8 万人，下降 5.0%；资阳从 2018 年的 235.1 万人减少至 2023 年的 225.3 万人，下降 4.1%。2018~

2023年重庆的潼南、铜梁、永川、大足、璧山、荣昌等地出现人口小幅增长，但潼南和荣昌增长不到1万人，大足和铜梁增长不到2万人、永川和璧山增长不到3万人，合川减少约3.2万人，重庆位于成渝主轴中部的7个城市从2022年开始全部出现人口负增长。① 另外，流失人口中以青壮年劳动力居多，成渝主轴中部城市人口结构呈现比较严重的老龄化、空心化、边缘化。

（2）人才支撑乏力。人才既是科技创新的发起者，也是技术应用的实践者，更是制度变革的推动者，是新质生产力的核心要素。因地制宜发展新质生产力，归根结底依靠人才实力。根据第七次人口普查数据，四川的自贡、内江、遂宁、资阳每10万常住人口中拥有大学（指大专以上）文化程度分别为9484人、8057人、7475人、6177人，而重庆合川为13198人、永川为17539人、大足为8151人、璧山为12000人、铜梁为9252人、潼南为7426人、荣昌为9373人，与成都25582人和重庆主城区的21575人差距较大。②

（3）科创资源不足。一方面，重庆和四川共有普通高等教育院校210所，其中四川137所、重庆73所，主要分布在成都和重庆主城区，成渝主轴中部城市拥有普通高等教育院校共计41所，其中自贡3所、内江4所、遂宁4所、资阳4所、潼南1所、合川6所、铜梁3所、大足5所、荣昌1所、永川7所、璧山3所，且缺乏拥有较强科创能力的"985""211"院校，导致成渝主轴中部各城市面临着优质生源引不进、留不住的困扰。另一方面，成渝主轴中部城市高新技术企业、科创型中小企业等创新主体数量偏少。③ 以高新技术企业为例，四川拥有高新技术企业16898家，重庆拥有7565家。其中，自贡为179家、内江为147家、遂宁为209家、资阳为124家、潼南为86家、合川为175家、铜梁为210家、大足为196家、荣昌为200家、永川为131家、璧山为417家。成渝主轴中部城市高新技术企业数量只占重庆和四川总数的8.5%。④ 创新型企业数量少、创新能力不足，产业创新发展缺乏支撑。

（4）科创投入较低。2022年自贡研发经费投入和研发经费投入强度分别

---

①②③④ 合川、永川、大足、璧山、铜梁、潼南、荣昌、自贡、内江、遂宁、资阳等城市2022～2023年国民经济和社会发展统计公报、统计年鉴以及政府工作报告。

为15.7亿元、0.96%；遂宁为12.4亿元、0.77%；内江为13.6亿元、0.82%；资阳为2.8亿元、0.30%；合川为5.9亿元、0.59%；永川为24.6亿元、2.04%；大足为19.8亿元、2.43%；璧山为26.40亿元、2.82%；铜梁为17.5亿元、2.39%；潼南为8.4亿元、1.50%；荣昌为17.9亿元、2.19%。2022年，自贡、遂宁、内江、资阳4市研发经费投入总量仅为成都733.3亿元的6%，而合川、永川、大足、璧山、铜梁、潼南、荣昌7个城市只占重庆686.6亿元的17%。① 根据经济合作与发展组织（OECD）标准，研发经费投入强度在1%~4%表明创新能力中等，低于1%表示创新能力较低，成渝主轴中部城市研发经费投入强度均处于创新能力中等和较低水平。

劳动力数量、人才储备、科创资源等要素匮乏制约着成渝主轴中部城市经济社会发展，形成和发展新质生产力的内生动力还不够强劲。

（二）地方经济实力偏弱

经济基础是上层建筑赖以产生、存在和发展的物质基础。新质生产力形成和发展依靠创新，而创新活动需要强大的经济基础进行支持和推动。成渝主轴中部城市经济发展水平整体不高，在成渝地区双城经济圈中属于中等靠后水平，与周边城市也存在一定差距。

（1）经济总量不大。2023年，自贡、内江、遂宁、资阳GDP为1750.5亿元、1807.1亿元、1715.0亿元、1019.2亿元，在四川21个市中分别排名第10位、第11位、第13位、第17位，没有进入第一方阵的城市，且4市GDP之和只占成都22074.7亿元的28.5%，对比周边城市绵阳的4038.7亿元、德阳的3014.4亿元，差距也较大。② 重庆7区除了永川、合川GDP超过1000亿元外，其余都处于700亿~1000亿元水平，永川、合川在全市GDP

---

① 合川、永川、大足、璧山、铜梁、潼南、荣昌、自贡、内江、遂宁、资阳等各市政府工作报告、科技局统计数据。
② 合川、永川、大足、璧山、铜梁、潼南、荣昌、自贡、内江、遂宁、资阳等各市2022~2023年国民经济和社会发展统计公报、统计年鉴以及政府工作报告。

排名第 7 位和第 11 位，其余城市排名处于重庆中等靠后水平，与周边的重庆主城区和江津相比存在一定差距。

（2）经济质量不高。以四川 4 个市为例，2023 年四川的自贡、内江、遂宁、资阳的人均 GDP 分别为 7.2 万元、5.9 万元、6.2 万元、4.5 万元。其中，资阳在四川排名第 20 位，仅高于巴中，与成都的 10.3 万元、绵阳的 8.2 万元、德阳的 8.7 万元差距较大。①

（3）经济结构不优。从 2022 年成渝主轴中部各城市三产结构比例来看，自贡为 15.5∶37.9∶46.6，内江为 17.7∶32.9∶49.4，遂宁为 13.7∶47.9∶38.4，资阳为 20.5∶30.6∶48.9，合川为 11.2∶32.4∶56.4，永川为 7.3∶54.0∶38.7，大足为 9.0∶47.1∶43.9，璧山为 4.6∶48.9∶46.5，铜梁为 9.1∶52.5∶38.4，潼南为 16.4∶41.7∶42.0，荣昌为 8.1∶53.4∶38.5。其中有 6 个城市的第一产业占比超过 10%，资阳最高为 20.5%，远高于全国的 7.3%。② 新质生产力需要推进新型工业化和发展生产性服务业为其提供"成长土壤"，成渝主轴中部城市新型工业化推进缓慢、高端服务业占比较低等因素制约发展新质生产力的形成和发展。

（三）区域发展协同不足

2024 年 4 月，习近平总书记在重庆视察时强调，重庆、四川两地要紧密合作，不断提升发展能级，共同唱好新时代西部"双城记"。③ 为重庆、四川同题共答、同频共振，携手培育发展新质生产力，推动国家重大战略在成渝地区高效联动提供了根本遵循和科学指导。但由于发展水平差异大、利益主体多元、分享机制不完善等因素制约了土地、人才、数据等资源的跨区域自由流动，成渝主轴中部城市以协同创新促进新质生产力发展的基础还不牢固。

---

① 合川、永川、大足、璧山、铜梁、潼南、荣昌、自贡、内江、遂宁、资阳等各市 2022~2023 年国民经济和社会发展统计公报、统计年鉴以及政府工作报告。
② 合川、永川、大足、璧山、铜梁、潼南、荣昌、自贡、内江、遂宁、资阳等各市政府工作报告、科技局统计数据。
③ 新华社记者. 唱好新时代西部"双城记"[J]. 求是，2024（11）：70 - 76.

（1）区域博弈。在重庆直辖以前，四川曾经一度是成都、重庆两大经济中心并驾齐驱，1997年重庆直辖后，成都便成了"一枝独秀"。川渝两地由一体发展转为竞争关系，都集中资源做强核心城市，成都集中资源拓展经济腹地，将重心放在与省内市（州）的内在联系上；重庆聚焦工业制造优势抢占内地市场，把关注点放在发展先进制造业集群和借江出海上，成渝中部地区成为重点产业的"真空地带"。

（2）市场挤压。成渝主轴中部城市正面临"多面夹击"的局面。成都正以天府新区、东部新区作为新的动力增长极，推动经济呈现迅猛增长态势；重庆以开通渝新欧班列为契机，充分发挥其临江优势，经济增长动力充足；川东北经济区、渝东北地区正以万达开川渝统筹发展示范区、川南渝西融合发展试验区建设为契机，带动成渝地区北翼振兴、南翼跨越；川南经济区、渝西地区正以宜宾-泸州组团建设川南省域经济副中心为带动，高水平建设全川第二经济增长极。成渝主轴中部地区受到四方发展的挤压和虹吸，没有类似宜宾、泸州、南充、达州的百万人口大城市，内部又难以形成经济联盟、抱团发展，可能面临分割加剧、整体合力更难形成的状况。

（3）同质竞争。成渝主轴中部各城市山水相连、人文相亲，各地都主打"成渝牌""区位牌"，产业同构、低水平同质竞争现象明显。各地经济都希望自成体系，使得各市的经济更加独立，也影响成渝地区中部整体发展效应的形成。同时，成渝主轴中部城市开放发展不足，没有跳出成渝进行产业布局，产业发展完全本地化、区域化，不仅产业同质竞争，发展水平也不高。

三、新质生产力赋能成渝主轴中部城市加速崛起的实践路径

成渝主轴中部城市崛起是成渝地区双城经济圈建设高质量发展的重要突破口。重庆四川党政联席会议第九次会议就川渝相互联动发展新质生产力、推动成渝地区双城经济圈高质量发展达成共识。下一步，成渝主轴中部各城市应在坚持创新驱动发展、加快产业转型升级、深化科创体制改革等方面下

功夫，以因地制宜发展新质生产力为重要切入口推动成渝中部崛起。

（一）重点突出科技创新引领

新质生产力的本质是以科技创新为主导的先进生产力，其形成是一项系统性、整体性、全局性大工程，需要加深认识、凝聚共识，以思想上的解放促进发展上的跨越。要坚持系统思维、着力重点突破，牢牢抓住科技创新这一"牛鼻子"，纲举目张做好新质生产力培育发展工作。

（1）加快科创主体培育。企业是推进科技创新的"主力军"，我国70%的科技创新来源于企业。成渝主轴中部各城市要强化企业科创主体地位，促进各类科创要素向企业集聚，争取认定更多"专精特新"企业，高质量培育壮大科技型中小企业集群。鼓励企业加大研发投入，支持企业提升创新能力，全面激发企业创新活力，围绕成渝主轴中部各城市重点企业实施高新技术企业扩容倍增行动。

（2）加快科技成果转化。成渝主轴中部城市要抢抓成渝地区双城经济圈建设、成都都市圈建设、渝西地区一体化发展、成渝中部崛起等重大发展机遇，在科技创新和成果转化上同时发力，以企业关键性、竞争性、创新性技术需求为导向，支持企业与知名高校、科研院所深度合作，加快融入成渝中部科创走廊建设，大力培育技术中介、知识产权、技术评估等现代化生产性服务业企业，加快推动科技成果在成渝主轴中部城市项目化工程化转化，铺实"成渝研发、中部转化"科创成果转化"高速路"。

（3）加快科创平台建设。加快推进国家、省级重点实验室、工程（技术）研究中心等平台建设，加大关键核心技术攻关力度，着力增强自主创新能力。支持企业申建国家级企业技术中心、技术创新中心、制造业创新中心等创新平台建设，推进各类科技力量资源共享和优化配置，推动大中小企业积极融入科技创新要素。

（二）加快推动产业提能升级

产业是经济之本、发展之基，是生产力变革的具体形式。实现产业深度转型升级是发展新质生产力的必由之路，成渝主轴中部城市要以构建特色鲜明、质量优异的现代化产业体系来加快构筑新的竞争力。

（1）改造提升传统产业。习近平总书记指出，"发展新质生产力不是忽视、放弃传统产业"①。要加快推动新型工业化高质量发展，巩固提升当地制造业核心竞争力，围绕降本、增效、提质、扩绿四大关键点，大力推动成渝主轴中部各城市传统优势制造业"智改数转"行动，在强化资金政策支持、完善"智改数转"服务体系、夯实"智改数转"基础支撑上精准发力，加快推动传统制造业转型升级。

（2）培育壮大新兴产业。面对新一轮科技革命和产业变革，必须抢抓机遇，发挥后发优势，差异化培育壮大新兴产业。以四川4个市为例，自贡要围绕新能源、低空经济，遂宁要围绕锂电材料、航空技术，内江要围绕电子信息和生物医药产业，资阳要围绕医疗器械、国防科技等新兴产业发力，推动规模提量、技术提高、产品提质、品牌提升，不断增加产业含金量、含新量、含绿量，加快打造新兴产业集群基地。

（3）前瞻布局未来产业。未来产业是具有显著战略性、引领性、颠覆性和不确定性的前瞻性新兴产业，是引领科技进步、带动产业升级、开辟新赛道、塑造新质生产力的战略选择。未来产业不是"空中楼阁"，也不是"无中生有"，成渝主轴中部各城市要巩固扩大现有产业基础优势，在新赛道上抢占高质量发展先机。聚焦人形机器人、新型储能、未来显示等九大未来产业，按照"技术创新—前瞻识别—成果转化"的思路，加快研究出台未来产业创新发展实施方案，聚焦当前所短、发展所需、未来所向，守正创新、坚定探索、招引布局，以未来产业创造竞争新优势。

（三）持续深化科创体制改革

党的二十届三中全会提出，"健全相关规则和政策，加快形成同新质生

---

① 因地制宜发展新质生产力［N］. 人民日报，2024-03-06（1）.

产力更相适应的生产关系，促进各类先进生产要素向发展新质生产力集聚，大幅提升全要素生产率"。全要素生产率的提升是新质生产力的核心标志，其关键在于通过制度改革带来的生产要素优化配置。要下好改革创新"先手棋"，以制度改革推动各类生产要素的创新性配置，塑造与新质生产力相适应的生产关系。

（1）加快人才引育机制改革。可借鉴浙江经验，围绕加快更高素质干部队伍、更高水平创新型人才队伍和企业家队伍、更高素养劳动者队伍三支队伍建设，进一步完善人才培养、引进、使用、评价、流动的工作机制。建立高层次人才培育库，吸引更多创新型、科技型、金融型、国际型高层次人才和企业家落地。探索人才共享模式，成渝主轴中部城市可组建人才联盟，鼓励以才引才、聚才用才。深化现代职业教育体系改革，依托成渝主轴中部城市高等院校载体，创新"订单式"招生、"工学交替式"培养等自主育才模式，为形成和发展新质生产力提供有力的人才支撑。

（2）优化科技金融支持体系。我国的金融结构以银行信贷为主，调整优化信贷投向结构成为提升科技创新金融支持力度的重要手段。要把科技型中小企业、高新技术企业、"专精特新"企业等对象作为服务重点，引导金融机构构建与之相适配的风险评估模型，不断加大对科技型企业咨询服务，着力解决信息不对称、信贷收益与风险不匹配等问题。

（3）推动科技体制改革创新。发展新质生产力，科学技术创新和科技体制创新如车之双轮、鸟之双翼，缺一不可。要深化科技评价、科技奖励、科研项目等体制机制改革，坚持实施"揭榜挂帅""赛马制"等组织方式，加大对颠覆性技术创新的政策支持力度。加强知识产权保护，通过营造科技创新良好环境，激发全社会的创新创造活力。

（执笔人：邓力，中共资阳市委党校经济学讲师，资阳市知联会副秘书长；刘媛，中共四川省委党校经济学教研部讲师。）

后　　记

　　为了持续深入推进成渝地区双城经济圈建设的研究，在四川省社科联、重庆市社科联、成都市社科联的大力支持和指导下，由西南财经大学、重庆工商大学、成都大学三所高校牵头，组成了"成渝地区双城经济圈发展研究报告编委会"（以下简称"编委会"）。在编委会的领导下，组成了《成渝地区双城经济圈发展研究报告（2024—2025）》编写小组（以下简称"编写小组"），编写小组在成渝地区双城经济圈开展了大量深入的调查研究。在此基础上，完成了编撰工作。各章节的执笔人均在报告相应位置进行了标注，在此不再赘述。全书由杨继瑞、黄潇、马胜、宋瑛、熊兴、张驰、吕朝凤、汪锐修改、统稿。

　　《成渝地区双城经济圈发展研究报告（2024—2025）》在编写和出版过程中，得到了中共四川省委党校、四川省社科院、成都市社科院、四川大学、电子科技大学、西南财经大学、西南交通大学、成都大学、成都师范学院、中共重庆市委党校、重庆市社科院、重庆大学、西南大学、西南政法大学、重庆理工大学、重庆工商大学、长江师范学院等"成渝地区双城经济圈智库联盟"主席团成员单位的大力支持，以及重庆渝策经济技术研究院的大力支持。本书第三篇"成渝地区双城经济圈的专题研究及建议"组稿，得到了相关作者的授权及支持。本书第二篇的数据采集得到了重庆艾思亿德科技有限公司（艾思数研）的大力支持。在此，编委会向各单位及个人表示诚挚的谢意！

《成渝地区双城经济圈发展研究报告（2024—2025）》在编写和出版过程中，充分听取和吸收了从事成渝地区双城经济圈研究的成渝地区知名专家学者的真知灼见。他们是（以姓氏笔画为序）：丁任重、王川、王冲、王擎、王崇举、毛中根、文传浩、尹庆双、汤继强、杜伟、李后强、李萍、李敬、杨文举、陈光、陈滔、易小光、周兵、黄进、周铭山、徐承红、盛毅、阎星、盖凯程、蒋永穆、黄大勇、唐旺虎、廖元和、戴宾等。还有不少专家为本书的编写和出版提出了宝贵的意见和建议。在此，编委会向各位专家学者表示衷心的感谢！

由于编写小组水平有限，存在挂一漏万和若干不足之处。还请专家学者以及各位读者批评指正。我们将在此基础上不断改进，持续做好后续年度的《成渝地区双城经济圈发展研究报告》的编撰工作。

《成渝地区双城经济圈发展研究报告》编委会
2025 年 3 月